国家出版基金项目
"十四五"时期国家重点出版物出版专项规划项目

高速铁路基础研究与技术创新丛书

基础理论与基础技术系列

# 高速铁路钢轨打磨理论与技术

本丛书编委会　总主编
王文健　郭　俊　周　坤　著
温泽峰　主　审

中国铁道出版社有限公司

2023年·北　京

## 内 容 简 介

本书为“高速铁路基础研究与技术创新丛书”之分册。书中内容基于国家自然科学基金面上项目(51275430、51575460)、中央高校基本科研业务费专项资金科技创新项目(SWJTU12CX037)的研究成果和作者长期研究积累而成。本书针对“打磨过程中如何在提升钢轨打磨效率的同时保障钢轨打磨质量”这一难题,通过仿真手段并构建钢轨打磨试验研究平台,研究了高速铁路钢轨打磨的理论与技术,成果可对我国高速铁路钢轨打磨技术的实施提供重要理论指导与技术支撑。

本书适合铁路科研院所相关科研人员、铁路高层管理人员、高校相关专业师生参考。

**图书在版编目(CIP)数据**

高速铁路钢轨打磨理论与技术/王文健,郭俊,周坤著. —北京:中国铁道出版社有限公司,2023.5

(高速铁路基础研究与技术创新丛书. 基础理论与基础技术系列)

“十四五”时期国家重点出版物出版专项规划项目

ISBN 978-7-113-30061-6

Ⅰ.①高… Ⅱ.①王… ②郭… ③周… Ⅲ.①高速铁路-钢轨-研磨机 Ⅳ.①U216.65

中国国家版本馆 CIP 数据核字(2023)第 054251 号

**书　　名:** 高速铁路钢轨打磨理论与技术
**作　　者:** 王文健　郭　俊　周　坤

---

**策　　划:** 刘　霞
**责任编辑:** 高　楠　**编辑部电话:** (010)51873347　**电子邮箱:** 13522756157@163.com
**封面设计:** 高博越　**封面摄影:** 王明柱　**丛书标识设计:** 崔丽芳
**责任校对:** 刘　畅
**责任印制:** 高春晓

---

**出版发行:** 中国铁道出版社有限公司(100054,北京市西城区右安门西街 8 号)
**网　　址:** http://www.tdpress.com
**印　　刷:** 北京联兴盛业印刷股份有限公司
**版　　次:** 2023 年 5 月第 1 版　2023 年 5 月第 1 次印刷
**开　　本:** 787 mm×1 092 mm 1/16　**印张:** 18.5　**字数:** 366 千
**书　　号:** ISBN 978-7-113-30061-6
**定　　价:** 138.00 元

---

高速铁路基础研究与技术创新丛书

# 编　辑　组

**组　长：**王　滨

**副组长：**杨新阳

**策　划：**（以姓氏笔画为序）

王　健　王风雨　王明容　亢嘉豪　田　甜　朱敏洁　刘　霞
江新锡　李小军　李润华　李嘉懿　杨　哲　时　博　邱金帅
张　婕　陈小刚　金　锋　徐　艳　徐　清　黄　璐　曹艳芳
崔忠文　傅希刚　曾露平　熊安春　黎　琳　薛丽娜

**编　辑：**（第二期，以姓氏笔画为序）

王　烁　王　健　冯海燕　朱敏洁　刘　霞　李小军　李润华
李嘉懿　时　博　邱金帅　陈小刚　赵雅敏　胡娟娟　徐　清
高　楠　黄　璐　黎　琳

**统　筹：**李小军　刘　霞

# 序

我国高速铁路起步晚、发展快、后劲足，经过几代人的不懈努力，通过原始创新、集成创新、引进消化吸收再创新，成功地走出了一条符合中国国情路情、具有中国特色的自主创新之路。我国已系统掌握各种复杂地质和气候条件下高速铁路建造成套技术；在工务工程、列车运行控制、牵引供电、动车组等高速铁路核心技术方面实现自主化；形成了复杂路网条件下处理跨线运行的运营管理成套技术，构建了人防、物防、技防三位一体的主动安全保障机制。我国已成为全球高速铁路运营里程最长、在建规模最大、运营速度最快、技术体系最全、运营和管理经验最丰富的国家。我国高速铁路技术已走在世界前列，成为推动世界高速铁路发展的重要力量。

为贯彻落实中共中央、国务院《交通强国建设纲要》，推进国铁集团《新时代交通强国铁路先行规划纲要》的落地，系统总结、梳理我国高速铁路各领域前沿理论和技术，向我国乃至世界高速铁路科研工作者和工程技术人员提供一套前沿性的参考书，中国国家铁路集团有限公司铁道出版社公司特组织编著出版“高速铁路基础研究与技术创新丛书”。

丛书以习近平新时代中国特色社会主义思想为指导，以国家自然科学基金课题、国家基金委-国铁集团高铁联合基金课题、国家“973”课题、国家重点研发计划课题等科研成果为支撑，从高速铁路前沿研究、补短板技术、核心技术、技术发展趋势等方向组织选题，涵盖动车组、供电、通信与信号、列控与检测、工程勘察与设计、智能建造、运营与管理、现代信息技术、安全和维护等领域，规模为100册，是全面系统论述我国高速铁路基础研究与技术创新成就的大型系列原创性科技著作。

丛书力求突出制高点、原创性、权威性、全覆盖特色。丛书各册内容以作者团队长期从事高速铁路科学研究的成果为依托，多数成果居于国内领先水平甚至世界先进水平，多种成果荣获国家科学技术奖一等奖、二等奖，国家技术发明奖一等奖、二等奖，茅以升科学技术奖，詹天佑铁道科学技术奖，铁道科技进步奖等奖项，丛书内容体现了我国当今最新、最前沿以及展现未来发展趋势的高速铁路相关研究成果和应用技术。丛书包括动车组、供电、工程施工与组织等十个系列，基本实现高速铁路各领域全覆盖。

丛书由编委会总负责。编委会阵容强大，认真负责。编委会各成员都是长期从事我国高速铁路科研、技术、生产和管理的一流专家学者，是所从事领域的翘楚，其中包括高速铁路及其相关领域的四位院士。编委会多次开会商讨丛书的体系、内容特色、作者条件及质量保障机制；分工负责，精心审订和修改各册编写提纲；多次遴选选题，先从150多个选题意向中遴选出100个选题，后又剔除了内容特色不太鲜明的8个选题，还对10多个选题提出了较大的改进意见，补充了8个关键技术和弥补技术空白的选题；最后邀请专人对各册内容进行审定，从而保证了各册内容的正确性和先进性。

2021年年底，国家新闻出版署经过严格评审，"高速铁路基础研究与技术创新丛书"(100册)成功入选"'十四五'时期国家重点出版物出版专项规划——重大出版工程"。这是对本丛书项目的认可，也是对编委会、作者和编辑等人员前期工作的认可，更是一种鞭策。我们相信，本丛书的出版，将助力于《交通强国建设纲要》的贯彻落实，推动我国乃至世界高速铁路事业的发展，也将为铁路领域的科研工作者、工程技术人员、管理人员，以及高校相关专业师生提供一套高水平、原创性、权威性、全覆盖的大型高铁科技精品著作。

中国工程院院士

"高速铁路基础研究与技术创新丛书"编委会主任 卢春房

2022年2月

# 前　言

本书为“高速铁路基础研究与技术创新丛书”之分册，按丛书要求，力图体现高速铁路钢轨打磨理论与技术的前沿性、原创性和实用性特色。

钢轨作为铁路轨道的重要组成部件，具有支撑、导向列车运行的关键作用。打磨作为铁路线路钢轨养护维修的一种重要方法，能有效消除、抑制轨面损伤，延长钢轨寿命。钢轨打磨是通过电机带动打磨磨石以一定转速高速旋转，在一定压力和角度下与钢轨表面接触以达到去除钢轨损伤与修复廓形的目的。作为一种干态高速磨削方式，其打磨行为受多个参数和因素的影响，材料磨削去除呈现复杂的摩擦学行为。实际打磨过程中如何在提升钢轨打磨效率的同时又能保障钢轨打磨质量，成为高速铁路钢轨打磨理论与技术研究中需要解决的关键科学和技术问题。

本书系统研究了钢轨打磨作业过程对打磨车动力学性能的影响规律，提出了虑及钢轨廓形和多参数综合作用的钢轨打磨模式制定方法，基于钢轨打磨模拟试验深入分析了高速钢轨材料去除机理、热损伤特征及其形成机制、磨石磨损等关键问题，结合现场钢轨打磨实践确立了不同打磨工况对应的钢轨损伤去除与钢轨廓形等打磨性能，有效完善了钢轨打磨理论体系并提升其应用水平。

钢轨打磨是保障高速铁路运营安全的重要养护维修手段，著者基于国家自然科学基金面上项目(51275430、51575460)、中央高校基本科研业务费专项资金科技创新项目(SWJTU12CX037)的研究成果和长期技术积累，借助仿真手段并通过构建钢轨打磨试验研究平台，研究了高速铁路钢轨打磨的理论与技术，成果可对我国高速铁路钢轨打磨的实施提供重要理论指导与技术支撑。

本书共8章，由王文健、郭俊、周坤、丁昊昊、林强共同完成：其中第1章由王文健、周坤撰写；第2章由郭俊撰写；第3章由王文健、林强、郭俊撰写；第4章由周坤撰写；第5章由王文健、周坤撰写；第6章由周坤、丁昊昊撰写；第7章由丁昊昊、周坤撰写；第8章由王文健撰写。全书由王文健统稿，由温泽峰主审。

本书的出版，得到了诸多的支持与帮助。首先感谢顾凯凯、钟浩、郭帅、韩永超、黄琅茗、林彬、商维、张科元、张沐玥、张子舆、王瑞祥、杨金渝、李昊安等课题团队的成员，本书内容蕴含了他们的研究成果和心血。同时要感谢对本书著述和出版提供了众多帮助和支持的西南交通大学摩擦学研究所周仲荣教授、刘启跃教授、钱林茂教授、石心余高级实验师，牵引动力国家重点实验室金学松教授、温泽峰研究员、王衡禹副研究员等。

限于著者水平，不当和粗糙之处在所难免，敬请同行们和广大读者批评指正。

著　者

2023 年 3 月

# 目　　录

# 第1章 高速铁路钢轨打磨技术与设备

高速铁路钢轨打磨技术已被广泛应用于消除钢轨损伤、修复钢轨廓形、控制钢轨磨损，是一种非常有效且经济的钢轨维护保养技术。本章论述了当前几种主要的钢轨打磨类型及其作业原理，同时以我国研制的CMC-96B钢轨打磨车为例介绍了钢轨打磨设备的用途、构成以及性能，最后论述了钢轨打磨的关键科学问题以及本书内容的来源。

## 1.1 钢轨打磨原理

钢轨作为铁路轨道的核心组成部件，具有支撑、导向列车运行的作用。列车牵引与制动均依靠列车车轮与钢轨间的摩擦力来实现，因此良好的钢轨状态是保证列车安全平稳运行的先决条件。作为一个典型的摩擦疲劳部件，在长时间交变应力作用下，钢轨服役失效主要表现为摩擦磨损与滚动接触疲劳两种典型形式。如我国高速铁路运营过程中钢轨表面受列车的剧烈作用极易出现钢轨波磨[图1-1(a)]，造成高速列车行车时的振动与噪声，影响乘车舒适性，减少列车部件的疲劳寿命。滚动接触疲劳裂纹是钢轨在交变应力作用下接触表面或亚表面萌生出裂纹并扩展的结果[图1-1(b)]。钢轨一旦出现裂纹，如处理不及时将严重影响铁路列车的运行安全，甚至可能导致脱轨事故的发生，造成灾难性的后果。2000年英国铁路因钢轨疲劳裂纹导致的断裂引发了快速客运列车脱轨，造成了车毁人亡的重大事故。

(a) 钢轨波磨　　(b) 钢轨疲劳裂纹

图1-1　高速铁路钢轨损伤

钢轨打磨作为铁路线路养护维修的一种重要方法，能有效消除、抑制轨面损伤，延长钢轨寿命。随着我国铁路钢轨损伤的日益严重，打磨已成为钢轨养护维修与损伤预防的一种最重要的技术，对保障高速铁路钢轨的安全可靠运营具有关键作用。按照打磨磨具类型和磨具与钢轨接触形式，钢轨打磨可分为主动打磨、被动打磨和砂带打磨。

钢轨主动打磨如图 1-2(a)所示。在钢轨打磨过程中，安装在打磨列车下的磨石以一定速度高速旋转，在打磨车液压系统的推动下与钢轨相接触，与此同时，打磨列车在钢轨上移动，对整条钢轨进行打磨作业，根据钢轨不同损伤部位的打磨需求，可以调节打磨电机在轨顶的横向位置和旋转角度，对钢轨轨面进行包络打磨以去除轨面损伤、修复钢轨廓形。主动打磨类似于端面磨削，打磨钢轨材料去除量大，磨削效率高，是目前钢轨打磨中最常用的一种类型。

钢轨被动打磨又称高速打磨，打磨磨石采用不同于主动打磨的杯形磨石，而是采用带有外圆廓形的圆锥形设计。如图 1-2(b)所示，打磨磨石没有驱动系统，打磨过程中，磨石在钢轨高速打磨列车运动下被动地与钢轨接触。打磨过程中被动打磨磨石与钢轨的接触线较主动打磨长，可以更好地去除掉钢轨表面的短波长波浪形磨损。打磨作业完成后轨面粗糙度约 5～10 μm，打磨后不会使钢轨断面形成棱面，而是形成光滑的钢轨廓形。由于钢轨打磨列车打磨速度快(60～80 km/h)，打磨作业时不需要专门封闭轨道，对钢轨材料造成的损伤也较小。

钢轨砂带打磨因其具有打磨效率高、柔性接触且不易损伤钢轨、磨屑易回收、作业安全等优势，近年来逐渐受到广泛关注，并开始应用于实际作业。如图 1-2(c)所示，接触轮由刚性轮毂外包一层弹性橡胶构成，砂带安装在接触轮上，以一定压力与钢轨相接触，对钢轨进行打磨作业，与此同时砂带打磨车在钢轨上移动，对整条线路进行打磨。与前两种打磨方式一样，砂带打磨头以一定角度在轨头上分散布置，以实现对钢轨的包络打磨。另外，与被动打磨类似，可将接触轮圆周设计成内凹型，以增加接触长度，提高打磨作业效率。

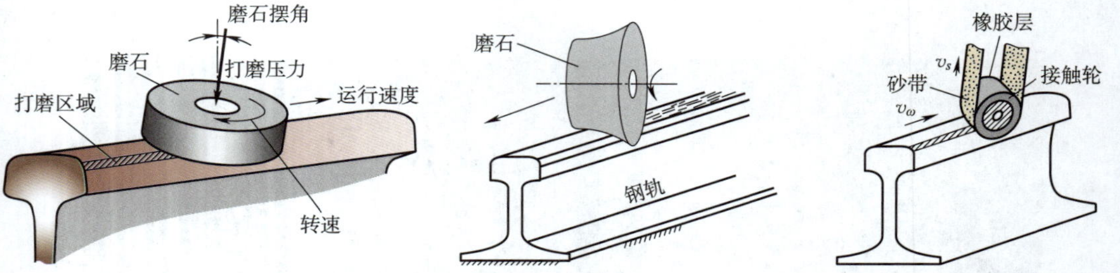


(a) 主动打磨　　(b) 被动打磨　　(c) 砂带打磨

图 1-2　钢轨打磨示意

根据打磨的目的及磨削量，钢轨打磨可分为三种类型：修复性打磨、预防性打磨和曲线轨头非对称打磨。修复性打磨是指对已存在缺陷的钢轨进行打磨，简称表面打磨。预防性打磨是指在钢轨病害出现前根据确定好的打磨周期及打磨量进行钢轨打磨的方法，它考虑到了标准轨头和非标准轨头，确定了去除钢轨表面初始裂纹的必要周期数，单次打磨量较小。曲线轨头非对称打磨的目的是在权衡接触应力和轮对两侧车轮滚动半径差的基础上，建立合适的轮轨接触相对位置，减轻重载铁路车轮轮缘的磨损。

国外一些学者最早实践证明了钢轨打磨对减缓钢轨疲劳损伤有着显著的作用，且能带来更好的经济效益。日本学者在新干线线路上调查了预防性打磨对钢轨接触疲劳的影响，发现在50 Mt运量周期中钢轨打磨量对钢轨疲劳寿命影响非常大；当平均打磨深度为0.1 mm时，能有效抑制疲劳缺陷发生。Kanematsu利用打磨试验机研究了不同磨石材料对钢轨打磨效率的影响与规律，认为磨石材料对打磨钢轨表面质量具有显著影响，研究结果为开发新型打磨磨石材料提供了有力的指导。Chen通过滚动接触试验机研究了钢轨打磨产生的不平顺对加速滚动接触疲劳的影响，从试验后粗糙度、塑性流动及硬度等方面阐释了实验结果。Magel总结了钢轨打磨技术发展和应用情况：在直线上，通过打磨使钢轨顶面接触带向外侧移动，能减少车辆蛇行时对钢轨内轨距造成周期性的切削磨损。打磨时应考虑曲线外轨内侧轨角和车轮踏面之间几何型面间的接触间隙，如图1-3所示，即轨距角与轮缘根部尽量减少发生接触，从而有效减少轨距角处剥离和裂纹的产生。

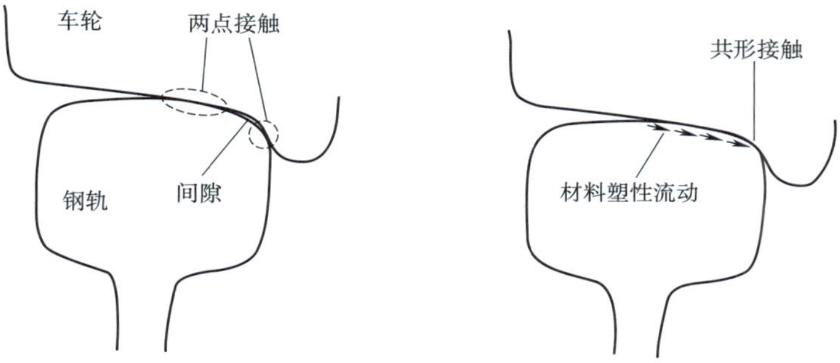


图1-3　钢轨打磨前后轮轨接触情况示意

Kalousek在1991年提出了8种钢轨打磨模式，并应用于华盛顿重载铁路上。到2001年根据总结提出了现行的4种打磨模式，采用新打磨型面增加了曲线上股钢轨使用寿命。此外，加拿大地面运输技术中心给出了渐进性预防打磨的三个阶段：第一阶段通过1～3次打磨获得设计的目标钢轨轮廓；第二阶段通过3次打磨逐渐阻止裂纹扩展；第三阶段通过3次打磨去掉不活跃的裂纹，从而获得良好的打磨表面。美国重载铁路运输公司在6个半径为200～480 m的曲线上进行了钢轨打磨效果和效率试验。研究发现，设计适当的钢轨打磨型面及磨石通过次数是决定钢轨打磨效果和效率的重要因素。

针对采用修复性打磨方法所引起的钢轨表面不良状态和增长的疲劳缺陷，美国学者提出采用混合打磨方法，通过重新使用预防性打磨的方法来控制修复性打磨带来的问题，所采用的打磨周期为15 Mt运量。加拿大铁路公司通过采用低接触应力型面、改变接触斑形状和位置，提升打磨作业速度，将原来在木枕轨道上所采用的 18 Mt 运量周期提高到 25 Mt 运量周期，而且是采用一次打磨作业，每年可节省 44 万美金。Cuervo 调查了地铁线路钢轨打磨与钢轨典型损伤之间的关系，为制定合理的钢轨打磨策略提供了参考。

瑞士于 1997 年开始在重载线路上进行钢轨打磨试验，在直线上进行了型面设计和打磨，发现钢轨打磨有效地控制了钢轨的滚动接触疲劳。荷兰通过实施预防性打磨方式在全线取得了较好的成绩，1998 年选取了 450 km 长的试验线路，实施声学打磨方案，试验表明声学打磨可以降低车轮 2 dB 的噪声。Liepert 通过对沿线居民进行现场调查研究了钢轨打磨对噪声的影响，验证了打磨策略的正确性。Craven 针对环境噪声提出了钢轨打磨的新策略，通过改变钢轨打磨策略明显降低了噪声污染。

随着我国重载线路的建设与发展，钢轨打磨技术得到了长足的进步，研究主要集中在钢轨打磨技术的应用方面。郭战伟提出了基于轮轨蠕滑最小化的适合于大秦线的钢轨打磨技术，在 262 km 长的试验段进行了应用并取得了预期效果。崔大宾提出一种基于轮轨接触界面法向间隙的钢轨踏面设计方法，探求了重载线路上较小轮轨接触应力水平的钢轨打磨目标型面。周清跃根据我国高速铁路运行车辆的车轮型面设计了钢轨预打磨轨头廓面，建议我国高速铁路的钢轨打磨周期暂按每 30～50 Mt 通过总质量打磨一次。李海滨对 GMC-96B 钢轨打磨车动力学进行了研究，其设计满足高速铁路钢轨打磨作业的需要。Liu 等提出一种接触线数学分析模型对钢轨打磨环境中砂轮磨粒与钢轨的接触线进行了准确描述。聂蒙等建立了钢轨打磨作业过程中单打磨头作业与多打磨头联合作业的磨削温度模型，仿真结果表明打磨温度可能超过钢轨材料的奥氏体化温度 723 ℃，现场打磨时应合理优化钢轨打磨参数。

## 1.2 钢轨打磨设备

随着现代铁路的发展，钢轨维护作业面临新的挑战，提高钢轨维护作业的效率和质量显得日益重要。世界上许多国家和公司相继开发和研制了用于不同线路的钢轨打磨设备。钢轨打磨设备是用来对钢轨进行打磨的作业机械，主要利用高速旋转的磨具作用于钢轨顶部，达到消除钢轨病害和恢复良好轮轨接触关系的目的。根据钢轨打磨原理和作业方式的不同，可以将钢轨打磨设备分为小型钢轨打磨机、钢轨打磨车、钢轨铣磨车，当前世界各国铁路使用最多的钢轨打磨设备是钢轨打磨车。我国钢轨打磨技术经过三十余年的发展，诞生了适应我国铁路养护系统的钢轨打磨车。本书重点对 GMC-96B 钢轨打磨车的构成和作业性能进行介绍。

GMC-96B 钢轨打磨车外形结构如图 1-4 所示。在国产化进程中，攻克了牵引动力车的恒低速驱动系统、微机网络控制系统等技术难关，设计制造了 GMC-96B 钢轨打磨车的车体结构、转向架、集尘装置、作业风源装置等大部件。

图 1-4　GMC-96B 钢轨打磨车

GMC-96B 钢轨打磨车由 7 节车组成，按功能分为 A、B、C 车，其中 A 车为打磨车的动力车，共 1 节；B 车是具有控制功能司机室，位于打磨车两端；C 车为安装有打磨单元的作业车，共有 4 节车，如图 1-5 所示。打磨车编组形式为 B1＋C1＋A＋C2＋C3＋C4＋B2，是目前国内外市场上磨头数量最多的钢轨打磨车之一。

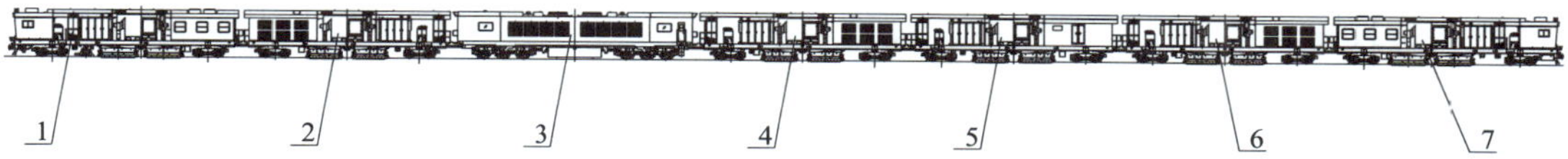


图 1-5　GMC-96B 钢轨打磨车布置示意

1，7—控制车；2，4，5，6—作业车；3—动力车

动力车（A 车）与 C1 车和 C2 车相连，为列车提供低速打磨作业和高速运行时的牵引力，同时为整列车提供照明和生活用电。动力车的主要结构如图 1-6 所示，按照 A 车在列车编组中的位置，规定 A 车靠近 B1 车的一端为Ⅰ端，靠近 B2 车的一端为Ⅱ端。从Ⅰ端到Ⅱ端依次为：发电机室、Ⅰ端动力室、Ⅰ端冷却室、Ⅱ端冷却室、Ⅱ端动力室和制动室，两组柴油机和液力传动箱、减速箱，转向架相对于动力车的中心线对称布置。打磨车采用承载式车架，各室体模块和机组全部坐落在车架上，车架下部中间是燃油箱，两边为两个 C-C 轴式转向架；车架和转向架之间采用牵引拉杆装置，牵引力和制动力经过轴箱、轴箱拉杆至转向架构架，经牵引拉杆装置传递到车架和车钩，实现打磨车的行驶和制动。

发电机室内安装两台发电机组，可以交替工作、互为备份。车体侧墙上安装进气百叶窗和玻璃窗，顶部安装带有消音器的柴油机排气装置、视频监控装置、火灾报警装置等。

Ⅰ端动力室有柴油机，柴油机进气系统、排气系统、燃油系统及相应的冷却水管路，在柴油机输出端有液力传动油板式油水热交换器、恒低速液压系统的控制阀组，在动力室侧墙上安装车体通风机，在柴油机自由端有手制动装置。Ⅰ端冷却室分上、下两部分。上部是两侧呈 V 形排列散热器的冷却装置，内部是静液压马达驱动的冷却风扇，靠近柴油机的端墙上

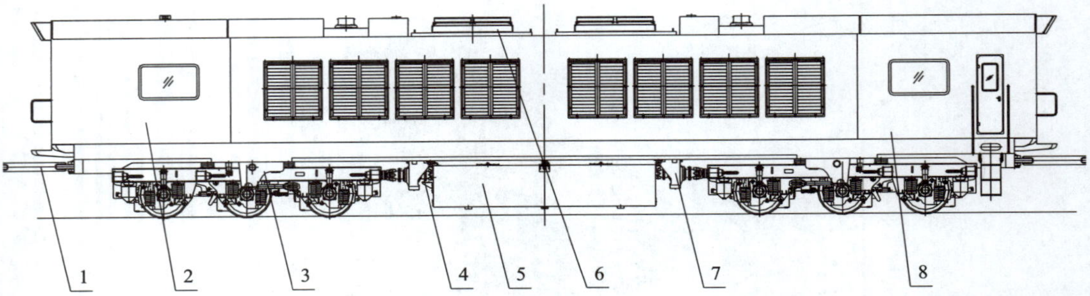


图 1-6　GMC-96B 钢轨打磨车动力车主要结构示意

1—连接杆；2—辅助发电机室；3—动力转向架；4—传动轴；5—燃油箱；6—柴油机；
7—液力传动箱；8—制动室

安装有膨胀水箱和冷却风扇液压油箱。下部安装有液力传动箱、驱动冷却风扇液压泵的泵支撑箱和热交换器、低恒速液压系统马达的减速箱及万向轴等。

Ⅱ端冷却室与Ⅰ端冷却室呈对称布置。上部冷却装置相同，下部传动箱的泵支撑箱由分动箱取代，分动箱输出端安装有 1 个冷却风扇液压泵和 2 个低恒速液压系统变量泵。Ⅱ端动力室与Ⅰ端动力室呈对称布置。在柴油机输出端安装有液力传动系统板式油水热交换器、低恒速液压系统的板式油水热交换器。

制动系统在整个钢轨打磨车上分散布置，在 B1、B2 车的司机室内设置 JZ-7 制动机，每节车上布置 F8 分配阀。整列打磨车运行的电气控制系统主机安装在电器柜内，动力车主要技术参数见表 1-1。

**表 1-1　动力车主要技术参数**

| 项　目 | 参　数 |
|---|---|
| 环境温度/℃ | －20～＋50 |
| 作业通过最小曲线半径/m | 250 |
| 最大线路坡度/‰ | 30 |
| 最大线路超高/mm | 175 |
| 轨距/mm | 1 435 |
| 机车轴式 | C-C |
| 车轮踏面轮廓 | 磨耗型 |
| 车轮滚动圆直径/mm | 1 050 |
| 轴重/t | 23(1±3%) |
| 转向架轴距/mm | 1 850 |
| 最大长度/mm | 21 000 |
| 总宽度/mm | 3 300 |
| 最大高度/mm | 4 700 |
| 燃油箱容量/L | 9 300 |
| 作业运行方向 | 首尾双向 |

续上表

| 项　目 | 参　数 |
|---|---|
| 最高速度/(km·h$^{-1}$) | 100(自牵引运行)<br>120(附挂运行) |
| 打磨作业速度/(km·h$^{-1}$) | 3～15 |
| 作业环境 | 风、沙、霜、雪 |

B 车位于 GMC-96B 钢轨打磨车的两端,可在此进行打磨车的各项控制操作。该节车配备有水箱,可为 B、C 车提供消防和喷淋用水,同时也可为工作间提供生活用水。B1 车从Ⅰ端到Ⅱ端依次为司机室、1 号液压动力包、1 号作业风源装置、QC1A、QC1B 电气柜/水箱、1/2 号集尘装置、工作间。

司机室内设置有列车牵引操纵台、牵引控制柜、打磨控制柜、检测装置控制柜、运行监控控制柜、电气柜等操作台柜。列车牵引操纵台上设置有司机控制器,用于调整主牵引柴油机转速,恒低速控制手轮。牵引控制柜主要设置用于列车牵引控制的微机显示屏、仪表、开关等。打磨控制柜主要设置用于打磨作业控制的微机显示屏、仪表、开关等,其下部还设置有钢轨检测装置控制屏。司机室外部设置有头灯、近光灯、标志灯、风笛、视频监控摄像头、消防水炮等设备。

B1 车车架内部从Ⅰ端到Ⅱ端安装有 F8 分配阀、辅助风缸、液压油散热器、水泵、自救卷盘等设备,如图 1-7 所示。B1 车下部从Ⅰ端到Ⅱ端依次为Ⅰ端转向架、检测装置、1 号打磨小车、2 号打磨小车、Ⅱ端转向架。其中 1 号打磨小车内安装 1～8 号打磨电机(左侧为单号,右侧为双号,下同),2 号打磨小车内安装 9～16 号打磨电机。1、2 号打磨小车的打磨角度范围为 0°～−70°。B2 车总体布置与 B1 车基本相同,各设备布置与 B1 车基本对称。

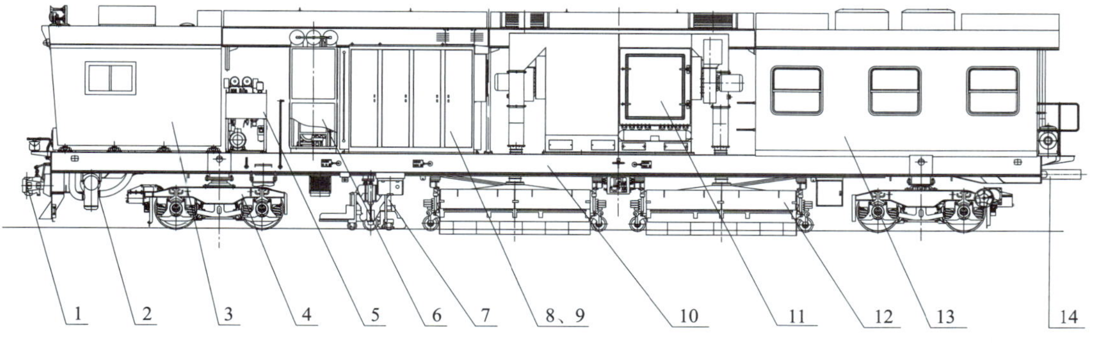


图 1-7　GMC-96B 钢轨打磨车控制车主要结构示意

1—内燃、电力机车车钩;2—增压装置;3—司机室;4—转向架;5—液压动力包;6—作业风源装置;7—检测装置;8—电气/电控柜;9—水箱;10—车体车架;11—集尘装置;12—打磨小车;13—工作间或维修间;14—连接杆

C 车位于 GMC-96B 钢轨打磨车的 A、B 车之间,如图 1-8 所示,主要进行钢轨的打磨作业。该车设置有作业发电机组,可为打磨作业及控制装置提供动力。C 车上部从Ⅰ端到Ⅱ

端依次为作业发电机室、集尘装置、QC3A、QC3B 电气柜/燃油箱、液压动力包、作业风源装置。作业发电机室内安装有一台发电机组。C1 车车架内部安装有 F8 分配阀、辅助风缸、液压油散热器、水泵、自救卷盘等设备。C 车上打磨小车的打磨角度范围为+15°～-20°。作业车主要技术参数见表 1-2，作业条件见表 1-3。

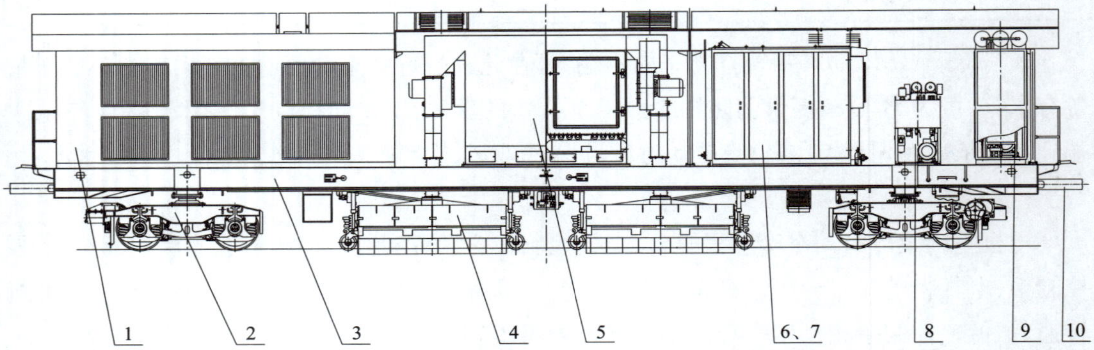


图 1-8　GMC-96B 钢轨打磨车作业车主要结构示意

1—作业发电机组；2—转向架；3—车体车架；4—打磨小车；5—集尘装置；6—电气/电空柜；7—燃油箱；8—液压动力包；9—作业风源装置；10—连接杆

**表 1-2　作业车主要技术参数**

| 性　能 | 参　数 |
|---|---|
| 砂轮形态 | 厚圆柱型 |
| 砂轮尺寸(直径×厚度，mm) | 250×75 |
| 砂轮数量 | 2×8 |
| 砂轮速度/(r·min$^{-1}$) | 3 600 |
| 电机最大输出功率/kW | 18.5 |
| 打磨电机数量 | 2×8 |
| 砂轮倾角/(°) | -70～+15 |
| 最多打磨模式种类 | 99 |
| 打磨能力 | 打磨车速度为 7 km/h 时，轨顶面轮廓金属磨削量不少于 0.2 mm/遍 |
| 连续工作时间 | 一般线路上 6 h，在隧道(3 km)内 2 h |

**表 1-3　作业车作业条件**

| 项　目 | 参　数 |
|---|---|
| 打磨速度/(km·h$^{-1}$) | 可调范围 3～15 |
| 连续工作时间 | 一般线路上 6 h，在隧道(3 km)内 2 h |
| 打磨能力 | 轨顶打磨量不少于 0.2 mm/遍(作业速度 7 km/h) |
| 纵向轨面打磨精度 | 300 mm、1 000 mm 范围幅值分别为 0.02 mm 和 0.2 mm |
| 最小作业曲线半径/m | 300 |
| 最大作业坡度/‰ | 33 |

## 1.3　高速铁路钢轨打磨理论与技术研究体系

钢轨主动打磨作为目前最常用的钢轨打磨方式，通过打磨电机带动打磨磨石以一定转速高速旋转，在一定压力和角度下与钢轨表面接触以达到去除钢轨疲劳损伤和修复廓形的目的，是一种干态高速磨削方式，其界面行为受多个参数和因素的影响，材料磨削去除呈现复杂的摩擦学行为。钢轨打磨同普通的磨削加工原理相同，包含切削、滑移、塑性变形、材料去除、生热、传热等一系列行为。钢轨打磨过程中大量的热产生和堆积在打磨区域，将会造成钢轨表面温度升高。不合理的打磨参数设置将会导致高温在轨头聚集，而过高的温度将会导致钢轨发蓝，且钢轨材料微观组织发生转变，这些不良的打磨表面会对钢轨疲劳性能产生重要影响，如图 1-9 所示。

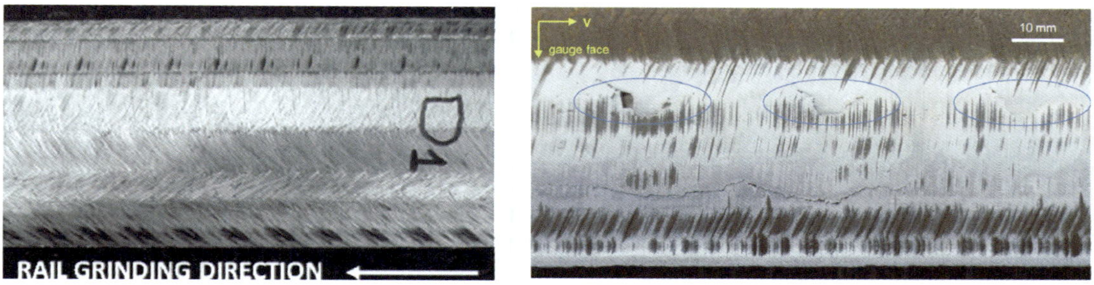


图 1-9　钢轨打磨发蓝及其导致的钢轨剥落

为丰富我国高速铁路钢轨打磨理论体系并为现场钢轨打磨作业提供技术支持，本书针对整车打磨过程中打磨车动力学行为、钢轨打磨材料去除机理与砂轮磨损行为等关键问题，在国家自然科学基金面上项目（51275430、51575460）的资助下，系统研究了高速铁路钢轨打磨理论与技术，成果可对我国高速铁路钢轨打磨的实施和发展提供重要指导。主要研究内容包括：

（1）钢轨打磨车动力学行为，包括典型钢轨打磨车动力学建模及优化、打磨作业过程中打磨小车动力学行为仿真预测。

（2）钢轨打磨模式设计与优化方法，包括钢轨打磨模式设计方法、打磨廓形优化设计及打磨模式设计软件开发。

（3）高速铁路钢轨打磨磨削力行为，主要基于磨石运动特征材料去除行为建立磨削力数值模型，研究不同磨削工艺参数下磨削力和磨削比能变化规律。

（4）高速铁路钢轨打磨温度场与热机耦合作用研究，通过建立打磨温度场仿真模型对单个磨头和不同模式的整车打磨温度场进行预测。

(5)基于热机耦合作用研究高速钢轨打磨材料去除机理，探究打磨过程中钢轨材料微观组织转变行为与化学反应机制。

(6)钢轨打磨磨石磨损行为及磨石/钢轨匹配研究，通过分析钢轨打磨磨石磨损机理，从打磨质量与打磨效率两方面出发，探寻打磨磨石与钢轨的硬度匹配。

(7)对高速铁路钢轨打磨技术应用与实践进行介绍。

# 第2章 钢轨打磨车动力学分析

钢轨打磨车是打磨技术实际应用的重要工具，列车下悬挂的打磨小车是打磨钢轨的核心机构，打磨小车构造简单、作业工况复杂，小车的动力学行为直接影响到作业稳定性和准确性。因此，研究和改善打磨小车动力学行为对提高高速铁路钢轨打磨过程的稳定性具有重要意义。

本章采用动力学仿真软件 SIMPACK 建立了考虑磨石与钢轨接触的打磨小车动力学模型，对比分析了单辆小车和三辆编组小车在打磨作业工况和自走行工况下的曲线通过性能；分析了轨道不平顺和小车悬挂参数对打磨压力波动的影响；针对非对称打磨模式，分析了小车两侧磨石分别打磨钢轨不同位置时的打磨小车动力学性能。

## 2.1 车辆系统动力学理论

车辆系统主要由轮对、构架、车体等组成，在不研究各构件弹性振动的情况下，可将车辆各构件视为刚体，这些刚体通过弹簧阻尼元件约束在一起。以弹性元件为界，被支撑于弹簧之上的部分(车体、摇枕、构架)称为簧上质量，与钢轨直接接触的部分(轴箱、轮对)称为簧下质量。

车辆系统中任何一个自由刚体在空间内具有六个自由度，并可用六个广义坐标来确定刚体在空间中的位置：过刚体质心做三条互相垂直的坐标轴，沿车体运行方向定义为 $x$ 轴、水平向右方向定义为 $y$ 轴、垂直向下方向定义为 $z$ 轴，刚体具有沿坐标轴直线移动与回转运动的六种运动形式。车辆系统动力学对这六种运动形式进行定义：沿 $x$ 轴直线移动的运动称为伸缩运动、沿 $y$ 轴直线移动的运动称为横摆运动、沿 $z$ 轴直线移动的运动称为浮沉运动、绕 $x$ 轴回转的运动称为侧滚运动、绕 $y$ 轴回转的运动称为点头运动、绕 $z$ 轴回转的运动称为摇头运动，如图 2-1 所示。

实际轨道并不是完全平直的，左右两根钢轨存在偏差，形成轨道不平顺，如图 2-2 所示，轨道不平顺可归纳为四种类型。

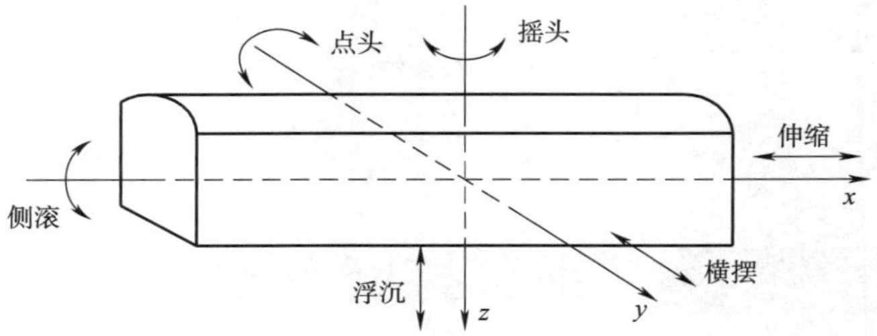


图 2-1　车辆在空间中的运动形式示意

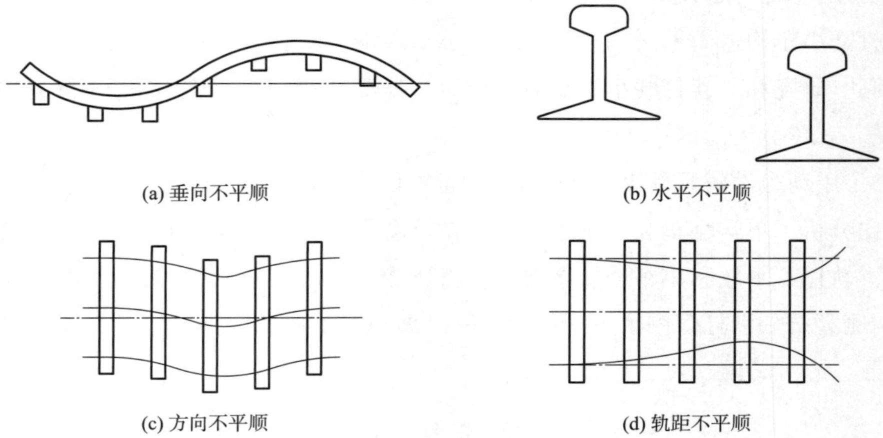


图 2-2　轨道不平顺示意

(1)轨道垂向不平顺($z_v$)表达为

$$z_v=(z_1+z_2)/2 \tag{2-1}$$

式中　$z_1$——左侧钢轨高低不平顺值；

$z_2$——右侧钢轨高低不平顺值。

(2)轨道水平不平顺($z_c$)表达为

$$z_c=z_1+z_2 \tag{2-2}$$

(3)轨道方向不平顺($y_a$)表达为

$$y_a=(y_1+y_2)/2 \tag{2-3}$$

式中　$y_1$——左侧钢轨横向不平顺值；

$y_2$——右侧钢轨横向不平顺值。

(4)轨距不平顺($y_g$)表达为

$$y_g=y_2-y_1-y_{gm} \tag{2-4}$$

式中　$y_{gm}$——名义轨距。

不平顺具有随机性，常用统计函数加以描述，功率谱密度函数(PSD)是表述轨道不平顺常用的函数。

轨距相对于两车轮轮缘外侧距设有一定的裕度值，以避免车辆通过小半径曲线时钢轨轨角和轮缘接触，轮轨接触几何关系是影响车辆系统动力学性能的重要因素，主要轮轨接触几何参数如图 2-3 所示。

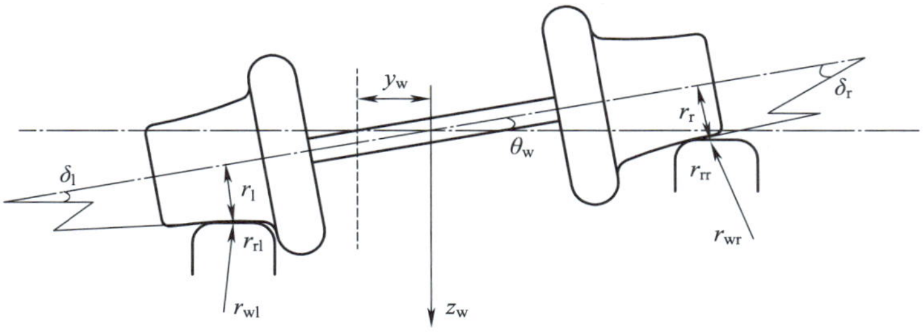


图 2-3　轮轨接触几何参数示意

$\delta_l$、$\delta_r$—左侧、右侧车轮和钢轨在接触点的接触角；$r_{rl}$、$r_{rr}$—左侧、右侧钢轨在轮轨接触点的轨头曲率半径；$\theta_w$—轮轨侧滚角；$r_l$、$r_r$—左侧、右侧车轮实际滚动圆半径；$y_w$、$z_w$—轮对中心的横向、垂向位移；$r_{wl}$、$r_{wr}$—左侧、右侧车轮在轮轨接触点的踏面曲率半径

轮轨接触属于弹性体接触，每个弹性体都有不变的主曲率半径，椭圆的长半轴($a$)、短半轴($b$)表示为

$$a=m\sqrt[3]{\frac{3\pi F_{法}(k_1+k_2)}{4(A+B)}}\quad b=n\sqrt[3]{\frac{3\pi F_{法}(k_1+k_2)}{4(A+B)}}\tag{2-5}$$

式中　$F_{法}$——轮轨接触斑法向力；

$A,B$——主曲率平面间夹角的函数；

$m,n$——与 $A$ 和 $B$ 相关的系数；

$k_1,k_2$——与车轮和钢轨材料泊松比及弹性模量相关的系数。

车轮与钢轨滚动接触时，轨道前面介质产生拉伸变形，后面介质产生压缩变形；车轮前面介质产生压缩变形，后面介质产生拉伸变形。轮轨之间产生蠕滑现象时，接触斑可分为滑动区和黏着区两部分，滑动区轮轨之间产生滑动摩擦力，即为摩擦系数与轮轨正压力的乘积，而黏着区的蠕滑率与蠕滑力呈复杂的非线性关系，如图 2-4 所示。Johnson 和 Vermeulen 理论、Carter 理论、Kalker 简化非线性理论、Kalker 小蠕滑线性理论、Kalker 三维非线性精确理论等是常用的轮轨接触理论。SIMPACK 软件默认使用基于 Kalker 简化非线性理论编译的算法，同时也提供了切线双曲线近似算法、饱和线性近似算法等。

本章所研究的钢轨打磨小车运行速度较低，不分析其平稳性。安全性是铁路运输的基本要求，世界各国对此进行了大量研究，总结出了各项行车安全指标。

(1)假设有一车轮，爬坡到临界点，此时车轮垂向力为 $F_{垂}$，横向力为 $F_{横}$，阻止车轮下滑的摩擦力为 $\mu F_{法}$，作用于接触斑上的法向力为 $F_{法}$，这些力元在接触斑上处于平衡状态，表达为

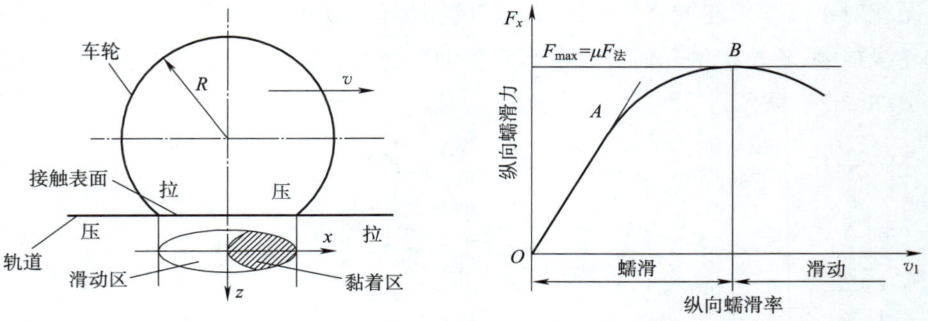


图 2-4　轮轨蠕滑现象示意

$$\left.\begin{aligned}F_{垂}\sin\alpha-F_{横}\cos\alpha=\mu F_{法}\\F_{垂}\cos\alpha+F_{横}\sin\alpha=F_{法}\end{aligned}\right\}\tag{2-6}$$

式中　$\mu$——轮缘与钢轨侧面的摩擦系数；

$\alpha$——最大轮缘角度。

可以用车轮垂向力、横向力的比值来衡量抗脱轨稳定性，即脱轨系数。

(2)假设有一车轮处于爬轨临界状态，其受力情况如图 2-5 所示，此时得到两侧轮轨垂向力。定义 $\Delta P$ 为轮重减载量，$P$ 为轮重，两者比值即为轮重减载率。

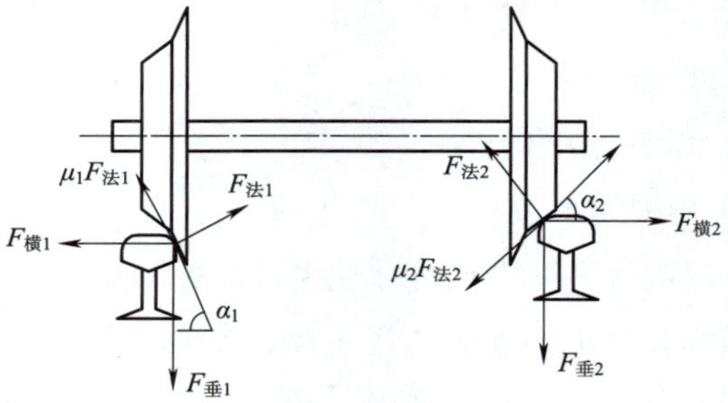


图 2-5　轮轨接触的临界状态示意

此外，还有轮轨横向力、轮对摇头角、轮对横移量等动力学性能指标用于描述车辆系统动力学性能特征。

## 2.2　钢轨打磨小车动力学模型建立及优化

### 2.2.1　钢轨打磨小车动力学模型

#### 2.2.1.1　打磨压力波动模型

驱动缸通过摆动马达安装于摇篮中，打磨电机零自由度铰接于驱动缸外壳。磨石加载在钢轨表面，静止状态下，驱动缸内有杆腔和无杆腔的压力、打磨单元重力以及磨石与钢轨间的正压力处于平衡状态，初始打磨目标压力 $F_0$ 可表达为

$$F_0=\rho_{a0}\cdot A_a-\rho_{b0}\cdot A_b+mg\cos\beta \tag{2-7}$$

式中　$\rho_{a0}$——有杆腔内部压强；

$A_a$——有杆腔作用面积；

$\rho_{b0}$——无杆腔内部压强；

$A_b$——无杆腔作用面积；

$m$——打磨单元质量；

$\beta$——打磨角度。

由于实际服役中的钢轨不是理想平顺的，而是沿轨道纵向存在高低方向的扰动，钢轨打磨小车在作业时，打磨磨石紧贴于钢轨表面旋转磨削并纵向移动，钢轨的高低扰动带动磨石做垂向振动，该振动信息经电机传递至驱动缸壳体，活塞与壳体产生相对位移，驱动缸有杆和无杆腔内容积变化。作如下假设：首先，有杆腔和无杆腔内气体不存在交换过程；其次，驱动缸内气体的流动是绝热的。

两腔内容积的增减是相对的，但由于作用面积不同，容积变化量不同，有杆腔符号取“+”，无杆腔取“−”，轨道不平顺引起的驱动缸两腔容积变化分别为

$$\frac{\partial V_a(v,t)}{\partial t}=+A_a\cdot\frac{\partial z(v,t)}{\partial t} \tag{2-8}$$

$$\frac{\partial V_b(v,t)}{\partial t}=-A_b\cdot\frac{\partial z(v,t)}{\partial t} \tag{2-9}$$

式中　$V_a$，$V_b$——有杆腔、无杆腔的容积；

$\partial z/\partial t$——时域上钢轨不平顺变化率。

容积变化导致驱动缸两腔内压变化，表达为

$$\frac{\partial p_a(v,t)}{\partial t}=-\frac{K}{V_{a0}}\cdot\frac{\partial V_a(v,t)}{\partial t} \tag{2-10}$$

$$\frac{\partial p_b(v,t)}{\partial t}=-\frac{K}{V_{b0}}\cdot\frac{\partial V_b(v,t)}{\partial t} \tag{2-11}$$

式中　$K$——空气绝热状态下的体积模量；

$V_{a0}$——有杆腔初始容积；

$V_{b0}$——无杆腔初始容积。

驱动缸有杆腔和无杆腔内压强波动模型为

$$p_a(v,t)=p_{a0}+\frac{\partial p_a(v,t)}{\partial t} \tag{2-12}$$

$$p_b(v,t)=p_{b0}+\frac{\partial p_b(v,t)}{\partial t} \tag{2-13}$$

最终，驱动缸输出的打磨压力波动模型为

$$F(v,t)=A_a p_a(v,t)-A_b p_b(v,t)+mg\cos\beta-m\frac{\partial^2 z}{\partial t^2} \tag{2-14}$$

式中 $\partial^2 z/\partial t^2$——打磨单元受迫振动加速度。

#### 2.2.1.2 磨石与钢轨间磨削力模型

打磨磨石以旋转运动的形式磨削钢轨表面，并沿钢轨纵向线性移动，理论上单颗磨粒的运动轨迹是弧线和直线的叠加，但由于其切向运动速度远大于径向运动，近似认为磨粒是以直线轨迹横向磨削钢轨，产生切削作用。本模型将磨粒简化为圆锥形，结合现有的磨削力公式，单颗磨粒磨削钢轨产生的切向磨削力($F_{tg}$)、法向磨削力($F_{ng}$)分别为

$$\begin{cases} F_{tg}=\dfrac{\pi}{4}F_p {a_g}^2\sin\theta \\ F_{ng}=F_p {a_g}^2\sin\theta\tan\theta \end{cases} \tag{2-15}$$

式中 $\theta$——圆锥磨粒半锥顶角；

$a_g$——平均未变形磨屑厚度；

$F_p$——单位磨削力。

单位磨削力 $F_p$与材料属性和切削深度相关，表达为

$$F_p=ka_p^{-\delta} \quad (0<\delta<0.5) \tag{2-16}$$

式中 $k$——与材料及磨削参数有关的传递系数；

$a_p$——切削深度。

采用三维动态有限元仿真软件 DEFORM 模拟单颗磨粒磨削钢轨过程，磨粒为圆锥体，属性为刚性材料；钢轨为长方体，属性为塑性体，具体仿真参数见表 2-1。

表 2-1 单颗磨粒磨削仿真方案

| 项 目 | 磨 粒 | | 工 件 |
|---|---|---|---|
| 外 形 | 圆锥形 | | 长方体 |
| 尺 寸 | 锥顶角 | 100° | 0.2 mm×0.3 mm×0.1 mm |
| | 高 度 | 0.02 mm | |
| 材 料 | — | | U71Mn |
| 属 性 | 刚 体 | | 塑性体 |

仿真动态过程的某一瞬间如图 2-6 所示，钢轨表面的箭头表示小单元体受到磨削作用后的位移方向，可以看到刚体磨粒在钢轨表面划出一条凹痕。

分析不同磨削深度、速度对法向磨削力和切向磨削力的影响。磨削深度与磨削力的关系结合单颗磨粒磨削钢轨产生的切向磨削力、法向磨削力公式进行拟合，仿真及拟合结果如图 2-7 所示；对磨削速度与磨削力的关系进行多项式拟合，仿真及拟合结果如图 2-8 所示。

经拟合得到磨石端面磨削工件平面情况下，单颗磨粒的法向磨削力和切向磨削力与切削深度的关系表达为

$$\begin{cases} F_{ng}(a_p)=0.12a_p^{1.7}\sin\theta\tan\theta \\ F_{tg}(a_p)=0.13\,\dfrac{\pi}{4}a_p^{1.7}\sin\theta \end{cases} \tag{2-17}$$

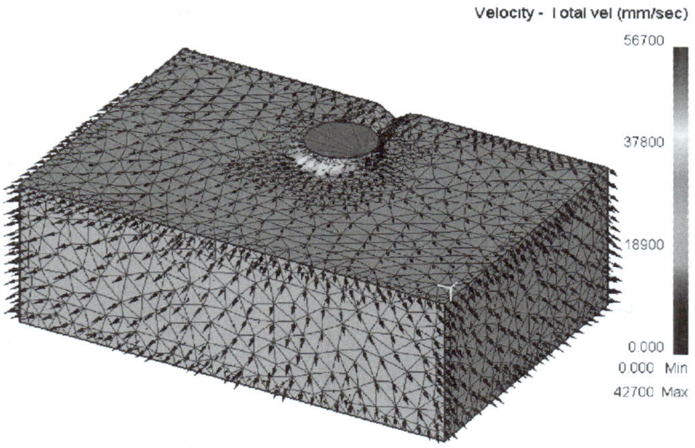


图 2-6　单颗磨粒磨削过程仿真模型

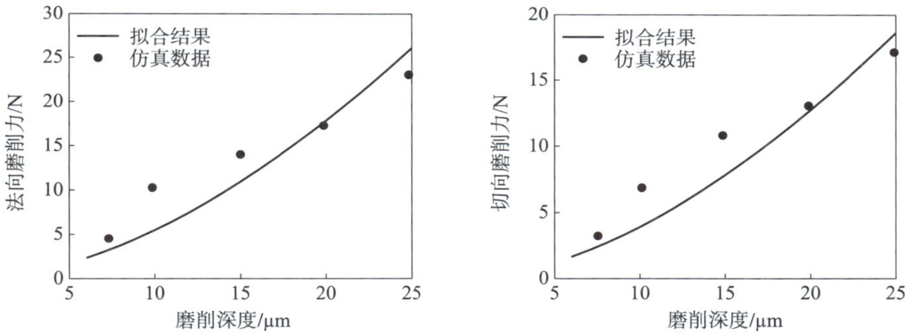


(a) 法向磨削力　(b) 切向磨削力

图 2-7　磨削深度对磨削力的影响示意

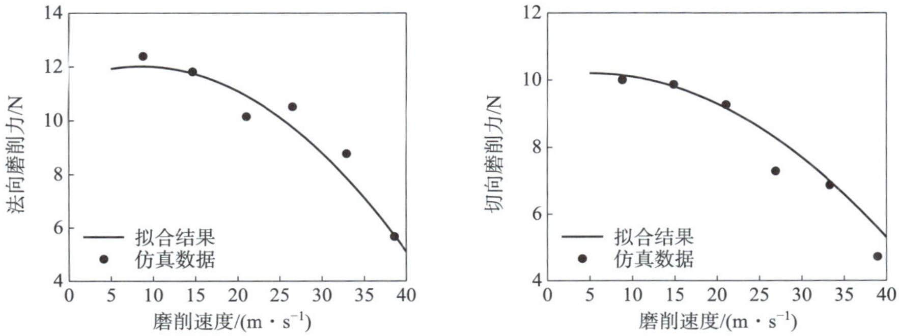


(a) 法向磨削力　(b) 切向磨削力

图 2-8　磨削速度对磨削力的影响示意

而磨粒运动速度与法向磨削力和切向磨削力的关系采用多项式拟合，表达为

$$\begin{cases} F_{ng}(v)=11.5+0.12v-0.007v^2 \\ F_{tg}(v)=10.1+0.04v-0.004v^2 \end{cases} \tag{2-18}$$

为简化计算过程，认为磨粒是间隔均匀分布于磨石端面的，磨粒之间的距离 $w$ 为

$$w=\sqrt{\frac{\pi}{6\varphi_g}}d_{avg} \tag{2-19}$$

式中 $d_{avg}$——磨粒平均直径；

$\varphi_g$——磨石磨粒体积率。

磨粒平均直径可通过筛目数($M_{筛}$)计算得到

$$d_{avg}=15.2M_{筛}^{-1} \tag{2-20}$$

分布于磨石端面的磨粒在高低方向突出并不均匀，突出大的磨粒切削深度大、突出小的磨粒切削深度小，该参数对磨削力影响较大。某型号用于打磨钢轨的磨石端面磨粒突出高度分布如图 2-9 所示。

近似使用正态分布函数表述磨石端面磨粒突出高度，概率密度函数表达为

$$f(h)=\frac{3}{\sqrt{2\pi}(h_{max}-h_{avg})}\exp\left[-\frac{9(h-h_{avg})^2}{2(h_{max}-h_{avg})^2}\right] \tag{2-21}$$

式中 $h_{max}$——最大磨粒突出高度；

$h_{avg}$——平均磨粒突出高度。

对磨粒突出高度取 2.5 μm 为步长进行离散，磨粒突出高度的概率分布曲线和离散后的分布规律如图 2-10 所示。

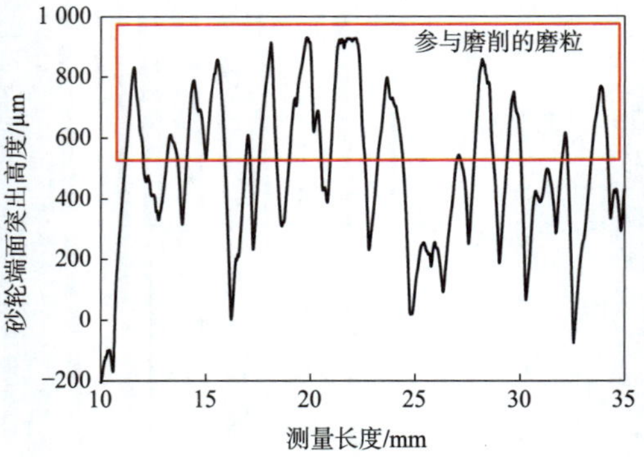


图 2-9 磨石端面突出高度实测数据示意

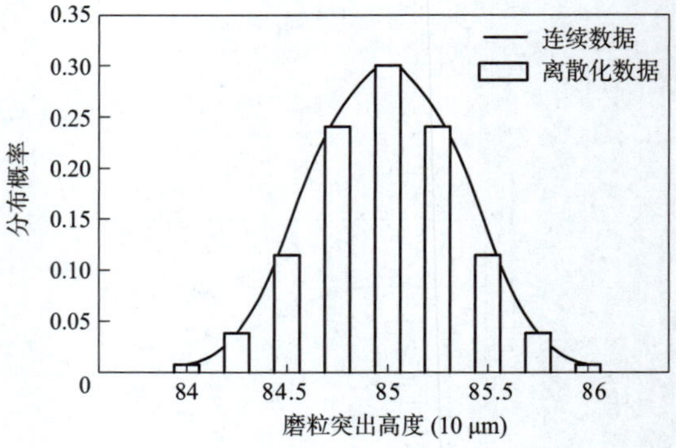


图 2-10 磨粒突出高度正态分布曲线及离散数据示意

磨石与钢轨的磨削接触区域如图 2-11 所示，在距离圆心 $r'(r<r'<R)$ 处取一微环作为分析对象，微环面积为

$$dS(r')=2\arcsin\left[\frac{b(r')}{2r'}\right]r'dr' \tag{2-22}$$

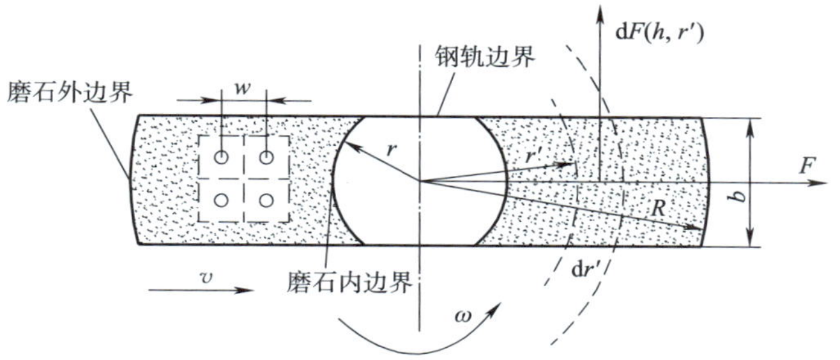


图 2-11　磨石与钢轨磨削接触区域示意

$b$—打磨小平面宽度；$v$—钢轨打磨车行进速度；$r$—磨石孔径；$\omega$—磨石转动角速度；$R$—磨石半径

磨石端面所有磨粒均具有相同的角速度，但由于分布在不同的径向位置，因此磨削线速度不同，沿径向把磨石端面进行分割，如图 2-12 所示，所分割的同一个圆环上磨粒具有相同线速度 $\omega r'$。基于磨石尺寸远大于打磨小平面宽度的考虑，可将圆环展开成长度不一的长方形，把圆环的旋转运动转换为长方形的线性移动，加之磨石旋转产生的切向速度远大于磨石沿钢轨纵向移动的速度，进一步忽略磨粒相对于钢轨纵向的位移，最终认为磨粒是以 $\omega r'$ 的线速度横向划过钢轨表面。

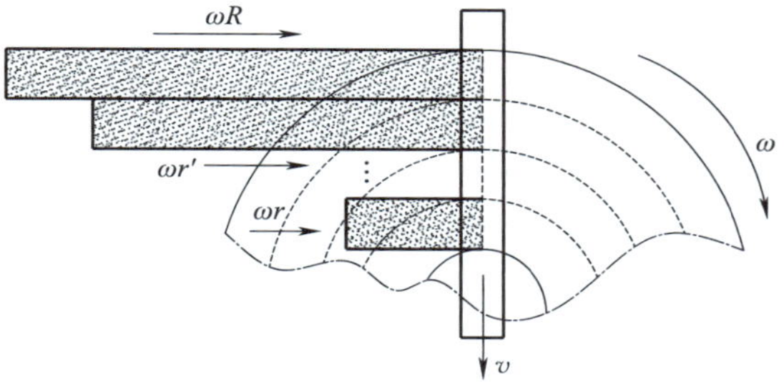


图 2-12　磨石磨削过程近似等效模型示意

磨石旋转产生切向磨削力，单颗磨粒最大磨削深度为 $a_p$ 时，该微环上产生的磨削力为

$$\mathrm{d}F(h,r') = \sum_{h=h_1}^{h_2} \frac{\mathrm{d}S(r')}{w^2} f([h]) F_g([a_p - (h_2 - h)], \omega r') \tag{2-23}$$

式中　$f$——突出高度为 $h$（取整、离散）的磨粒分布概率；

$F_g$——磨粒突出高度为 $h$、磨削线速度为 $\omega r'$ 时单颗磨粒切向磨削力；

$h_1$——最小磨粒出刃高度；

$h_2$——最大磨粒出刃高度；

[·]——取整。

磨石作用于钢轨表面的磨削力矩是所有微环上磨削力矩的叠加：

$$M = 2\sum_{r'=r}^{R} \mathrm{d}F(h,r')r \quad (r < r' < R) \tag{2-24}$$

磨石沿钢轨纵向移动产生的纵向磨削力为

$$F(h,v)=\frac{2\int_{r}^{R}\mathrm{d}S}{w^{2}}\cdot\sum_{h=h_1}^{h_2}f([h])F_{\mathrm{g}}([a_{\mathrm{p}}-(h_2-h)],v) \tag{2-25}$$

上述磨削力矩和磨削力模型存在如下假设：(a)磨粒是圆锥体，锥顶角 100°；(b)磨粒均匀分布于磨石端面；(c)磨粒突出高度服从正态分布；(d)不考虑磨粒的磨损。

钢轨打磨摩擦试验机测量磨削力矩如图 2-13 所示，其工作原理是将磨石试样与钢轨试样磨削接触产生的磨削力矩转换为摆盘与传感器之间的正压力。摆盘采用转动铰铰接于机架，钢轨试样固定在摆盘两侧，为高速旋转的磨石施加压力使其靠近并加载在钢轨试样上，摆盘因磨石与钢轨试样间的力矩作用而摆动，通过安装在底端的传感器即可测得摆盘与传感器之间的正压力，利用已知的力矩长度即可算出磨削力矩。

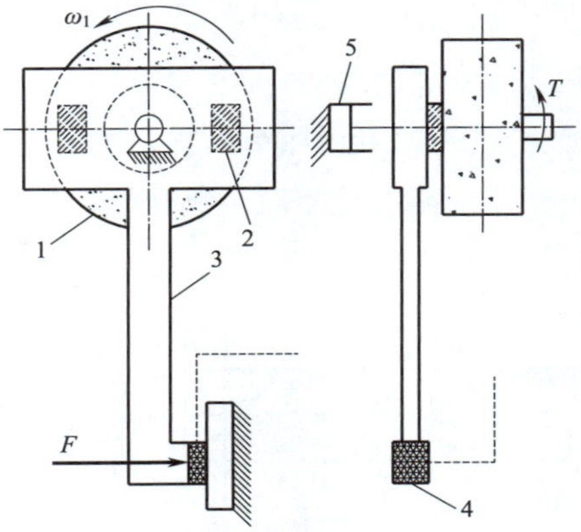


图 2-13　钢轨打磨摩擦试验机测量磨削力矩

$\omega_1$—磨石角速度；$F$—压力；$T$—扭矩；1—磨石；2—固定钢轨试样夹具；3—摆盘；4—测力传感器；5—压力加载机构

用钢轨打磨摩擦试验机测量不同打磨压力和不同转速下的磨削力矩，一组试验进行四次连续加载，打磨时间 8 s。磨石转速为 1 000 r/min、加载压力为 2 000 N 工况下的磨削力矩测量结果如图 2-14 所示，图中出现四处峰值，代表压力完全加载之后磨石与钢轨试样接触所产生的磨削力矩，对四次连续加载的结果取平均值即为一次试验所测量的数据。

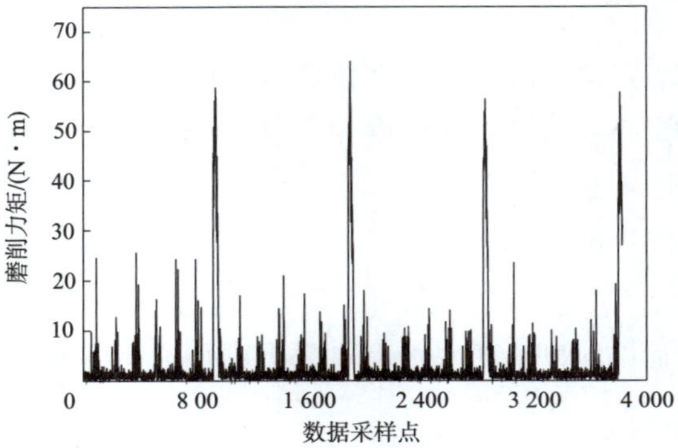


图 2-14　磨削力矩试验结果

不同加载压力和转速下砂轮与钢轨间磨削力矩测量结果和仿真结果对比情况见表 2-2 和表 2-3，可以看出仿真结果与试验结果相比，可将误差控制在 20%以内。

**表 2-2　不同转速下的磨削力矩**

| 转速/($r \cdot min^{-1}$) | 仿真计算结果/(N·m) | 试验测量结果/(N·m) | 相对误差 |
|---|---|---|---|
| 2 000 | 31.8 | 28.4 | 12.0% |
| 2 500 | 29.7 | 27.3 | 8.8% |
| 3 000 | 27.9 | 25.5 | 9.4% |

**表 2-3　不同加载压力下的磨削力矩**

| 加载压力/N | 仿真计算结果/(N·m) | 试验测量结果/(N·m) | 相对误差 |
|---|---|---|---|
| 1 000 | 37.6 | 31.5 | 19.4% |
| 1 500 | 51.9 | 45.4 | 14.3% |
| 2 000 | 66.4 | 59.2 | 12.2% |

#### 2.2.1.3　打磨小车动力学模型

一辆打磨小车具有两组独立轮对、一个构架、四组打磨单元，每组打磨单元有两组打磨电机，打磨电机安装于摇篮内，相邻的两组打磨电机偏转和加载是同步的。打磨机构的运动简图如图 2-15 所示，摇架角位移驱动 2 的伸缩带动安装于摇篮内的打磨电机 6 偏转，由偏转所产生的横向位移 $x$ 由摇架位移驱动缸 1 进行补偿，打磨电机的偏转角一方面来自摇架角位移驱动缸 2，另一部分来自打磨电机摆动马达 4 的精确旋转，磨石与钢轨间的正压力是通过打磨电机位移驱动缸 3 输出的。

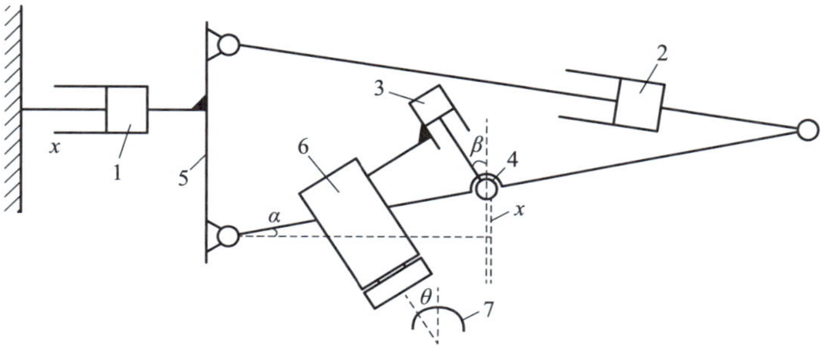


图 2-15　打磨机构运动示意

$\alpha$—摇架偏转角；$\beta$—电机偏转角；$\theta$—电机打磨角度；1—摇架位移驱动；
2—摇架角位移驱动；3—打磨电机位移驱动；4—打磨电机摆动马达；5—摇架；6—打磨电机；7—钢轨

车轮与钢轨之间按照 Kalker 简化理论建立轮轨接触副，并通过旋转铰铰接在车轴两端，形成独立轮对，构架具有六个自由度并通过轴箱悬挂力连接到车轴上，摇架采用转动铰铰接于构架，摇篮采用转动铰铰接于摇架，电机采用转动铰铰接于摇篮，对于三辆编组的打磨小车，首车和尾车构架通过球铰铰接于中间台车构架。钢轨打磨小车动力学关系拓扑如图 2-16 所示。

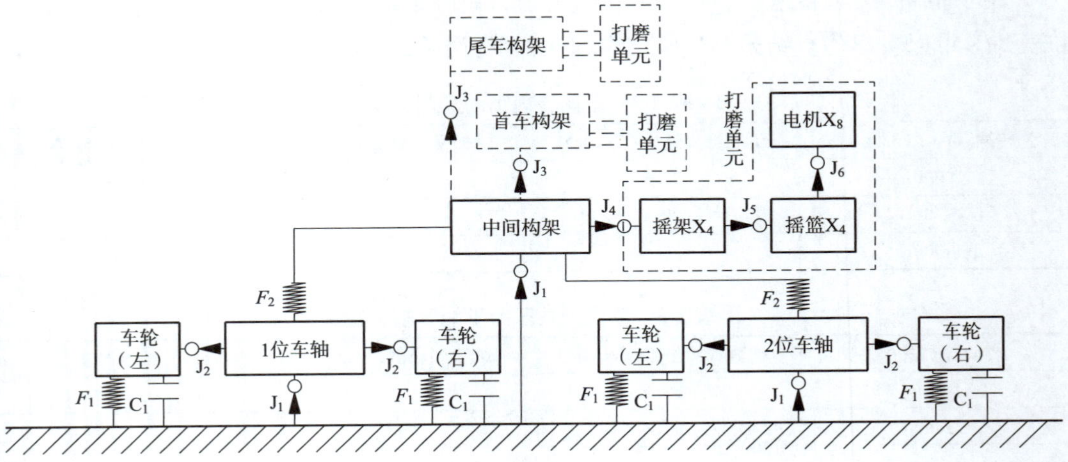


图 2-16　钢轨打磨小车拓扑关系示意

采用 SIMPACK 软件建立钢轨打磨小车动力学模型，如图 2-17 所示。该模型中轮轨接触几何关系、轮轨力和轴箱悬挂等部分为非线性元素，车轮踏面为 LM 磨耗型车轮，钢轨型面为标准 60 kg/m 钢轨，轴箱定位方式为导框式轴箱定位，磨石与钢轨之间的接触力不在软件中直接建模。

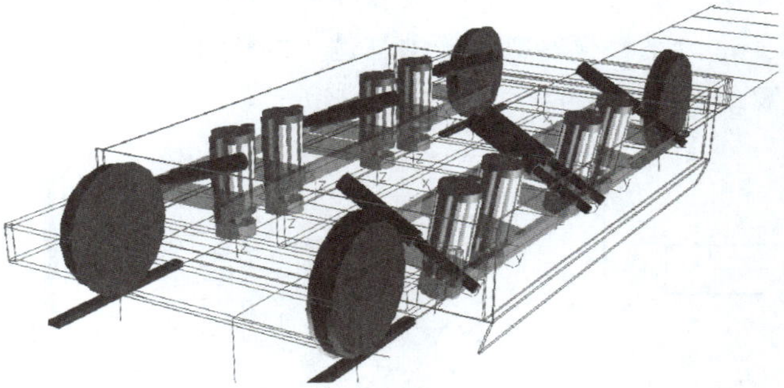

图 2-17　钢轨打磨小车 SIMPACK 模型

SIMPACK 可通过通信接口 TCP Port 2000 实现与 MATLAB/Simulink 的协同仿真，以 SIMPACK 作 slave 为例，协同仿真计算过程中 SIMPACK 不断将数据传送到 MATLAB 中进行处理，MATLAB 再将每一时间节点的计算结果反馈至 SIMPACK 进行计算。采用 SIMPACK 和 MATLAB/Simulink 协同仿真的方式，将磨石与钢轨的接触模型在 MATLAB 中建模，并通过 Simat 将接触模型引入到打磨小车动力学模型中，具体联合仿真流程如图 2-18 所示。打磨小车动力学模型将磨石与钢轨表面相对位移信息从 SIMPACK 输出并输入到 Simulink 中的打磨压力波动模型中，波动的打磨压力信息再分别输入到纵向磨削力和磨削力矩模型中，纵向磨削力和磨石横向振动速度信息输入到横向磨削力模型中，最终波动的压力、磨削力和磨削力矩等信息均反馈至打磨小车动力学模型中。

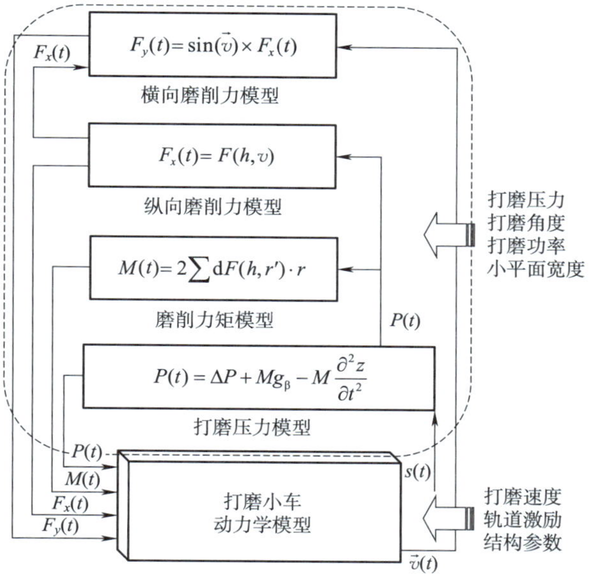


图 2-18　打磨过程联合仿真流程示意

## 2.2.2　钢轨打磨小车动力学模型优化

为了观察磨石与钢轨间磨削接触力对打磨小车动力学性能的影响机理，对比分析了打磨小车在打磨作业工况和自走行工况下的动力学行为。

### 2.2.2.1　单台打磨小车曲线通过性能

钢轨打磨小车在打磨工况和自走行工况下，曲线半径对其动力学性能的影响如图 2-19 所示，曲线超高设置 120 mm，半径 300～1 100 m，曲线通过速度 12 km/h。由图可知，两种工况下打磨小车的脱轨系数均随着曲线半径的增加而减小，曲线半径由 300 m 增大到 1 100 m，打磨工况下打磨小车脱轨系数从 0.28 降到 0.09，降低了 67.69%；自走行工况下打磨小车的脱轨系数从 0.24 降低到 0.11，降低了 55.29%；曲线半径小于 700 m 时，打磨工况下打磨小车脱轨系数大于自走行工况，曲线半径大于 700 m 时，打磨工况下打磨小车脱轨系数小于自走行工况。在所仿真计算范围内，曲线半径 300 m 时打磨工况下打磨小车脱轨系数比自走行工况高 13.27%，曲线半径 1 100 m 时打磨工况下打磨小车脱轨系数比自走行工况低 20.00%。两种工况下打磨小车的轮重减载率均随着曲线半径的增大而减小，且呈线性趋势，曲线半径由 300 m 增大到 1 100 m，打磨工况下打磨小车的轮重减载率从 0.42 降低到 0.40，降低了 4.57%，自走行工况下打磨小车的轮重减载率从 0.54 降低到 0.52，降低了 3.73%。在所仿真计算范围内，打磨小车自走行工况下的轮重减载率均大于打磨工况，平均高出 30.16%。两种工况下打磨小车的轮轨横向力均随着曲线半径的增大而增大，且增长趋势渐缓，曲线半径由 300 m 增加到 1 100 m，打磨工况下打磨小车的轮轨横向力从

1 764.9 N升高到1 868.5 N，增加了5.87%，自走行工况下打磨小车的轮轨横向力从1 729.1 N升高到1 827.4 N，增加了5.68%。在所仿真计算范围内可以看出，打磨工况和自走行工况下打磨小车的轮轨横向力随曲线半径的增大，两者差距逐步从半径300 m时的2.03%扩大到半径1 100 m时的2.20%。

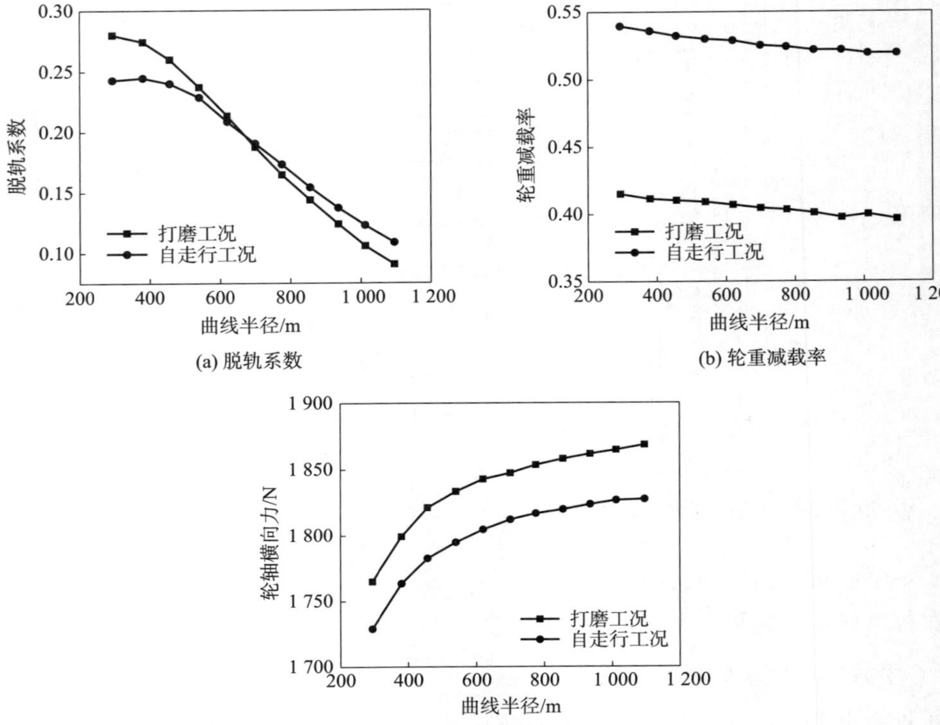


(a) 脱轨系数　(b) 轮重减载率　(c) 轮轴横向力

图2-19　曲线半径对打磨小车动力学性能的影响示意

曲线超高对其动力学性能影响如图2-20所示，曲线半径设置500 mm，超高60～140 m，曲线通过速度12 km/h。两种工况下打磨小车的脱轨系数均随着曲线超高的增加而增大，近似呈线性趋势，曲线超高由60 mm增大到140 mm，打磨工况下打磨小车的脱轨系数从0.21升高到0.26，增加了21.93%；自走行工况下打磨小车脱轨系数从0.19升高到0.25，增加了31.79%。打磨工况下打磨小车的脱轨系数均比自走行工况下的脱轨系数大，且随着曲线超高的增大，两种工况脱轨系数差距逐渐从相差11.89%缩小到4.77%。钢轨打磨小车在打磨工况和自走行工况下的轮重减载率均随着曲线超高的增大而增大，且变化趋势一致为线性递增，曲线超高从60 mm增大到140 mm，打磨工况下打磨小车轮重减载率从0.39增大到0.41，增加了5.47%，轮重减载率从0.51增大到0.53，增加了4.63%。两种工况下打磨小车轮重减载率差距维持在30.00%左右。轮轨横向力均随着曲线超高的增大而增大，且变化趋势一致为线性递增，曲线超高从60 mm增大到140 mm，打磨工况下打磨小车轮轨横向力从 886.3 N 增大到 2 133.7 N，增加了 140.75%，自走行工况下打磨小车轮轨横向力从 853.1 N 增大到 2 093.8 N，增加了 145.44%。两种工况下轮轨横向力差距维持在 2.00%左右，差距较小且基本保持不变。

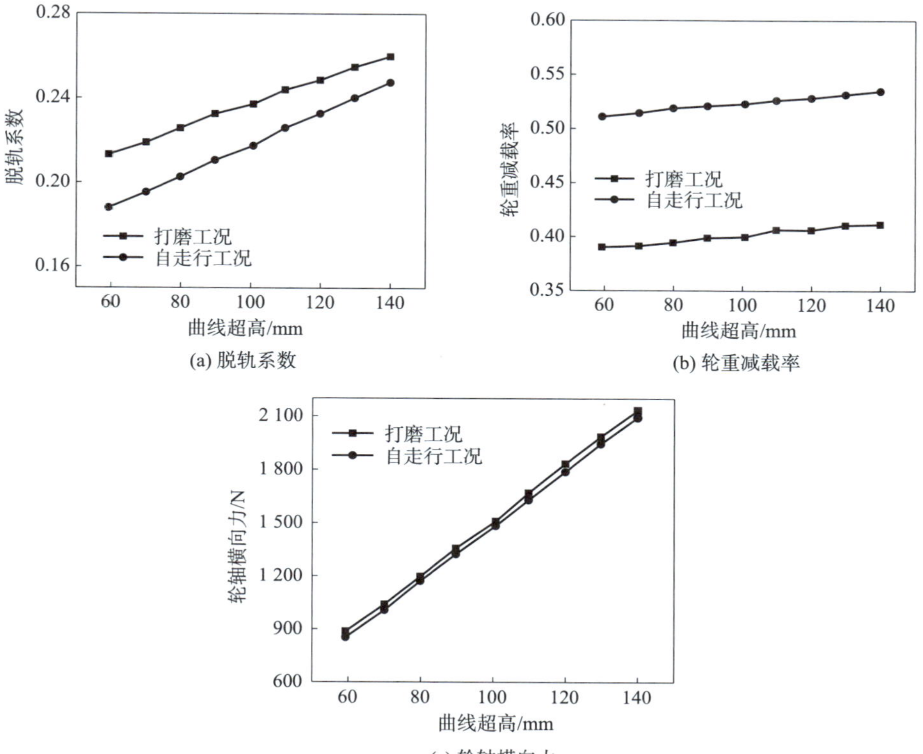


(a) 脱轨系数　(b) 轮重减载率　(c) 轮轴横向力

图 2-20　曲线超高对打磨小车动力学性能的影响示意

钢轨打磨小车通过曲线时，非导向轮对外侧车轮受到与运行方向相反的纵向蠕滑力；内侧车轮受到与运行方向相同的纵向蠕滑力，导向轮对内侧车轮和外侧车轮均受到指向钢轨外侧的横向蠕滑力，四个蠕滑力形成逆时针方向的力矩，该力矩与打磨小车通过曲线时的转向相反，如图 2-21 所示。此外，通过小半径曲线时，打磨小车导向轮对外侧车轮轮缘与钢轨轨角处发生轮缘接触，由于打磨小车运行速度较低，曲线超高设置所产生向心力大于打磨小车离心力，从而存在未平衡的残余向心力。

在曲线半径对打磨小车的影响规律方面，与一般轨道车辆一样的是曲线半径越大，打磨小车曲线通过性能越好，脱轨系数和轮重减载率越小；不同的是曲线半径越大，轮轨横向力越大，因为根据离心力公式 $F'=mv^2/R$，曲线半径越小，打磨小车通过曲线时产生的离心力就越大，打磨小车过超高状态通过曲线，存在残余向心力 $F_{向}$，更大离心力可直接降低该残余向心力，从而使打磨小车轮轨横向力降低。曲线超高的设置值是根据车辆的曲线通过速度和曲线实际半径决定的，超高存在最优值，近似表达为 $h=11.8v^2/R$，钢轨打磨小车 16～

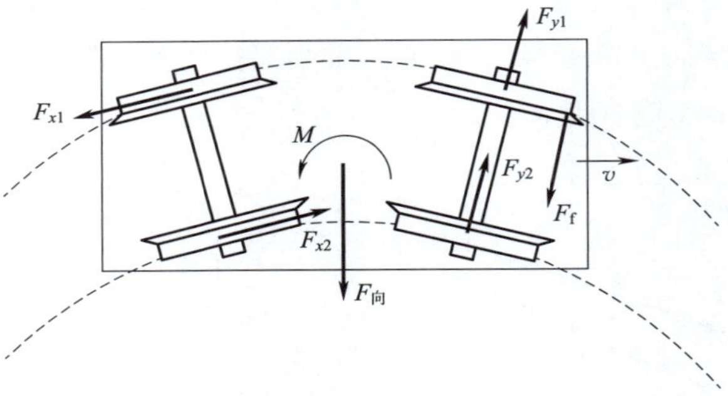


图 2-21　打磨小车通过曲线时的受力分析示意

$F_{x1}$—外侧车轮纵向轮轨蠕滑力；$F_{x2}$—内侧车轮纵向轮轨蠕滑力；$F_{f}$—轮缘接触力；$F_{y1}$—外侧车轮横向轮轨蠕滑力；$F_{y2}$—内侧车轮横向轮轨蠕滑力；$F_{向}$—残余向心力；$M$—影响打磨小车曲线通过性能的力矩；$v$—打磨小车运行方向

18 km/h 的速度低于所有运营车辆的速度，在已经过超高通过曲线的情况下进一步增大超高值，打磨小车的各项动力学性能指标均出现升高趋势，打磨小车动力学性能恶化，尤其对打磨小车轮对横向力方面的指标影响明显。因此脱轨系数和轮轨横向力随曲线超高变化明显，而其轮重减载率随着曲线超高的增大上升幅度较小。

钢轨打磨小车在打磨过程中将磨石通过压力加载机构紧贴在钢轨表面，受到来自钢轨反作用的正压力，如图 2-22 所示。该反作用力分担了部分轮轨垂向力，使打磨小车轮轨垂向力减小，在轮轨横向力不变的情况下，横向力与垂向力的比值减小，因此，打磨小车在打磨工况下脱轨系数小于自走行工况。然而在曲线半径较小时（低于 700 m），影响打磨小车脱轨系数的主要因素不是轮轨垂向力，而是轮轨横向力，磨石与钢轨旋转磨削接触产生一定的导向力，使打磨小车车轮的轮轨横向力发生变化，磨削力矩的导向作用使打磨小车轮轨横向力增大，因此曲线半径小于 700 m 时，打磨工况下的打磨小车脱轨系数大于自走行工况。

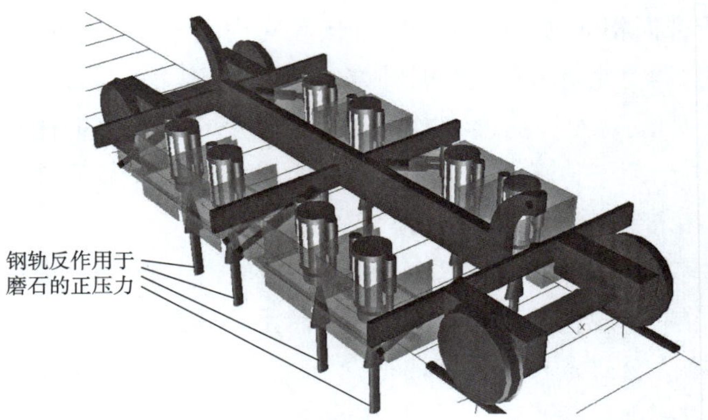


图 2-22　打磨小车作业过程中受到来自钢轨的正压力

打磨小车通过曲线时，受过超高状态的影响，打磨小车内侧打磨机构所提供的打磨压力高于外侧，该压力差有利于抑制打磨小车向轨道内侧倾覆趋势，从而使轮重减载率降低，因此打磨小车在打磨工况下的轮重减载率低于自走行工况。

以曲线半径为变量和以曲线超高为变量的情况下，打磨小车轮轨横向力均在打磨工况下大于自走行工况，但是差距不大。影响打磨小车轮轨横向力的因素除了磨石与钢轨间垂向力的间接作用，更主要的是磨石与钢轨旋转接触所产生的磨削力矩对打磨小车轮对产生的一定的导向作用。为了更加清楚地分析磨削力矩方向对打磨小车动力学性能的影响，特模拟了打磨小车外侧磨石逆时针旋转、内侧磨石顺时针旋转，两侧磨石均顺时针旋转和两侧磨石均逆时针旋转三种组合方式，分别定义为方式一、方式二和方式三，如图 2-23 所示。三种磨石旋转组合方式下，打磨小车的各项动力学性能指标见表 2-4，由表可知，两侧磨石均顺时针旋转的情况下，打磨小车的脱轨系数、轮重减载率、轮轨横向力和轮对横移量均达到最小，曲线通过性能最优；两侧磨石均逆时针旋转的情况下，打磨小车的脱轨系数、轮重减载率、轮轨横向力和轮对横移量均达到最大，曲线通过性能最差。磨石转动方向不同，磨石与钢轨间的摩擦力矩方向随之不同，由图 2-23 可看出，磨石旋转组合方式二下的所有力矩均与打磨小车的转向相同，因此该情况下的打磨小车曲线通过性能最佳；反之，方式三所形成的力矩均与打磨小车的转向相反，因此该情况下的打磨小车曲线通过性能最差，方式一下的四组力矩与打磨小车的转向相同、四组力矩与打磨小车的转向相反，因此该情况下的打磨小车曲线通过性能居中。

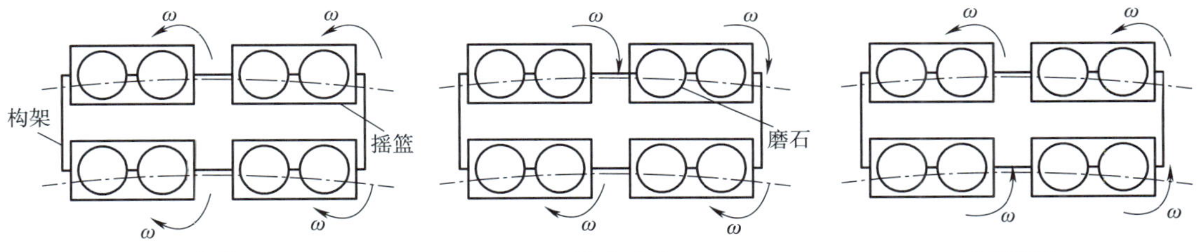


图 2-23　打磨小车磨石不同旋转组合方式示意

**表 2-4　磨石不同旋转组合方式下打磨小车动力学性能**

| 磨石旋转组合方式 | 脱轨系数 | 打磨小车曲线通过性能 | | |
|---|---|---|---|---|
| | | 轮重减载率 | 轮轨横向力/kN | 轮对横移量/mm |
| 方式一 | 0.248 1 | 0.408 2 | 1.827 1 | 5.749 6 |
| 方式二 | 0.244 4 | 0.406 2 | 1.724 3 | 5.748 0 |
| 方式三 | 0.252 0 | 0.410 3 | 1.937 3 | 5.751 4 |

### 2.2.2.2　编组打磨小车曲线通过性能

96 头钢轨打磨车往往采用五辆编组，其中四辆车下悬挂打磨小车，打磨小车之间三辆进行编组，编组后的钢轨打磨小车模型如图 2-24 所示。为了节约车下空间和简化机械结构，中间位置的打磨小车具有两组轮对和一个构架的完整结构，而首尾两辆打磨小车仅各具有一组轮对和一个构架，没有设置轮对的打磨小车一端通过球铰与中间位置打磨小车的构架相连接，为了便于后续分析，按照打磨小车的运行方向，由近及远依次命名四组轮对为 1～4 位轮对。

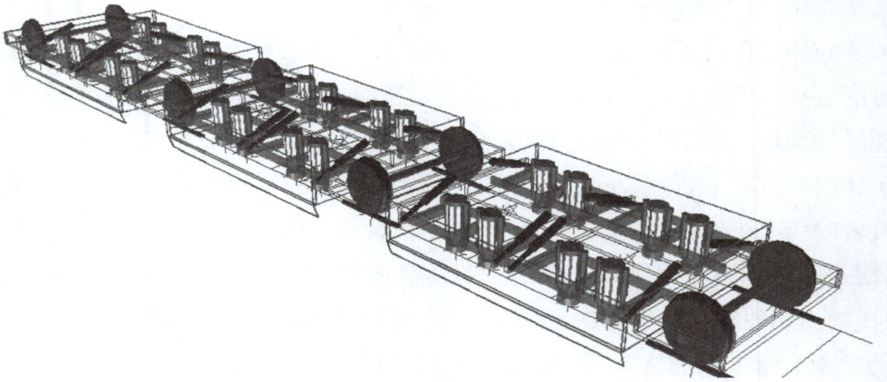

图 2-24　钢轨打磨小车三辆编组模型

**1. 曲线超高的影响**

(1)内侧车轮脱轨系数

编组打磨小车在自由走行工况和打磨工况下，曲线超高对打磨小车各轮对内侧车轮脱轨系数的影响如图 2-25 所示，设置缓和曲线 150 m，曲线半径 500 m，打磨小车运行速度 18 km/h，曲线超高 60～140 mm。

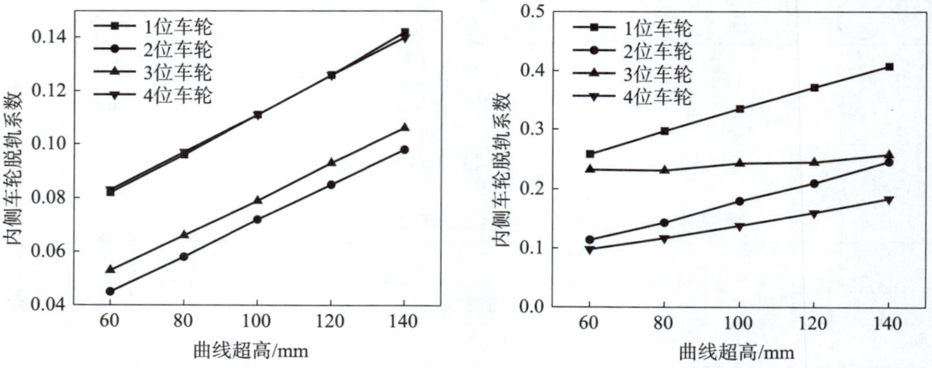


(a) 自走行工况　　(b) 打磨工况

图 2-25　曲线超高对内侧车轮脱轨系数的影响示意

由图 2-25 可知，自走行工况下打磨小车各车轮的脱轨系数均随着曲线超高的增大而增加，且呈线性趋势递增，其中首车和尾车的 1 位与 4 位车轮脱轨系数大于中间的 2 位和 3 位车轮，四个车轮的脱轨系数随曲线超高的增长率基本相同。在打磨工况下，打磨小车各车轮的脱轨系数均随着曲线超高的增大而增大，同样呈线性趋势，然而与自走行工况不同的是，打磨小车 1 位和 4 位车轮的脱轨系数随曲线超高增长率相同，3 位车轮脱轨系数的增长率最小，2 位车轮脱轨系数增长率最大。自走行工况与打磨工况相比，打磨小车 1～4 位车轮的脱轨系数分别平均增长了 0.223、0.107、0.162 和 0.028；可以看出作为整组打磨小车的非导向轮对，磨石与钢轨的接触力对 1 位车轮脱轨系数影响最为明显，作为整组打磨小车的导向轮对，磨石与钢轨的接触力对 4 位车轮脱轨系数影响最小。

(2)轮重减载率

编组打磨小车在自走行工况和打磨工况下，曲线超高对打磨小车各轮对轮重减载率的影响如图 2-26 所示。由图可知，自走行工况下，打磨小车各轮对的轮重减载率均随着曲线超高的增大而呈线性趋势增大，且四组轮对轮重减载率增长率保持一致，1 位轮对的轮重减载率最大，3 位轮对轮重减载率最小。打磨工况下，首车和尾车 1 位和 4 位轮对轮重减载率随着曲线超高的增大而增大，且增长率近似一致，而中间台车 3 位轮对的轮重减载率随着曲线超高的增大而减小(其值为负)。自走行工况与打磨工况相比，打磨小车各轮对的脱轨系数均出现了不同程度的增加，1 到 4 位轮对分别平均增加了 0.048、0.366、0.296 和 0.012，可以看出磨石与钢轨的接触力对打磨小车首车和尾车轮对的轮重减载率影响不大，而对中间台车轮对的轮重减载率影响很大。

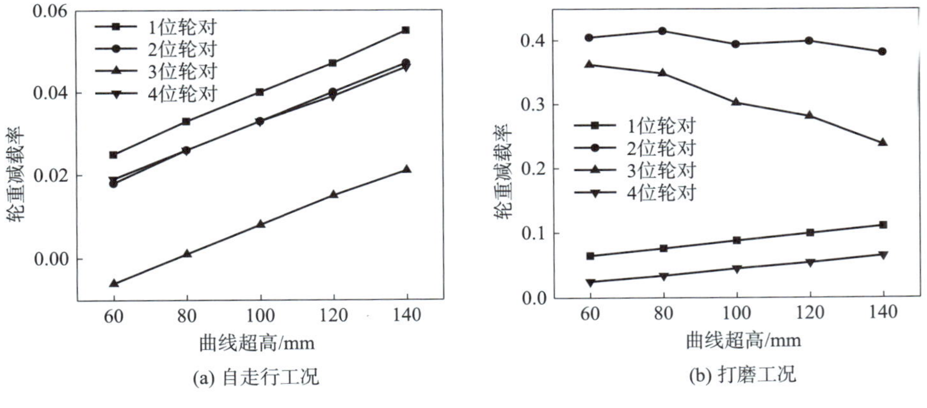


图 2-26　曲线超高对打磨小车轮重减载率的影响示意

(3)内侧车轮轮轨横向力

编组打磨小车在自走行工况和打磨工况下，曲线超高对打磨小车各轮对内侧车轮轮轨横向力的影响如图 2-27 所示。由图可知，自走行工况下，打磨小车各车轮的轮轨横向力均随着曲线超高的增大呈线性趋势递增，其中首车和尾车车轮的轮轨横向力变化率相似、中间台车两轮对车轮的轮轨横向力变化率相同，且前者整体小于后者。打磨工况下，打磨小车各车轮的轮轨横向力均随着曲线超高的增大而增大，其中 2 位车轮的增长率最大且受力最大，尾车车轮轮轨横向力最小，2 位车轮和 4 位车轮的轮轨横向力为负值。自走行工况与打磨工况相比，编组打磨小车 1 到 4 位车轮轮轨横向力分别平均增加了 980.4 N、－903.7 N、1 416.6 N 和－246.1 N。

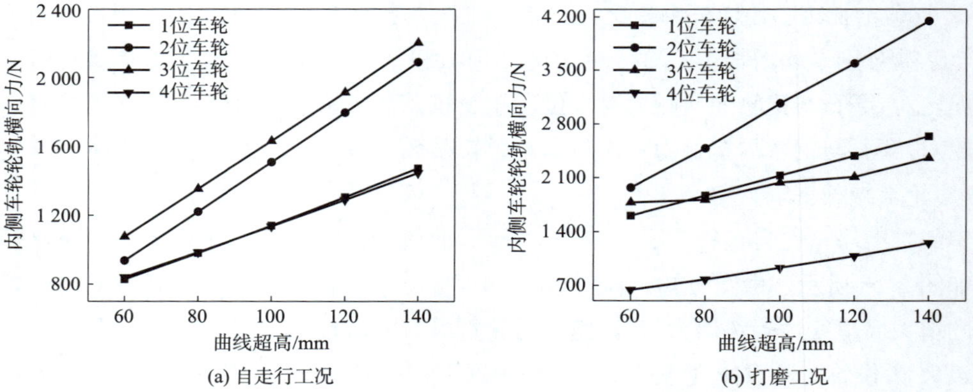


图 2-27　曲线超高对内侧车轮轮轨横向力的影响示意

(4)摇头角

编组打磨小车在自走行工况和打磨工况下，曲线超高对打磨小车各轮对摇头角的影响如图 2-28 所示。由图可知，自走行工况下打磨小车各轮对摇头角(绝对值)均随着曲线超高增大而线性递增，且增长率近似一致，中间台车的两轮对摇头角整体小于首车和尾车轮对摇头角。打磨工况下，打磨小车 3 位和 4 位轮对摇头角为负值，1 位和 2 位轮对摇头角为正值，除了 3 位轮对外，其他轮对摇头角均随曲线超高的增大而增大。编组打磨小车自走行工况与打磨工况相比，磨石与钢轨的接触力使 1 位和 2 位轮对的摇头角方向发生变化且平均分别增大了 0.125°和 0.154°，使 3 位和 4 位轮对的横移量平均增加了 0.354°和 0.013°。

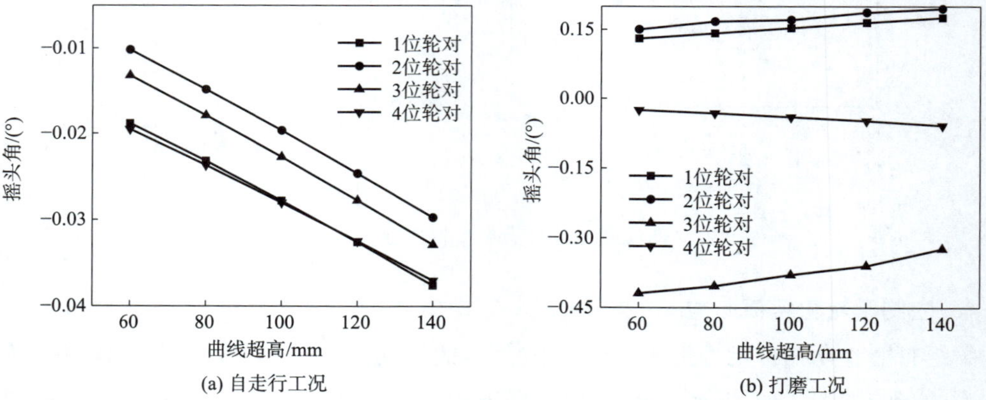


图 2-28　曲线超高对打磨小车摇头角的影响示意

(5)轮对横移量

编组打磨小车在自走行工况和打磨工况下，曲线超高对打磨小车各轮对横移量的影响如图 2-29 所示。由图可知，自走行工况下，打磨小车 1 位和 2 位轮对横移量较小且随着曲线超高的增大而减小，打磨小车 1 位和 2 位轮对横移量较大且随曲线超高变化不明显。打磨工况下，打磨小车 1 位和 2 位轮对横移量变为正值，且不再随曲线超高变化，3 位轮对的横移量随曲线超高的增大而减小。编组打磨小车自走行工况与打磨工况相比，磨石与钢轨的接触力使 1 位和 2 位轮对的横移量方向发生变化且平均分别增大了 4.76 mm 和 4.48 mm，使 3 位和 4 位轮对的横移量平均增加了 2.93 mm 和－0.04 mm。

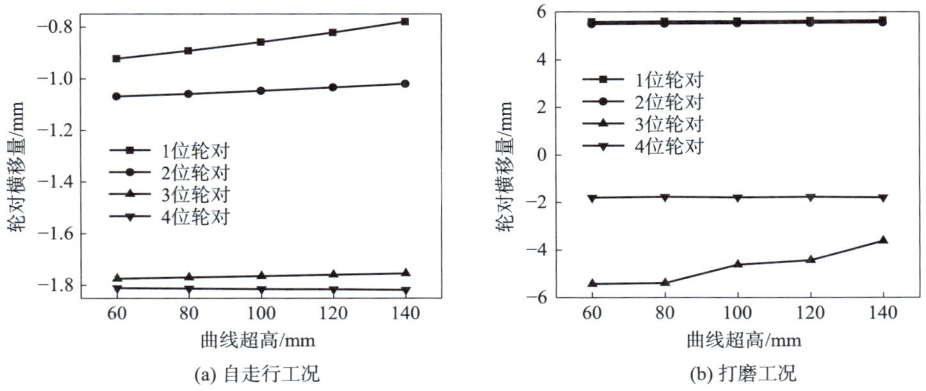


图 2-29　曲线超高对打磨小车轮对横移量的影响示意

## 2. 曲线半径的影响

(1)内侧车轮脱轨系数

编组打磨小车在自走行工况和打磨工况下，曲线半径对打磨小车各轮对内侧车轮脱轨系数的影响如图 2-30 所示，设置缓和曲线 150 m，曲线超高 120 m，打磨小车运行速度 18 km/h，曲线半径 300～800 m。

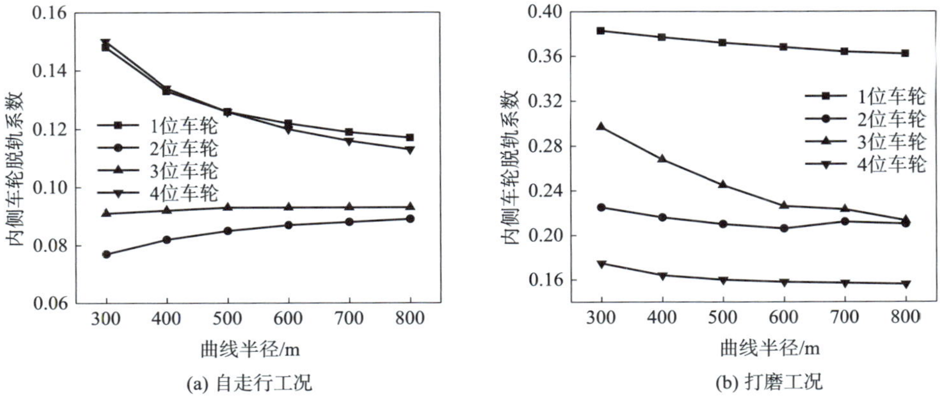


图 2-30　曲线半径对内侧车轮脱轨系数的影响示意

由图 2-30 可知，打磨小车自走行工况下，1 位和 4 位车轮脱轨系数随着曲线半径的增大而减小且趋于缓和,2 位和 3 位车轮脱轨系数随着曲线半径的增大而增大且趋于缓和,整体来看编组打磨小车首车和尾车车轮脱轨系数大于中间台车车轮脱轨系数。打磨小车在打磨工况下,所有车轮脱轨系数均随着曲线半径的增大而减小并趋于缓和,其中 3 位车轮减小趋势最为明显,此时打磨小车尾车车轮脱轨系数最大、首车车轮脱轨系数最小。自走行工况和打磨工况相比,1 到 4 位车轮脱轨系数分别平均增长了 0.243、0.128、0.153 和 0.035,可以看出磨石与钢轨接触力对编组打磨小车尾车车轮脱轨系数影响最大,对首车车轮脱轨系数影响很小。

(2)内侧车轮轮轨横向力

编组打磨小车在自走行工况和打磨工况下,曲线半径对打磨小车各轮对内侧车轮轮轨横向力的影响如图 2-31 所示,自走行工况下,编组打磨小车首车和尾车车轮的轮轨横向力随着曲线半径的增大而减小并趋缓,中间台车车轮轮轨横向力随着曲线半径的增大而增大并趋缓,整体上看前者轮轨横向力小于后者。打磨工况下,编组打磨小车各车轮轮轨横向力均随着曲线半径的增大而减小,且尾车和首车车轮的轮轨横向力分别达到了最大和最小。自走行工况和打磨工况相比,编组打磨小车 1 到 4 位车轮轮轨横向力分别平均增长了 1 058.2 N、1 812.2 N、241.6 N 和 204.9 N,可以看出磨石与钢轨的接触力对打磨小车 1 位和 2 位车轮轮轨横向力影响较大。

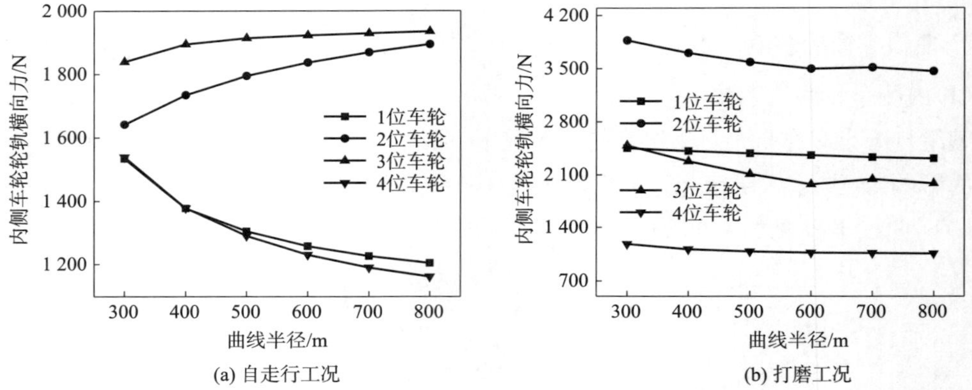


图 2-31 曲线半径对内侧车轮轮轨横向力的影响示意

(3)摇头角

编组打磨小车在自走行工况和打磨工况下,曲线半径对打磨小车各轮对摇头角的影响如图 2-32 所示。由图可知,自走行工况下,编组打磨小车中间台车两组轮对摇头角随着曲线半径的增大而减小且趋于缓和,首车和尾车两组轮对摇头角随着曲线半径的增大而增大且趋于缓和,整体来看首车和尾车轮对摇头角大于中间台车轮对摇头角、变化率高于中间台车轮对。打磨工况下,各轮对摇头角(绝对值)均随着曲线半径的增大而减小并趋缓,1 位和 2 位与 3 位和 4 位轮对摇头角符号相反且前者变化率低于后者。自走行工况与打磨工况相比，打磨小车 1 位和 2 位轮对摇头方向发生了变化，编组打磨小车 1 到 4 位轮对摇头角分别平均增长了 0.13°、0.17°、0.33°和 0.02°，可以看出磨石与钢轨的接触力对打磨小车 3 位轮对摇头角影响最大。

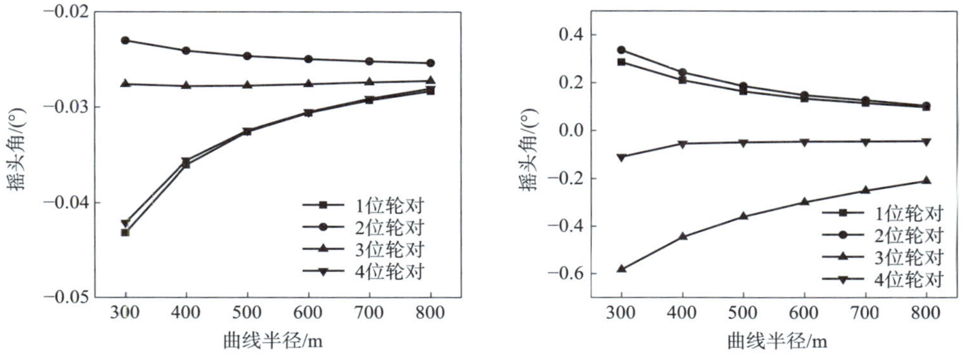


(a) 自走行工况　　(b) 打磨工况

图 2-32　曲线半径对打磨小车摇头角的影响示意

(4)轮对横移量

编组打磨小车在自走行工况和打磨工况下，曲线半径对打磨小车各轮对横移量的影响如图 2-33 所示。由图可知，自走行工况下，编组打磨小车各轮对横移量均随着曲线半径的增大而增大并趋缓，且 1 位和 2 位轮对横移量整体大于 3 位和 4 位轮对。打磨工况下，曲线半径对打磨小车各轮对横移量作用不明显，1 位和 2 位轮对横移方向与 3 位和 4 位轮对相反。自走行工况和打磨工况相比，磨石与钢轨的接触力不仅改变了 1 位和 2 位轮对的横移方向，还使两组轮对横移量分别平均增加了 4.83 mm 和 4.52 mm，而 3 位和 4 位轮对横移量仅分别增加了 2.31 mm 和 0.20 mm。

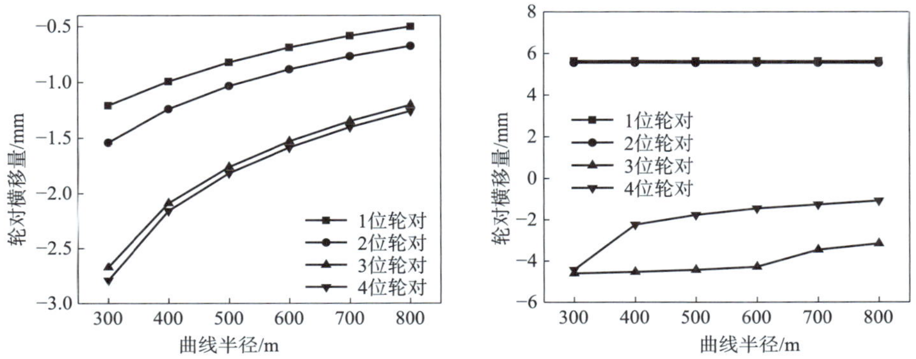


(a) 自走行工况　　(b) 打磨工况

图 2-33　曲线半径对打磨小车轮对横移量的影响示意

### 2.2.2.3 打磨小车动力学性能优化

与一整辆钢轨打磨列车相比，打磨小车的结构相对简单，其动力学性能可优化之处较少，因此通常仅分析弹性悬挂在垂向和水平方向上的定位刚度，并研究轴箱悬挂横向跨距以及车轮半径对打磨小车动力学性能的影响。针对打磨小车自身的功能特点，构架的横向位移影响其作业的准确性，因此对不属于动力学指标范畴的打磨小车构架横移量进行优化分析。钢轨打磨小车进行三辆编组后，首车和尾车各失去一组轮对，它们和中间台车的连接方式尤其是转动刚度对整组车辆的动力学性能影响较大。

#### 1. 单台打磨小车动力学性能优化

(1)轴箱垂向定位刚度

打磨小车轴箱垂向定位刚度对其动力学性能的影响如图 2-34 所示，设置曲线半径 300 m、超高 100 mm，轴箱水平定位刚度 5 MN/m，轴箱悬挂横向跨距 0.7 m，运行速度 16 km/h，轴箱垂向定位刚度 10～110 MN/m。

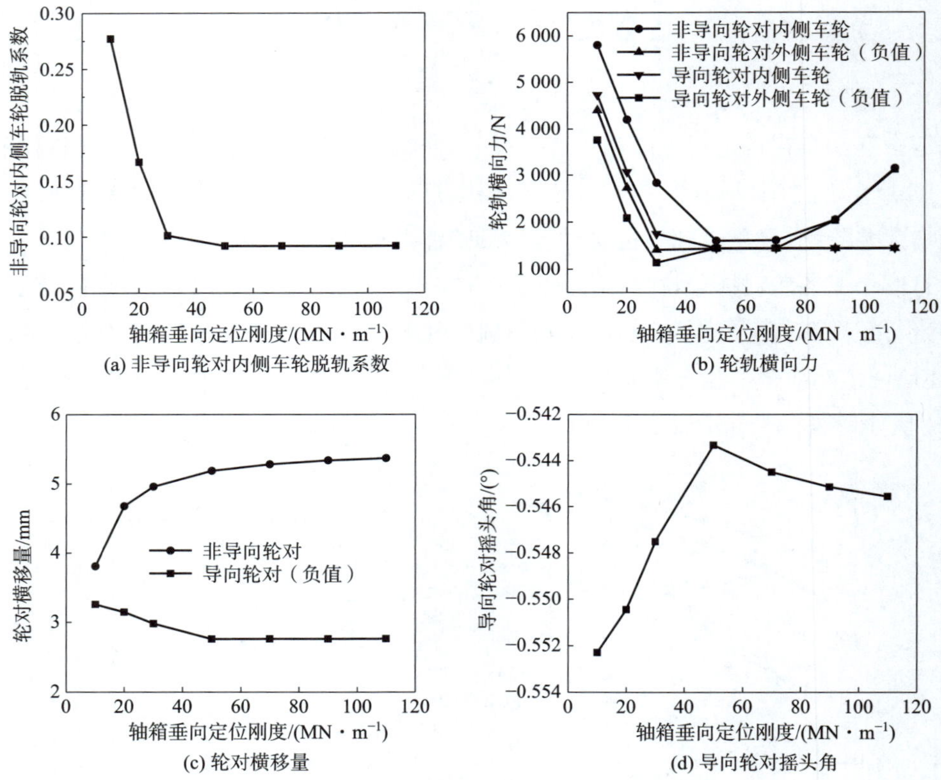


图 2-34　轴箱垂向定位刚度对打磨小车动力学性能的影响示意

由图 2-34 可知，打磨小车非导向轮对内侧车轮脱轨系数随着轴箱垂向定位刚度的增大而减小并趋缓至不变，垂向定位刚度由 10 MN/m 增加到 50 MN/m，打磨小车脱轨系数从

0.277 降至 0.092，降低达 66.8%，因此较大的轴箱垂向定位刚度有利降低打磨小车非导向轮对脱轨系数。打磨小车各车轮轮轨横向力整体上随着轴箱垂向定位刚度的增大而先减小后增大，40～80 MN/m 的轴箱垂向定位刚度值可将轮轨横向力维持在最小的范围内。打磨小车非导向轮对横移量随着轴箱垂向定位刚度的增大而增大并趋缓，导向轮对横移量随轴箱垂向定位刚度增大而减小并趋缓，而非导向轮对横移量整体大于导向轮对。打磨小车导向轮对摇头角(绝对值)随着轴箱垂向定位刚度的增大先减小后增大，轴箱定位刚度在 10 MN/m 时的轮对摇头角比 50 MN/m 时高 1.62%，定位刚度在 110 MN/m 时的轮对摇头角比 50 MN/m 时高 1.62%，因此打磨小车轴箱垂向定位刚度设置在 50 MN/m 左右有利于降低其导向轮对摇头角。综合上述所有动力学性能指标，兼顾打磨小车脱轨系数、轮轨横向力和轮对摇头角，设置其垂向定位刚度在 50 MN/m 左右为最佳。

(2)轴箱水平定位刚度

打磨小车轴箱水平定位刚度对其动力学性能的影响如图 2-35 所示，设置曲线半径 300 m、超高 100 mm，轴箱垂向定位刚度 30 MN/m，轴箱横向跨距 0.7 m，运行速度 16 km/h，轴箱水平定位刚度 1～11 MN/m。由图 2-35 可知，打磨小车非导向轮对横移量随着轴箱水平定位刚度的增大而减小，刚度值由 1 MN/m 增加到 11 MN/m，轮对横移量从 4.974 mm 降至 4.945 mm，降低了 2.78%。打磨小车导向轮对摇头角(绝对值)随着轴箱水平定位刚度的增大而减小并趋缓，刚度值由 1 MN/m 增加到 11 MN/m，轮对摇头角从 0.551 9°降至 4.946 9°，降低了 0.49%。整体来看，打磨小车轴箱悬挂水平定位刚度对其动力学性能较小，但较小的水平定位刚度有利于打磨小车通过曲线。

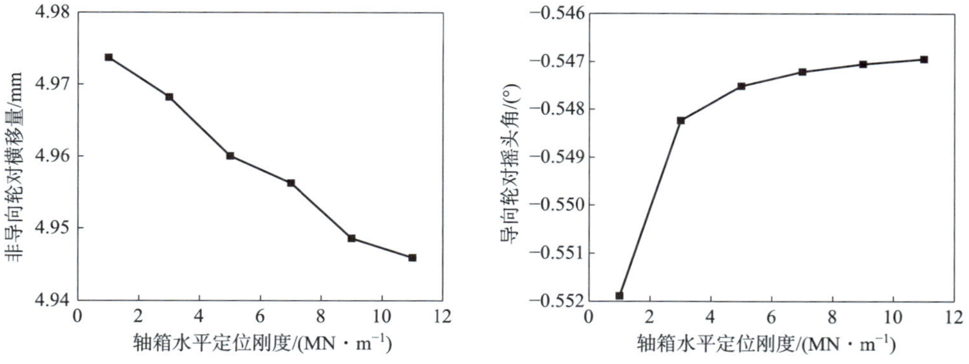


(a) 非导向轮对横移量　　(b) 导向轮对摇头角

图 2-35　轴箱水平定位刚度对打磨小车动力学性能的影响示意

(3)轴箱悬挂横向跨距

打磨小车轴箱悬挂横向跨距之半对其动力性能的影响如图 2-36 所示，设置曲线半径 300 m、超高 100 mm，轴箱垂向定位刚度 30 MN/m，水平定位刚度 5 MN/m，运行速度 16 km/h，轴箱悬挂横向跨距之半 0.5～1 m。

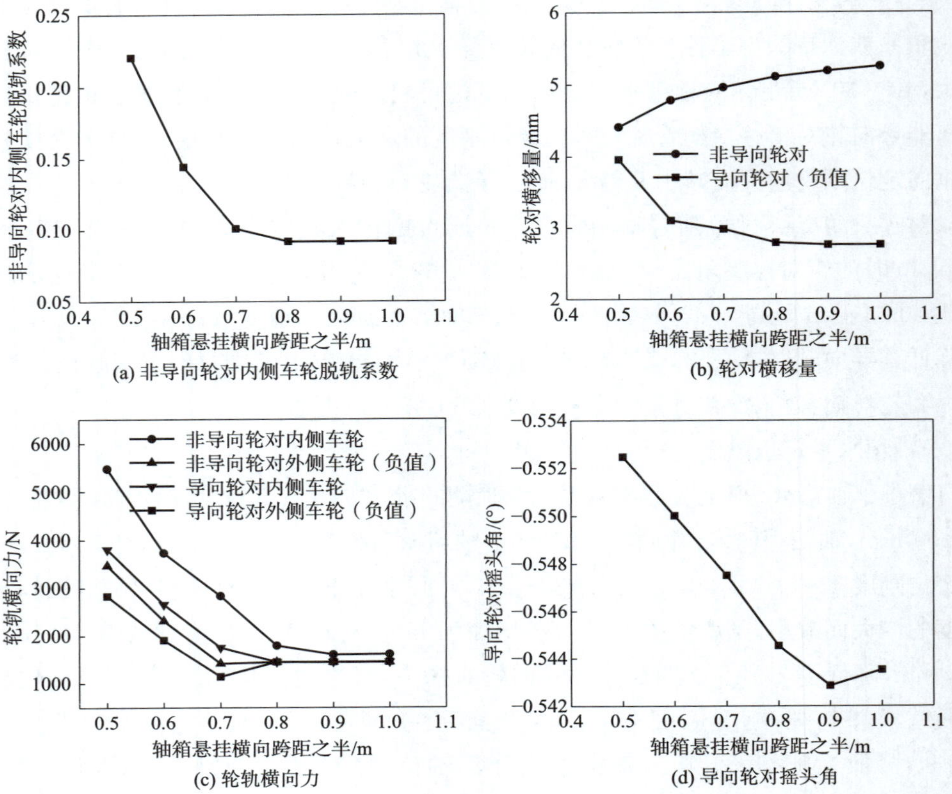


图 2-36　轴箱悬挂横向跨距之半对打磨小车动力学性能的影响示意

由图 2-36 可知，打磨小车非导向轮对内侧车轮脱轨系数随着轴箱悬挂横向跨距的增大而减小并趋缓，跨距从 1 m 升至 2 m，脱轨系数由 0.277 降至 0.092，降低达 66.78%，更大的轴箱悬挂横向跨距有利于降低打磨小车脱轨系数。打磨小车非导向轮对横移量随着轴箱垂向定位刚度的增大而增大并趋缓，导向轮对横移量随垂向定位刚度增大而减小并趋缓，而非导向轮对横移量整体大于导向轮对，跨距之半由 0.5 m 升至 1 m，导向轮对横移量由 3.96 mm 降至 2.76 mm，降低达 30.27%；非导向轮对横移量由 4.41 mm 升至 5.25 mm，增大了 19.01%。打磨小车各车轮轮轨系数整体上均随轴箱横向跨距的增大而减小并趋缓，导向轮对和非导向轮对的外侧车轮均在轴箱悬挂横向跨距之半在 0.7 m 时达到最小，随后出现较小的回升。为了兼顾另外两个车轮轮轨横向力当跨距之半设置在 0.9 m，与跨距之半为 0.5 m 相比，非导向轮对内外侧车轮轮轨横向力分别由 5 474.3 N 和 3 468.8 N 降至 1 604.5 N 和 1 444.6 N，降低了 70.69%和 58.37%，导向轮对内外侧车轮轮轨横向力分别由 3 805.5 N 和 2 829.4 N 降至 1 451.5 N，降低了 61.87%和 48.73%，较大的轴箱悬挂横向跨距有利于降低打磨小车各车轮轮轨横向力。打磨小车导向轮对摇头角随着轴箱悬挂横向跨距的增大先减小后增大，并在跨距之半为 0.9 m 时达到最小，与跨距为 0.5 m 相比，打磨小车导向轮对摇头角从 0.552 5°降至 0.542 8°,降低了 1.74%。综合所有打磨小车动力学性能指标,将其轴箱悬挂横向跨距之半设置为 0.9 m 为最佳。

(4)车轮半径

打磨小车车轮半径对其动力性能的影响如图 2-37 所示,设置曲线半径 300 m、超高 100 mm,轴箱垂向定位刚度 30 MN/m,水平定位刚度 5 MN/m,运行速度 16 km/h,轴箱悬挂横向跨距之半 0.7 m,车轮直径 0.25～0.5 m。由图 2-37 可知,打磨小车非导向轮对内侧车轮脱轨系数随着轮径的增大而减小,但最多仅降低了 0.005。导向轮对和非导向轮对横移量均随轮径的增大而减小,降低分别问为 0.136 mm 和 0.157 mm。打磨小车各车轮轮轨横向力随轮径变化趋势不明显。导向轮对摇头角(绝对值)随轮径的增大而减小,降低了 0.003°。可以看出打磨小车轮径并不是影响动力学性能的主要因素,因此轮径可根据实际结构空间尺寸进行设置。

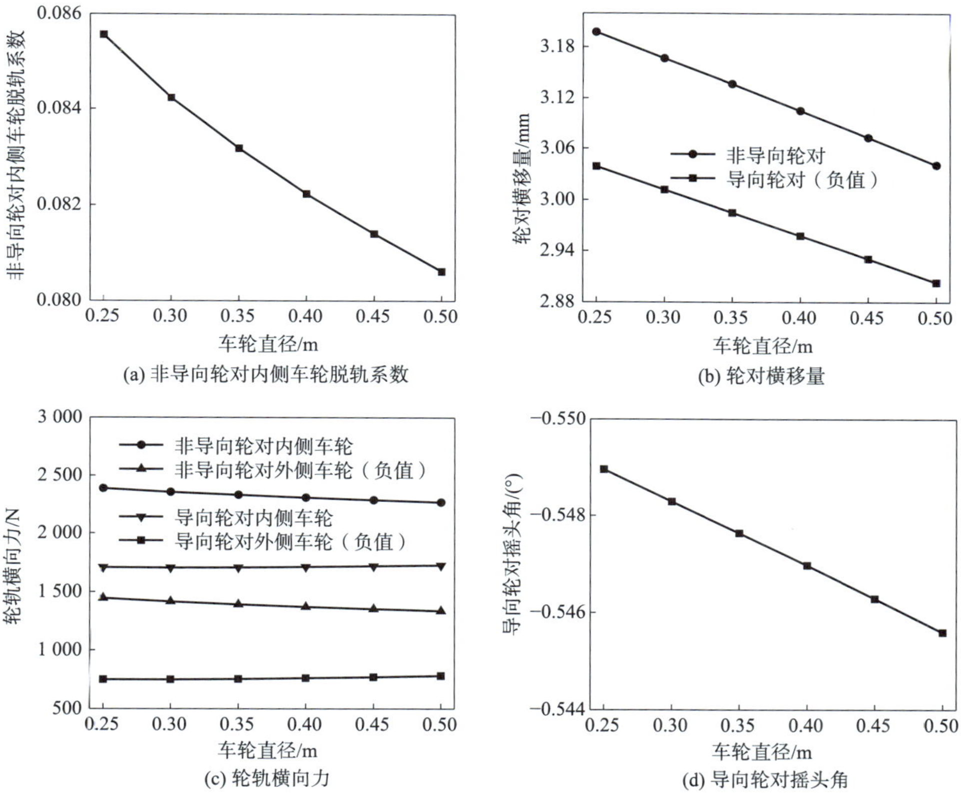


图 2-37 车轮半径对打磨小车动力学性能的影响示意

## 2. 构架横移量优化

除动力学性能指标外,打磨小车构架的横移量同样是影响其作业稳定性的重要因素。打磨小车轴箱刚度、轴箱悬挂横向跨距之半和车轮直径对其构架横移量的影响如图 2-38 所示,设置曲线半径 300 m、超高 100 mm,运行速度 16 km/h。随着轴箱水平定位刚度由 1 MN/m 增至 11 MN/m,构架横移量由 11.281 mm 降至 10.667 mm,降低了 0.614 mm。随着轴箱垂向定位刚度由 10 MN/m 增至 110 MN/m,构架横移量由 10.549 mm 升至 10.774 mm,增加了 0.225。随着轴箱悬挂跨距之半由 0.5 m 增至 1 m,构架横移量由 10.637 mm 升至 10.772 mm,增加了 0.135 mm。随着车轮直径由 0.25 m 增至 0.5 m,构架横移量由 10.562 mm 降至 10.557 mm,降低了 0.005 mm。可以看出,轴箱悬挂参数是影响打磨小车构架横移量的主要因素,较大的水平定位刚度、较小的垂向定位刚度和较小的轴箱横向跨距有利构架的横向稳定性。

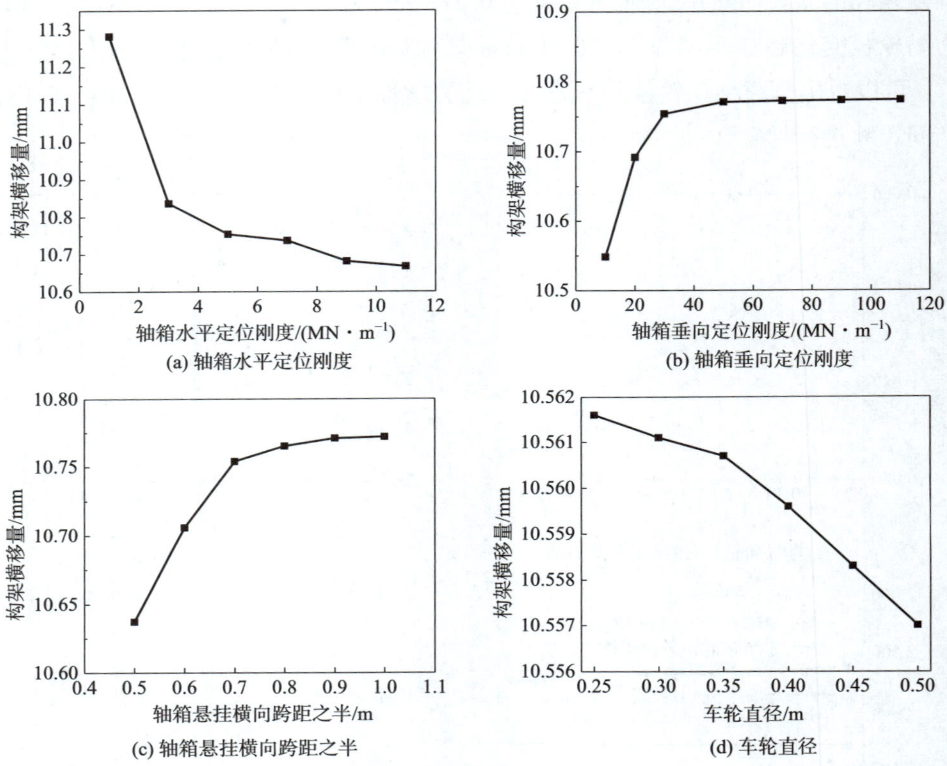


图 2-38 打磨小车参数对构架横移量的影响示意

### 3. 编组打磨小车动力学性能优化

96 打磨头钢轨打磨车所悬挂的打磨小车往往进行三辆编组,打磨小车和打磨小车之间的连接方式采用球铰,即中间台车相对于轨道具有六个自由度,而首车和尾车相对于中间台车仅有三个方向的转动自由度,对该三个方向自由度进行约束会直接影响到首车、尾车与中间台车的相互作用,从而影响编组打磨小车的动力学性能。

(1)抗摇头刚度

在球铰处设置抗摇头刚度对打磨小车各轮对动力学性能的影响如图 2-39 所示,设置曲线半径 300 m、超高 120 mm,运行速度 18 km/h,抗摇头刚度 0.1～0.7 MN/rad。

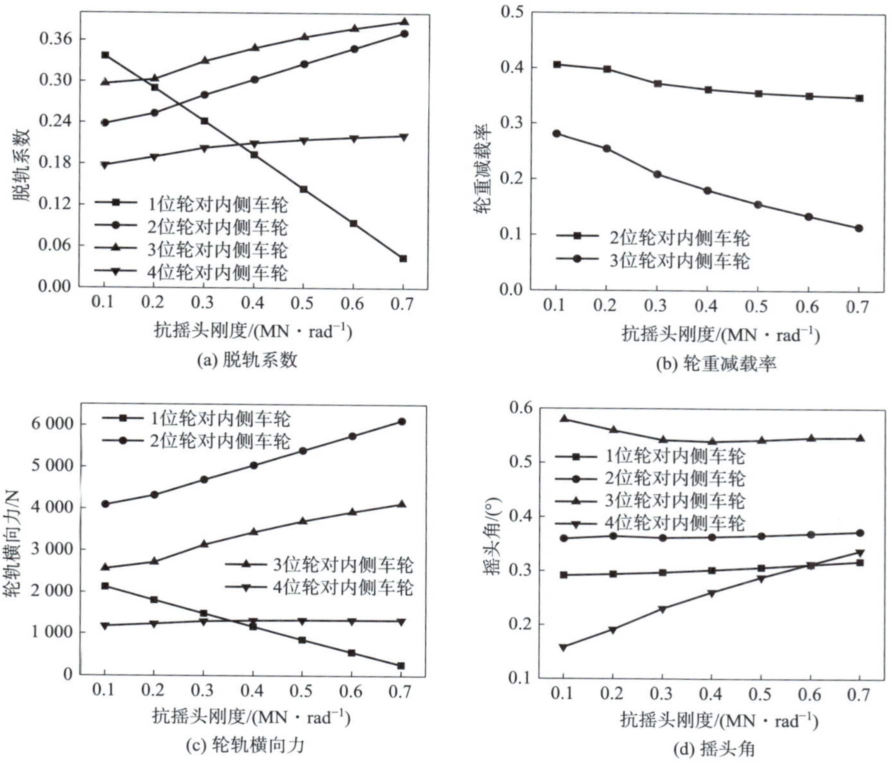


图 2-39　抗摇头刚度对打磨小车动力学性能的影响示意

由图 2-39 可知，随着抗摇头刚度由 0.1 MN/rad 增大至 0.7 MN/rad，打磨小车 1 位轮对内侧车轮脱轨系数由 0.337 降至 0.044，降低了 0.293；其他轮对内侧车轮脱轨系数均出现了不同程度的上升，其中 2 位轮对内侧车轮由 0.238 升至 0.372，增加了 0.134，3 位轮对内侧车轮由 0.297 升至 0.388，增加了 0.091，4 位轮对内侧车轮由 0.178 升至 0.222，增加了 0.044。可以看出，打磨小车尾车车轮的脱轨系数对抗摇头刚度的变化较为敏感，因此适当设置较大的抗摇头刚度有利于降低尾车脱轨系数。打磨小车中间台车轮对轮重减载率随着抗摇头刚度的增大而减小，抗摇头刚度由 0.1 MN/rad 增大至 0.7 MN/rad，2 位轮对内侧车轮轮重减载率由 0.406 降至 0.349，降低了 0.057，3 位轮对内侧车轮轮重减载率由 0.281 降至 0.115，降低了 0.166，设置较大的抗摇头刚度有利于降低打磨小车中间台车轮对轮重减载率。中间台车轮对轮轨横向力随着抗摇头刚度的增大出现较大的升高，抗摇头刚度由 0.1 MN/rad 增大至 0.7 MN/rad，2 位轮对内侧车轮和 3 位轮对内侧车轮轮轨横向力分别由 4 089.3 N、2 565.2 N 升至 6 121.3 N、4 135.1 N，增加分别为 2 032.0 N 和 1 570.1 N，而 1 位轮对内侧车轮轮轨横向力出现较大降低，但整体来看，中间台车轮轨横向力大于首车和尾车，出于保护前者的目的宜设置较小的抗摇头刚度。打磨小车 3 位轮对内侧车轮摇头角大于其他轮对，抗摇头刚度由 0.1 MN/rad 增大至 0.3 MN/rad 时，该轮对摇头角不断降低，之后不再有明显变化，而 4 位轮对内侧车轮摇头角不断呈线性增大。综合来看，打磨小车之间设置抗摇头刚度对其各轮对动力学性能影响是正反两方面的，刚度值在0.2～0.3 MN/rad 的区间内可近似兼顾所有轮对的部分动力学性能指标，实现对编组打磨小车动力学性能最大程度上优化的目的。

(2)抗点头刚度

在球铰处设置抗点头刚度对打磨小车各轮对动力学性能的影响如图 2-40 所示，设置曲线半径 300 m、超高 120 mm，运行速度 18 km/h，抗点头刚度 6～18 MN/rad。由图可知，脱轨系数最大的 1 位轮对内侧车轮随抗点头刚度的增大不断降低，而 2 位轮对内侧车轮脱轨系数不断升高，3 位轮对内侧车轮在 15 MN/rad 时达到最优，为了保障 1 位轮对内侧车轮的稳定性，宜将抗点头刚度设置在较大值，兼顾 3 位轮对内侧车轮的最优点，抗点头刚度设置为 15 MN/rad 最为合理。打磨小车中间台车轮对轮重减载率随着抗点头刚度的增大而减小，抗点头刚度由 6 MN/rad 增大至 18 MN/rad，2 位轮对内侧车轮轮重减载率由 0.426 降至 0.266，降低了 0.60；3 位轮对内侧车轮轮重减载率由 0.320 降至 0.141，降低了 0.179，设置较大的抗点头刚度有利于降低打磨小车中间台车轮对轮重减载率。打磨小车 3 位轮对内侧车轮在抗点头刚度值 12 MN/rad 后出现明显降低，1 位轮对内侧车轮摇头角始终随抗点头刚度的增大而呈线性减小。综合所有轮对的动力学性能指标，抗点头刚度设置在 15～16 MN/rad 较为合理。

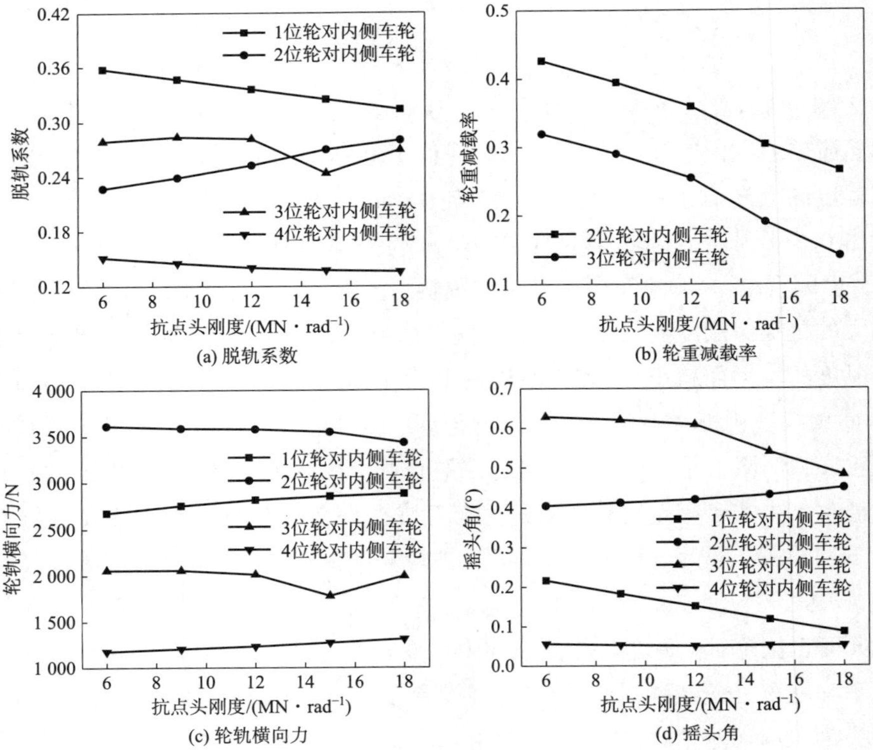


图 2-40　抗点头刚度对打磨小车动力学性能的影响示意

(3)抗侧滚刚度

在球铰处设置抗侧滚刚度对打磨小车各轮对动力学性能的影响如图 2-41 所示，设置曲线半径 300 m、超高 120 mm，运行速度 18 km/h，抗侧滚刚度 0.4～1.2 MN/rad。从仿真计算结果来看，打磨小车各轮对动力学性能随抗侧滚刚度变化不明显，仅将受抗侧滚刚度影响的动力学性能指标进行绘图，由图 2-41 可知，仅 1 位轮对内侧车轮脱轨系数和 3 位轮对摇头角随抗侧滚刚度增大出现较小的降低，抗侧滚刚度由 0.4 MN/m 增大到 1.2 MN/m，1 位轮对内侧车轮脱轨系数由 0.36 降低到 0.33。

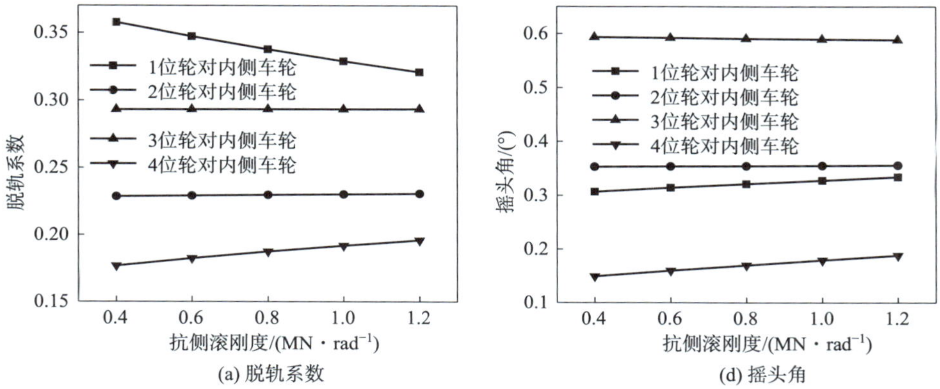


图 2-41　抗侧滚刚度对打磨小车动力学性能的影响示意

# 2.3　钢轨打磨小车打磨过程中动力学行为分析

## 2.3.1　轨道不平顺对钢轨打磨小车打磨过程影响

### 2.3.1.1　轨道不平顺对打磨压力波动的影响

钢轨打磨小车在作业过程中，打磨磨石紧贴于钢轨表面，由于实际钢轨在高低方向是不平顺的，该高低不平顺带动磨石作垂向振动，振动信号经打磨电机传递至压力加载缸，从而使缸内压力产生波动，进一步造成驱动缸所输出的打磨压力产生变化，其作用原理如图 2-42 所示。

由打磨压力波动数学模型可以看出，轨道不平顺是引起钢轨打磨压力波动的主要原因之一。压力波动在时域上随轨道不平顺的变化情况如图 2-43 所示，为轨道加载不平顺波谱，不平顺频率选取每米出现 0.025～5 个波动，打磨速度为 12.6 km/h。从图中整体来看，压力波动曲线与轨道不平顺曲线变化趋势十分近似，但仍有局部出现较大差别，因为从轨道不平顺曲线只能直观地看出其不平顺幅值信息，而其不平顺波长同样是影响打磨压力波动的重要因素，因此图中打磨压力波动曲线是轨道不平顺幅值和波长等共同作用的结果。

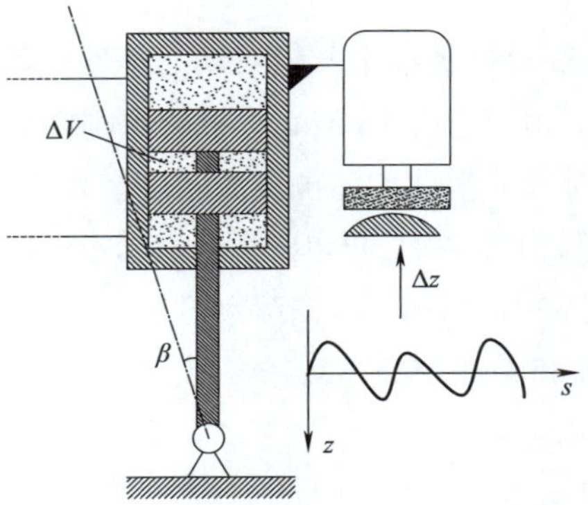


图 2-42　轨道不平顺造成压力波动原理示意

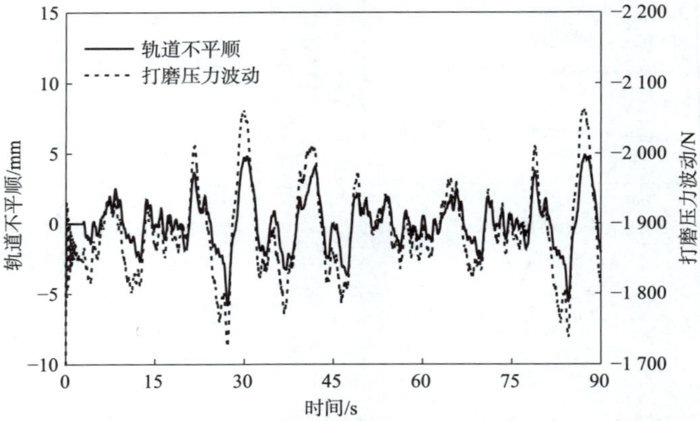


图 2-43　打磨压力随轨道不平顺变化示意

为了分别得到轨道不平顺幅值和波长对打磨压力波动的影响，将轨道随机的高低不平顺简化为正弦波形，先控制正弦波的波长分析幅值对打磨小车压力波动的影响，继而控制正弦波的幅值分析波长对打磨压力波动的影响，最终得到具有正弦波动特征的轨道不平顺对压力的影响，如图 2-44 所示，波长设置 10～170 m，幅值设置 1～9 mm，打磨小车运行速度 12.6 km/h。由图 2-44 可知，随着不平顺幅值的增大，压力波动幅值近似呈线性规律增大，从曲面的外形变化来看，不平顺波长较小时幅值对压力波动的影响小于不平顺波长较大时幅值对压力波动的影响，轨道不平顺波长为 10 m 时，不平顺幅值由 1 mm 增大至 9 mm，

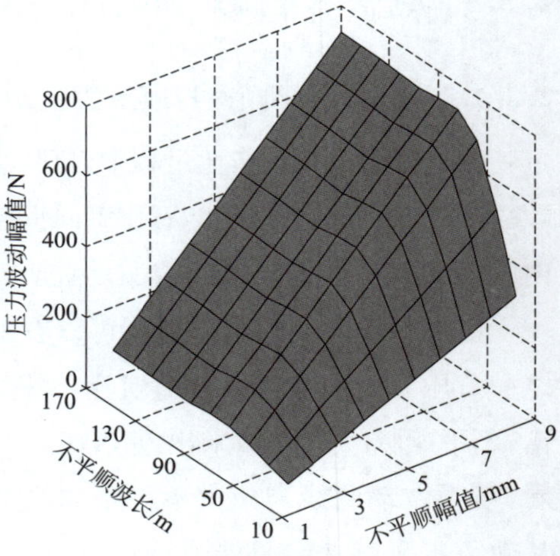


图 2-44　轨道垂向不平顺对打磨压力波动的影响示意

打磨压力波动由 34 N 增大至 308 N，斜率近似为 34.25，轨道不平顺波长为 170 m 时，不平顺幅值由 1 mm 增大至 9 mm，打磨压力波动由 81 N 增大至 725 N，斜率近似为 80.50。随着轨道不平顺波长的增大，压力波动幅值近似呈反函数规律增大，波长低于 50 m 的不平顺对压力波动影响趋势较大。上述结论仅局限于仿真参数所设置的轨道不平顺范围，对远低于 10 m 波长的轨道不平顺进行单独分析。

钢轨打磨小车的打磨速度对打磨压力波动的影响如图 2-45 所示，轨道不平顺波长取 20 m，幅值取 3 mm，速度 1～5 m/s。由图 2-45 可知，随着打磨速度的增大，打磨压力波动呈反函数规律降低，打磨速度低于 2 m/s 的压力波动变化趋势较为明显。

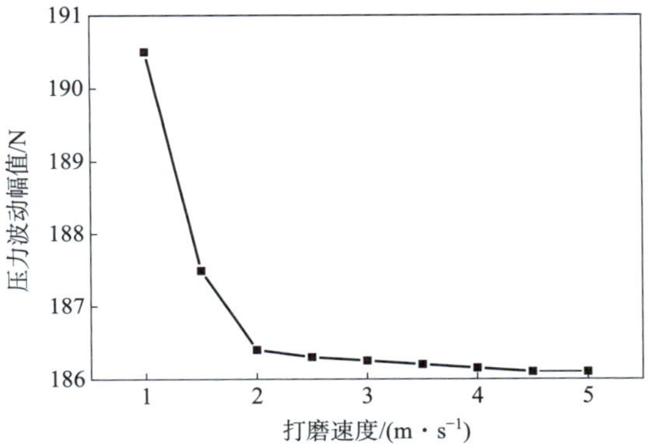


图 2-45　打磨速度对打磨压力波动的影响示意

轨道不平顺的波长转换成输入到打磨小车动力学系统中的振动频率需引入打磨小车的运行速度，假设轨道高低不平顺波长为 $\lambda$(m)、运行速度 $v$(m/s)、振幅为 $A$，则打磨小车受到来自外界的正弦激励可表达为

$$z=A\sin\left(2\pi\frac{v}{\lambda}t\right) \tag{2-26}$$

从式中可以看出，不平顺波长的减小与打磨速度的增大会对公式(2-26)正弦函数产生相同的影响，较小的不平顺波长和较大的运行速度都会时打磨小车受到更高频率的激励。

### 2.3.1.2　轨道不平顺对打磨小车振动的影响

将频率连续变化的等幅激励输入到打磨小车线性化系统中，得到其摇架在 10～30 Hz 频段的垂向振动响应曲线，如图 2-46 所示。由图 2-46 可知，在考虑磨石与钢轨接触关系和不考虑两者接触关系的情况下，打磨小车摇架均在 13～14 Hz 频段产生较大的响应，且有磨石与钢轨接触力与无接触力相比，振动响应增益更大。由此可判断 13～14 Hz 范围内的频率是打磨小车摇架垂向振动的共振频率，而摇架的垂向振动会引起磨石与钢轨表面产生垂向相对位移，从而影响压力波动。因此，有必要分析打磨小车振型和对应的振动频率。

钢轨打磨小车的部分主要振型如图 2-47 所示，其中侧滚振动、浮沉振动和点头振动具

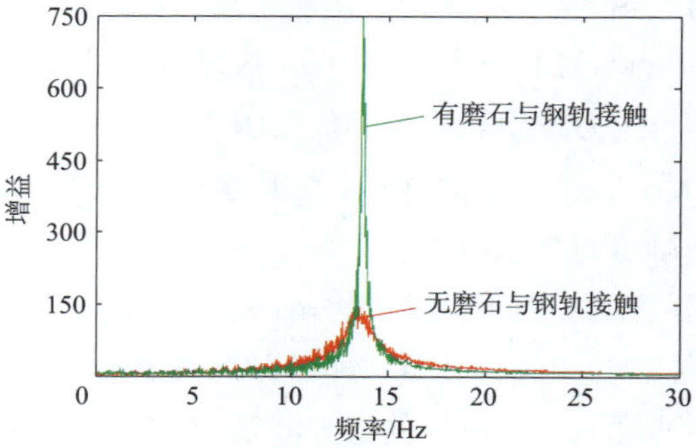


图 2-46　打磨小车摇架垂向振动响应示意

有一个共同点，打磨磨石与钢轨表面会产生较大的垂向相对距离，而该垂向距离是打磨压力波动的重要影响因素，因此，上述三个振型是主要分析方向。

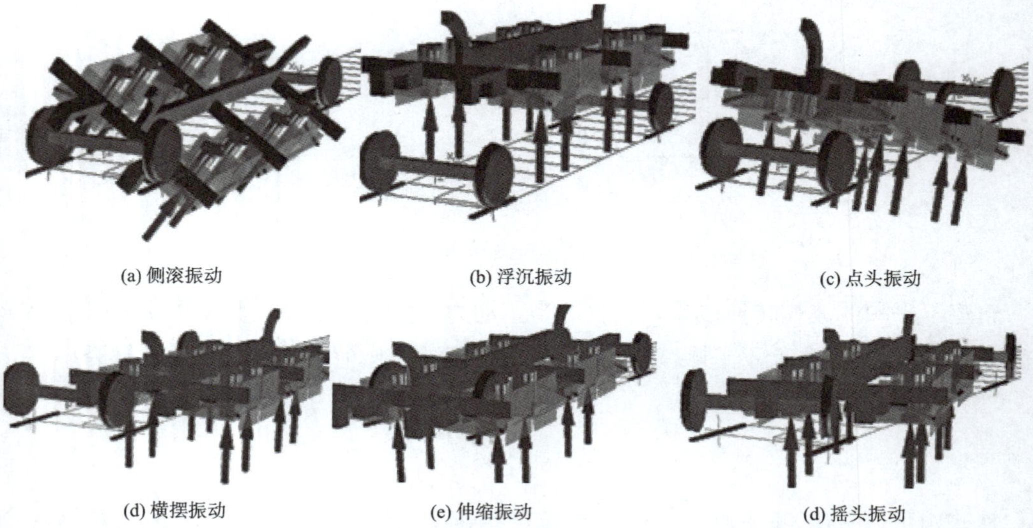


图 2-47　打磨小车主要振型

打磨小车摇架的侧滚、浮沉和点头频率较高，小波长的钢轨激励即钢轨波磨易引起其共振，对某段存在波磨的服役钢轨进行实际测量，如图 2-48 所示，得到波磨的波长分布和幅值信息，该段钢轨不平顺的主要波长是 160 mm，同时存在 80～100 mm 的次波长，最高振动幅值在 0.03 mm 左右。

借鉴上述钢轨实测波磨数据，为轨道添加波长范围 100～280 mm、波深范围 0.01～0.21 mm 的正弦波激励，达到简化模拟波磨钢轨的目的。钢轨波磨对打磨压力波动的影响如图 2-49 所示。由图可知，随波磨波深的增大，打磨压力波动幅值近似呈线性增大，这与低频钢轨激励对打磨压力波动影响的规律是一致的。随着波磨波长的增大，打磨压力的波动出现两次峰值，第一次出现在波长为 140 mm 处，第二次出现在波长为 230 mm 左右。

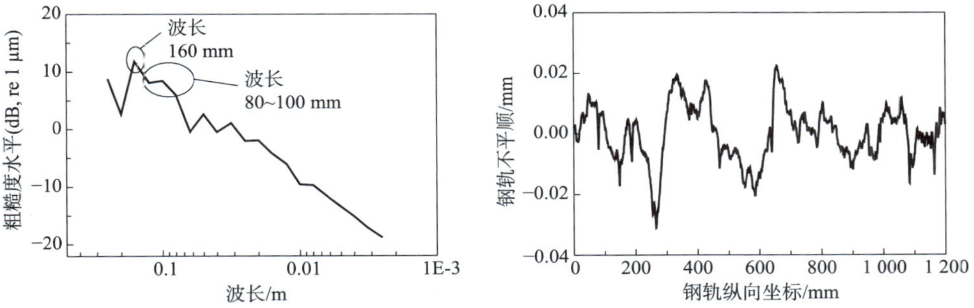

(a) 波长　(b) 幅值

图 2-48　钢轨波磨实测数据示意

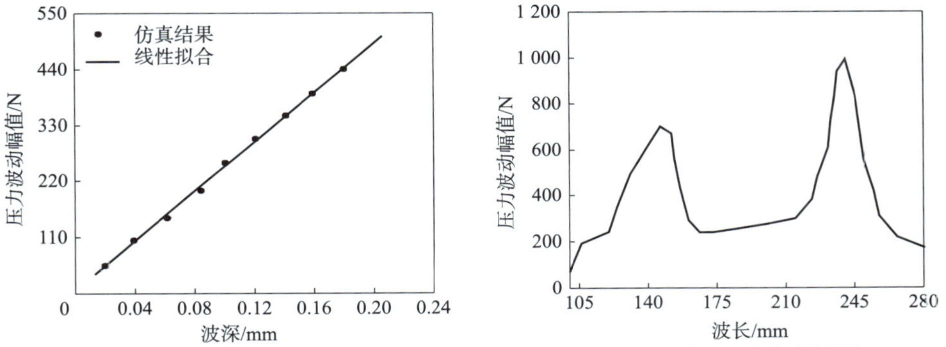

(a) 波深对压力波动的影响　(b) 波长对压力波动的影响

图 2-49　钢轨波磨对打磨压力波动的影响示意

钢轨打磨小车点头、浮沉和侧滚振动的固有频率和共振波长见表 2-5，共振波长是通过固有频率结合打磨速度 3.5 m/s 转换得到的。从表中可以看出，142.2 mm 的波长会引起打磨小车的点头振动，230 mm 左右的波长会引起打磨小车浮沉振动和侧滚振动，这两个波长与打磨压力波动幅值达到顶峰时对应的波长一致，并且可以解释压力波动第二个峰值大于第一个峰值的原因，因为第二个峰值是浮沉振动和侧滚振型叠加的效果。

**表 2-5　打磨小车振型和共振波长**

| 构架振型 | 固有频率/Hz | 共振波长/mm |
|---|---|---|
| 点头振动 | 24.6 | 142.2 |
| 浮沉振动 | 15.3 | 228.7 |
| 侧滚振动 | 14.7 | 237.6 |

#### 2.3.1.3　考虑打磨单元振动的打磨压力波动优化

由打磨压力波动公式可以看出，影响压力波动的因素有驱动缸的结构参数，即有杆腔和无杆腔的作用面、打磨单元质量和打磨单元的垂向振动加速度等。打磨单元质量对打磨压力波动的影响如图 2-50 所示，质量变化范围设置为 10～170 kg。由图可知，随着打磨单元质量的增大，压力波动幅值逐渐增加，打磨单元质量在 60～130 kg 范围内变化时，打磨压力波动变化明显，更小的质量和更大的质量均对压力波动作用不明显。因此，打磨单元的轻量化有利降低打磨小车作业过程中的压力波动。

作为影响打磨压力波动因素之一的打磨单元垂向振动加速度并不能直接进行优化，而是通过对影响其垂向振动的因素进行间接优化。打磨小车一系垂向定位刚度对打磨压力波动幅值的影响如图 2-51 所示，定位刚度设置范围 3～43 MN/m。由图可知，随着打磨小车一系垂向定位刚度的增大，打磨压力波动首先不断减小并趋缓，继而在定位刚度大于 28 MN/m 后出现微小的回升，因此将打磨小车一系垂向定位刚度设置为 28 MN/m 有利于降低打磨压力波动。

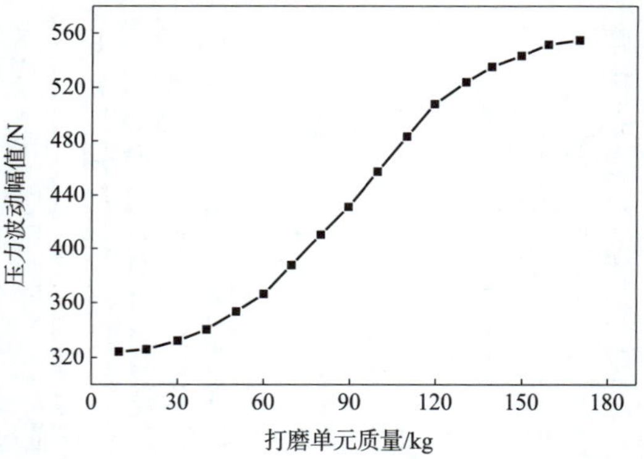


图 2-50　打磨单元质量对打磨压力波动的影响示意

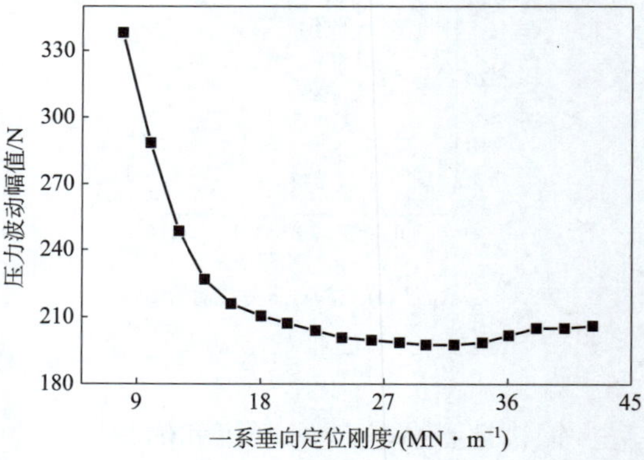


图 2-51　一系垂向定位刚度对打磨压力波动的影响示意

除了打磨单元的振动会引起打磨小车压力波动，打磨小车自身的振动同样会引起较大的压力波动，尤其是在打磨小车关键构件共振的情况下。从图中可以看出，打磨小车摇架一旦产生点头共振，打磨压力波动迅速从 300 N 左右升至 750 N 左右；摇架一旦产生浮沉和侧滚共振，压力波动迅速从 300 N 左右升至 1 100 N 左右。打磨小车一系垂向定位刚度是影响其共振频率的关键因素之一，一系垂向定位刚度对打磨小车侧滚振动、浮沉振动和点头振动固有频率的影响如图 2-52 所示，刚度范围设置为 7～39 MN/m。由图可知，随着垂向定位刚度的增大，打磨小车三个振型固有频率不断增大并趋缓；侧滚振动和浮沉振动之间的相对关系并未因为垂向刚度的变化而产生变化。因此，通过调整打磨小车一系垂向定位刚度来间接改变不利于打磨稳定性振型的固有频率是可行的。

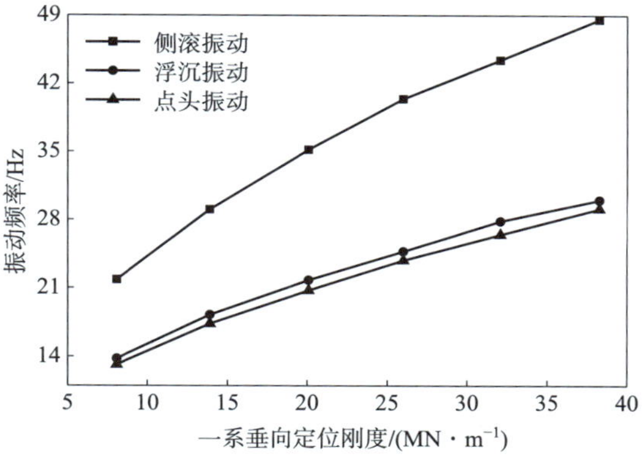


图 2-52　一系垂向定位刚度对振动频率的影响示意

## 2.3.2　不同打磨工况对打磨小车动力学行为影响

小半径曲线钢轨常出现的损伤包括上股钢轨严重侧磨、下股钢轨内外侧肥边，如图 2-53 所示。其中，侧磨是轮缘与钢轨侧面频繁接触造成的，打磨侧磨钢轨的方法是把磨石集中作用在钢轨外侧非工作边。肥边是轨顶塑性变形造成的，过大的肥边不利于钢轨的维修施工，打磨方式是把磨石直接分布在轨面大角度处，随着打磨后列车的运行，肥边会自行脱落。

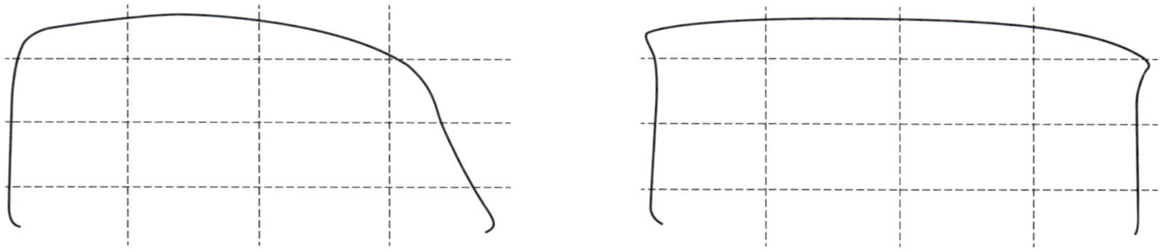

(a) 皖赣线某段小半径曲线上股廓形　　(b) 京九线某段小半径曲线下股廓形

图 2-53　曲线钢轨实测廓形示意

某段 1 000 m 半径曲线钢轨的打磨模式见表 2-6，由表可知，该段曲线上股钢轨产生了一定的侧磨，因此打磨角度主要集中在负角度（非工作边）；而下股内侧轨角产生了肥边，12 组磨石集中打磨 40°左右的工作边位置。

**表 2-6　曲线钢轨非对称打磨模式举例**

| 磨石编号 | 1 | 2 | 3 | 4 | 5 | 6 | 7 | 8 | 9 | 10 | 11 | 12 |
|---|---|---|---|---|---|---|---|---|---|---|---|---|
| 上股角度/(°) | −4 | −4 | −4 | −3.5 | −3.5 | −3.5 | −3 | −2.5 | −2 | −2 | −1.5 | −1.5 |
| 下股角度/(°) | −12 | −11 | −9 | −8 | −6 | −4 | 50 | 49.5 | 48 | 46.5 | 45 | 44 |
| 磨石编号 | 13 | 14 | 15 | 16 | 17 | 18 | 19 | 20 | 21 | 22 | 23 | 24 |
| 上股角度/(°) | −1 | −1 | −0.5 | 1 | 0.5 | 3 | 3 | 2 | 2 | 1.5 | 1 | 2 |
| 下股角度/(°) | 43 | 40.5 | 38.5 | 38 | 37.5 | 35.5 | 16 | 15.5 | 15 | 14.5 | 13.5 | 13 |

分别调整两侧摇篮和电机摆动马达的偏转量即可得到打磨小车非对称打磨模式下的动力学模型，如图 2-54 所示，图中打磨小车左排磨石打磨钢轨轨顶位置，右排磨石打磨钢轨工作边位置。

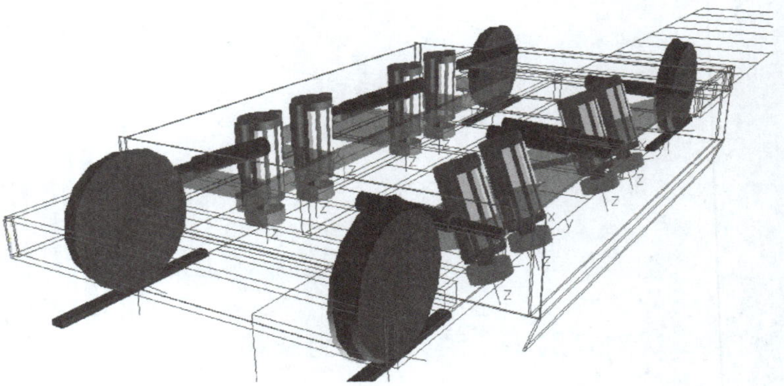

图 2-54 钢轨打磨小车非对称打磨模式

#### 2.3.2.1 曲线上股单侧打磨工况分析

在打磨较小半径曲线钢轨时，打磨列车的左右两侧磨石根据钢轨实际损伤情况一般是非对称分布的，同理，非对称打磨中亦涉及单独打磨曲线上股钢轨或下股钢轨的工况。针对上股钢轨侧磨损伤，打磨小车单独打磨曲线上股钢轨外侧时，打磨角度对钢轨打磨小车动力学性能的影响如图 2-55 所示，仿真计算参数设置为曲线半径 800 m，超高 120 mm，曲线通过速度 18 km/h。由图可知，随着打磨角度的增大，钢轨打磨小车的脱轨系数近似呈线性增大，打磨角度由 10°增至 50°；导向车轮脱轨系数增大了 8.57%，非导向车轮脱轨系数增大了 5.93%，上述指标取自曲线内侧车轮，而另一侧车轮脱轨系数很小。打磨小车非导向轮对轮重减载率随着打磨角度的增大而减小，打磨角度由 10°增至 50°，轮重减载率降低了 14.17%，导向轮对轮重减载率较小。打磨小车轮轨横向力随打磨角度变化不明显，导向轮对和非导向轮对的内侧车轮轮轨横向力符号为正，外侧符号为负，且内侧车轮轮轨横向力较大。打磨钢轨 0°位置时的轮对摇头角与其他位置相比有较大差别，非导向摇头角随着打磨角度由 10°增至 50°变化率维持在 0.48%之内。随着打磨角度的增大，打磨小车轮对横移量近似呈线性增大，打磨角度由 10°增至 50°，导向轮对横移量增大了 14.63%，非导向轮对横移量增大了 5.12%。

钢轨打磨小车在打磨曲线上股钢轨外侧时，磨石和车轮与上股钢轨间作用力如图 2-56 所示。打磨小车通过曲线时产生离心力，同时因为曲线超高的设置产生向心力，由于打磨小车运行速度较低，离心力低于向心力。磨石打磨上股钢轨外侧，钢轨反作用于磨石的正压力分解为指向外侧的横向分力和向上的垂向分力，垂向分力经打磨单元传递到打磨小车，该垂向分力反作用于小车外侧，从而加剧小车向轨道内侧的倾覆趋势，小车内侧车轮垂向力增大，且打磨角度越大，垂向分力越小，内侧车轮轮轨垂向力越小，最终导致打磨小车脱轨系数

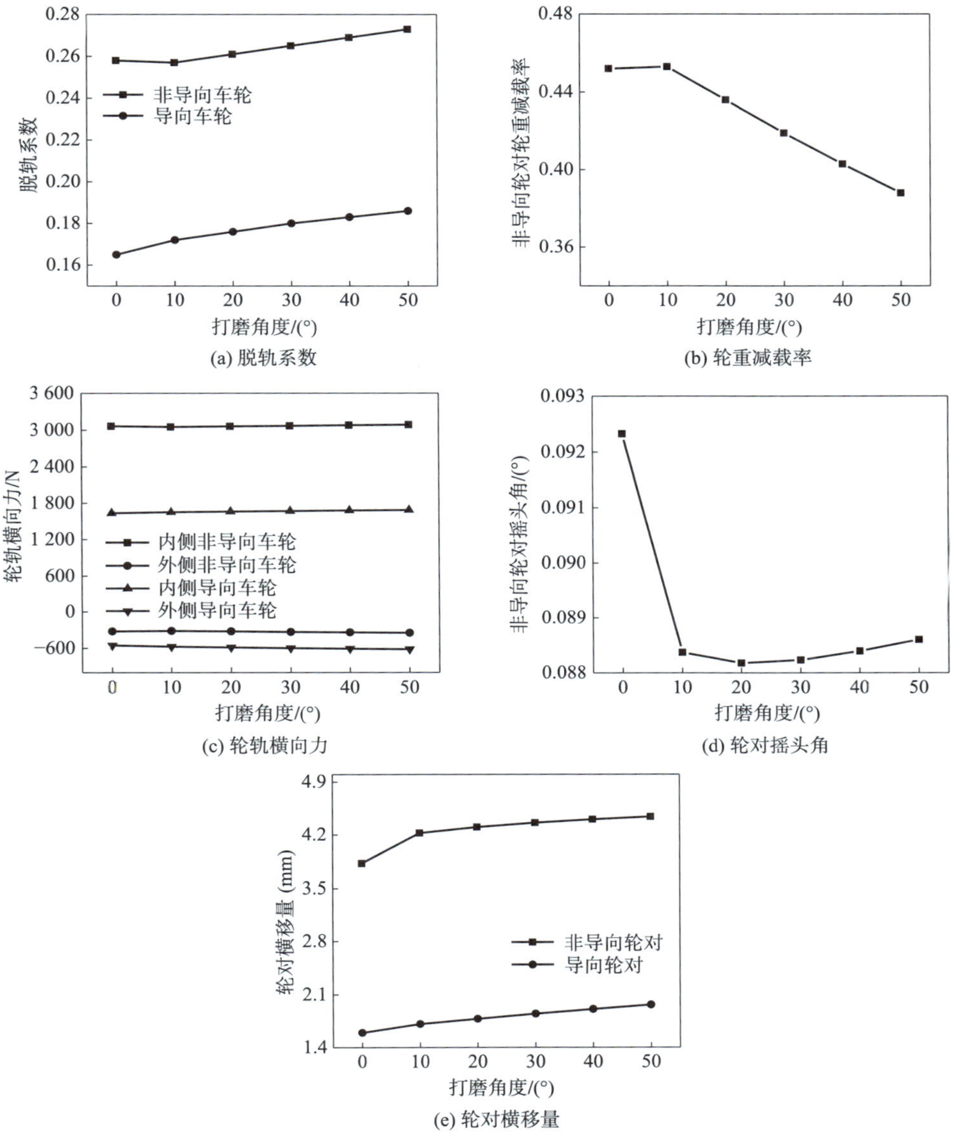


图 2-55　曲线上股外侧单独打磨工况示意

(轮轨横向力与垂向力的比值)随着打磨角度的增大而增大。由于过超高作用,曲线上股侧轮重较轻、下股侧轮重较重,磨石与钢轨间正压力的垂向分力会使上股侧轮重降低,从而使两侧轮重差距更大,该分力随着打磨角度的增大而减小,所以打磨角度越大,上股侧轮重越大,打磨小车的轮重减载率(两侧轮重差与轮重和的比值)越小。打磨小车通过曲线时,产生指向曲线外侧的横向位移,从而使外侧车轮的滚动圆半径大于内侧车轮,由于过超高的作用,上述横向位移受到抑制,而磨石与钢轨间正压力的横向分力会促进轮对向曲线外侧的横向位移,因此,打磨角度越大,打磨小车轮对横移量越大。

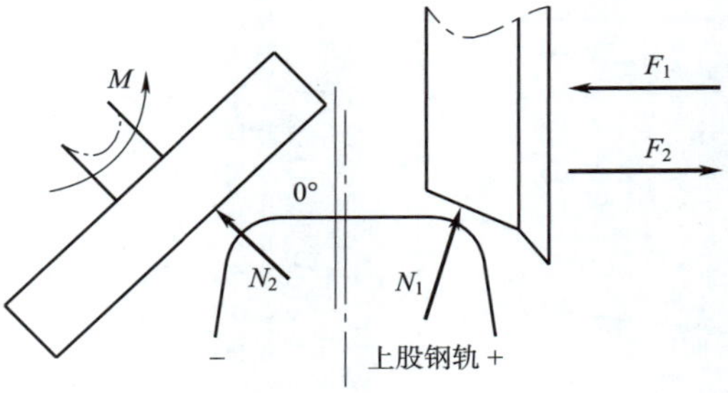


图 2-56　磨石和车轮与上股钢轨间的作用力示意

$N_1$—轮轨间正压力；$N_2$—磨石与钢轨间正压力；$F_2$—打磨小车向心力；

$F_1$—打磨小车离心力；$M$—磨削扭矩；“−”—非工作边侧；“+”—工作边侧

#### 2.3.2.2　曲线下股单侧打磨工况分析

针对下股钢轨肥边损伤，打磨小车单独打磨曲线下股钢轨内侧时，打磨角度对钢轨打磨小车动力学性能的影响如图 2-57 所示，仿真计算参数设置为曲线半径 800 m，超高 120 mm，曲线通过速度 18 km/h。由图可知，导向车轮的脱轨系数随着打磨角度的增大先减小后增大，打磨角度为 10°～20°时，脱轨系数减小了 11.42%，打磨角度为 20°～50°时，脱轨系数增大了 5.03%；非导向车轮的脱轨系数随着打磨角度的增大而增大，然而以 20°为界限，增长率有所不同，打磨角度为 10°～20°时的增长率为 7.89%，打磨角度为 20°～50°时的平均增长率为 2.20%，上述指标取自曲线内侧车轮。打磨小车非导向轮对轮重减载率随着打磨角度的增大而增大，且轮重减载率增长率不同，打磨角度为 10°～20°时的增长率为 19.31%，打磨角度为 20°～50°时的平均增长率为 3.47%。打磨角度对打磨小车的轮轨横向力影响不明显。随着打磨角度从 0°增加到 50°，非导向轮对摇头角先急剧增加后缓慢减小，并在打磨角度为 20°时达到峰值。

钢轨打磨小车在打磨曲线下股钢轨内侧时，磨石和车轮与下股钢轨间作用力如图 2-58 所示。磨石打磨下股钢轨内侧，钢轨反作用于磨石的正压力分解为指向内侧的横向分力和向上的垂向分力。指向曲线内侧的横向分力会促进打磨小车向上股侧钢轨的横移，使轮轨横向力增大，打磨小车脱轨系数增大。然而与打磨曲线上股钢轨外侧工况不同的是，磨石与钢轨间正压力垂向分力会直接导致下股侧轮轨垂向力减小，并且随着打磨角度的增大，轮轨垂向力增大，由于轮轨横向力和垂向力均随着打磨角度的增大呈增大趋势，因此两者比值变化趋势较为复杂。导向轮对在打磨角度为 0°～20°时，轮轨垂向力增大占主导地位，因此脱轨系数减小；打磨角度为 20°～50°时，轮轨横向力增大占主导地位，因此脱轨系数增大。非导向轮对一直是轮轨横向力增大占主导地位。下股侧钢轨轮重大于上股侧，磨石与钢轨间正压力垂向分力使下股侧轮重降低，打磨角度越大该垂向分力降低作用越小，轮重减载率越大。随着打磨角度的增大，作用于打磨磨石的横向分力增大，该分力促使打磨小车产生趋向于轨道外侧的位移，因此轮对横移量增大。

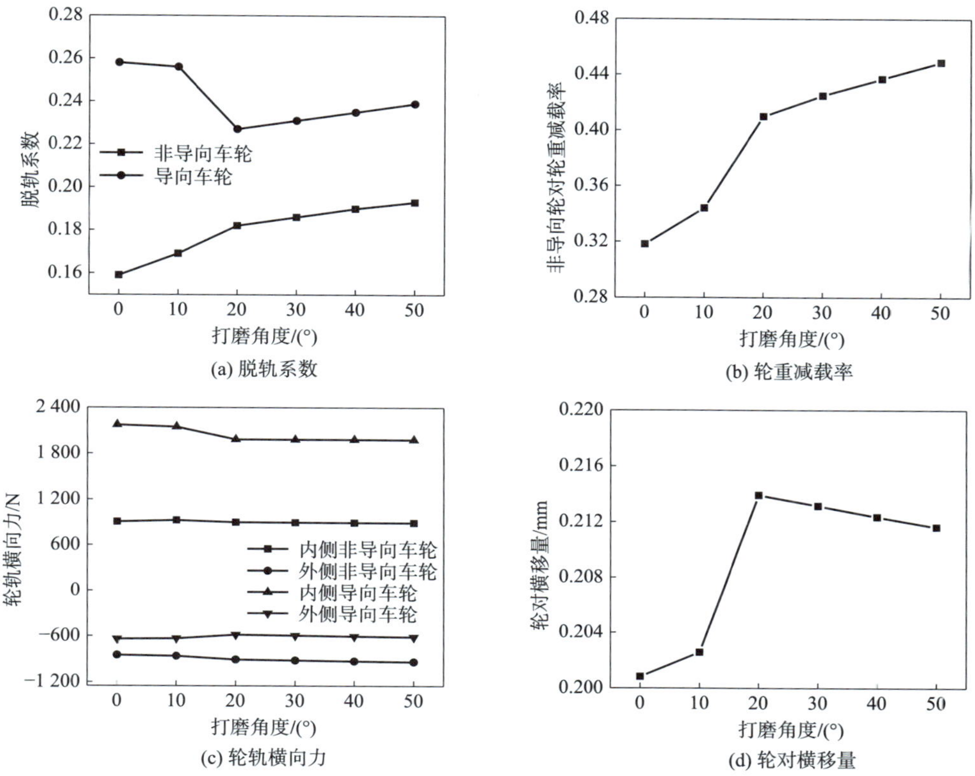


图 2-57　曲线下股内侧单独打磨工况示意

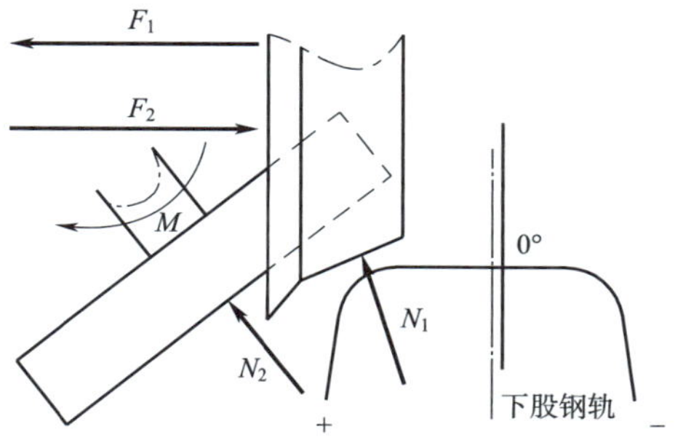


图 2-58　磨石和车轮与下股钢轨间的作用力示意

$N_1$—轮轨间正压力；$N_2$—磨石与钢轨间正压力；$F_2$—打磨小车离心力；

$F_1$—打磨小车向心力；$M$—磨削扭矩；“－”—非工作边侧；“＋”—工作边侧

### 2.3.2.3　不同模式下打磨小车动力学性能对比

由于实际的钢轨损伤情况较为复杂，打磨小车作业时的磨石角度排布也因此多种多样，为了更加全面地分析打磨小车在非对称打磨模式下的动力学行为，特仿真计算了六种打磨工况。打磨小车在不同模式下的动力学性能见表 2-7，其中，打磨工况一为同时打磨曲线两侧钢轨轨顶位置；打磨工况二为同时打磨曲线上股钢轨内侧和下股钢轨内侧；打磨工况三为同时打磨曲线上股钢轨内侧和下股钢轨外侧；打磨工况四为同时打磨曲线上股钢轨外侧和下股钢轨内侧；打磨工况五为同时打磨曲线上股钢轨外侧和下股钢轨外侧。

**表 2-7　打磨小车在不同模式下的动力学性能**

| 动力学性能指标 | 打磨工况 | | | | |
|---|---|---|---|---|---|
| | 一 | 二 | 三 | 四 | 五 |
| 非导向车轮脱轨系数 | 0.225 | 0.225 | 0.202 | 0.251 | 0.225 |
| 导向车轮脱轨系数 | 0.212 | 0.212 | 0.191 | 0.237 | 0.212 |
| 非导向轮对轮重减载率 | 0.115 | 0.112 | 0.243 | 0.012 | 0.112 |
| 导向轮对轮重减载率 | 0.067 | 0.064 | 0.196 | 0.039 | 0.064 |
| 非导向轮对摇头角/(°) | 0.142 | 0.142 | 0.143 | 0.139 | 0.142 |
| 导向轮对摇头角/(°) | −0.152 | −0.152 | −0.150 | −0.154 | −0.152 |
| 非导向车轮轮轨横向力/N | 1 521.5 | 1 520.6 | 1 537.6 | 1 490.4 | 1 520.9 |
| 导向车轮轮轨横向力/N | 1 517.1 | 1 517.9 | 1 513.5 | 1 509.6 | 1 517.3 |
| 非导向轮对横移量/mm | 2.716 | 2.728 | 2.238 | 3.425 | 2.728 |
| 导向轮对横移量/mm | 2.437 | 2.446 | 2.047 | 3.015 | 2.446 |

由表可知，打磨小车非导向车轮和导向车轮的脱轨系数分别在打磨工况三和打磨工况四时达到了最小和最大，且非导向车轮脱轨系数在打磨工况三比打磨工况四低 24.72%，导向车轮脱轨系数相差 23.91%；打磨工况一、打磨工况二和打磨工况五下，打磨小车非导向车轮和导向车轮的脱轨系数相同。与脱轨系数相反，打磨小车非导向轮对和导向轮对的轮重减载率在打磨工况三和打磨工况四下达到了最大和最小，非导向轮对轮重减载率在工况三比打磨工况四高 95.00%，导向轮对轮重减载率打磨工况三比打磨工况四高 79.90%，其他打磨工况下，打磨小车非导向车轮和导向车轮的轮重减载率相近。打磨小车非导向轮对的摇头角打磨工况三最大、打磨工况四工况最小，打磨工况三比打磨工况四高 2.80%；导向轮对的摇头角打磨工况三最小、打磨工况四最大，打磨工况三比打磨工况四低 2.80%，其他工况轮对摇头角相同。打磨小车导向轮对的内侧车轮和非导向轮对的内侧车轮的轮轨横向力打磨工况三最小、打磨工况四最大，打磨工况三比打磨工况四分别低 29.00%和 30.70%；导向轮对的外侧车轮的轮轨横向力打磨工况四最小，非导向轮对的外侧车轮的轮轨横向力打磨工况三最大、打磨工况四最小，打磨工况三比打磨工况四高 3.10%。打磨小车导向轮对和非导向轮对横移量均在打磨工况三和打磨工况四打磨工况达到了最小和最大，打磨工况三比打磨工况四分别低 53.10%和 47.30%。

磨石打磨钢轨不同位置时钢轨的受力情况如图 2-59 所示。打磨曲线上股钢轨外侧时，钢轨受到来自磨石的正压力 $F_a$，该力可分解为横向力 $F_{ay}$ 和垂向力 $F_{az}$，打磨小车此时受到指向轨道外侧的横向分力 $F_{ay'}$ 和垂向分力 $F_v$，定义该情况为 A。打磨曲线上股钢轨内侧时，钢轨受到来自磨石的正压力 $F_b$，该力可分解为横向力 $F_{by}$ 和垂向力 $F_{bz}$，打磨小车此时受到指向轨道内侧的横向分力 $F_{by'}$ 和垂向分力 $F_v$，定义该情况为 B。打磨曲线上股钢轨轨顶时，钢轨受到来自磨石的正压力 $F_c$，打磨小车此时受到反作用力 $F_v$，定义该情况为 C。打磨曲线下股钢轨外侧时，钢轨受到来自磨石的正压力 $F_d$，该力可分解为横向力 $F_{dy}$ 和垂向力 $F_{dz}$，打磨小车此时受到指向轨道内侧的横向分力 $F_{dy'}$ 和垂向分力 $F_v$，定义该情况为 D。打磨曲线下股钢轨内侧时，钢轨受到来自磨石的正压力 $F_e$，该力可分解为横向力 $F_{ey}$ 和垂向力 $F_{ez}$，打磨小车此时受到指向轨道外侧的横向分力 $F_{dy'}$ 和垂向分力 $F_v$，定义该情况为 E。打磨曲线上股钢轨轨顶时，钢轨受到来自磨石的正压力 $F_f$，打磨小车此时受到反作用力 $F_v$，定义该情况为 F。

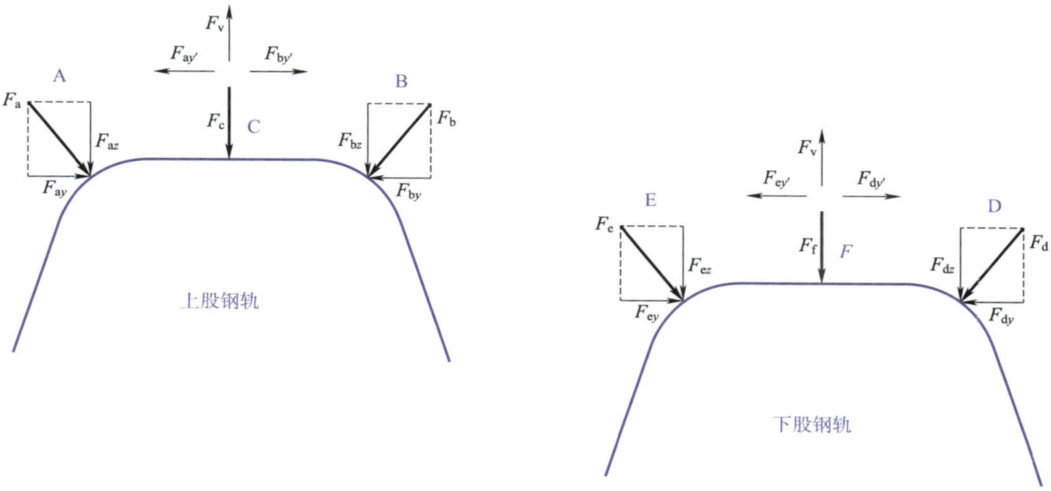


图 2-59　钢轨不同位置打磨时的受力示意

打磨工况一对应 C+F 情况组合，打磨工况二对应 B+E 情况组合，打磨工况三对应 B+D 情况组合，打磨工况四对应 A+E 情况组合，打磨工况五对应 A+D 情况组合。打磨小车通过曲线，轮对向轨道外侧横移，由此产生轮轨横向力，打磨工况三时，反作用于打磨小车上的横向分力 $F_{by'}$ 和 $F_{dy'}$ 均指向轨道内侧，对打磨小车的横移产生抑制作用，从而轮轨横向力减小，在垂向力不变的情况下，打磨小车脱轨系数在该工况下达到最小。打磨工况四与打磨工况三相反，作用于打磨小车上的横向分力 $F_{ay'}$ 和 $F_{ey'}$ 均指向轨道内侧，打磨小车脱轨系数在该工况下达到最大。其他工况下作用于打磨小车的反力或左右指向相反、或无横向投影，难以定性分析。打磨小车过超高状态通过曲线，上股钢轨侧轮重轻，下股侧钢轨轮重重，并会产生向轨道内侧倾覆的趋势，打磨工况三时，两侧钢轨反作用打磨小车的正压力均斜向上指向轨道内侧，该方向的力会加剧打磨小车向轨道内侧倾覆，从而使两侧轨重差增大，轮重减载率达到最大。而打磨工况四时，两侧钢轨反作用打磨小车的正压力均斜向上指向轨道外侧，抑制打磨小车倾覆，两侧轨重差减小，轮重减载率降到最小。由于打磨工况一、打磨工况二、打磨工况五下两侧钢轨反作用于打磨小车的正压力或指向垂直向上、或指向相反，故三种工况下打磨小车轮重减载率相当。导向轮对和非导向轮对内侧车轮的轮轨横向力数值大小排序相同，轮轨横向力与脱轨系数的排序一致。打磨小车轮对横移量在不同打磨模式下的数值与脱轨系数排序保持一致，这是因为影响轮对横移量的主要因素与脱轨系数的影响因素相同，均是轮轨横向力。

# 第3章 钢轨打磨模式设计与优化

尽管国内外学者对钢轨打磨技术做了比较细致的研究，但对钢轨打磨模式的研究还不深入，目前现场打磨模式的选择基本依靠个人的主观经验。因此，为了能够科学合理地使用钢轨打磨技术，提高现场钢轨打磨作业的效率，对高速铁路钢轨打磨中打磨模式的设计及应用进行研究是十分重要的。

本章针对目前钢轨打磨模式研究不够深入的现状，对钢轨打磨质量和打磨参数的关系进行系统研究，提出了有效的钢轨打磨模式设计方法，所设计的钢轨打磨模式对现场钢轨打磨技术应用具有重要的指导作用。

## 3.1 钢轨打磨模式设计方法

### 3.1.1 钢轨型面参数化表示

取标准 60 kg/m 钢轨轨头最顶点为横坐标零点，两端横坐标为±35.4 mm，遍布整个轨头弧段区域建立坐标系。对打磨前轨头取点，采用自然边界条件：$S''(a)=S''(b)=0$ ($a=-35.4$, $b=35.4$)，通过 MATLAB 编制程序构造三次样条插值函数，对打磨前的钢轨轨头型面进行表示，通过三次样条函数的性质得出拟合后的钢轨型面在各个拟合点处具有二阶连续导数，因此拟合后的型面具有很好的圆顺性。以标准 60 kg/m 钢轨轨头型面为例，拟合型面如图 3-1 所示。计算在整个轨头区域内拟合后的轨头型面与标准 60 kg/m 钢轨型面理论设计参数误差值，得到如图 3-2 所示结果。最大拟合误差为 0.001 8 mm，出现在横坐标为±31.44 mm，占钢轨打磨车每遍平均打磨深度(0.3 mm)的 0.6%，拟合效果较好。

### 3.1.2 钢轨廓形自动对齐算法设计

利用特征匹配来完成廓形曲线对齐，特征匹配是通过查找曲线上的特征点、特征线、曲率、倾角、直线斜率等对应关系，然后进行曲线旋转和平移，以使得特征位置重合，从而实现对齐的效果。考虑到轮轨接触区域主要分布在钢轨内侧和轨顶，钢轨外侧不会由于轮轨接触而产生磨耗变形，因此通过计算测量廓形与打磨目标廓形在钢轨外侧距离轨顶以下 16 mm 处特征点的相对位置来确定测量廓形的位置，其次通过计算测量廓形外侧 1∶20 斜

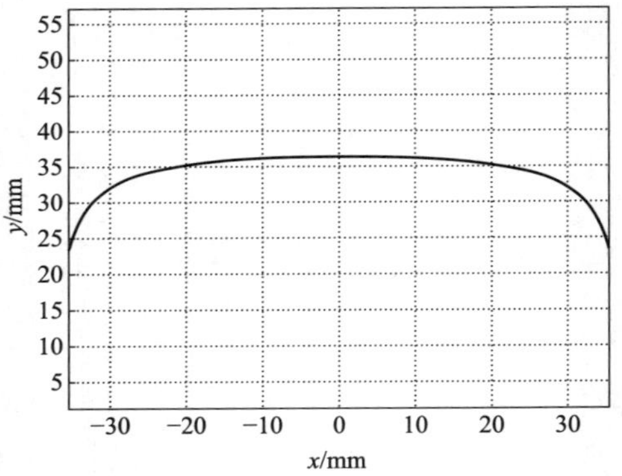


图 3-1　标准 60 kg/m 钢轨拟合型面示意

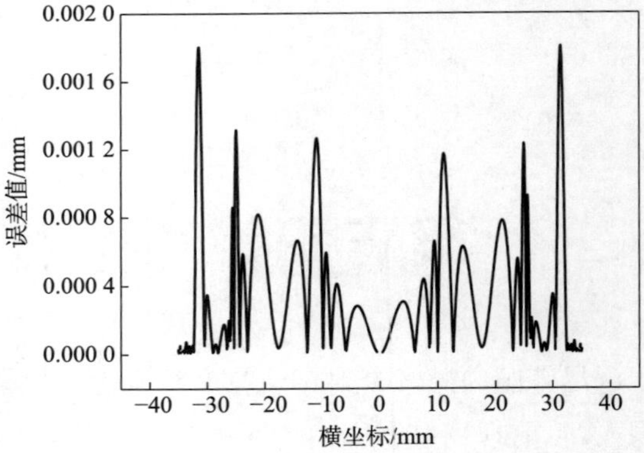


图 3-2　标准 60 kg/m 钢轨拟合误差示意

度直线的斜率变化情况来确定测量钢轨廓形旋转角度，如图 3-3 所示。最后通过平移旋转公式对测量廓形位置进行修正，如公式(3-1)所示。从而得到与打磨目标廓形对齐后的现场测量钢轨廓形。

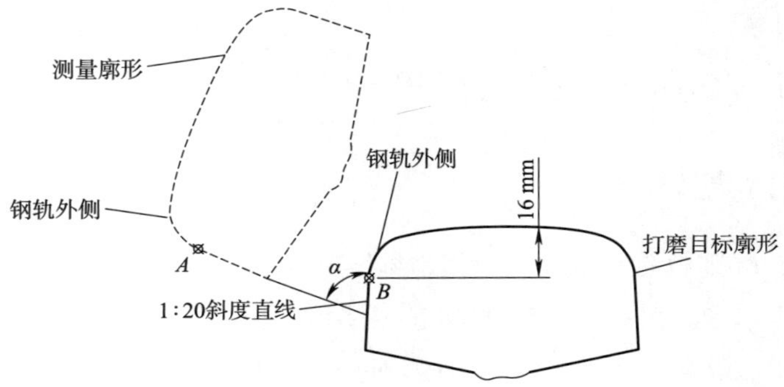


图 3-3　钢轨廓形对齐示意

$$\boldsymbol{M}=\begin{pmatrix}1&0&x'\\0&1&y'\\0&0&1\end{pmatrix}=\begin{pmatrix}1&0&x\\0&1&y\\0&0&1\end{pmatrix}\cdot\begin{pmatrix}\cos\alpha&-\sin\alpha&0\\\sin\alpha&\cos\alpha&0\\0&0&1\end{pmatrix}\cdot\begin{pmatrix}1&0&-x\\0&1&-y\\0&0&1\end{pmatrix}\tag{3-1}$$

式中　$x',y'$——平移旋转变换后的廓形横、纵坐标；

$x,y$——测量廓形横、纵坐标；

$\alpha$——旋转角度。

对齐时由于现场测量误差及仪器误差等，可能会导致钢轨廓形偏转一定的角度，通过算法无法识别到钢轨轨顶位置，从而无法准确判定钢轨外侧距离轨顶以下 16 mm 处的特征点，因此优先考虑对钢轨外侧斜率为 1∶20 的特征直线进行识别。将廓形曲线划分为 $n$ 等份的区段，在每一区段上分别取若干点坐标，在点坐标对应的小区段范围 $\Delta s$ 内，每个点坐标

对应一个切线转角 $\Delta\alpha$，分别计算该小区段内每一个点坐标对应的曲率，曲率的计算如公式(3-2)所示，由公式可知，当点坐标所对应的线段为直线段时，该处点坐标曲率为 0。为防止测量误差，影响计算精度，分别计算每个区段对应的平均曲率，计算如公式(3-3)所示。当钢轨廓形某一弧段的平均曲率 $\bar{\kappa}$ 趋向于 0 时，即可认为该弧段对应的钢轨廓形线段为 1∶20 的直线段，对测量廓形和打磨目标廓形的特征线段进行旋转变换后实现初步对齐。结合特征点坐标，即选取钢轨外侧距离轨顶以下 16 mm 处的点坐标，对钢轨廓形进行平移变换后完成廓形对齐，即完成了整个廓形对齐算法的设计。具体对齐流程如图 3-4 所示。

$$\kappa=\lim_{\Delta s\to 0}\left|\frac{\Delta\alpha}{\Delta s}\right|=\left|\frac{\mathrm{d}\alpha}{\mathrm{d}s}\right| \tag{3-2}$$

$$\bar{\kappa}=\left|\frac{\kappa_1+\kappa_2+\cdots+\kappa_i}{i}\right| \tag{3-3}$$

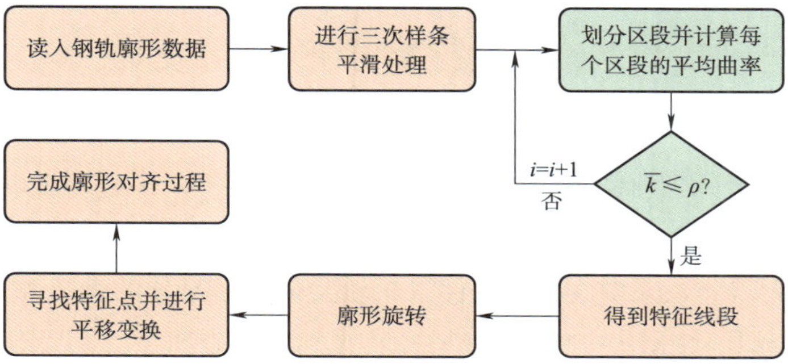


图 3-4　廓形对齐流程示意

钢轨打磨可以将磨耗后的钢轨廓形进行修复，并将其打磨至打磨目标廓形，根据现场钢轨打磨验收标准，打磨后的钢轨廓形与打磨目标廓形贴合程度越好，则验收 GQI 评分越高，且打磨过程中不得出现过打磨现象。因而打磨目标廓形在任意一个位置的钢轨廓形纵坐标 $y_1(i)$不得超过该位置测量廓形的纵坐标 $y_2(i)$，这样才能够保证打磨后的钢轨廓形与打磨目标廓形的贴合程度能够达到较好的状态，满足现场要求。因此需要将对齐后的钢轨廓形进行旋转平移变换，以调整测量廓形的高度，保证其不低于打磨目标廓形。

对现场某 60 kg/m 钢轨廓形进行测量后，通过廓形自动对齐算法进行廓形对齐，并将该廓形与打磨目标廓形的相对位置进行调整。图 3-5 为测量廓形与打磨目标廓形的对齐结果，从图中可以看出，原始的现场钢轨测量廓形与打磨目标廓形之间存在一定的偏转角度，且部分区段位于打磨目标廓形的下方，不满足打磨要求，在采用自动对齐算法进行对齐后的钢轨廓形对齐效果较好，且所有区段均位于打磨目标廓形上方，符合现场钢轨打磨实际需要，满足打磨需求。

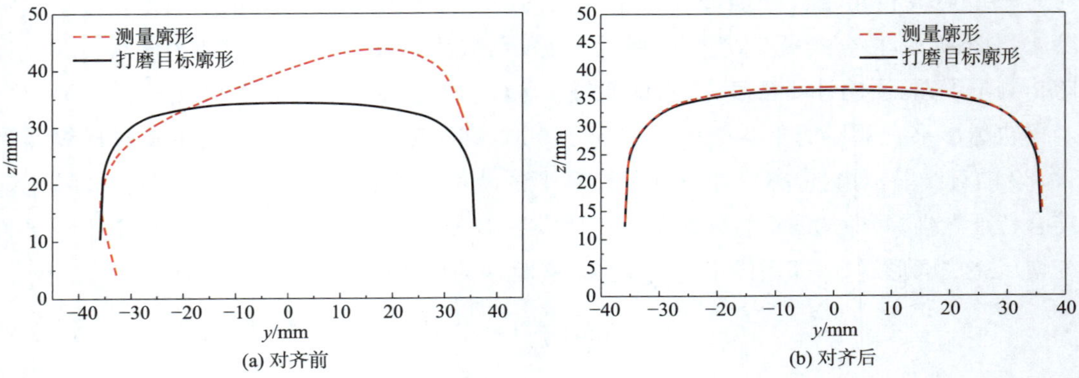

(a) 对齐前　　(b) 对齐后

图 3-5　对齐结果示意

# 3.2　钢轨打磨廓形优化设计

考虑到钢轨打磨天窗时间短，可以通过打磨廓形优化来减小打磨量以提升钢轨打磨效率。利用 MATLAB 软件建立轮轨接触模型，模拟不同横移量下的轮轨接触过程，并采用 SQP（序列二次规划）算法求解在约束条件下轮轨共形接触最佳的钢轨廓形，以达到减小打磨量的目的，最后利用 SIMPACK 软件进行动力学验证，表明该方法设计的钢轨廓形能够保证轮轨接触性能。

## 3.2.1　轮轨接触几何模型建立及求解

轮轨接触几何模型的建立是基于如下假设：

(1)将轮轨部件视为刚体。考虑到轮轨在实际服役过程中，其受力变形量相较于轮轨的实际尺寸来说较小，可忽略不计，为简化计算过程，将轮对和钢轨部件均视为刚体。

(2)忽略轮对摇头对轮轨接触的影响。一方面为了防止由于轮对摇头导致轮轨接触点较多，对计算结果造成影响；另一方面通过忽略摇头角来将轮轨的三维空间问题简化为二维平面问题，从而简化计算过程，提高廓形设计效率。

(3)保证钢轨廓形凹凸的轮廓特性。为保证设计钢轨廓形的合理性，设置合理的约束条件，以使设计的钢轨廓形符合现场实际需要。

在以上假设的前提下，轮轨接触几何模型如图 3-6 所示。坐标系 $O_r y_r z_r$ 为轨道坐标系，坐标中心原点在轨道中心线的铅垂线上，该坐标系同时作为轮轨接触的整体坐标系，坐标原点为(0,0)，坐标系 $O_w y_w z_w$ 为轮对坐标系，其作为局部坐标系。该几何模型中包含的可变参量包括：钢轨、车轮廓形数据，左右侧车轮名义滚动圆半径，轮对横移量 $Y_s$，侧滚角 $\varphi_w$，轮

轨接触角 $\alpha_l$、$\alpha_r$ 等。在不考虑侧滚角的前提下，当轮对横移量发生变化时，轮对侧滚角 $\varphi_v$ 随之发生变化，左右侧轮轨接触点位置分别为($y_{wl}$，$z_{wl}$)、($y_{wr}$，$z_{wr}$)和($y_{rl}$，$z_{rl}$)、($y_{rr}$，$z_{rr}$)。所有几何参数均可表示为轮对横移量 $Y_s$ 的函数。

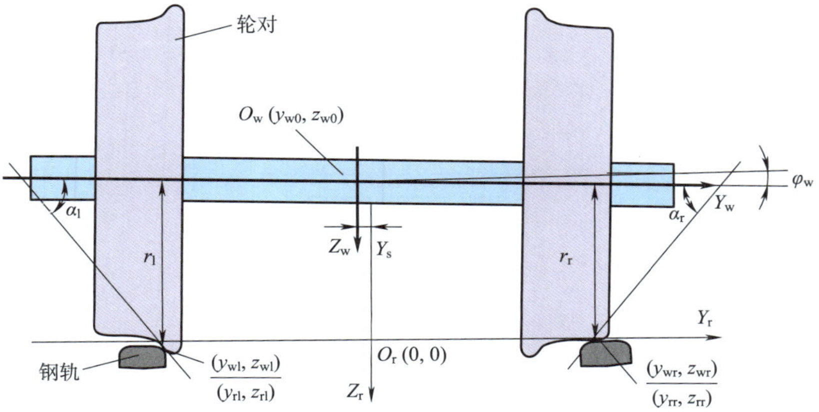


图 3-6　轮轨接触几何模型示意

通过该几何模型模拟不同横移量下的轮轨接触情况，其核心问题是计算不同钢轨廓形下轮轨的接触点位置，从而反映轮轨的接触情况，以实现钢轨廓形的优化设计。

轮对横移量是指轮对的垂向中心线偏离轨道中心线的距离，当轮对横移量 $Y_s$ 给定时，为防止车轮廓形和钢轨廓形重合对后续计算产生干扰，将轮对向上平移一定距离。且当横移量 $Y_s$ 为 0 时，假设轮对侧滚角也为 0。利用三次样条曲线函数将车轮和钢轨廓形离散为一系列的点时，要使横坐标间隙足够小，以保证计算精度，选取离散点横坐标间隙为 0.005。采用迭代法寻找左右侧车轮和钢轨离散点之间的最小垂向距离，分别表示为 $D_l$ 和 $D_r$，同时找出该最小间隙对应的离散点坐标：($y_{rlmin}$，$z_{rlmin}$)、($y_{rrmin}$，$z_{rrmin}$)。$\Delta D$ 为 $D_l$ 和 $D_r$ 的差值，如公式(3-4)所示，按照 $\Delta D$ 值的大小来判断左右侧轮轨接触情况，若 $\Delta D>0$，则调整轮对侧滚角 $\varphi_w$ 逆时针旋转角度 $\theta$；若 $\Delta D<0$，则调整轮对侧滚角顺时针旋转 $\theta$，若选择 $\theta$ 值较小时，会极大增加计算量，影响运算效率，若 $\theta$ 值选择较大时，可能造成运算过程不收敛，因此要选择合适的旋转角度 $\theta$ 来满足计算要求，从而形成一个迭代过程，其中整个轮对坐标系的旋转变换参照旋转公式(3-5)来进行转换，直至 $D_l$ 和 $D_r$ 达到一个满足计算精度的相近程度时，即表明此刻为轮轨接触状态，此时接触点对应的轮轨离散点坐标($y_{wlmin}$，$z_{wlmin}$)、($y_{wrmin}$，$z_{wrmin}$)、($y_{rlmin}$，$z_{rlmin}$)、($y_{rrmin}$，$z_{rrmin}$)即为该横移量下的轮轨接触位置。此时的轮对坐标系即处于轮轨接触状态下，可求解不同轮轨点坐标之间的垂向距离，如公式(3-6)所示，即完成了整个轮轨几何模型的计算过程。整个轮轨接触几何模型的计算流程如图 3-7 所示。

$$\Delta D=D_l-D_r \tag{3-4}$$

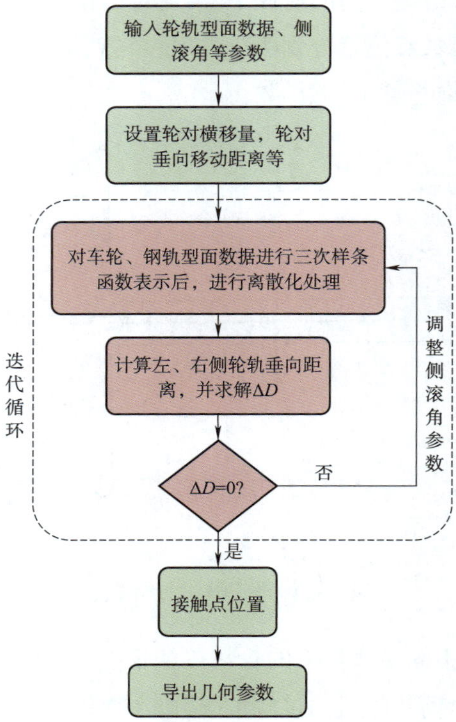


图 3-7　轮轨接触点位置计算流程示意

$$\begin{bmatrix} y_{\mathrm{w}} \\ z_{\mathrm{w}} \end{bmatrix} = \begin{bmatrix} \cos(-\theta) & \sin(-\theta) \\ -\sin(-\theta) & \cos(-\theta) \end{bmatrix} \begin{bmatrix} y_{\mathrm{w}}^{0} \\ z_{\mathrm{w}}^{0} \end{bmatrix} + \begin{bmatrix} y_{\mathrm{s}} \\ z \end{bmatrix} \tag{3-5}$$

式中　$y_{\mathrm{w}}^{0}, z_{\mathrm{w}}^{0}$——轮对初始横、纵坐标；

$y_{\mathrm{w}}, z_{\mathrm{w}}$——轮对旋转变换后的横、纵坐标；

$y_{\mathrm{s}}$——轮对横移量；

$z$——轮对向上平移距离；

$\theta$——旋转角度。

$$\begin{cases} d_{\mathrm{l}} = z_{\mathrm{wl}} - z_{\mathrm{rl}} \\ d_{\mathrm{r}} = z_{\mathrm{wr}} - z_{\mathrm{rr}} \end{cases} \tag{3-6}$$

式中　$d_{\mathrm{l}}, d_{\mathrm{r}}$——左、右侧轮轨不同位置的垂向距离。

### 3.2.2　钢轨打磨廓形设计数学模型

依据 SQP 算法的计算原理，首先需要建立钢轨数值模型的拉格朗日函数二次近似数学模型。将测量的打磨前钢轨型面数据利用三次样条曲线函数进行函数化处理，使得钢轨型面表示为 $R(z_1, z_2, \cdots, z_n)$ 的三次样条曲线函数，其中自变量 $z_1, z_2, \cdots, z_n$ 是钢轨型面纵坐标值，利用该函数可以进一步将一系列钢轨型面坐标点转变为等间距且间隔较小的点坐标，其间隔越小则后续计算精度越高，但相应的运算时间也会延长，应选择合适的间隔大小。考虑到现场钢轨在服役过程中的轮轨接触情况，对钢轨轮廓的优化区域进行选取。将距离轨顶 16 mm 以上的钢轨廓形区域作为优化区域，并将其进行离散化处理后作为可动点的选取范围，如图 3-8 所示。在后续的优化过程中，这些点坐标可以在竖直方向上进行移动从而使得钢轨型面发生变化，将这些点坐标在竖直方向上的移动距离 $\Delta z_i(i=1,2,\cdots,n)$ 利用约束条件进行限制，当每个自变量均给定一个变化量 $\Delta z$ 时，钢轨型面 $R(z'_1,z'_2,\cdots,z'_n)$ 即可给定，将其带入轮轨接触几何模型，对该型面下的轮轨接触情况进行计算，从而得到该型面下的轮轨接触情况，进而得到其轮轨间隙值，通过序列二次规划算法寻找下一步的优化方向，最终得出约束条件下的最佳钢轨廓形。

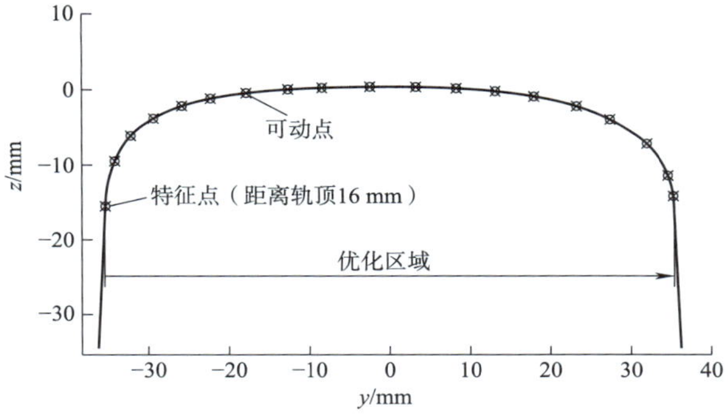


图 3-8　钢轨型面优化区域示意

由于是以提升轮轨接触共形度为目标，所以当钢轨型面给定时，通过轮轨接触几何模型可计算出给定轮对横移量 $Y_s$ 下的轮轨接触情况，在接触点附近的固定区域$[a_1,a_2]$内计算每个离散化的轮轨坐标点垂向距离 $h_i(i=1,2,\cdots,n)$，如图 3-9 所示，通过积分法得到该横移量下的轮轨垂向间隙，如公式(3-7)所示。其中，$[a_1,a_2]$的范围必须要覆盖轮轨接触时的接触斑范围，并在轮轨廓形所处位置范围内。当轮对横移量发生变化时，轮轨接触间隙值同时发生变化，因此可以结合实际列车运行工况，给定轮对横移量变化范围，从而得到 $H$-$Y_s$ 曲线，将该曲线与横坐标轴围成的面积作为一个目标函数，当该面积越大时，表明轮轨接触的共形度越差，该面积越小，表明轮轨接触的共形度越好，因此该目标函数可以反映不同轮轨接触情况下的轮轨共形度。$H$-$Y_s$ 曲线与横坐标轴围成的面积由公式(3-8)进行计算。

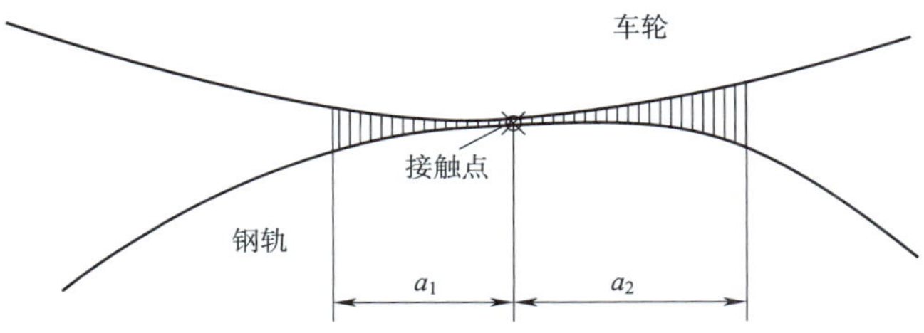


图 3-9　轮轨接触垂向间隙示意

$$H=\sum_{i=1}^{n}h_i \quad (i=1,2,\cdots,n) \tag{3-7}$$

$$S=\sum_{j=1}^{n-1}\frac{H_j+H_{j+1}}{2}\Delta Y_s \tag{3-8}$$

式中 $\Delta Y_s$——横移量的变化步长；

$t$——横移量的离散化数目；

$H$——不同横移量对应的轮轨垂向间隙数值。

为了使优化后的钢轨打磨目标廓形满足现场实际使用需求，需要对钢轨型面优化范围内的可动点纵坐标施加合理的变化范围约束条件。由于设计的钢轨型面用于钢轨打磨，因此其纵坐标变化上限不得超过打磨前的原始廓形，且进行钢轨打磨廓形的设计主要目的是减小打磨量以提升打磨效率，设计的钢轨型面纵坐标变化下限不得低于打磨目标廓形，故自变量 $\Delta z$ 应满足不等式约束的变化范围为

$$z_m(i)\leqslant\Delta z(i)\leqslant z_y(i) \quad (i=1,2,\cdots,n) \tag{3-9}$$

式中 $z_m$——打磨目标廓形纵坐标；

$z_y$——钢轨原始廓形纵坐标。

其次，为了保证设计的钢轨打磨廓形能够保持现场所需要的外形轮廓，防止出现波浪形轮廓，需要对自变量添加的约束如公式(3-10)所示。

$$\frac{z_i-z_{i-2}}{y_i-y_{i-2}}(y_{i-1}-y_{i-2})<z_{i-1} \quad (i=1,2,\cdots,n) \tag{3-10}$$

该约束条件可进一步转化为满足拉格朗日函数二次近似数学模型的形式如约束条件模型 $C_j(z)\leqslant 0$。于是可以将整个打磨廓形的优化设计过程转化为一个单目标多变量多约束非线性的数学优化问题，构成优化模型如公式(3-11)所示，其满足拉格朗日函数二次近似数学模型，能够利用 SQP 算法进行求解，以求得最优解 $z'$ 来使得目标函数达到最小值 $f_{\min}(z')$，从而得到最优化的钢轨型面纵坐标数据。

$$\begin{cases}\min f(z)\\ \text{s. t. } C_j(z)\leqslant 0, i=1,2,\cdots,n\end{cases} \tag{3-11}$$

### 3.2.3 钢轨打磨廓形设计实例

现场测量了某线路的钢轨打磨前廓形数据，该钢轨廓形的打磨目标廓形为 60 kg/m 钢轨标准廓形。将 Miniprof 廓形仪测量得到的现场廓形数据与打磨目标廓形数据读入廓形设计计算程序中，利用基于减小打磨量考虑的钢轨廓形设计算法进行了打磨廓形设计，为了保证设计的钢轨廓形的安全性及车辆动力学性能，借助 SIMPACK 软件进行相应的动力学仿真验证。

本节以 HXD2C 型为机车模型建立了车辆轨道动力学模型，如图 3-10 所示，该机车模型的具体参数见表 3-1，仿真过程中，车辆运行速度为 80 km/h，直线工况下，车辆运行线路总

长为 800 m，曲线工况下车辆运行线路总长也为 800 m，从车辆运行起点开始，依次为直线 100 m、缓和曲线 100 m、圆曲线 400 m、缓和曲线 100 m、直线 100 m。

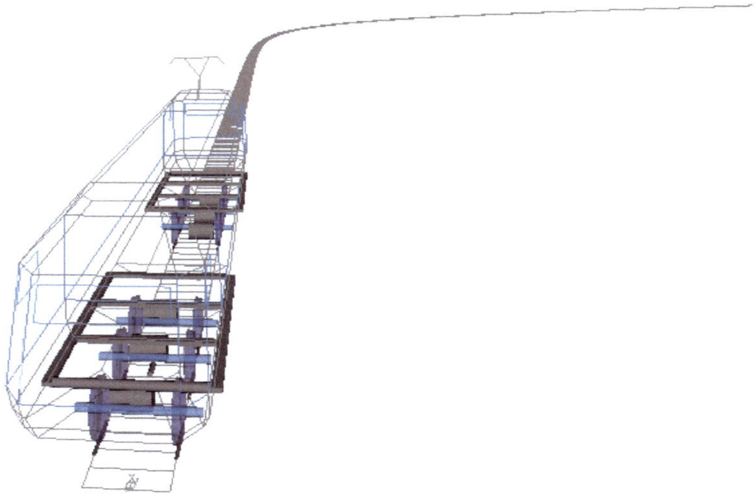

图 3-10 HXD2C 型机车模型

**表 3-1 HXD2C 型机车参数**

| 参数类型 | 参数值 |
|---|---|
| 车体底架长度/mm | 21 746 |
| 车体宽度/mm | 2 850 |
| 车体顶盖上平面至轨面高度/mm | 3 874 |
| 机车轴重/t | 25 |
| 轮缘内侧距/mm | 1 353 |
| 轨距/mm | 1 435 |
| 踏面类型 | JM3 磨耗型踏面 |
| 轮径/mm | 1 250 |

#### 3.2.3.1 廓形设计结果

将优化设计廓形与打磨前的现场测量廓形及现场采用的打磨目标廓形进行对比分析，如图 3-11 所示。从图中可以看出，优化设计的打磨廓形处于钢轨打磨前廓形和现场所采用的打磨目标廓形之间，分别计算了采用原始打磨目标廓形和优化设计打磨廓形时各自需要的打磨量，即二者与打磨前的现场测量廓形围成的面积，通过计算得出采用优化设计打磨廓形时的钢轨打磨效率相较于采用现场打磨目标廓形时的打磨效率提升了 59.63%。因此采用优化设计廓形相较于原始打磨目标廓形明显具有更小的打磨量，可以显著提升钢轨打磨效率，在较短的天窗点时间内获得更好的打磨质量，也进一步验证了采用该方法来减小打磨量提升打磨效率的可行性。

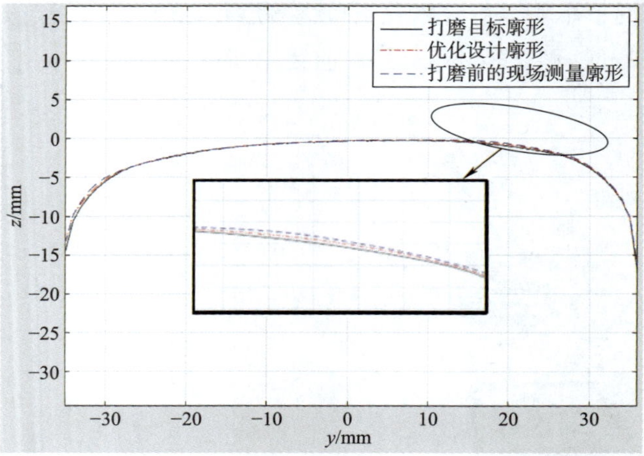


图 3-11　廓形优化设计结果示意

#### 3.2.3.2　轮轨接触性能对比分析

将打磨前的钢轨廓形与优化设计廓形导入轮轨接触几何模型中，计算得到轮轨接触间隙曲线如图 3-12 所示，在绝大部分轮对横移量下，优化设计廓形的轮轨接触间隙明显小于原始钢轨廓形的轮轨接触间隙。较小的轮轨接触间隙意味着更大的轮轨接触面积，相应的轮轨接触应力更小，可以有效延缓钢轨磨损及疲劳损伤的发展。不同轮对横移量下的轮轨接触间隙总和减小了 16.72%，意味着轮轨接触共形度得到了明显提升，优化效果较好。

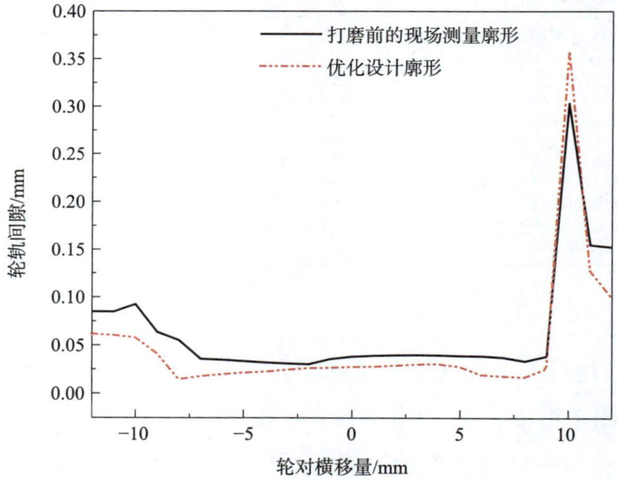


图 3-12　轮轨接触间隙示意

对打磨前的现场测量廓形和优化设计廓形与现场常用的 JM3 型车轮的接触几何关系进行了对比分析。打磨前的现场测量廓形和优化设计廓形分别与 JM3 型车轮接触时的接触点分布如图 3-13 所示。可以看出，当轮对处于不同横移量下时，打磨前钢轨廓形的轮轨接触点主要分布在内侧轨肩处，分布点较为集中则意味着在该位置磨耗更加严重，容易造成侧磨，从而造成钢轨的服役寿命缩短，加剧损伤的产生。优化设计廓形的轮轨接触点分布更加均匀，意味着磨耗相对更加均匀，可以延长钢轨的服役寿命，且在钢轨顶面偏内侧具有一定的集中分布现象，满足钢轨打磨后表面光带分布于轨顶偏内的验收要求。

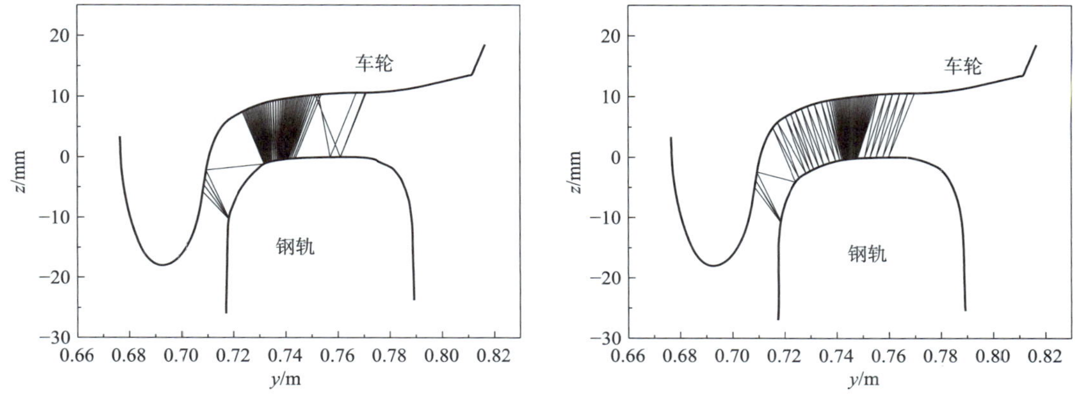


(a) 打磨前的现场测量廓形　　(b) 优化设计廓形

图 3-13　轮轨接触点分布示意

### 3.2.3.3　车辆动力学性能对比分析

图 3-14 为直线工况和曲线工况下的轮轨接触斑面积随时间变化的曲线。轮轨接触斑面积可以在一定程度上反映轮轨接触性能，其值增加有利于减小轮轨接触压力，进而降低轮轨磨耗，延长钢轨的服役寿命。直线工况下和曲线工况下均可以看出，轮轨接触斑面积有明显的增加，直线工况下轮轨接触斑面积整体增加了 59.15%，曲线工况下增加了 26.78%。由于廓形设计是以降低轮轨接触间隙为目标，即增大轮轨接触面积，进而降低轮轨间的接触压力，这与采用优化设计廓形时的轮轨接触斑面积增大结果相一致，表明优化效果较好。

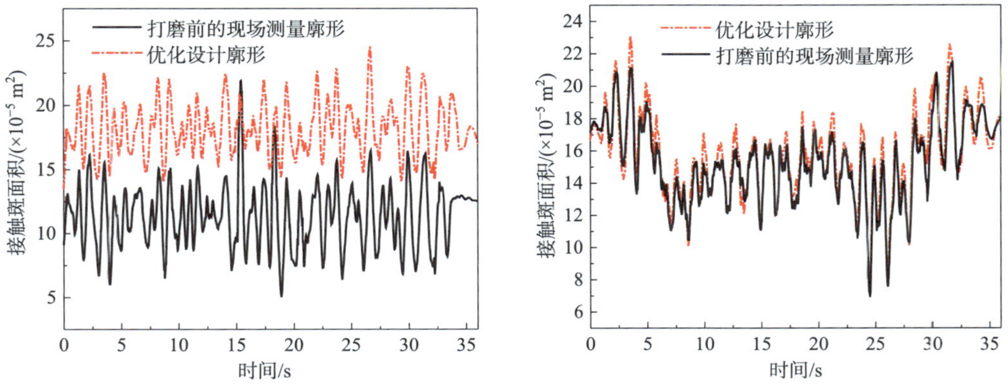


(a) 直线工况　　(b) 曲线工况

图 3-14　接触斑面积示意

图 3-15 为直线工况和曲线工况下轮轨间的最大接触应力随时间变化的曲线。直线工况下轮轨接触应力整体降低了 41.59%，曲线工况下轮轨接触应力整体降低了 5.54%，最大接触应力的降低能够延缓钢轨的磨损速率，延长钢轨服役寿命，这与轮轨间的接触斑面积变化相对应，表明优化效果较为明显。

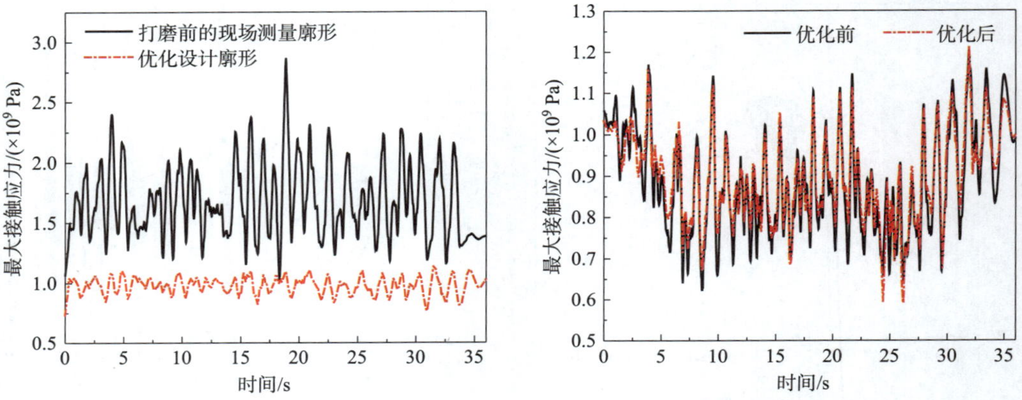


(a) 直线工况　　(b) 曲线工况

图 3-15　最大接触应力示意

当车辆的曲线通过能力不足时，曲线外侧车轮与钢轨作用力加剧，导致车辆动力学性能恶化，因此可以通过轮轨横向力的大小来反映车辆的曲线通过性能。图 3-16 给出了车辆运行过程中的轮轨横向力随时间变化的曲线，直线工况和曲线工况下均可以看出轮轨横向力明显减小，直线工况下整体降低了 28.6%，曲线工况下整体降低了 12.8%，表明优化设计廓形在车辆运行过程中，能够显著提升车辆的曲线通过性能。

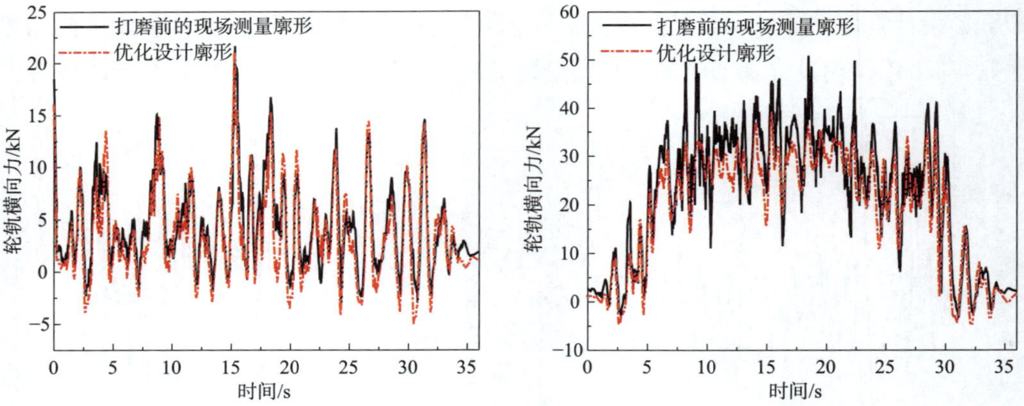


(a) 直线工况　　(b) 曲线工况

图 3-16　轮轨横向力随时间变化曲线

从图 3-17 可以看出，在直线工况和曲线工况下，优化设计廓形的脱轨系数峰值相较于优化前的钢轨廓形有一定程度减小。在直线工况下，优化设计廓形的脱轨系数减小了 26.12%，在曲线工况下，优化设计廓形的脱轨系数有一定程度的增加，整体增加了 8.1%，但从图 3-17(b)可以看出，曲线工况下虽然整体脱轨系数增加了，但是其峰值变化趋于稳定，均处于安全指标所规定的优等级，安全性得到了进一步保证。

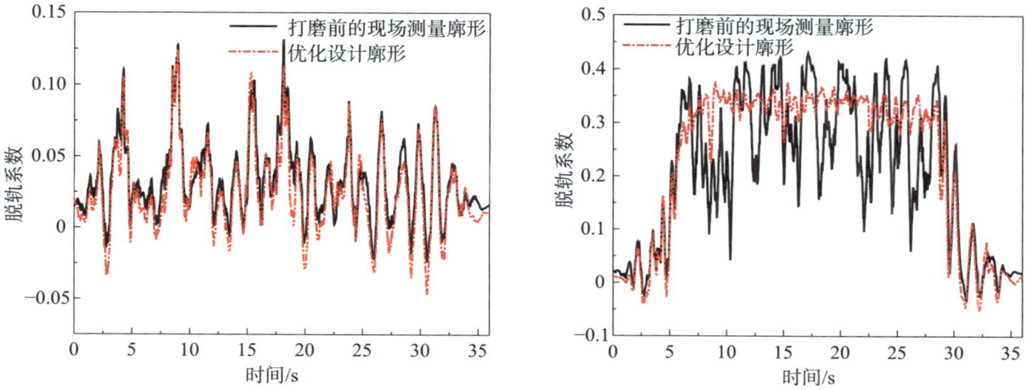

(a) 直线工况　　(b) 曲线工况

图 3-17　脱轨系数随时间变化曲线

从图 3-18 可以看出，在直线工况和曲线工况下，优化设计廓形的轮重减载率均有一定程度的减小，在直线工况下，优化设计廓形的轮重减载率整体减小了 47.33%，在曲线工况下，优化设计廓形的轮重减载率整体减小了 2.55%，均满足安全标准规定。因此，采用优化设计廓形可以在一定程度上提升车辆运行的安全性。

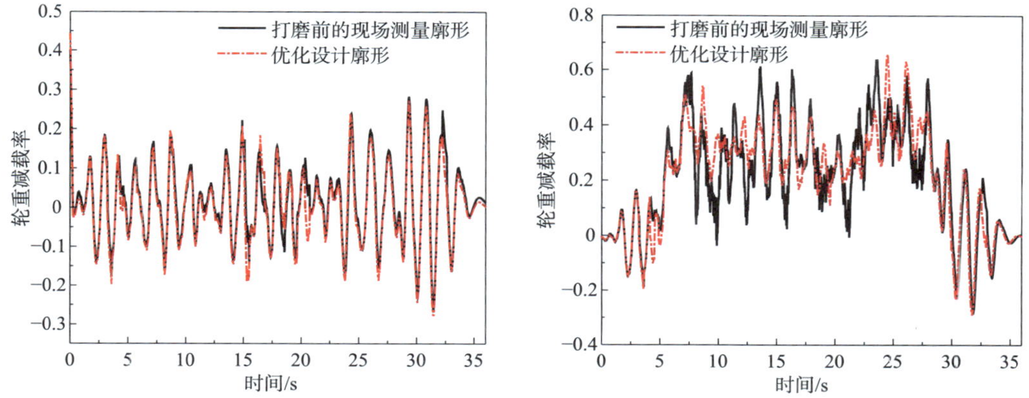

(a) 直线工况　　(b) 曲线工况

图 3-18　轮重减载率随时间变化曲线

通过廓形设计实例可以得出如下结论：

(1)以打磨前的现场测量廓形及钢轨打磨目标廓形为例进行打磨廓形设计，优化设计廓形相较于打磨前的现场测量，钢轨打磨量明显降低，使钢轨打磨效率提升了 59.63%，轮轨共形接触明显提升，轮轨间隙降低了 16.72%，优化效果明显。

(2)采用优化设计廓形可以显著提升轮轨的静态接触性能，能够使得不同横移量下的轮轨接触点分布更加均匀，且使得轮轨接触过程中的滚动圆半径差曲线及等效锥度曲线得到一定的改善，提升车辆在直线工况下运行过程中的平稳性及在曲线工况下运行过程中的曲线通过性能。

(3)采用优化设计廓形可以显著提升车辆的动力学性能，在直线工况下，使得车辆的轮轨最大接触应力、轮轨横向力、轮重减载率、脱轨系数分别降低 41.59%、28.6%、47.33%和 2.55%，接触斑面积增加 59.12%；在曲线工况下，使得车辆的轮轨最大接触应力、轮轨横向力、轮重减载率分别降低 5.54%、12.8%和 26.12%，虽然脱轨系数整体有一定的增加但峰值有明显的减小，接触斑面积增加 26.78%，明显改善车辆的动力学性能，提升了列车运行的安全性。

## 3.3 钢轨打磨车打磨模式优化设计

### 3.3.1 单磨石打磨量与打磨区域及打磨功率关系

磨石切削能力与钢轨部位有关，相同条件下，磨石在内轨角的切削能力>外轨角的切削能力>轨顶的切削能力。磨石打磨钢轨轨头型面时，打磨能力的差异主要由跟磨石相切的轨头弧段的不同曲率造成的，曲率越大打磨能力越大，曲率越小打磨能力越小。因此应对钢轨轨头按弧段曲率分区域进行打磨量与打磨压力(功率)关系的研究。将铁路上较多采用的 60 kg/m 钢轨进行打磨模式的设计，对于其他类型的钢轨亦可采用相同的方法进行研究。将 60 kg/m 钢轨轨头按 $R13$ mm、$R80$ mm、$R300$ mm 三种不同曲率分弧段区域进行打磨能力测算，这样轨头就可以分为 4 个部分即轨头外侧 $R80$ mm 区域(+13.015 1°～+1.910 2°)、轨顶 $R300$ mm 区域(+1.910 2°～−1.910 2°)、轨头内侧 $R80$ mm 区域(−1.910 2°～−13.015 1°)、轨头内侧 $R13$ 区域(−13.015 1°～−70°)。

打磨列车的打磨压力是通过两个液压油缸对打磨电机施加向下的力而产生的，其压力通过打磨电机功率显示。张燕超将钢轨轨头按照轨顶面积(+2°～−16°)、内侧面积(−16°～−60°)、外侧面积(+20°～+2°)来分区，按照三种打磨能力来分别测量并通过现场打磨试验，试验按照给定打磨列车前进速度(15 km/h)，改变功率，测量不同区域的单个磨石平均打磨面积，得到了在 65%、70%、75%、80%四种打磨功率下轨顶面积、内侧面积、外侧面积区域单个磨石的打磨面积。由于文献中的分区跟本章分区有一定相似之处，但并没有完全符合“打磨能力的差异主要是由跟磨石相切的轨头弧段不同曲率造成的”这一原则。因此引用其试验数据，并在此基础上根据本章分区的原则进行修正，满足了本章对钢轨轨头分区计算打磨能力的要求。具体修正原则如下所述：

(1)内侧面积(−16°～−60°)完全属于本书中内侧 $R$13 mm 区域(−13.015 1°～−70°),并且两区域的弧段曲率相同,因此内侧面积单个磨石的打磨能力等于内侧 $R$13 mm 区域单个磨石打磨能力。

(2)轨顶面积(+2°～−16°)可以认为是由本书中轨顶 $R$300 mm 区域(+1.910 2°～−1.910 2°)以及内侧 $R$80 mm 区域(−1.910 2°～−13.015 1°)组合而成,因此轨顶面积的单个磨石打磨能力是由轨顶 $R$300 mm 区域以及内侧 $R$80 mm 区域的单个磨石打磨能力按比例组合而成,而所占的比例分别为轨顶面积中轨顶 $R$300 mm 区域所占比例以及轨顶面积中内侧 $R$80 mm 区域所占比例,其比例值分别为:0.553 5、0.429 4。

(3)外侧面积(+20°～+2°)是由本章中外侧 $R$80 mm 区域(+13.015 1°～+1.910 2°)以及部分外侧 $R$13 mm 区域(+70°～+13.015 1°)组合而成,因此外侧面积的单个磨石打磨能力是由外侧 $R$80 mm 区域以及外侧 $R$13 mm 区域的单个磨石打磨能力按比例组合而成,而所占的比例分别为外侧面积中外侧 $R$80 mm 区域所占比例以及外侧面积中外侧 $R$13 mm 区域所占比例,其比例值分别为:0.914 8、0.085 2。

文献中,65%打磨功率时,轨顶面积、外侧面积、内侧面积区域单个磨石的打磨量分别为 0.403 mm²、0.470 mm²、0.553 mm²,如前所述,建立计算公式(3-12)。

$$\begin{cases}0.5535\times a_1+0.4294\times a_2=0.403\\0.9148\times a_2+0.0852\times a_3=0.470\\a_3=0.553\end{cases}\tag{3-12}$$

式中,$a_1$、$a_2$、$a_3$分别代表 65%打磨功率时,轨顶 $R$300 mm 区域、内外侧 $R$80 mm 区域、内外侧 $R$13 mm 区域的单个磨石打磨能力。最终得到 $a_1$、$a_2$、$a_3$ 的值分别为 0.370、0.462、0.553。

用同样的方法得到 70%、75%、80%打磨功率时,钢轨轨头各区域的单个磨石打磨能力,见表 3-2。

**表 3-2 单个磨石打磨面积与打磨功率的关系**

| 速度/(km·h⁻¹) | 功率/% | 轨顶 R300 mm 区域面积/mm² | 内外侧 R80 mm 区域面积/mm² | 内侧 R13 mm 区域面积/mm² | 平均面积/mm² |
|---|---|---|---|---|---|
| 15 | 65 | 0.370 | 0.462 | 0.553 | 0.477 |
| | 70 | 0.429 | 0.553 | 0.668 | 0.571 |
| | 75 | 0.484 | 0.634 | 0.738 | 0.643 |
| | 80 | 0.533 | 0.694 | 0.803 | 0.702 |

通过表 3-2 可得到轨顶不同弧段钢轨打磨面积与打磨功率关系,如图 3-19 所示。可看出轨顶 $R$300 mm 区域、内外侧 $R$80 mm 区域、内侧 $R$13 mm 区域的钢轨打磨量与打磨功率近似成直线关系,与文献中压力越大单个磨石的打磨量越大且基本呈线性关系相符合。所以本章对单个磨石打磨面积与打磨功率的关系基于最小二乘法进行线性拟合。

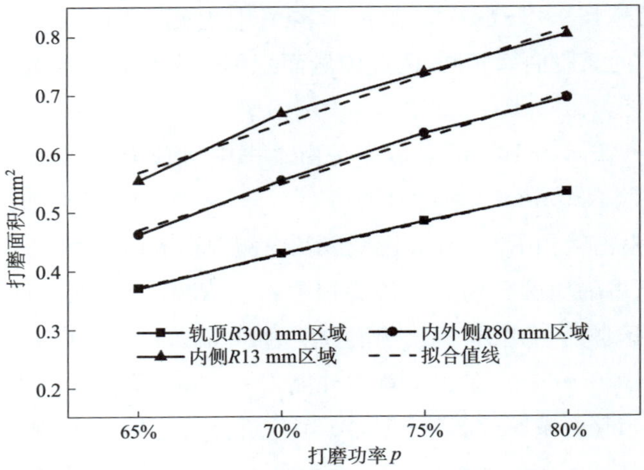


图 3-19　轨顶不同弧段钢轨打磨面积与打磨功率关系示意

对于外侧、内侧 $R$80 mm 区域打磨能力：

$$s_{1,3}=1.5528\times p-0.5400 \tag{3-13}$$

对于 $R$300 mm 区域打磨能力：

$$s_2=1.0878\times p-0.3346 \tag{3-14}$$

对于内侧 $R$13 mm 区域打磨能力：

$$s_4=1.6444\times p-0.5017 \tag{3-15}$$

对于平均打磨能力：

$$s=1.4950\times p-0.4856 \tag{3-16}$$

从图 3-19 可看出拟合直线结果与试验数据相差较小，因此可以认为打磨量与打磨功率近似呈线性关系。

钢轨打磨车以固定的前进速度对钢轨进行打磨，磨石对钢轨轨头进行端面打磨。本章中 GMC-96 钢轨打磨车的速度选为钢轨打磨现场通常采用的车速 15 km/h。磨石打磨的区域钢轨材料被磨削，在钢轨轨头横断面方向上单个磨石的打磨面宽度以及打磨深度如图 3-20 所示。

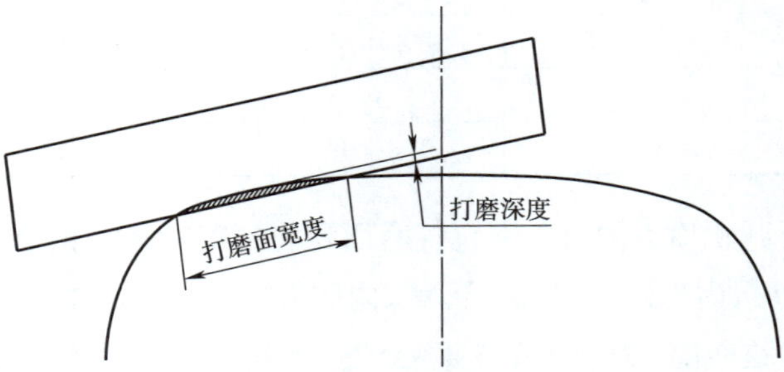


图 3-20　钢轨轨头打磨面宽度及打磨深度示意

由于钢轨打磨车的打磨功率一般设定为 50%～80%。取 50%打磨功率，单个磨石打磨轨头各弧段的打磨面积可通过公式(3-13)～公式(3-15)计算得到。对单磨石打磨钢轨轨头进行仿真，其轨头切点横坐标、打磨角度、打磨面宽度以及打磨深度见表 3-3。

**表 3-3　50%打磨功率下单个磨石打磨面宽度及打磨深度**

| 序号 | 轨头切点横坐标/mm | 磨石角度/(°) | 打磨面积/mm$^2$ | 打磨面宽度/mm | 打磨深度/mm |
|---|---|---|---|---|---|
| 1 | −28 | 25.407 5 | 0.236 4 | 3.419 8 | 0.112 9 |
| 2 | −24 | 12.024 7 | 0.236 4 | 5.479 2 | 0.061 1 |
| 3 | −20 | 9.110 2 | 0.236 4 | 6.253 9 | 0.061 7 |
| 4 | −16 | 6.219 3 | 0.236 4 | 6.298 1 | 0.062 1 |
| 5 | −12 | 3.344 2 | 0.236 4 | 6.581 8 | 0.062 4 |
| 6 | −8 | 1.528 1 | 0.209 3 | 7.859 0 | 0.031 2 |
| 7 | −4 | 0.764 0 | 0.209 3 | 8.605 6 | 0.031 2 |
| 8 | 0 | 0.000 0 | 0.209 3 | 8.699 8 | 0.031 3 |
| 9 | 4 | −0.764 0 | 0.209 3 | 8.601 0 | 0.031 2 |
| 10 | 8 | −1.528 1 | 0.209 3 | 7.865 0 | 0.031 2 |
| 11 | 12 | −3.344 2 | 0.236 4 | 6.579 8 | 0.062 4 |
| 12 | 16 | −6.219 3 | 0.236 4 | 6.299 1 | 0.062 1 |
| 13 | 20 | −9.110 2 | 0.236 4 | 6.254 9 | 0.061 7 |
| 14 | 24 | −12.024 7 | 0.236 4 | 5.477 2 | 0.061 1 |
| 15 | 28 | −25.407 5 | 0.320 5 | 3.821 6 | 0.141 1 |
| 16 | 32 | −47.455 0 | 0.320 5 | 3.614 4 | 0.126 8 |

### 3.3.2　钢轨预打磨模式优化设计

由于钢轨在生产、运输、铺设、焊接等环节均存在不可避免的缺陷和病害，新铺设钢轨难以满足动车组列车高速平稳运行要求。钢轨预打磨就是在这种情况下产生的一种钢轨修复措施。它是指在高速铁路开通运营前对钢轨的打磨，目的是消除钢轨表面的锈蚀、脱碳层、轧制过程中的短波不平顺和施工过程中产生的钢轨表面缺陷，形成与车轮匹配的钢轨廓形，提高钢轨焊接接头的平顺性，防止车轮踏面产生不良磨损。

本章中研究的钢轨预打磨是指在标准的 60 kg/m 钢轨型面下，对新铺设钢轨轨头形状整体打磨一定的深度，使打磨后轨头整体形状与标准轨头形状无差别。钢轨打磨模式是钢轨打磨车对钢轨进行打磨时一系列打磨参数的组合。考虑现场实际的钢轨打磨作业需要，将钢轨预打磨遍数定为一遍，打磨深度定为 0.3 mm。采用 GMC-96 钢轨打磨车进行打磨作业，列车速度为 15 km/h，磨石转速为 3 600 r/min，对钢轨预打磨模式进行设计。

钢轨打磨车磨石对钢轨进行打磨时，其打磨的区域有重合部分，如图 3-21 所示，当磨石从左到右顺序打磨时，中间磨石真正打磨的面积是图 3-21 黑色阴影部分，其打磨深度为 $h$。

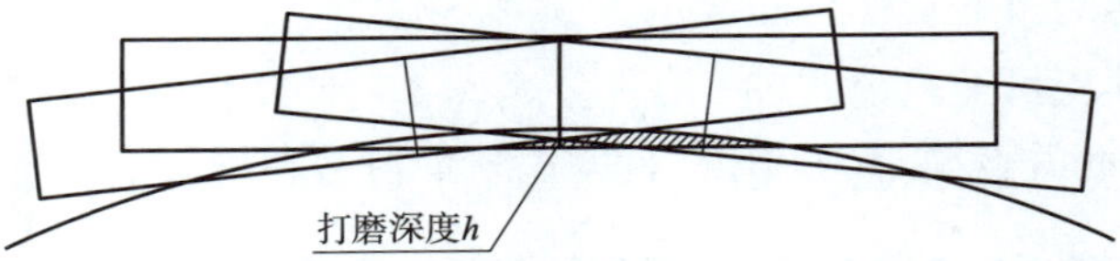


图 3-21　钢轨打磨深度示意

打磨精度即为 $L_{AB}$ 的长度(图 3-22)，已知 $\theta$、$R$，根据公式(3-17)即可求得 $L_{AB}$ 的长度。通过计算很容易得出在标准 60 kg/m 钢轨理论设计参数情况下，影响 $L_{AB}$ 最重要的参数即为 $\theta$。由于 $R$300 mm、$R$80 mm、$R$13 mm 三个弧段区域的角度范围依次增大，因此要使打磨精度 $L_{AB}$ 达到最优效果，三个区域的磨石安排数量应该依次增加。

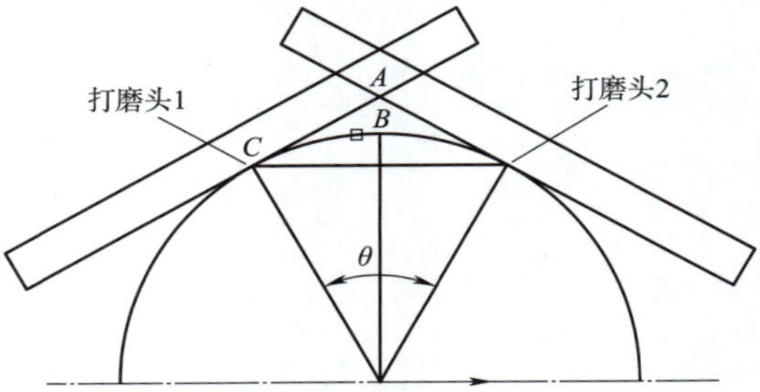


图 3-22　钢轨打磨精度、打磨面宽度示意

$$L_{AB}=\left[\frac{1}{\cos(\theta/2)}-1\right]\cdot R \tag{3-17}$$

### 3.3.2.1　预打磨轨头各弧段磨石数量分配

钢轨预打磨的打磨功率、磨石数量选择原则为保证打磨后的钢轨型面跟打磨前的型面较一致，仅仅减小同样的打磨深度。打磨后钢轨廓形既要使得打磨后的整体深度一致又要使得打磨精度 $L_{AB}$ 最小。由公式(3-13)～公式(3-15)得到 $R$13 mm、$R$80 mm、$R$300 mm 区域打磨能力差异为 $R$13 mm 区域＞$R$80 mm 区域＞$R$300 mm 区域，由公式(3-17)得到打磨精度 $L_{AB}$，结果表明 $R$13 mm 区域、$R$80 mm 区域、$R$300 mm 区域依次越来越容易满足要求。钢轨打磨车的打磨功率一般设定为 50%～80%，因此打磨功率的设定为：在内侧 $R$13 mm 区域，减小磨石打磨功率，以增加该区域磨石的相对占用数量，保证打磨精度 $L_{AB}$，初选 50% 打磨功率，由公式(3-15)得到单个磨石打磨能力为 0.320 5 mm$^2$；在 $R$300 mm 区域则相反，由于打磨精度 $L_{AB}$ 较容易满足，因此提高磨石打磨功率，以尽量减少磨石相对的占用数量，打磨功率的设定一般不宜超过 80%，避免对轨头造成过大的热影响，初选 80% 打磨功率，由公式(3-14)得到单个磨石打磨能力为 0.535 6 mm$^2$；轨头内外侧 $R$80 mm 区域打磨功率的选择介于上述两者之间，初选两者的平均值 65% 打磨功率，由公式(3-13)得到单个磨石打磨能力为 0.469 3 mm$^2$。打磨功率的初选值亦可以根据现场的实际情况进行适当调整。

96 磨石打磨列车(GMC-96 钢轨打磨车)单侧 48 个磨石，打磨功率设定好之后，对单侧 48 个磨石进行排布。各个区域分配磨石数量设定为外侧 $R80$ mm、轨顶 $R300$ mm、内侧 $R80$ mm、内侧 $R13$ mm 区域的磨石数量分别为 $N_1$、$N_2$、$N_3$、$N_4$，各区域弧段弧长为 $l_1$、$l_2$、$l_3$、$l_4$，各区域的打磨面积为 $S_1$、$S_2$、$S_3$、$S_4$，各区域的单个磨石打磨能力为 $s_1$、$s_2$、$s_3$、$s_4$。

$$N_1+N_2+N_3+N_4=48 \tag{3-18}$$

$$S_i=l_i\times h \tag{3-19}$$

$$N_1:N_2:N_3:N_4=\frac{S_1}{s_1}:\frac{S_2}{s_2}:\frac{S_3}{s_3}:\frac{S_4}{s_4} \tag{3-20}$$

$S_1$、$l_1$ 包含轨头外侧(+15°～+13.015 1°)相对很少的外侧 $R13$ mm 区域。$h$ 为打磨深度，$h=0.3$ mm；$l_1=15.970\ 0$ mm，$l_2=20.003\ 7$ mm，$l_3=15.519\ 6$ mm，$l_4=11.795\ 0$ mm；$S_1=4.791\ 0\ \text{mm}^2$，$S_2=6.001\ 1\ \text{mm}^2$，$S_3=4.655\ 9\ \text{mm}^2$，$S_4=3.538\ 5\ \text{mm}^2$；$s_1=0.469\ 3\ \text{mm}^2$，$s_2=0.535\ 6\ \text{mm}^2$，$s_3=0.469\ 3\ \text{mm}^2$，$s_4=0.320\ 5\ \text{mm}^2$，由公式(3-18)～公式(3-20)求得 $N_1=11.564\ 0(12)$个，$N_2=12.691\ 3(13)$个，$N_3=11.237\ 9(11)$个，$N_4=12.506\ 6(12)$个，括弧内是其取整值。打磨角度理论值情况为：每个打磨区域相邻两磨石排布角度的间隔应与打磨区域的总的角度与 $N_i$ 的比值相等。

#### 3.3.2.2　预打磨磨石角度确定

打磨角度设计值是在打磨角度理论值基础上考虑 GMC-96 钢轨打磨车磨石的固连情况以及磨石安装角度偏差而制定的。打磨角度按照打磨列车上的构架的角度进行表示。为了避免不同构架上打磨磨石的打磨角度出现重叠的情况，采用 MATLAB 软件编程逐步优化取得最优的打磨角度，具体过程如下：

(1)对 48 个磨石进行初始排布，使其打磨角度遍布轨头区域，此为第一组磨石打磨角度，计算这组打磨角度与理论打磨角度值的误差。

(2)第二组磨石角度即为初始排布的每一个构架以其初始构架角度为中点，用 MATLAB 中随机数生成器 rand 的功能，在一定范围内随机取一个值，这样就可确定第二组 48 个磨石打磨角度，计算这组打磨角度与理论值的误差，然后再经过此过程，计算第三组磨石打磨角度与理论值的误差。按此过程进行有限次循环，找出循环次数中打磨角度与理论值的误差最小的那一组，此处设定循环次数为 400 万次，取得第一次 400 万次中的最好打磨角度设置。

(3)以第一次 400 万次中最好的打磨角度作为初始排布打磨角度。

(4)重复过程(1)、(2)、(3)，通过多次 400 万次为单元循环，打磨角度与理论打磨角度的误差值会越来越小，且趋向一个定值，即取此时打磨角度为最终打磨角度。

每节 C 打磨列车单侧 2 个构架，构架上磨石的角度为构架的角度+3°、+1°、−1°、−3°的值；每节 B 打磨列车单侧 4 个构架，构架上磨石的角度为构架的角度+1.25°、−1.25°的值。最终构架角度值见表 3-4。

**表 3-4　打磨列车的构架角度值**

| 打磨车 | C1 打磨车 | C2 打磨车 | C3 打磨车 | C4 打磨车 | B1 打磨车 | B2 打磨车 |
|---|---|---|---|---|---|---|
| 构架角度/(°) | 12.0 | 2.2 | −1.3 | −9.2 | −17.0 | −43.7 |
| | | | | | −23.0 | −51.0 |
| | 9.1 | 1.2 | −2.3 | −10.2 | −29.0 | −58.1 |
| | | | | | −36.3 | −65.8 |

### 3.3.2.3　预打磨磨石打磨功率

若已知单个磨石的打磨面积，由公式(3-13)～公式(3-15)即可求得单个磨石打磨功率，因此重点论述单个磨石打磨面积的计算方法。钢轨预打磨整体打磨深度为 0.3 mm，那么将每个磨石的打磨深度均定为 0.3 mm，为保证较小误差，每一磨石实际打磨深度为$0.3^{+0.01}_{0}$ mm，如图 3-21 中 $h$ 所示；并且已知每个磨石的打磨角度，依据打磨列车磨石实际的打磨顺序，打磨后 48 个磨石在钢轨轨头排布的具体位置即可确定。图 3-23 为 15°、13°、12.127 4° 磨石的具体位置。由于不同磨石有重叠的打磨区域，第二个磨石的打磨面积即为图 3-23 阴影部分所示，计算得到第二个磨石打磨深度为 0.300 6 mm，打磨面积为 0.466 8 mm²，进而通过公式(3-13)反求得其打磨功率为 64.84%。

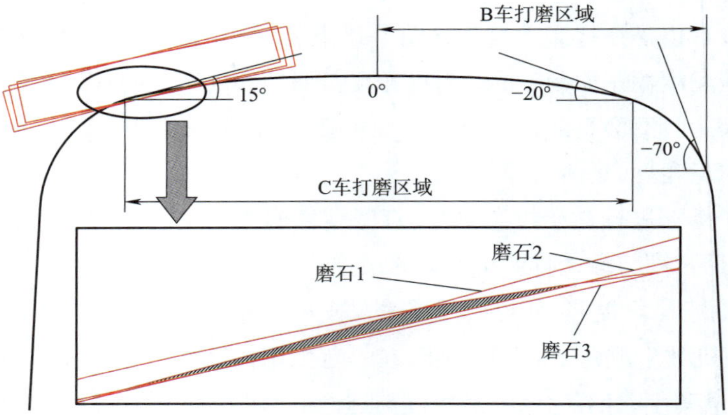


图 3-23　打磨面积示意

推广到 48 个磨石的打磨面积，然后求得打磨功率。根据现场钢轨打磨作业打磨模式设置的实际情况，GMC-96 钢轨打磨车每个打磨小车一侧 8 个磨石的打磨功率都相同，那么取该打磨小车上 8 个磨石打磨功率的平均值即为该打磨列车的打磨功率。这样打磨列车的打磨功率即为 C1 车 64.84%、C2 车 80.65%、C3 车 77.06%、C4 车 55.24%、B1 车 42.35%、B2 车 45.73%。

### 3.3.2.4　打磨后钢轨表面廓形求解与分析

将制定好的各个磨石打磨角度，以及打磨列车的打磨功率应用到打磨列车的各个磨石上，对打磨后的钢轨型面进行计算。参考何娟娟对打磨后钢轨型面预测的方法，提出适合本章打磨后钢轨型面表示的具体方法：首先根据打磨列车的打磨功率得到单个磨石的打磨功率，结合每个磨石打磨角度，再通过公式(3-13)～公式(3-15)计算 48 个磨石中每个磨石的打磨面积，其打磨面积同样如图 3-23 阴影部分所示，用二分法逐渐逼近的办法，通过 MATLAB 计算使得阴影部分的面积逐渐等于通过公式求得的面积。那么这个磨石的具体位置坐标即可确定，进而推广到 48 个磨石。磨石的具体位置确定后，打磨后钢轨轨头的具体型面就是各个磨石对其切割的结果，因此同样可以确定。打磨前后的钢轨轨头型面如图 3-24 所示。

文献结果表明：钢轨踏面外形对轮轨的接触应力值具有重要影响，因此打磨后的钢轨廓形应尽量与标准 60 kg/m 钢轨的廓形一致。研究提出了一种评价钢轨预打磨质量的方法，打磨质量的评价主要为打磨后的钢轨廓形与标准 60 kg/m 钢轨廓形的一致性。对轨头表面横向方向每隔 0.05 mm 取点，用 MATLAB 编程计算其在弧段法线上的打磨深度，其结果如图 3-25 中实际打磨深度曲线所示。打磨横坐标范围为－25.8(打磨角度为 15°)～34.67 mm(打磨角度为－70°)。从图 3-25 看出钢轨整体廓形的打磨深度为 0.228 4(横坐标为 1.6)～0.401 6(横坐标为 25.2)mm。

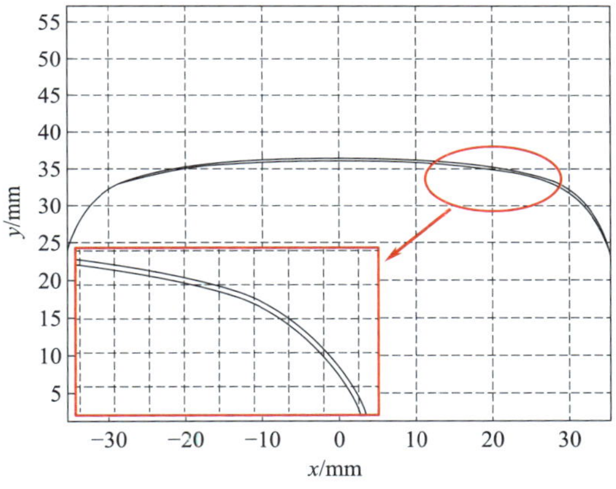

图 3-24　打磨前后的钢轨轨头型面

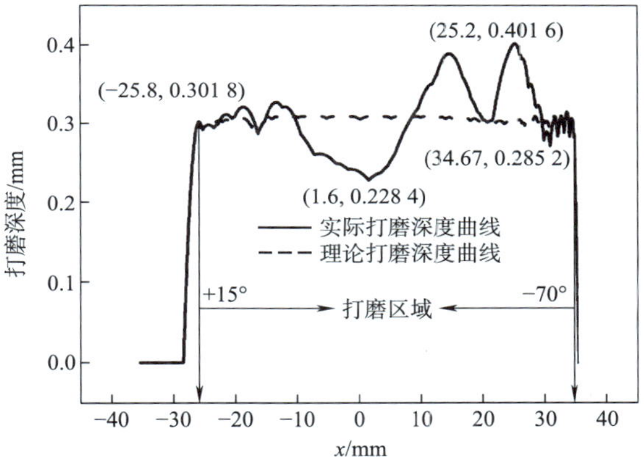

图 3-25　打磨深度曲线示意

采用公式(3-21)判定打磨深度一致性：

$$DS = \sum |h - \bar{h}| \tag{3-21}$$

式中　$\bar{h}$——打磨深度均值；

　　　$h$——轨头横坐标所取点的弧段法线上的打磨深度。

从公式(3-21)可以看出，DS 值越小打磨深度一致性越好，当 DS 值为 0 时，轨头整体的打磨深度最一致。

由于内侧、外侧 $R$80 mm 区域打磨功率初选为 65%，按照上述的方法计算得到选用 75%、70%、60%、55%时打磨深度及打磨深度一致性结果，见表 3-5。

表 3-5　*R*80 mm 区域不同打磨功率下的打磨深度及打磨深度一致性

| 项　目 | 内、外侧 *R*80 mm 区域打磨功率初选值/% | | | | |
|---|---|---|---|---|---|
| | 75 | 70 | 65 | 60 | 55 |
| C1 车功率/% | 61.45 | 66.36 | 64.84 | 65.31 | 64.84 |
| C2 车功率/% | 85.59 | 84.51 | 80.65 | 73.32 | 85.24 |
| C3 车功率/% | 66.59 | 68.71 | 77.06 | 79.37 | 68.59 |
| C4 车功率/% | 55.14 | 54.02 | 55.24 | 54.49 | 53.19 |
| B1 车功率/% | 43.24 | 43.26 | 42.35 | 43.04 | 42.49 |
| B2 车功率/% | 45.73 | 45.73 | 45.73 | 45.73 | 46.20 |
| $\bar{h}$/mm | 0.290 3 | 0.294 4 | 0.307 4 | 0.297 9 | 0.294 7 |
| DS/mm | 43.556 9 | 39.295 9 | 42.305 4 | 45.438 2 | 41.718 6 |

从表 3-5 中看出，在保证 C1、C2、C3、C4、B1、B2 各打磨列车打磨功率不超过 80%的情况下，在轨头内侧、外侧 *R*80 mm 区域打磨功率选用 65%时打磨深度一致性最好。

假若 48 个磨石的打磨功率能够自由设定，通过 MATLAB 程序仿真，其打磨深度如图 3-25 中曲线所示，其 $\bar{h}$=0.306 1 mm，$DS$=3.166 6 mm。对比图 3-25 两条曲线，实际打磨深度曲线打磨深度最大值与最小值差距较大，并且打磨深度一致性较差，因此认为同一打磨列车上各个磨石的打磨功率能否自由设定对打磨效果具有重要影响。

## 3.3.3　钢轨修复性打磨模式优化设计

钢轨在运营一些时间后，钢轨会出现轮轨接触表面钢轨剥离现象、波浪形磨损、偏磨、斜裂纹等问题，对这些有缺陷的钢轨进行修复最好办法是钢轨修复性打磨。钢轨修复性打磨应用于已经使用一段时间并出现一定表面缺陷的钢轨，其目的是消除钢轨顶面严重的波磨及钢轨剥离、钢轨肥边，尽可能恢复钢轨初始标准廓形，满足列车平稳运行要求并延长钢轨使用寿命。修复性打磨是现场钢轨打磨应用最多的钢轨打磨方式，其单次磨削量比较大，打磨前钢轨廓形及打磨遍数也不固定，因此修复性打磨模式的科学设置是一个亟待解决的技术难题。为提高修复性打磨的质量与效率，本章针对 GMC-96 钢轨打磨车对修复性打磨模式进行优化设计。

### 3.3.3.1　修复性磨石角度的确定

$N_1$、$N_2$、$N_3$、$N_4$的值计算得到之后，理论上 $N_i$值应该按角度均匀的排布在外侧 *R*80 mm、轨顶 *R*300 mm、内侧 *R*80 mm 以及内侧 *R*13 mm 的弧段上。但是，钢轨磨石的排布必须考虑钢轨打磨车上打磨构架的固连的特性，GMC-96 钢轨打磨车共有 4 节 C 打磨车，每节 C 打磨车单侧共有两个打磨构架，因此对于一条钢轨有 8 个 C 打磨构架的角度需要排布；GMC-96 钢轨打磨车共有两节 B 打磨车，每节 B 打磨车单侧共有 4 个打磨构架，因此对于一条钢轨有 8 个 B 打磨构架的角度需要排布。由于大的曲率会导致相对较大的打磨粗糙度，因此内侧

$R13$ mm 弧段以及外侧 $R80$ mm 弧段应该首先排布 $N_4$ 个以及 $N_1$ 个打磨磨石。$N_4$ 个磨石需要 $[N_4/2]+1$ 个 B 车打磨构架，$[N_4/2]+1$ 个 B 车打磨构架的角度设定值 $B_0(j)$ 如图 3-26 所示。B 车第一个构架角度具体值由公式(3-22)计算得到。

$$B_0(1)=-(N_4/2-[N_4/2])\times 2.5+1.25-13.015\,1 \tag{3-22}$$

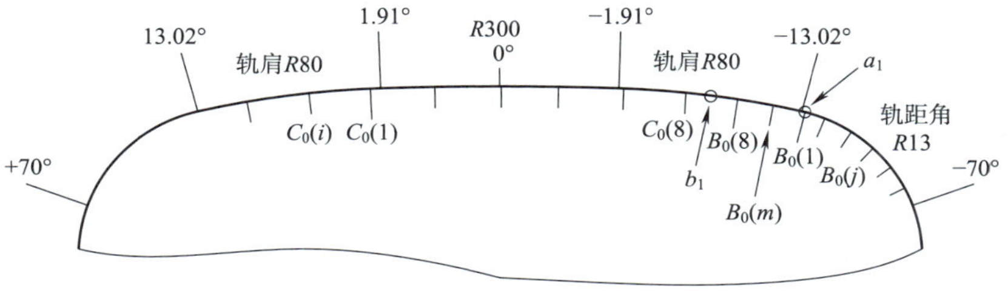


图 3-26　构架角度示意(单位:mm)

其他 $[N_4/2]$ 个构架角度应在角度范围 $(-70°+1.25°, B_0(1))$ 内(图 3-26)平均分配，因此角度设定值由公式(3-23)计算得到。

$$B_0(j)=B_0(1)-\frac{70-1.25+B_0(1)}{[N_4/2]+1}\cdot(j-1)\quad(j=2,3,\cdots,[N_4/2]+1) \tag{3-23}$$

外侧 $R80$ mm 弧段属于 C 车打磨角度范围，$N_1$ 个磨石需要 $[N_1/4]+1$ 个 C 车构架，$[N_1/4]+1$ 个打磨构架的角度设定值 $C_0(i)$ 如图 3-26 所示。C 车第一个构架角度具体值由公式(3-24)计算得到。

$$C_0(1)=(N_1/4-[N_1/4])\times 6-3+1.910\,2 \tag{3-24}$$

其他 $[N_1/4]$ 个构架角度应在角度范围 $(C_0(1), 15°-3°)$ 内(图 3-26)平均分配，因此角度设定值由公式(3-25)计算得到。

$$C_0(i)=C_0(1)+\frac{(15-3)-C_0(1)}{[N_1/4]+1}\cdot(i-1)\quad(i=2,3,\cdots,[N_1/4]+1) \tag{3-25}$$

内侧 $R80$ mm 弧段属于 C 车和 B 车共同的打磨范围，C 车构架和 B 车构架分别排布在内侧 $R80$ mm 弧段的左右两侧。内侧 $R80$ mm 弧段需要 $N_3$ 个磨石，通过计算，内侧 $R80$ mm 弧段已经排布的磨石数量为 $n_3$，因此还需 $N_3-n_3$ 个磨石。B 车未排布的磨石数量为 $\{8-([N_4/2]+1)\}\times 2$。B 车未排布的打磨构架的角度排布范围与 B 车未排布的打磨磨石数量、所需磨石数量有关以及内侧 $R80$ mm 弧段打磨角度范围有关，因此 B 车未排布的打磨构架的角度排布范围设置为 $(a_1, b_1)$，如图 3-26 所示。$a_1$ 与 $b_1$ 值通过公式(3-26)和公式(3-27)确定。

$$a_1=B_0(1) \tag{3-26}$$

$$b_1=-13.015\,1+\frac{\{8-([N_4/2]+1)\}\times 2}{N_3-n3}\times(13.015\,1-1.910\,2) \tag{3-27}$$

$8-([N_4/2]+1)$ 个 B 车打磨构架的角度均匀分配在角度范围 $(a_1, b_1)$(图 3-26)内，因

此角度设定值 $B_0(m)$(图 3-26)由公式(3-28)计算得到。

$$B_0(m)=a_1+\frac{(b_1-a_1)}{8-([N_4/2]+1)+1}\times(m-[N_4/2]-1)(m=[N_4/2]+2,[N_4/2]+3,\cdots,8) \tag{3-28}$$

轨顶 $R300$ mm 弧段以及内侧 $R80$ mm 弧段的左侧属于 C 车的打磨角度范围，角度范围为($B_0(8)$,1.9102°)。未排布的 C 车构架的数量为 $8-([N_1/4]+1)$。在排布角度范围内有两个不同曲率的弧段($R300$ mm、$R80$ mm)。如果 $8-([N_1/4]+1)$ 个构架在角度范围内按照角度均匀分布，大部分的打磨磨石将会排布在内侧 $R80$ mm 弧段。那将导致在内侧 $R80$ mm 弧段过大的打磨量。如果 $8-([N_1/4]+1)$ 个构架在角度范围内按照弧长均匀分布，问题将会解决，打磨磨石也将充分的利用。因此 $8-([N_1/4]+1)$ 个构架在角度范围($B_0(8)$,1.910 2°)内按照弧长均匀分布。

每一个构架的角度确定后，对 $C_0(1)\sim C_0(8)$ 和 $B_0(1)\sim B_0(8)$ 都降序排列并重新赋值。打磨车 C1～C4 上的打磨构架的角度值为 $C_0(1)\sim C_0(8)$ 的值，打磨车 B1～B2 上的打磨构架的角度值为 $B_0(1)\sim B_0(8)$ 的值，这样打磨列车上的每一打磨磨石的角度就可确定。

#### 3.3.3.2 修复性打磨模式数值计算方法

打磨后的磨石在钢轨坐标系中的最终坐标位置可由打磨角度以及打磨深度确定。在同一打磨角度下，某一磨石与打磨前廓形的切线以及与打磨目标廓形的切线是两条平行线，这两条平行线之间的距离即为这个磨石的打磨深度(图 3-27)。通过磨石打磨深度以及磨石打磨角度，即可确定打磨后 48 个磨石在坐标系下的具体位置。

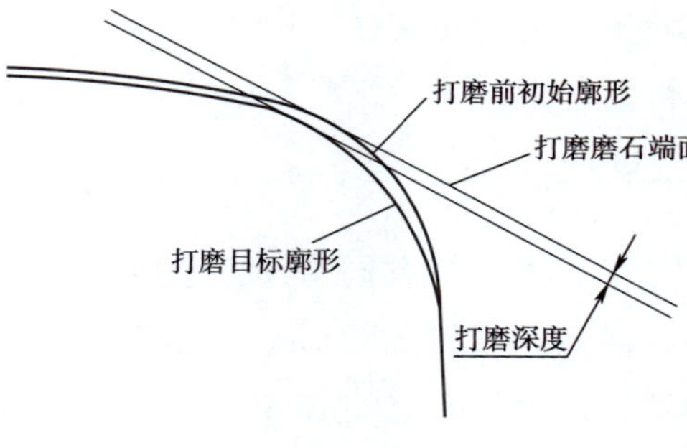


图 3-27　打磨深度示意

通过数值计算可以发现，不同打磨角度磨石的打磨面会有重合区域，如图 3-23 所示。编制 MATLAB 程序计算各个磨石的打磨面积。每个磨石的打磨功率即可通过公式(3-13)～公式(3-15)反求得到。根据现场钢轨打磨作业打磨模式设置的实际情况，GMC-96 钢轨打磨车每个打磨小车一侧 8 个磨石的打磨功率都相同，钢轨打磨小车的打磨功率取为该打磨小车上两侧磨石打磨功率的平均值，这样钢轨打磨车的打磨角度以及打磨功率值均确定，即可得到钢轨打磨车的打磨模式。

钢轨打磨模式确定后，对钢轨打磨后的型面进行预测，以进一步分析打磨模式设计的合理性。以设计的钢轨打磨模式为初始条件，通过公式(3-13)～公式(3-15)计算每一个磨石的打磨面积，磨石的最终位置通过打磨磨石的角度以及磨石的打磨面积确定。打磨前的钢轨廓形为一系列的三次样条曲线的组合，打磨后的型面为三次样条曲线以及直线的组合。通过编程计算得到三次样条曲线与三次样条曲线、三次样条曲线与直线、直线与直线的交点，进而最终打磨后的钢轨型面得到确定。

一遍钢轨打磨有时不能满足现场钢轨打磨的需要，有必要进行钢轨多遍修复性打磨模式研究。计算得到打磨后的钢轨型面定义为下一遍钢轨打磨的初始廓形。通过上述方法，就可以进行设计下一遍钢轨修复性打磨模式。

### 3.3.3.3　修复性打磨质量评价

修复性打磨打磨质量评价参考钢轨预打磨打磨质量评价方法。钢轨预打磨中打磨误差值由打磨深度一致性决定，打磨误差值计算方法为平均打磨深度与每一点实际打磨深度差值的累加。而修复性打磨误差值由打磨目标型面与实际打磨后钢轨型面的差值决定。在轨头横断面轨头横坐标上，在打磨角度范围内(＋15°～－70°)每隔 0.05 mm 进行取点，如图 3-28 所示。对比打磨目标型面与实际打磨后钢轨型面，计算对应坐标点处的法向打磨深度误差值 $h_i$，这些打磨深度误差值取绝对值并累加即为最终打磨误差，最终打磨误差 $DS_{误}$ 由公式(3-29)确定，以此评价修复性钢轨打磨质量。

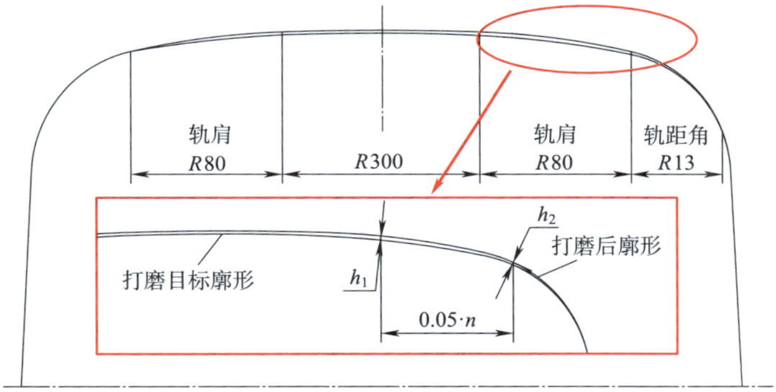


图 3-28　钢轨打磨质量评价方法示意(单位：mm)

$$DS_{误} = \sum |h_i| \tag{3-29}$$

式中　$h_i$——轨头横坐标所取点的弧段法向打磨深度误差值。

### 3.3.3.4　打磨遍数确定与每遍打磨量优化

钢轨打磨遍数与总打磨量、单磨石打磨量以及轨头弧段有关。钢轨打磨遍数 $N_p$ 由公式(3-30)确定。

$$N_p=\left(\frac{S_1}{s_1}+\frac{S_2}{s_2}+\frac{S_3}{s_3}+\frac{S_4}{s_4}\right)/48 \tag{3-30}$$

由于钢轨打磨遍数为整数，因此实际钢轨打磨遍数由表 3-6 确定。

**表 3-6 钢轨打磨遍数及每遍打磨量**

| $N_p$ | 0～1.2 | 1.2～2.2 | 2.2～3.2 | 3.2～4.2 |
|---|---|---|---|---|
| 实际钢轨打磨遍数/遍 | 1 | 2 | 3 | 4 |
| *P/T* | 1 | 3/5 | 3/8 | 3/11 |
| *L/T* | 1 | 2/5 | 2/8 | 2/11 |

注：*T* 值为钢轨轨头总打磨量、*P* 值为多遍打磨中前几遍的每遍打磨量；*L* 值为多遍打磨中最后一遍的打磨量。

钢轨多遍打磨时，最终的钢轨打磨质量与每遍打磨量有关。设计数值计算程序对钢轨打磨质量与每遍打磨量的关系进行研究分析。取标准 60 kg/m 钢轨作为初始廓形，钢轨打磨深度为 0.5 mm，钢轨打磨遍数为两遍。当第一遍打磨量为总打磨量的 50%时，第二遍打磨后的打磨误差值为 63.62 μm。第一遍以及第二遍打磨后的钢轨廓形及打磨误差如图 3-29 和图 3-30 所示。从图中可看出，第一遍、第二遍打磨后的最大误差以及最小误差出现于不同的坐标位置。应用同样的方法，计算得到在不同总打磨量下，钢轨最终打磨误差值与第一遍打磨量的关系如图 3-31 所示。

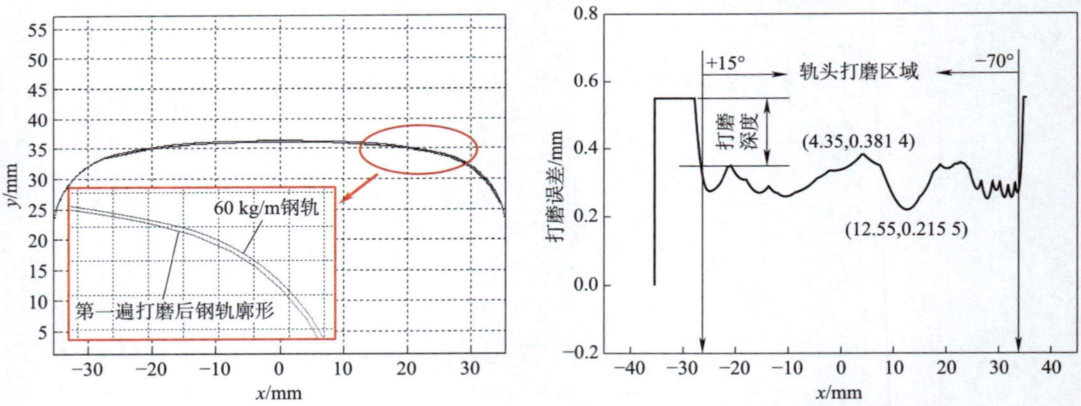


(a) 第一遍打磨后钢轨廓形　　(b) 第一遍打磨后打磨误差

图 3-29　第一遍打磨后廓形及打磨误差示意

从图 3-31 中可看出，不同打磨深度下的打磨误差值曲线具有较大的波动性，这是因为有很多的因素对打磨误差具有较大影响，包括打磨磨石的固连特征、打磨功率、具体的角度设置。从图 3-31 还可以发现，随着第一遍打磨量与总打磨量比值的上升，最终的打磨误差值减小，并且随着总打磨量的减小，最终的打磨误差值减小。因此增加 *P*/*T* 值，或者减小 *L*/*T* 值均可以提高钢轨打磨质量。如果打磨质量能够满足，那么钢轨轨头总的打磨量应尽可能小，以提高钢轨打磨质量与效率，并减少不必要的损耗。

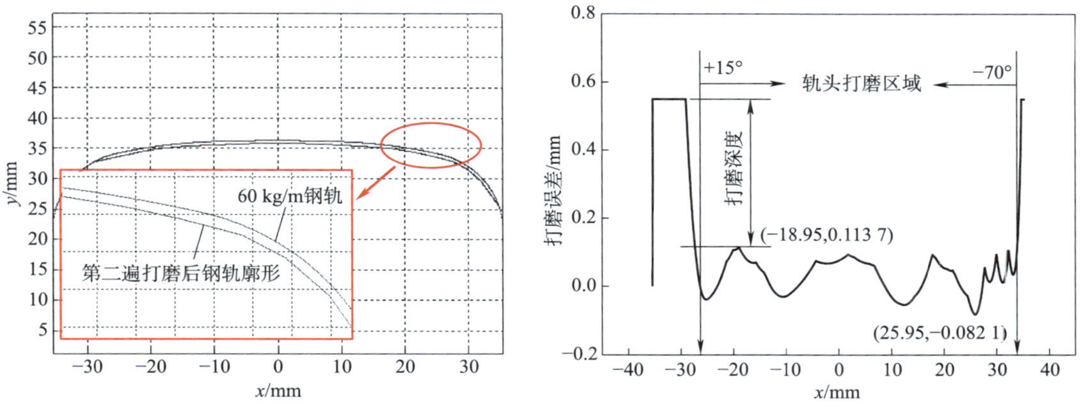


(a) 第二遍打磨后钢轨廓形　　(b) 第二遍打磨后打磨误差

图 3-30　第二遍打磨后钢轨廓形及打磨误差示意

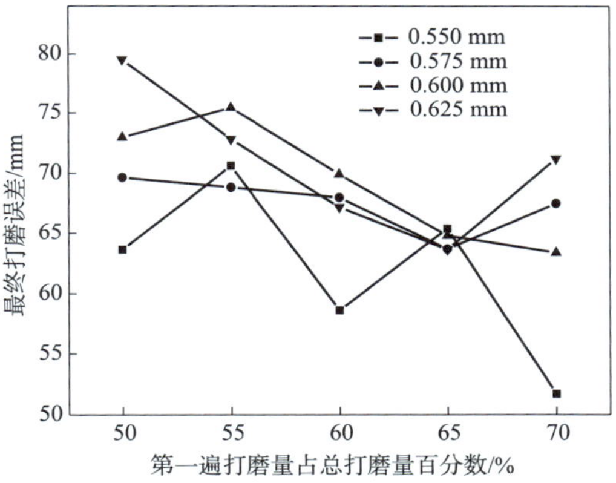


图 3-31　最终打磨误差值与第一遍打磨量的关系示意

增加 $P/T$ 值会提高钢轨打磨质量，但是每遍过大的打磨量会提高磨石打磨功率，那将对钢轨产生过大的摩擦热影响。因此建议将 $P/L$ 的值设置为 1.5 进行总打磨量的分配，每遍打磨量的分配以及总打磨遍数的设置见表 3-6。首先基于打磨前廓形以及打磨目标廓形，确定总的打磨面积以及所需打磨遍数。依据每遍打磨量分配原则，确定第一遍打磨钢轨轨头各弧段的打磨面积，进而确定磨石打磨角度。根据磨石打磨角度以及打磨深度确定每一个打磨磨石的打磨面积，磨石打磨功率通过公式(3-13)～公式(3-15)反求得到。直到最后一遍的钢轨打磨仿真完成，最终每遍的打磨模式以及打磨质量即求解完成。

### 3.3.4　修复性打磨模式设计方法应用实例

国内某客运专线钢轨打磨前、后廓形分别如图 3-32 和图 3-33 中初始钢轨廓形、打磨目标廓形所示。计算得到打磨遍数为两遍，第一遍、第二遍打磨后得到的轨头廓形如图 3-32(a)和

图 3-33(a)所示；第一遍、第二遍打磨后钢轨廓形与目标廓形之间的误差如图 3-32(b)和图 3-33(b)所示；第一遍、第二遍打磨的打磨模式见表 3-7 和表 3-8。同时得到在第一遍打磨量占总打磨量不同的比率情况下最终打磨误差值如图 3-34 所示。从图 3-32(a)明显看出，在 $x$ 范围 0～34.67(角度范围 0°～−70°)内打磨量较大，而在 $x$ 范围−25.8～0(角度范围+15°～0°)内打磨量较小。因此在 $x$ 范围 0～34.67[图 3-32(b)]内打磨误差值较大。第一遍打磨后，打磨误差值最大点为(30.25，0.592 3)。同时，在 $x$ 范围−25.8～0[图 3-32(b)]内打磨误差值较小。第一遍打磨后打磨误差值最小点为(−11.90，0.101 5)。第二遍打磨后打磨误差极值点分配较为均匀[图 3-33(b)]，打磨误差最大及最小点分别出现在(−18.75，0.148 8)和(−14.95，−0.085)。钢轨轨头总打磨量为 37.50 $mm^2$，实际总打磨量为 38.20 $mm^2$。误差为 1.87%，满足打磨作业要求。

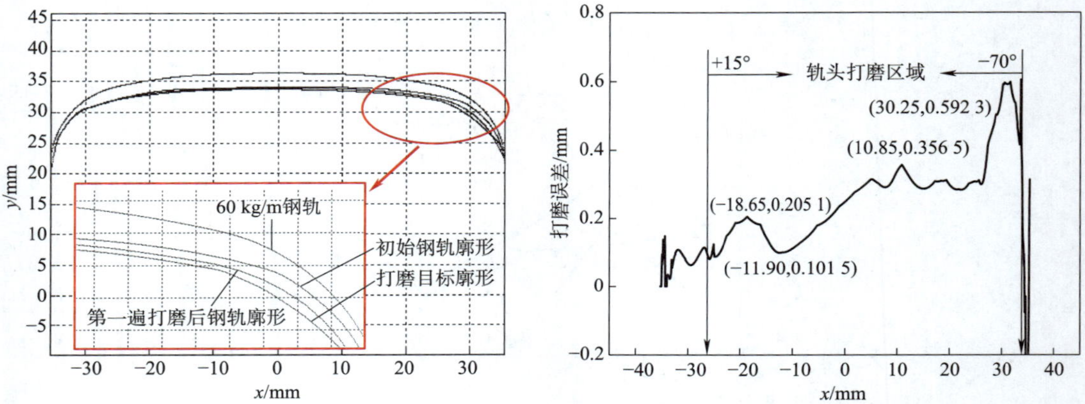


(a) 第一遍打磨后钢轨廓形　　(b) 第一遍打磨后打磨误差

图 3-32　第一遍打磨后钢轨廓形以及打磨误差示意

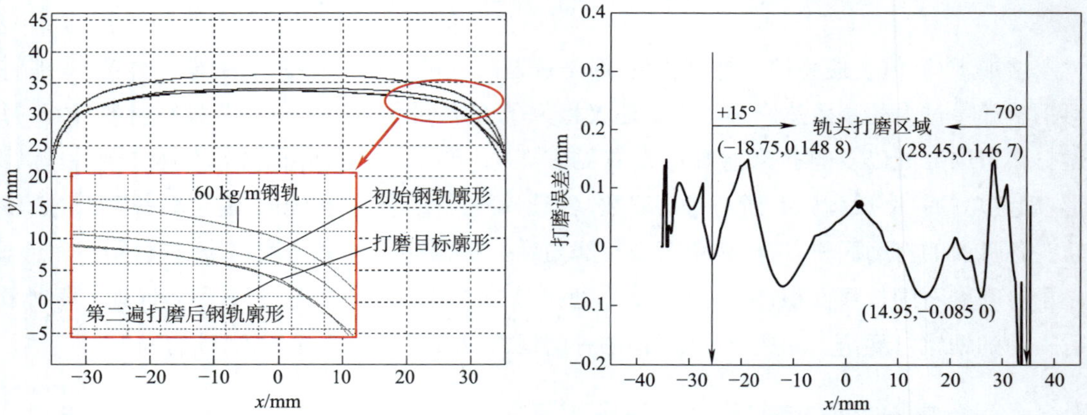


(a) 第二遍打磨后钢轨廓形　　(b) 第二遍打磨后打磨误差

图 3-33　第二遍打磨后钢轨廓形以及打磨误差示意

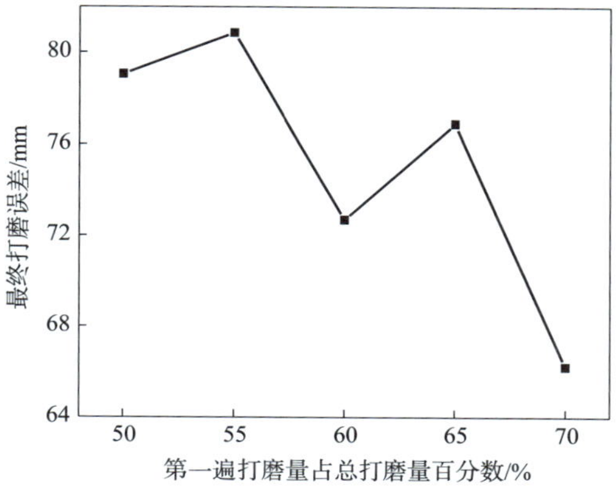


图 3-34　最终打磨误差值与第一遍打磨量的关系示意

**表 3-7　第一遍打磨的打磨模式**

| 打磨车 | C1 打磨车 | C2 打磨车 | C3 打磨车 | C4 打磨车 | B1 打磨车 | B2 打磨车 |
|---|---|---|---|---|---|---|
| 构架角度/(°) | 7.1 | 1.0 | −0.9 | −5.2 | −12.3 | −40.5 |
| | | | | | −19.3 | −47.6 |
| | 2.2 | 0.0 | −1.8 | −8.7 | −26.4 | −54.6 |
| | | | | | −33.4 | −61.7 |
| 打磨功率/% | 64 | 67 | 66 | 58 | 64 | 58 |

**表 3-8　第二遍打磨的打磨模式**

| 打磨车 | C1 打磨车 | C2 打磨车 | C3 打磨车 | C4 打磨车 | B1 打磨车 | B2 打磨车 |
|---|---|---|---|---|---|---|
| 构架角度/(°) | 6.9 | 1.0 | −0.7 | −4.1 | −10.7 | −32.2 |
| | | | | | −12.3 | −41.4 |
| | 1.8 | 0.2 | −1.6 | −7.4 | −14.0 | −50.5 |
| | | | | | −23.1 | −59.6 |
| 打磨功率/% | 40 | 77 | 68 | 54 | 47 | 75 |

对比打磨后廓形与打磨目标廓形，打磨后的钢轨廓形基本与打磨目标廓形相似。在内侧 $R13$ mm 弧段上，打磨后的廓形比打磨目标廓形更加平滑。从图 3-34 中可知，随着 $P/T$ 值的增加，最终打磨误差值减小。当 $P/T$ 值从 1/2 增加到 3/5 时，最终打磨误差值减小 7.3%。设计的钢轨打磨模式数值计算方法可以应用于每遍钢轨打磨模式的设计及评价，并能提供打磨后的预测廓形。

## 3.4　钢轨小机打磨模式优化设计

结合小机打磨过程，可以设定磨石直线的倾斜角度，从而实现对不同的磨石角度的设置，当磨石直线倾角固定后，将磨石直线沿着垂直于直线的方向进行移动，即可实现小机打磨过程的模拟。磨石直线的数学表达如公式(3-31)所示。钢轨廓形为一条连续的曲线，通过三次样条曲线函数即可表示为 $f(x)$。磨石角度的选取范围与现场实际工况保持一致，即 $-10°\sim55°$，角度选取间隔为 1°，当磨石角度给定时，通过改变磨石截距 $h$ 的值，即可模拟不同磨石和钢轨的接触情况，计算打磨深度、打磨宽度及打磨量等，进而结合实际打磨过程中的单遍磨石打磨量，对该遍打磨后的磨石位置进行预测。当该角度打磨至目标廓形时，进行下一个角度的单磨石磨削模拟，最终完成整个钢轨顶面的磨削过程，并对打磨后的钢轨廓形进行预测，该过程如图 3-35 所示。

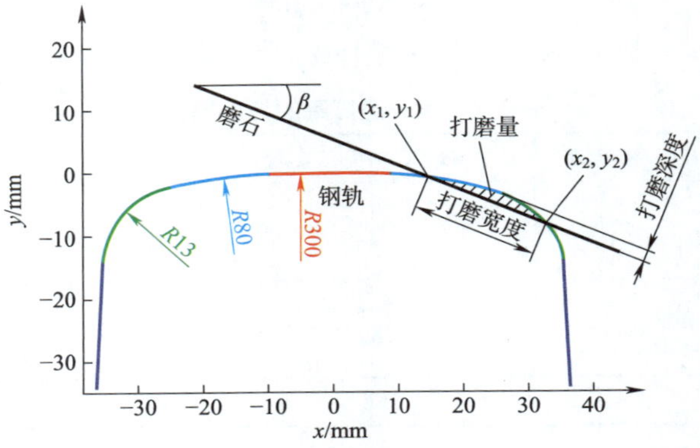


图 3-35　磨石与钢轨接触示意

$$\begin{cases} y_{磨石}=kx+h \\ k=\tan\beta \end{cases} \tag{3-31}$$

式中　$k$——磨石斜率；

$\beta$——磨石打磨角度。

当给定一个磨石偏转角度，并让磨石直线沿着法线方向向下平移，直至磨石直线与钢轨廓形曲线相切，此时作为磨石打磨深度为 0 的初始位置，后续开始磨削过程。随着打磨深度的继续增大，磨石直线与钢轨廓形曲线开始出现两个交点 $(x_1, y_1)$、$(x_2, y_2)$，由此可以利用公式(3-32)和公式(3-33)计算出打磨宽度 $b$、打磨量 $s$。

$$b=\sqrt{(x_1-x_2)^2+(y_1-y_2)^2} \tag{3-32}$$

$$s=\int_{x_1}^{x_2}|y_{钢轨}-y_{磨石}|\mathrm{d}x \tag{3-33}$$

磨削过程中，磨石的单遍打磨量对最终的打磨模式制定起着关键作用。在不同轨头半径区域，不同打磨参数下的磨石打磨量均不相同，此处采用试验得出的以提升打磨效率为主要目的的不同轨头半径区域最佳打磨参数，其在轨冠、轨肩和轨距角区域对应的磨石打磨量分别为：0.525 8 $mm^2$、0.851 1 $mm^2$ 和 0.831 07 $mm^2$。当在某一打磨角度下，通过迭代法不断更新磨石所在直线的截距 $b$ 以改变打磨深度，当打磨面积 $S$ 等于该轨头半径区域下的磨

石打磨量 $S_j$ 时，即可认为此时的磨石位置为该遍打磨后的磨石位置，进而完成该遍打磨的模拟过程；在下一遍打磨开始之前，需要将钢轨廓形曲线更新为上一次打磨后的钢轨廓形曲线，直至打磨到目标廓形所需要的打磨深度，即可改变磨石打磨角度，进行下一个角度的打磨循环过程，最终实现整个轨面的打磨，并导出整个模拟过程中的打磨角度、打磨遍数、打磨深度及打磨后的廓形数据。

# 3.5　钢轨打磨模式设计软件开发

## 3.5.1　钢轨打磨车打磨模式设计软件

### 3.5.1.1　打磨模式软件界面

针对现场钢轨打磨作业遍数一般不超过四遍的实际需求，GMC-96 钢轨打磨车打磨模式软件能够进行四遍的钢轨打磨模式设计；若极端情形下，打磨遍数超过四遍，那么软件将四遍打磨后的廓形作为软件的初始廓形再应用本软件进行钢轨打磨模式设计。本软件主要包括七个部分：廓形识别界面、模式设计准备界面、第一遍打磨模式设计界面、第二遍打磨模式设计界面、第三遍打磨模式设计界面、第四遍打磨模式设计界面、钢轨预打磨模式设计界面。GMC-96 钢轨打磨车打磨模式软件系统结构如图 3-36 所示。

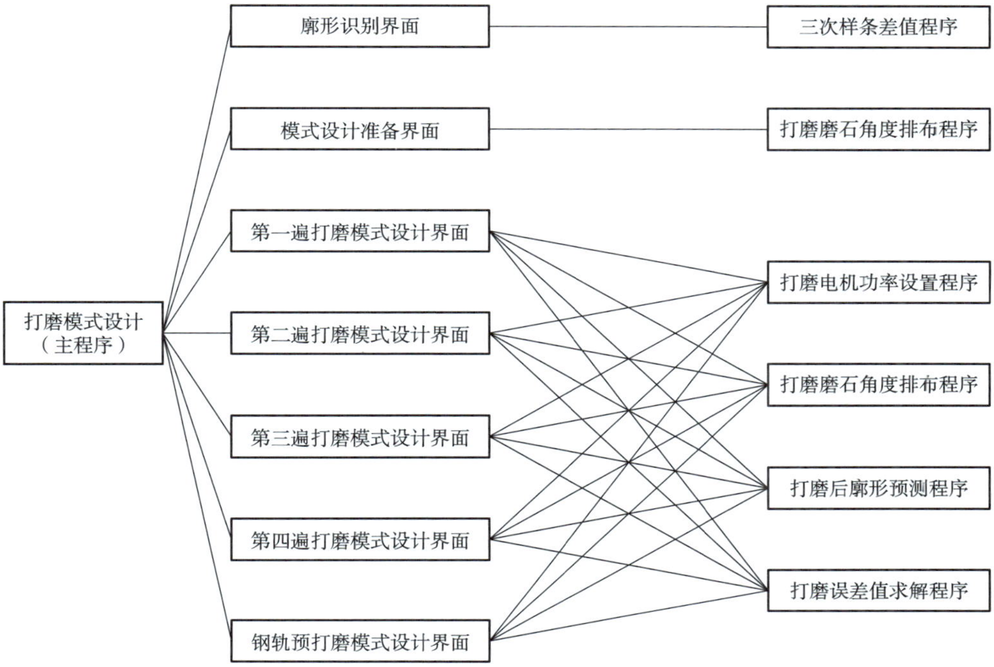


图 3-36　钢轨打磨车打磨模式软件系统结构示意

### 3.5.1.2 廓形识别界面

廓形识别程序将 MiniProf 测得的打磨前钢轨轨头廓形数据，以及目标钢轨轨头廓形的数据转换为三次样条差值函数曲线，提供打磨模式软件所需要的数据类型。廓形识别界面程序设计界面如图 3-37 所示。

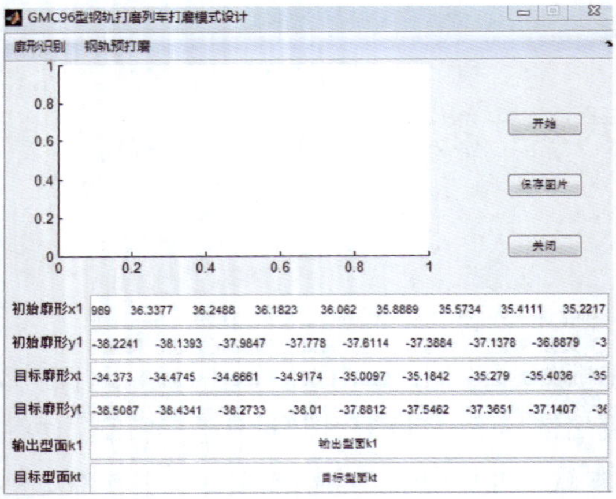


(a) 廓形识别界面初始界面

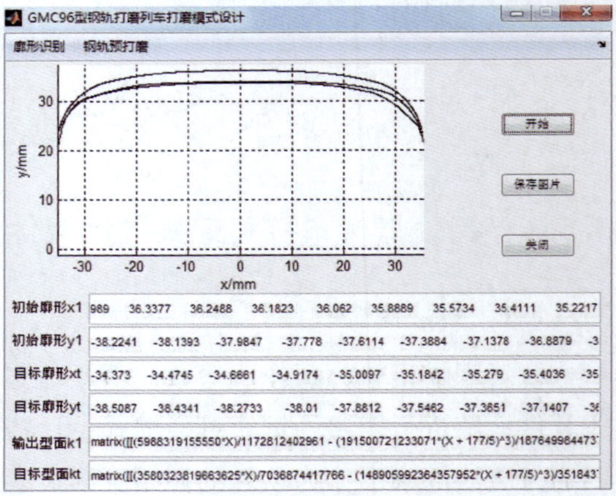


(b) 廓形识别界面运行后界面

图 3-37　廓形识别界面示意

### 3.5.1.3 模式设计准备界面

模式设计准备程序的主要功能是对初始钢轨轨头廓形以及目标打磨廓形进行分析，求取钢轨轨头总打磨面积、轨头各弧段打磨面积、总打磨遍数、第一遍打磨磨石角度排布、第一遍打磨磨石打磨深度，为第一遍打磨模式设计做准备。输入项：现场钢轨打磨前轨头廓形三次样条曲线函数、理论钢轨打磨后轨头廓形三次样条曲线函数。输出项：钢轨轨头总打磨面积、总打磨遍数、第一遍打磨磨石角度排布、第一遍打磨磨石打磨深度。模式设计准备界面如图 3-38 所示。

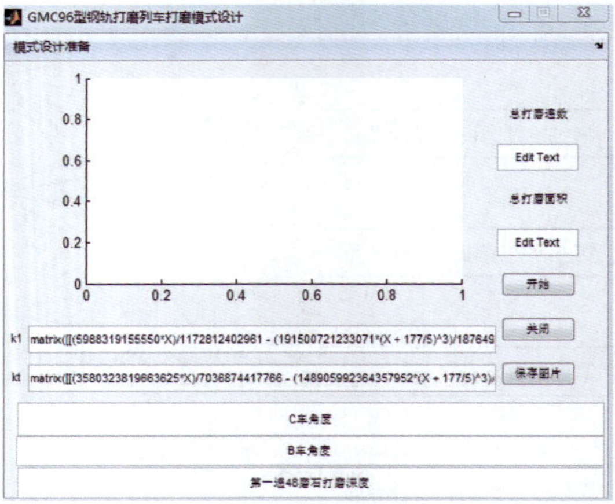


(a) 模式设计准备初始界面

图　3-38

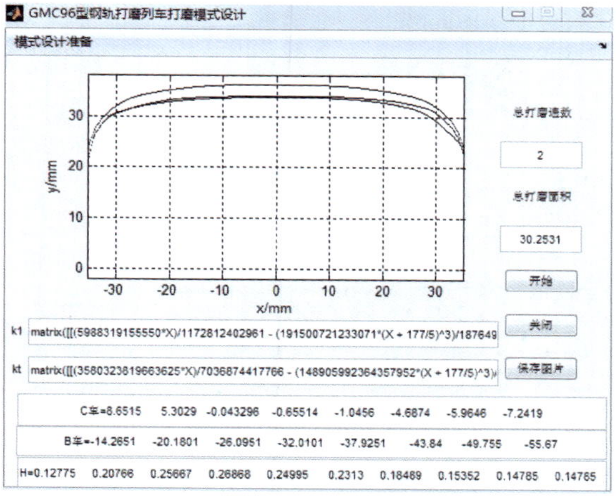


(b) 模式设计准备运行后界面

图 3-38　模式设计准备界面示意

### 3.5.1.4　打磨模式设计界面

打磨模式设计程序的主要功能是计算打磨电机的功率进而形成打磨模式，计算打磨后的钢轨预测廓形，计算第一遍打磨后廓形与目标廓形的误差值，并计算第二遍打磨磨石的角度值，打磨模式设计界面如图 3-39 所示。

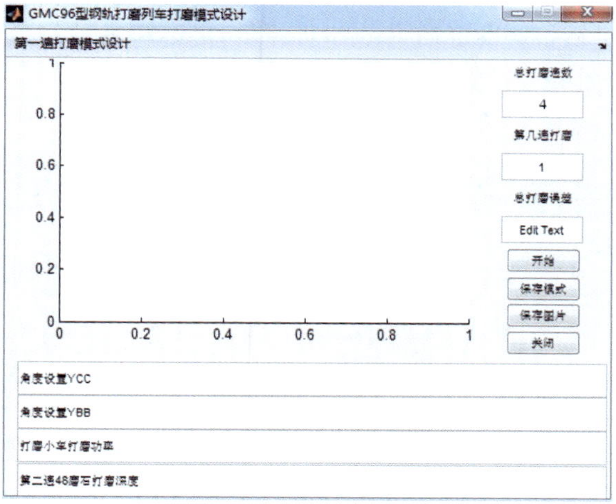


(a) 打磨模式设计初始界面

图 3-39　打磨模式设计界面

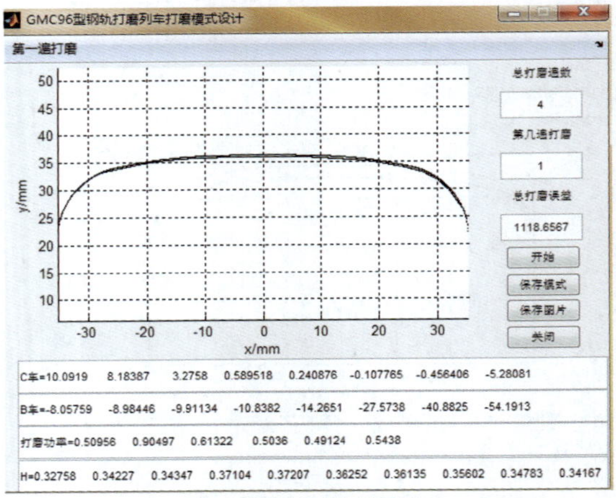


(b) 打磨模式设计运行后界面

图 3-39　打磨模式设计界面

## 3.5.2　钢轨小机打磨模式设计软件

钢轨打磨机打磨模式设计界面如图 3-40 所示。将设计的打磨目标廓形数据及现场测量的钢轨廓形数据读入钢轨打磨机打磨模式设计程序，调用自动对齐模块实现二者的自动对齐功能，同样使测量廓形全部位于打磨目标廓形上方，留出打磨余量，以便进行钢轨打磨机打磨模式设计。继续调用打磨模式设计子程序，对整个小机打磨过程进行模拟，记录模拟过程中的打磨角度、打磨遍数、打磨带宽度、打磨量、打磨后的廓形位置等信息，并对打磨后的钢轨廓形进行预测，计算预测廓形与打磨目标廓形之间的贴合程度，获取其最大打磨误差、总打磨误差等预测廓形评价信息，进行打磨廓形质量的初步评价，最终将各种信息进行显示，对这些数据进行备份，形成日志，方便后续在现场打磨过程中进行查阅。

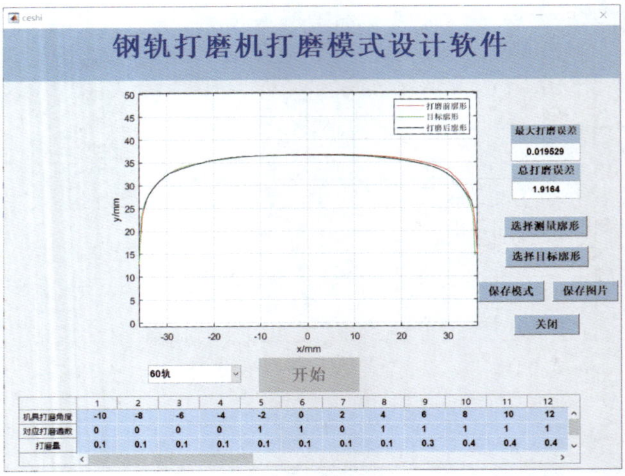


图 3-40　钢轨打磨机打磨模式设计界面

# 第 4 章　钢轨打磨磨削力行为

虽然目前为止国内外已有很多学者对钢轨打磨材料去除行为进行了多方面的试验研究，但由于缺乏相应的理论研究基础，钢轨打磨材料去除机理研究仍停留在现象研究层面。对于钢轨打磨和工业磨削加工而言，通过磨削力仿真建模是探究磨削材料去除机理的重要一环。此外，在磨削加工领域，有关磨削力的模型绝大部分是基于通常使用的平面磨削或外圆磨削方式，而钢轨打磨是一种恒压力端面磨削方式，有关端面磨削力模型的研究还要追溯到 20 世纪九十年代。因此十分有必要结合钢轨打磨实际工况和运动规律建立磨削力数值模型，这对深层次理解钢轨打磨材料去除机理并完善磨削加工领域相关的理论基础具有重要意义。

本章对钢轨打磨磨石几何特征进行统计量化，构建了打磨过程中的磨粒运动方程，确定了更为准确的端面磨削未变形切削厚度模型，最终结合单颗磨粒磨削力和积分的思想建立了钢轨打磨磨削力模型，系统分析了磨石摆角引起的磨削带偏移、磨石转速、法向力、进给速度等打磨参数对磨削力的影响规律，最后开展了钢轨打磨磨削力试验。

## 4.1　钢轨打磨磨削力数值模型

磨石端面磨粒的出刃高度不尽相同，因此打磨过程中存在磨粒切削、犁耕、划擦三种情况，其中钢轨材料被参与切削的磨粒去除，而参与犁耕和划擦的磨粒仅使得钢轨材料发生塑性或弹性变形，如图 4-1 所示。因此首先要得到单颗磨粒切削时的磨削力，然后把所有磨粒产生的磨削力进行求和。单颗磨粒切削过程与刀具车削加工有许多类似之处，都是利用更硬的工具加工相对软的工件材料。不同之处在于车削加工过程中车刀形态比较固定，其前角为正，主要靠剪切作用去除材料；而在磨粒切削过程中磨粒形态和尺寸不尽相同，其切削刃的前角为负角，主要靠挤压作用去除材料。另外，现场打磨过程中有多个磨石先后参与打磨，对于相同打磨位置参与打磨的磨石相同，因此只求解单个磨石打磨时的磨削力。

### 4.1.1　磨石端面磨粒运动行为

如图 4-2 所示，现场打磨作业过程中安装在打磨车下的磨石在一定压力下与钢轨顶部

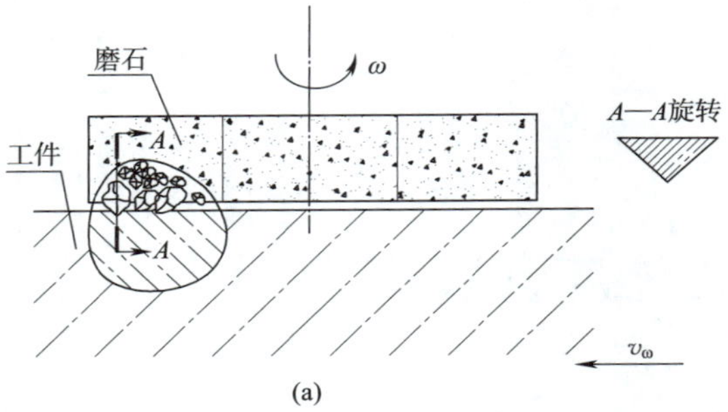


图 4-1　钢轨打磨过程中磨粒磨削示意

接触，磨石相对于钢轨的摆角可以调整，打磨轨冠和轨肩的磨石摆角范围为$-20°\sim15°$，打磨轨距角的磨石摆角范围为$-70°\sim-20°$。磨石摆角的改变还会使得钢轨与磨石接触位置发生变化，即打磨带会相对磨石对称中心发生一定距离的偏移。当磨石摆角为零时打磨带位于磨石对称中心，而当磨石摆角不为零时打磨带相对于磨石对称中心偏移一定的距离。这两种情况下磨粒的运动轨迹存在一定的差异。

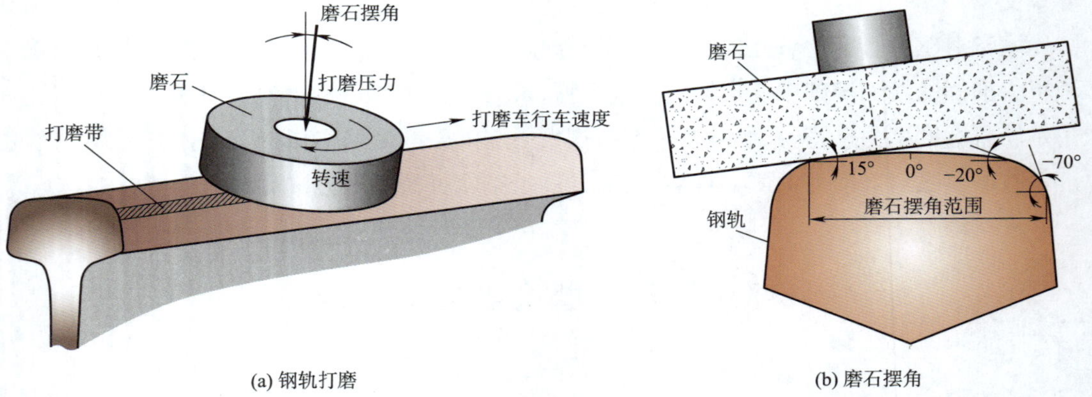


图 4-2　钢轨打磨磨石摆角示意

如图 4-3 所示，当打磨角度为零时打磨带位于磨石端面对称中心，磨石端面某颗磨粒运动包括随着磨石的旋转运动和随着打磨车的匀速直线运动，合运动轨迹为摆线[图 4-3(a)]。当打磨角度不为零时打磨带距离磨石中心线有一定距离，磨粒与钢轨的接触弧长度不一样[图 4-3(b)]。现场钢轨打磨作业条件复杂，为了分别计算这两种情况下磨粒在打磨带内与钢轨接触弧的长度，需对打磨过程做出以下假设：打磨过程中磨石不会发生振颤，即打磨压力为常数；由于钢轨打磨单次打磨深度很小，不考虑磨粒在钢轨深度方向上的进给运动；打磨过程中磨粒不会脱落或者磨损。

在图 4-3 的笛卡尔坐标系中，坐标系原点位于磨石端面中心，$x$ 轴垂直于打磨带方向，$y$ 轴平行于打磨带方向。

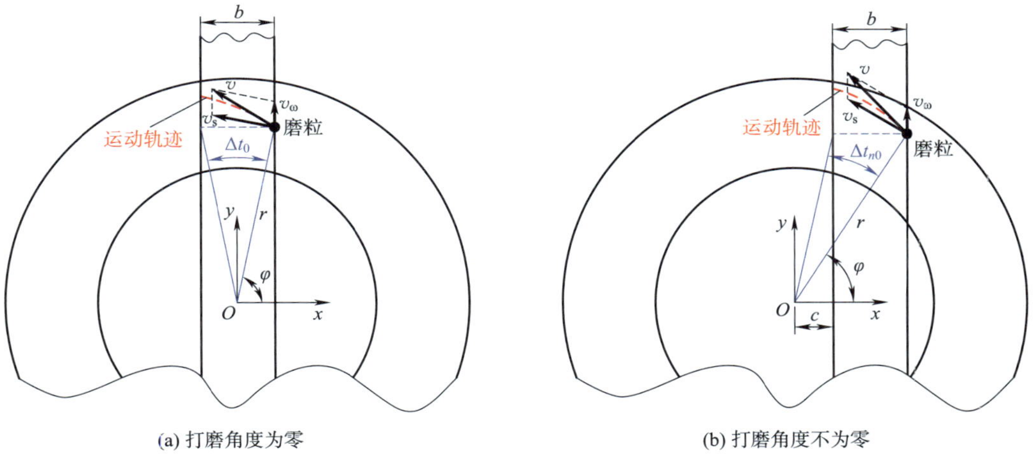


图 4-3　钢轨打磨过程中磨粒运动示意

打磨带内某个磨粒点的轨迹方程为

$$\begin{cases} x=r\sin(\omega t) \\ y=v_\omega t+r\cos(\omega t) \end{cases} \tag{4-1}$$

式中　$x, y$——磨粒横、纵坐标；

$r$——磨粒到坐标原点的距离；

$\omega$——磨石角速度；

$v_\omega$——打磨车作业速度；

$t$——时间。

将公式(4-1)对时间 $t$ 微分，即

$$\begin{cases} \mathrm{d}x=r\omega\cos(\omega t)\mathrm{d}t \\ \mathrm{d}y=[v_\omega-r\omega\sin(\omega t)]\mathrm{d}t \end{cases} \tag{4-2}$$

单位时间内磨粒的接触弧长度可以表达为

$$\mathrm{d}l=\sqrt{\mathrm{d}x^2+\mathrm{d}y^2}=\sqrt{v_\omega^2+r^2\omega^2-2v_\omega r\omega\sin(\omega t)}\,\mathrm{d}t \tag{4-3}$$

则磨粒在打磨带内运动总弧长为

$$l=\int_0^{\Delta t}\sqrt{\mathrm{d}x^2+\mathrm{d}y^2} \tag{4-4}$$

式中　$\Delta t$——磨粒在打磨带内运动时间。

根据几何关系，当打磨带对称轴与 $y$ 轴重合时，其运动时间 $\Delta t_0$ 为

$$\Delta t_0=\frac{2\arcsin\left(\frac{b}{2r}\right)}{\omega} \tag{4-5}$$

式中　$b$——打磨带宽度。

当打磨带对称轴与 $y$ 轴不重合时，其运动时间 $\Delta t_{n0}$ 为

$$\Delta t_{n0}=\frac{\arccos\left(\frac{c}{r}\right)-\arccos\left(\frac{c+b}{r}\right)}{\omega} \tag{4-6}$$

式中　$c$——打磨带边缘到 $y$ 轴的距离。

表 4-1 列出了三种不同角度下打磨带偏移量 $c$ 和对应的打磨带宽度 $b$。

**表 4-1　不同打磨角度下打磨带偏移量和宽度**

| 磨石摆角/(°) | 偏移量 $c$/mm | 打磨带宽度 $b$/mm |
|---|---|---|
| 0 | 0 | 8.0 |
| 10 | 21.92 | 6.0 |
| 20 | 29.24 | 5.0 |

分别将公式(4-5)和公式(4-6)代入到公式(4-4)，可得到两种情况下磨粒接触弧长度为

$$l_0=\frac{(r^2\omega^2+v_\omega^2)^{\frac{3}{2}}-\left[r^2\omega^2+v_\omega^2-4v_\omega\omega r\arcsin\left(\frac{b}{2r}\right)\right]^{\frac{3}{2}}}{3v_\omega r\omega^2} \tag{4-7}$$

$$l_{n0}=\frac{(r^2\omega^2+v_\omega^2)^{\frac{3}{2}}-\left\{r^2\omega^2+v_\omega^2-2v_\omega\omega r\left[\arccos\left(\frac{c}{r}\right)-\arccos\left(\frac{c+b}{r}\right)\right]\right\}^{\frac{3}{2}}}{3v_\omega r\omega^2} \tag{4-8}$$

式中　$l_0$，$l_{n0}$——打磨角度为零和不为零时磨粒接触弧长度。

从公式(4-7)和公式(4-8)可以发现，两种情况下磨粒接触弧长度均与打磨参数和打磨带的位置紧密相关。

### 4.1.2　打磨磨石表面特征

打磨过程中磨石端面很多磨粒都参与磨削，这些磨粒的形态特征可以直接从磨石端面形貌观察得到。磨石表面特征对磨削特性具有重要影响，现场打磨过程中可通过改变磨石特性，如磨石粒度来达到特定的磨削效果，因此磨石表面特征是分析磨粒切削的基础。磨粒的表面特征主要包括:磨粒形态、磨粒出刃高度、磨粒密度、磨粒分布规律。图 4-4 为磨石表面示意，磨粒出刃高度指的是磨粒顶部到中心平面的距离。可以看出即使对于同一粒度的磨石，其端面磨粒的出刃高度不尽相同且磨石表面存在凹坑。打磨过程中并不是所有磨粒都参与磨削，在一定的打磨深度下参与切削的磨粒个数主要与磨粒密度和出刃高度有关，当磨削深度增大时参与磨削的磨粒个数会相应地增多。首先需要对磨石表面的磨粒出刃高度进行量化然后提取其特征值，以建立参与切削磨粒个数与外部输入参数之间的联系。

利用轮廓仪分别测量粒度为 12 号、16 号、24 号的三种磨石的表面二维形貌，采样频率为每毫米 100 个点。图 4-5(a)为粒度为 24 号的磨石端面的二维形貌。图中的一个凸峰代表着一个磨粒，可以看到磨石表面磨粒出刃高度大小不一。进一步对不同范围内的磨粒出

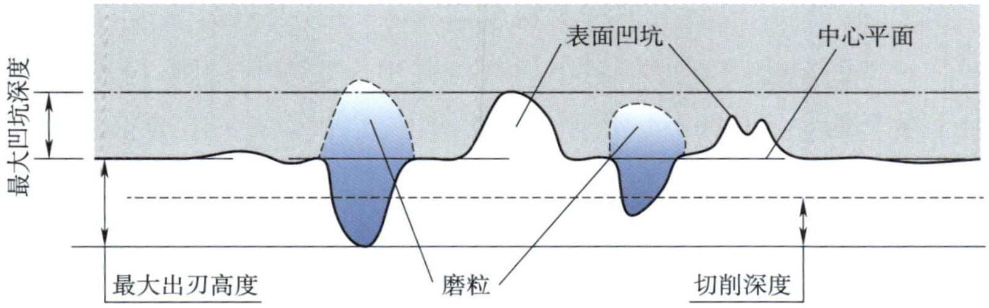


图 4-4　磨石表面示意

刃高度进行统计并作出其频数分布直方图，如图 4-5(b)所示。对其进行正态拟合发现磨粒出刃高度总体服从正态分布，因此可以进一步求出其均值 $\mu$ 和方差 $\sigma^2$。表 4-2 为三种不同粒度磨石的磨粒高度均值和方差，则磨粒出刃高度的概率密度可表达为

$$f(h)=\frac{1}{\sqrt{2\pi\sigma}}\exp\left(-\frac{(h-\mu)^2}{2\sigma^2}\right) \tag{4-9}$$

式中　$h$——磨粒出刃高度。

根据图 4-4，当打磨深度为 $a_p$时，参与切削的磨粒个数占所有磨粒个数的百分比为

$$F(a_p)=\int_0^{a_p}\frac{1}{\sqrt{2\pi\sigma}}\exp\left(-\frac{(h-\mu)^2}{2\sigma^2}\right)\mathrm{d}h \tag{4-10}$$

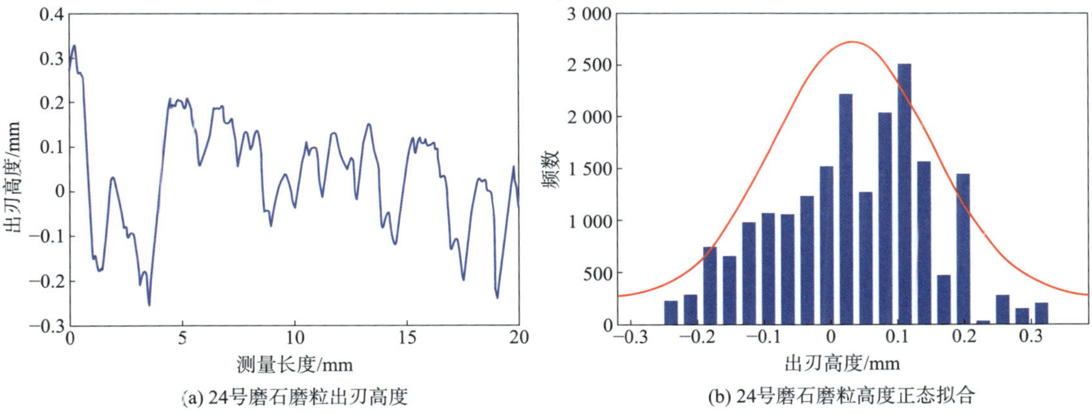


(a) 24号磨石磨粒出刃高度　　(b) 24号磨石磨粒高度正态拟合

图 4-5　磨粒出刃高度测量与统计示意

**表 4-2　三种不同粒度磨石磨粒出刃高度均值和方差**

| 磨石粒度 | 磨粒出刃高度均值 $\mu$ /mm | 方差 $\sigma^2$ |
|---|---|---|
| 12 号 | 0.124 | 0.12 |
| 16 号 | 0.131 | 0.14 |
| 24 号 | 0.105 | 0.12 |

在得到了磨粒出刃高度之后需要对磨粒密度进行统计。对三种不同粒度的磨粒密度进行统计，见表 4-3。值得注意的是此处的磨粒密度为静态磨粒密度 $D_a$，即磨石端面所有可见

磨粒的密度。在实际打磨过程中由于打磨深度通常小于最大出刃高度,因此并不是所有磨粒都参与切削。对于磨粒出刃高度相对小的磨粒并不一定参与切削,随着打磨深度增加,参与切削的磨粒个数会增加,如图 4-4 所示。因此有必要计算在一定的打磨深度下实际参与切削的磨粒密度,即有效磨粒密度 $D_{ea}$。结合公式(4-10),$D_{ea}$可以表达为

$$D_{ea}=D_{a}F(a_{p}) \tag{4-11}$$

**表 4-3 三种不同粒度磨石磨粒密度统计**

| 磨石粒度 | 观察区域 | | | | 密度/(个·mm$^{-2}$) |
|---|---|---|---|---|---|
| | $A_1$ | $A_2$ | $A_3$ | $A_4$ | |
| 12 号 | 24 | 23 | 23 | 22 | 0.23 |
| 16 号 | 23 | 24 | 26 | 25 | 0.25 |
| 24 号 | 31 | 29 | 28 | 30 | 0.30 |

以上磨粒密度指的都是面密度,即单位面积内磨粒个数。在计算过程中还需要衡量各个磨粒的间距,即线磨粒密度,根据面磨粒密度可以得到线磨粒密度。如图 4-6 所示,假设磨粒在磨石端面均匀分布且磨粒在磨石端面的投影面为圆形,则在面积为 $2e\times 2e$ 的区域内等效的磨粒个数为 4,即面磨粒密度为 $1/e^2$。可以得到静态线磨粒密度 $D_l$为

$$D_l=\sqrt{D_a^{-1}} \tag{4-12}$$

同样地,根据静态线磨粒密度可以得到有效线磨粒密度 $D_{el}$。

$$D_{el}=D_lF(a_p) \tag{4-13}$$

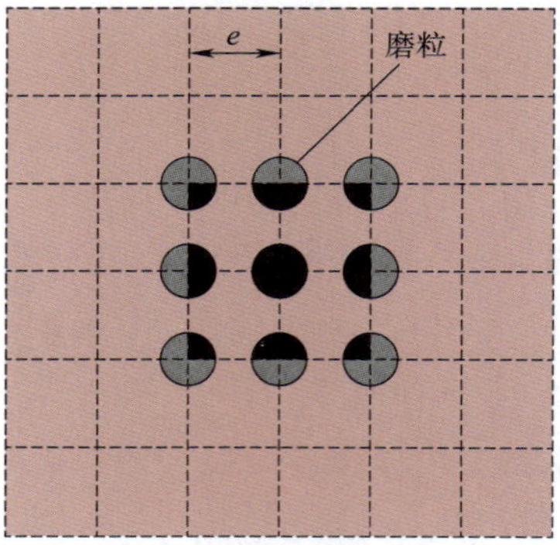


图 4-6 磨粒间距示意

### 4.1.3 打磨过程磨粒切削行为

在一定的法向力作用下磨石端面磨粒被压入钢轨材料中,其压入深度即磨粒切削深度。磨粒切削深度主要与磨粒形态、钢轨材料物理性能、单颗磨粒所受法向力有关。磨粒形状不规则,因此实际计算过程中通常将磨粒形态理想化成同一规则形态如锥形、球形、棱锥,对于刚玉磨料通常将磨粒简化为锥形。磨粒在一定法向力作用下挤压钢轨使得钢轨产生塑性变形并形成凹坑,这一过程与硬度测试类似,如图 4-7 所示。

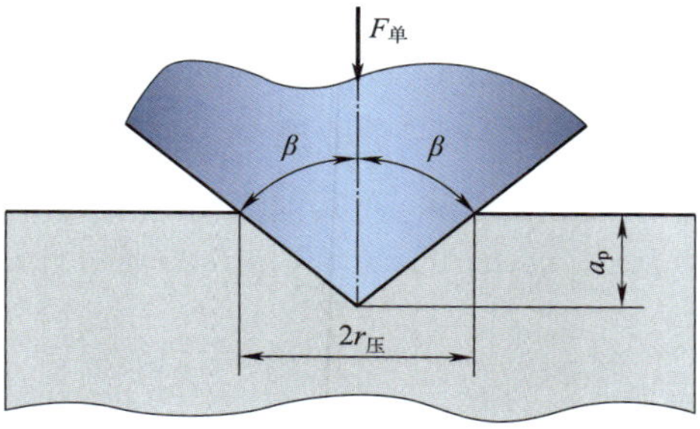


图 4-7　磨粒静态压入钢轨材料示意

因此可以通过钢轨材料硬度来建立磨粒切削深度与法向力之间的关系。

$$F_{单}=\xi r_{压}{}^{2}\mathrm{HV} \tag{4-14}$$

式中　$F_单$——单颗磨粒的法向力；

$\xi$——压头几何因子，对于维氏压头，$\xi=2$；

$r_压$——压痕半径；

HV——维氏硬度。

根据几何关系，

$$F_{单}=2\mathrm{HV}a_{p}^{2}\tan\beta \tag{4-15}$$

式中　$\beta$——磨粒的半锥角；

$a_p$——磨粒切削深度。

另外，单颗磨粒法向力 $F_单$ 为

$$F_{单}=\frac{F_{N}}{D_{ea}a}=\frac{F_{N}}{D_{a}aF(a_{p})} \tag{4-16}$$

式中　$F_N$——打磨压力；

$a$——磨石与钢轨的接触面积。

显然公式(4-15)与公式(4-16)中法向力 $F_单$ 相等。因此可以得到磨粒切削深度 $a_p$ 与打磨压力 $F_N$ 之间的关系为

$$2D_{a}aF(a_{p})\mathrm{HV}a_{p}^{2}\tan\beta=F_{N} \tag{4-17}$$

式中仅磨粒半锥角 $\beta$ 未知。在磨粒筛选过程中通过磨粒的最大尺寸(即磨粒直径)进行过滤不同尺寸范围的磨粒，磨粒直径 $d$ 与磨石粒度号 $M$ 之间有以下的经验公式

$$d=15.2M^{-1} \tag{4-18}$$

根据几何关系，磨粒直径 $d$ 与其高度 $h$ 之间的关系为

$$d=2h\tan\beta \tag{4-19}$$

因此磨粒半锥角为

$$\beta=\arctan\left(\frac{7.6}{Mh}\right) \tag{4-20}$$

在被静态压入钢轨材料之后，磨粒按照公式(4-2)的轨迹进行运动并切削钢轨表面材料形成切屑，某些突出高度比较小的磨粒则犁耕钢轨表面使得钢轨发生塑性变形并产生划痕。切屑形成是磨削力产生的主要原因之一，是建立磨削力模型的基础。根据前文的分析，端面磨削中钢轨材料主要被磨石外圈磨粒去除，而其他磨粒主要是犁耕或划擦被外圈磨粒切削之后的钢轨材料。基于这一结论，做出以下假设：仅磨石最外圈磨粒参与切削过程，其他磨粒只是犁耕或划擦钢轨材料。

图 4-8(a)为单颗磨粒切削钢轨材料示意，图 4-8(b)为切屑形成示意。随着磨粒由打磨带边缘移动到打磨带中心，切屑厚度从小到大逐渐增加至最大值。

为了简化计算，提出平均未变形切屑厚度 $\bar{t}$，将厚度变化的切屑简化成厚度均匀的切屑，其截面为平行四边形，如图 4-8(b)所示。

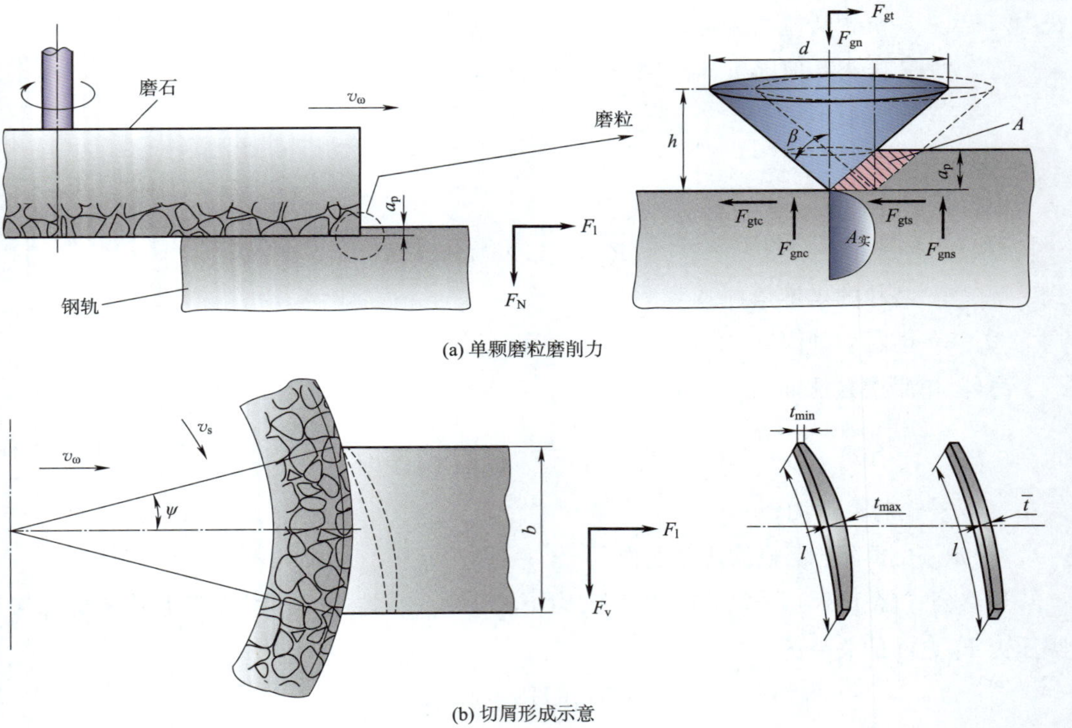


图 4-8 单颗磨粒切削过程分析

图 4-8 中切屑截面面积 $A$ 为

$$A=a_p\bar{t} \tag{4-21}$$

式中 $A$——切屑截面面积。

因此单个切屑的体积 $K_c$ 为

$$K_c=Al \tag{4-22}$$

式中 $l$——切屑长度，其大小与磨粒接触弧长相等。

因此单位时间内以切屑的形式被去除的钢轨材料体积 $K_m$ 为

$$K_m = D_{el} v_s K_c = D_{el} v_s a_p \bar{t} l \tag{4-23}$$

式中　$v_s$——磨石线速度。

同样地，单位时间内钢轨被去除的材料体积 $K_l$ 可以表达为

$$K_l = v_\omega a_p L \tag{4-24}$$

式中　$L$——磨石外圆在打磨带范围内的弧长，其大小为

$$L = \psi R_0 / 2 \tag{4-25}$$

式中　$\psi$——打磨带与磨石圆心形成的半夹角；

$R_0$——磨石外径。

显然公式(4-23)中的 $K_m$ 与公式(4-24)中的 $K_l$ 相等，因此可得出平均未变形切屑厚度的表达式为

$$\bar{t} = \frac{v_\omega L}{D_{el} v_s l} \tag{4-26}$$

### 4.1.4　钢轨打磨磨削力模型建立

在单颗磨粒切削过程中磨粒所受的力即为单颗磨粒磨削力。如图 4-8(a)所示，单颗磨粒磨削力分为法向力 $F_{gn}$ 和切向力 $F_{gt}$。单颗磨粒磨削力一方面产生于切削钢轨材料时产生的阻力，另一方面产生于与钢轨材料接触过程中的摩擦力，因此认为法向力 $F_{gn}$ 和切向力 $F_{gt}$ 均由切屑形成力和摩擦力两部分构成，其表达式为

$$\begin{cases} F_{gn} = F_{gnc} + F_{gns} \\ F_{gt} = F_{gtc} + F_{gts} \end{cases} \tag{4-27}$$

式中　$F_{gnc}$，$F_{gtc}$——形成切屑而产生的法向磨削力和切向磨削力；

$F_{gns}$，$F_{gts}$——摩擦产生的法向磨削力和切向磨削力。

$F_{gnc}$ 和 $F_{gns}$ 分别为

$$F_{gnc} = QA \tag{4-28}$$

$$F_{gns} = A_{实} \, p_{平} \tag{4-29}$$

式中　$Q$——单位磨削面积磨削力；

$A_{实}$——磨粒与钢轨材料的实际接触面积；

$p_{平}$——磨粒与钢轨间平均接触压力。

如图 4-8(b)所示，根据几何关系，其表达式为

$$A_{实} = \frac{\pi a_p^2 \tan\beta}{2\cos\beta} \tag{4-30}$$

根据现有的研究结果，$p_{平}$ 可表达为

$$p_{平} = \frac{2 P_0 v_\omega}{v_s R_0} \tag{4-31}$$

式中　$P_0$——常数，根据试验结果反求得到，其值为 257.4。

另外，切向力可以表达为

$$\begin{cases} F_{gtc}=\eta QA \\ F_{gts}=\mu A_{实}\ p_{平} \end{cases} \tag{4-32}$$

式中　$\mu$——磨粒与钢轨间的摩擦系数，根据现有的试验结果，其大小为0.54。

公式(4-32)中系数$\eta$为

$$\eta=\frac{\pi}{4\tan\beta} \tag{4-33}$$

在得到了单颗磨粒磨削力之后对打磨区域内所有磨粒所产生的磨削力进行求解。根据前文假设仅磨石最外圈的磨粒参与切削，其他磨粒只是犁耕或划擦钢轨材料。因此打磨区域内的磨削力由两部分组成：一是磨石最外圈磨粒的磨削力，这部分磨削力包括磨粒切削力$F_{gnc}$和摩擦力$F_{gns}$；二是除了最外圈磨粒其他所有磨粒的磨削力，这部分磨削力仅由摩擦力$F_{gns}$组成。另外，由于每个磨粒的切向磨削力方向时刻发生变化，因此将所有磨粒的切向磨削力分解为平行于打磨带和垂直于打磨带的两个分力，即纵向力$F_{gl}$和垂向力$F_{gv}$。值得注意的是，为了简化计算假设磨粒在磨石端面均匀分布，而实际的磨粒是随机分布的。区域内的磨削力是对所有参与磨削的磨粒进行求和，因此磨粒的分布规律对磨削力的求解并不会产生影响。

如图4-9(a)所示，当磨石摆角为零时关于$y$轴对称的两颗磨粒$a$和$b$产生的切向磨削力$F_{gt1}$和$F_{gt2}$大小相等，这是由于这两颗磨粒的距离原点的距离相等，因此其线速度大小相等。$F_{gt1}$和$F_{gt2}$在$y$轴方向的分力分别为$F_{gl1}$和$F_{gl2}$，可以看到$F_{gl1}$和$F_{gl2}$大小相等，方向相反，因此其在$y$轴方向的矢量和大小为零，即

$$F_{gl1}+F_{gl2}=0 \tag{4-34}$$

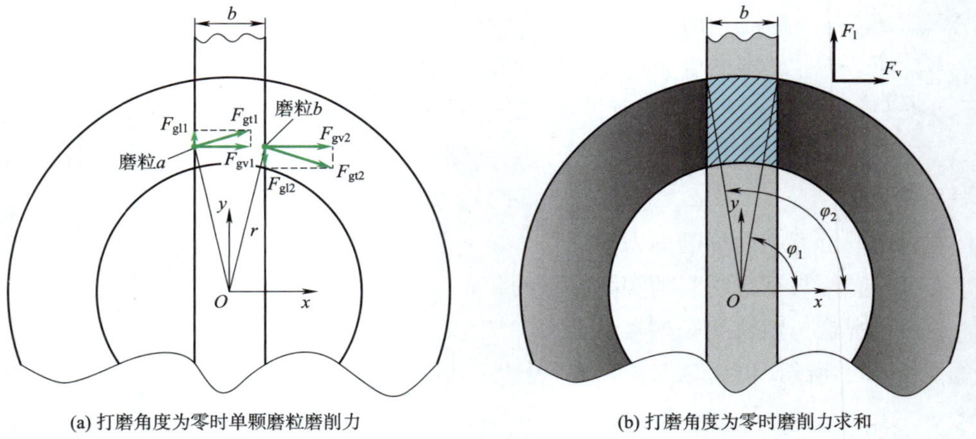


图4-9　打磨角度为零时钢轨打磨磨削力示意

因此打磨区域内的纵向磨削力为零。而$F_{gt1}$和$F_{gt2}$在$x$轴方向的分力$F_{gv1}$和$F_{gv2}$大小相等方向相同，因此打磨区域内所有垂向磨削力$F_v$为所有磨粒的切向磨削力在$x$轴方向的分量之和，即

$$F_v = \sum_{k=1}^{N_d} F_{gv} = \sum_{k=1}^{N_d} F_{gt} \sin(\varphi_k) \tag{4-35}$$

$$F_l = 0 \tag{4-36}$$

式中　$N_d$——有效磨粒数，其值为有效磨粒密度与打磨区域面积的乘积；

$\varphi_k$——第 $k$ 个有效磨粒的切向磨削力与 $x$ 轴正半轴的夹角。

如图 4-9(b)所示，图中阴影部位为打磨区域，磨石最外层磨粒因切屑形成所产生的垂向磨削力 $F_{v0}$ 为

$$F_{vo} = \int_{\varphi_1}^{\varphi_2} F_{gtc} D_{le} R_0 \sin\varphi d\varphi \tag{4-37}$$

$$\varphi_1 = \arccos\left(\frac{b}{2R_0}\right) \qquad \varphi_2 = \pi - \varphi_1 \tag{4-38}$$

另外，整个打磨区域内所有有效磨粒的因摩擦产生的垂向磨削力 $F_{vi}$ 为

$$F_{vi} = \int_{r_0}^{R_0}\int_{\varphi_i}^{\varphi_j} F_{gts} D_{ae} r \sin\varphi d\varphi dr \qquad r \in [r_0, R_0) \tag{4-39}$$

$$\varphi_i = \arccos\left(\frac{b}{2r}\right) \qquad \varphi_j = \pi - \varphi_i \tag{4-40}$$

因此当打磨角度为零时，打磨区域内所有垂向磨削力 $F_v$ 为这两部分磨削力之和，即

$$F_v = F_{v0} + F_{vi} = \int_{\varphi_1}^{\varphi_2} F_{gtc} D_{le} R_0 \sin\varphi d\varphi + \int_{r_0}^{R_0}\int_{\varphi_i}^{\varphi_j} F_{gts} D_{ae} r \sin\varphi d\varphi dr \tag{4-41}$$

如图 4-10(a)所示，当打磨角度不为零时打磨区域的两磨粒所产生的切向磨削力 $F_{gt1}$ 和 $F_{gt2}$ 在 $y$ 轴方向的分力分别为 $F_{gl1}$ 和 $F_{gl2}$，可以看到 $F_{gl1}$ 和 $F_{gl2}$ 方向相同，因此打磨区域内总的纵向磨削力为所有磨粒的切向磨削力在 $y$ 轴方向的分量之和，垂向力磨削力为所有磨粒的切向磨削力在 $x$ 轴方向的分量之和。如图 4-10(b)所示，图中阴影部分并不是规则的，不能直接用积分法一步求出，需要先求出绿色区域内的磨削力。

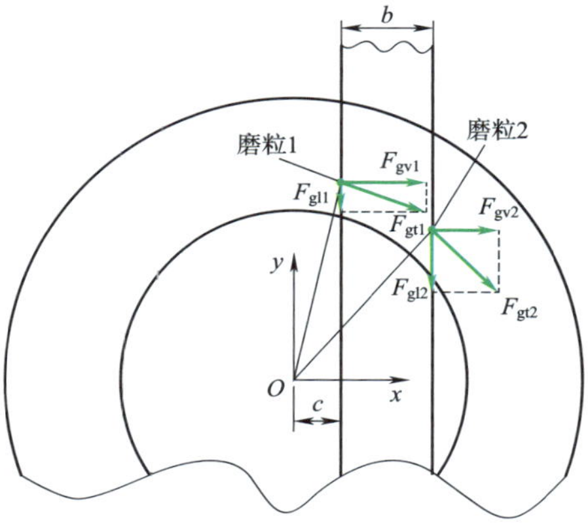


(a) 打磨角度不为零时单颗磨粒磨削力

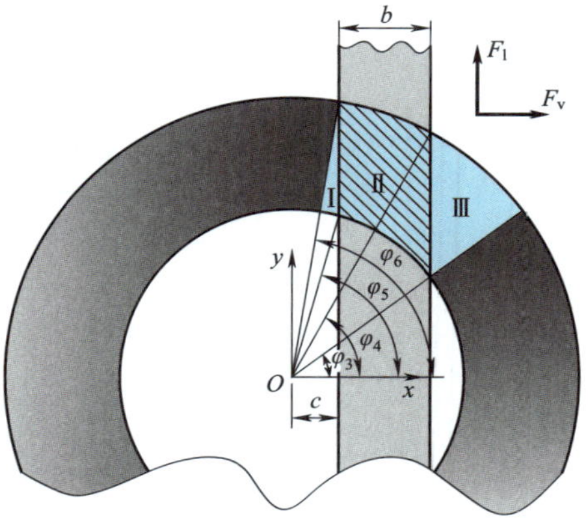


(b) 打磨角度不为零时磨削力

图 4-10　打磨角度不为零时打磨磨削力示意

根据上面的推导思路其表达式为

$$F_{\mathrm{v,total}}=\int_{\varphi_3}^{\varphi_6}F_{\mathrm{gtc}}D_{\mathrm{le}}R_0\sin\varphi\mathrm{d}\varphi+\int_{r_0}^{R_0}\int_{\varphi_3}^{\varphi_6}F_{\mathrm{gts}}D_{\mathrm{ae}}r\sin\varphi\mathrm{d}\varphi\mathrm{d}r \tag{4-42}$$

$$F_{\mathrm{l,total}}=\int_{\varphi_3}^{\varphi_6}F_{\mathrm{gtc}}D_{\mathrm{le}}R_0\cos\varphi\mathrm{d}\varphi+\int_{r_0}^{R_0}\int_{\varphi_3}^{\varphi_6}F_{\mathrm{gts}}D_{\mathrm{ae}}r\cos\varphi\mathrm{d}\varphi\mathrm{d}r \tag{4-43}$$

$$\varphi_3=\arccos\left(\frac{c+b}{r_0}\right)\quad \varphi_6=\arccos\left(\frac{c}{R_0}\right) \tag{4-44}$$

式中 $F_{\mathrm{v,total}}$——绿色区域内总的垂向磨削力；

$F_{\mathrm{l,total}}$——绿色区域内总的纵向磨削力。

同理可得到区域Ⅰ内的磨削力为

$$F_{\mathrm{v,I}}=\int_{\varphi_5}^{\varphi_6}\int_{r_0}^{\frac{c}{\cos\varphi}}F_{\mathrm{gts}}D_{\mathrm{ae}}r\sin\varphi\mathrm{d}\varphi\mathrm{d}r \tag{4-45}$$

$$F_{\mathrm{l,I}}=\int_{\varphi_5}^{\varphi_6}\int_{r_0}^{\frac{c}{\cos\varphi}}F_{\mathrm{gts}}D_{\mathrm{ae}}r\cos\varphi\mathrm{d}\varphi\mathrm{d}r \tag{4-46}$$

$$\varphi_5=\arccos\left(\frac{c}{r_0}\right) \tag{4-47}$$

式中 $F_{\mathrm{v,I}}$——区域Ⅰ内的垂向磨削力；

$F_{\mathrm{l,I}}$——区域Ⅰ内的纵向磨削力。

区域Ⅲ内的磨削力为

$$F_{\mathrm{v,III}}=\int_{\varphi_3}^{\varphi_4}F_{\mathrm{gtc}}D_{\mathrm{le}}R_0\sin\varphi\mathrm{d}\varphi+\int_{\varphi_3}^{\varphi_4}\int_{\frac{c+b}{\cos\varphi}}^{R_0}F_{\mathrm{gts}}D_{\mathrm{ae}}r\sin\varphi\mathrm{d}\varphi\mathrm{d}r \tag{4-48}$$

$$F_{\mathrm{i,III}}=\int_{\varphi_3}^{\varphi_4}F_{\mathrm{gtc}}D_{\mathrm{le}}R_0\cos\varphi\mathrm{d}\varphi\int_{\varphi_3}^{\varphi_4}\int_{\frac{c+b}{\cos\varphi}}^{R_0}F_{\mathrm{gts}}D_{\mathrm{ae}}r\cos\varphi\mathrm{d}\varphi\mathrm{d}r \tag{4-49}$$

$$\varphi_4=\arccos\left(\frac{c+b}{R_0}\right) \tag{4-50}$$

因此打磨区域也就是区域Ⅱ内磨削力为绿色区域内的磨削力减去区域Ⅰ和区域Ⅲ内磨削力，其表达式为

$$F_{\mathrm{v,II}}=F_{\mathrm{v,total}}-(F_{\mathrm{v,I}}+F_{\mathrm{v,III}}) \tag{4-51}$$

$$F_{\mathrm{i,II}}=F_{\mathrm{l,total}}-(F_{\mathrm{i,I}}+F_{\mathrm{i,III}}) \tag{4-52}$$

式中 $F_{\mathrm{v,II}}$——打磨区域内的垂向磨削力；

$F_{\mathrm{i,II}}$——打磨区域内的纵向磨削力。

## 4.2 钢轨打磨参数对磨削力影响

### 4.2.1 纵向磨削力

在 Matlab 中对程序进行计算，输入参数为不同打磨参数包括打磨带宽度和偏移量、磨石转速、打磨压力、进给速度、磨石粒度。图 4-11 为不同打磨参数下平行于钢轨方向的磨削力(即纵向磨削力)的变化。从图 4-11(a)～图 4-11(d)都可以看出随着磨石摆角从 10°增加

到 20°纵向磨削力明显增加。这是因为磨石摆角的增加使得打磨带更靠近磨石外圈，磨粒切向力与纵向的夹角逐渐增大，因此切向力在纵向上的分力会减小。

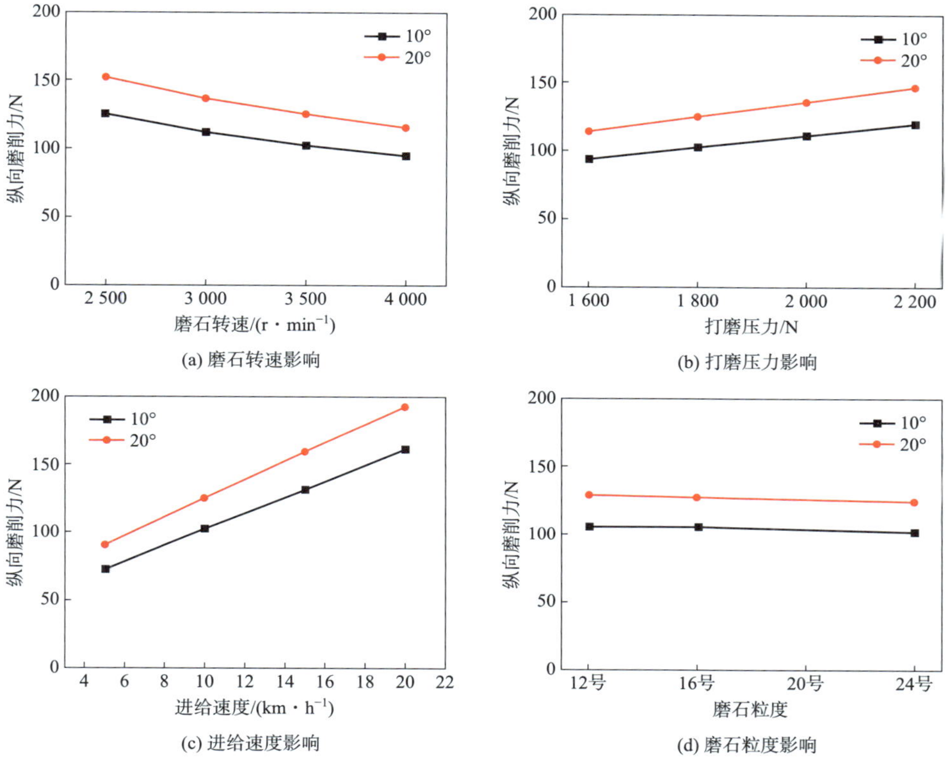


图 4-11　打磨参数对纵向磨削力影响示意

图 4-11(a)显示了不同磨石转速下纵向磨削力的变化情况(打磨压力 1 800 N，进给速度 3 km/h，磨石粒度 16 号)。随着磨石转速从 2 500 r/min 增加到 4 000 r/min，纵向磨削力减小。这是因为磨石转速增加时单位时间内参与切削的磨粒个数会增多，使得单颗磨粒的未变形切屑厚度减小，因此磨削力降低。

图 4-11(b)显示了不同打磨压力下纵向磨削力(磨石转速 3 500 r/min，进给速度 3 km/h，磨石粒度 16 号)的变化情况。随着打磨压力从 1 600 N 增加到 2 200 N，纵向磨削力呈线性增加趋势。这是因为增加打磨压力会使得单颗磨粒所受的法向力增加，一方面使得磨粒切削深度增大，未变形切屑厚度增大；另一方面使得参与切削磨粒个数增多，因此磨削力增大。

图 4-11(c)显示了不同进给速度下纵向磨削力(打磨压力 1 800 N，磨石转速，磨石粒度 16 号)的变化情况。随着进给速度从 5 km/h 增加到 20 km/h，纵向磨削力显著增大。这是因为增加进给速度不仅会使得磨粒的未变形切屑厚度增大，还会使得磨粒与钢轨之间的接触弧长度增加同时参与切削的磨粒个数增多。

图 4-11(d)显示了不同磨石粒度下纵向磨削力(打磨压力 1 800 N，磨石转速 3 500 r/min，进给速度 3 km/h)的变化情况。磨石粒度是用来衡量磨粒大小的物理量，研究磨石粒度有

助于选取更加合适的磨石。随着磨石粒度从 12 号增加到 24 号纵向磨削力缓慢减小。这是因为粒度更大的磨石磨粒尺寸更小,磨粒切屑厚度会有所减小,因此磨削力有所减小。总体而言,进给速度对纵向磨削力的影响最大。

### 4.2.2 垂向磨削力

图 4-12 显示了不同打磨参数下垂向磨削力的变化情况。从图 4-12(a)～图 4-12(d)可发现相同打磨参数下垂向磨削力要大于纵向磨削力,这表明垂向磨削力是主要的磨削力。另外,随着打磨角度从 0°增加 20°,垂向磨削力逐渐减小;随着磨石转速增加,垂向磨削力减小;随着打磨压力增加,垂向磨削力增加;随着进给速度增加,垂向磨削力显著增加;随着磨石粒度增加,垂向磨削力缓慢减小。总体而言进给速度对垂向磨削力的影响最大。

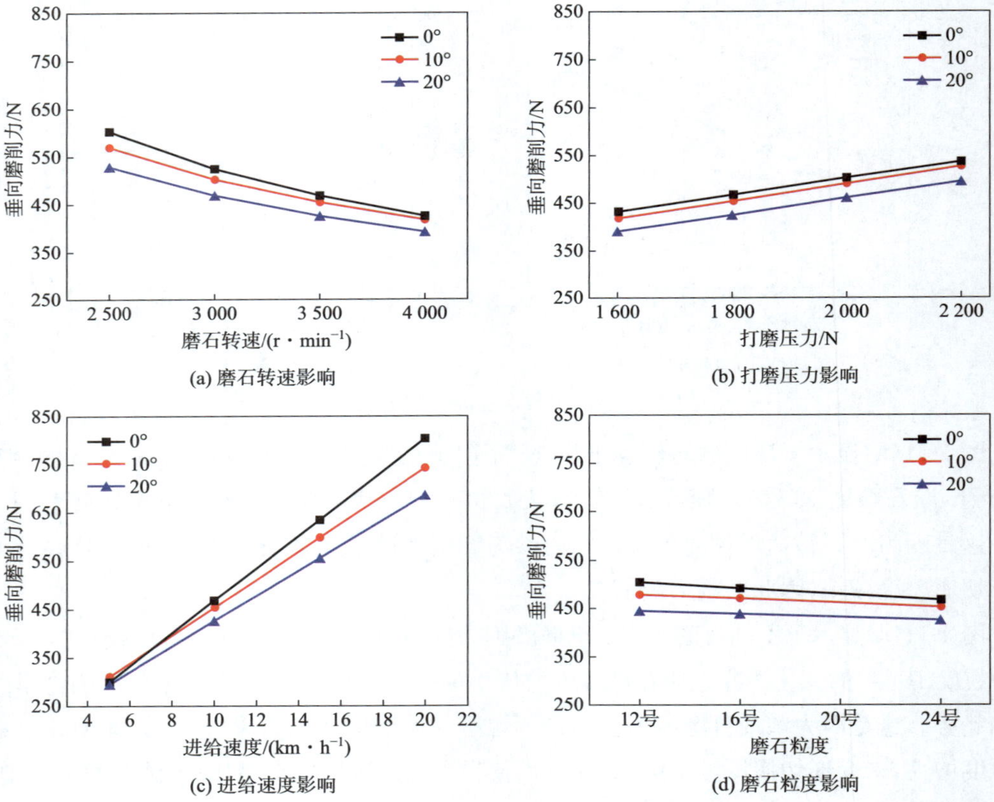


图 4-12 打磨参数对垂向磨削力影响示意

### 4.2.3 打磨参数对磨削比能影响

在计算磨削力之后可以进一步得到打磨过程的磨削比能。磨削比能是衡量磨削力和功率消耗十分重要的物理量。打磨磨石对钢轨打磨材料去除过程也有影响,磨削比能可以有

效评价磨石性能。其表达式为去除单位钢轨材料体积所消耗的功率，即

$$G=\frac{\text{磨削功率}}{\text{去除材料体积}}=\frac{F_{\mathrm{v}}v_{\mathrm{s}}}{ba_{\mathrm{p}}v_{\omega}} \tag{4-53}$$

式中　$G$——磨削比能。

磨削比能对于预估磨削力和功率消耗具有十分重要的意义，其值越小代表磨削能量消耗率越低，反之越高。在计算了磨削力之后又计算了不同打磨参数下的磨削比能，结果如图 4-13 所示。可以看到打磨参数对磨削比能均有显著影响，其中进给速度和磨石粒度影响最大。

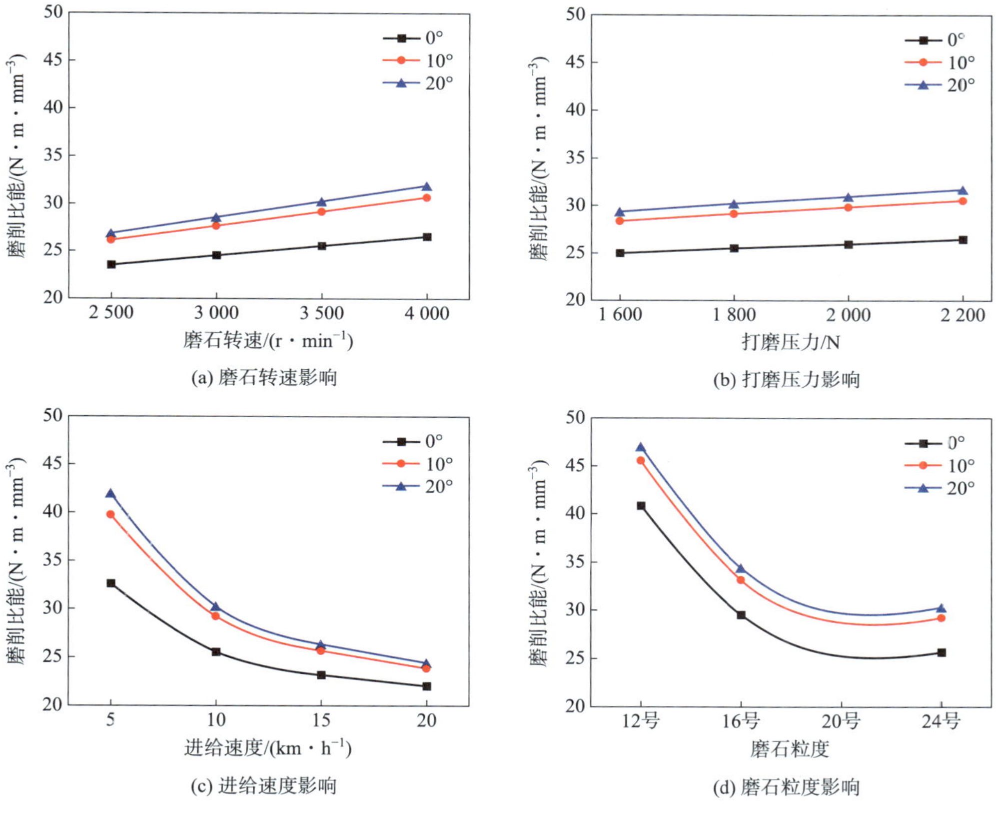


图 4-13　打磨参数对磨削比能影响示意

如图 4-13(a)所示，随着磨石角度增加，磨削比能增大，这表明打磨过程的能量消耗率增大。随着磨石转速增加，磨削比能增大，这表明只增加磨石转速会导致能量消耗率升高；打磨压力对磨削比能的影响不显著[图 4-13(b)]，随着打磨压力增加磨削比能有缓慢增加的趋势，代表能量消耗率轻微升高；随着进给速度与磨石粒度增加磨削比能显著减小[图 4-13(c)、图 4-13(d)]，因此能量消耗率大幅减小。这说明在高进给速度情况下作业或利用粒度比较大的磨石进行打磨作业，可以有效降低打磨作业能量消耗率。

## 4.3 钢轨打磨磨削力试验研究

按照表 4-4 所示试验数进行了钢轨打磨模拟试验，磨石粒度为 16 号，分别改变进给速度、打磨压力、磨石转速，分析这些参数对打磨磨削力的影响。每组试验中同时测量纵向磨削力和垂向磨削力。值得注意的是本章的打磨磨削力仿真是基于现场钢轨打磨作业工况建立的，由于试验的打磨角度控制与现场控制系统存在一定区别，因此试验过程保持打磨角度为零度并保持固定，此时打磨钢轨位置为轨肩，打磨带位于打磨磨石对称中心，即与现场打磨过程中打磨角度为零的情况相同。

表 4-4　试验参数

| 磨石粒度 | 进给速度/($km \cdot h^{-1}$) | 打磨压力/N | 磨石转速/($r \cdot min^{-1}$) |
|---|---|---|---|
| 16 号 | 1 | 1 800 | 3 500 |
| 16 号 | 2 | 1 800 | 3 500 |
| 16 号 | 3 | 1 800 | 3 500 |
| 16 号 | 4 | 1 800 | 3 500 |
| 16 号 | 3 | 1 600 | 3 500 |
| 16 号 | 3 | 2 000 | 3 500 |
| 16 号 | 3 | 2 200 | 3 500 |
| 16 号 | 3 | 1 800 | 2 500 |
| 16 号 | 3 | 1 800 | 3 000 |
| 16 号 | 3 | 1 800 | 4 000 |

图 4-14 为试验过程中测得的磨削力信号，可以看到打磨过程中纵向磨削力在零附近波动，这与仿真分析中打磨角度为零时纵向磨削力为零的结论一致。相比之下垂向磨削力在 250～350 N 范围内波动，通过其平均值表示垂向磨削力的大小。

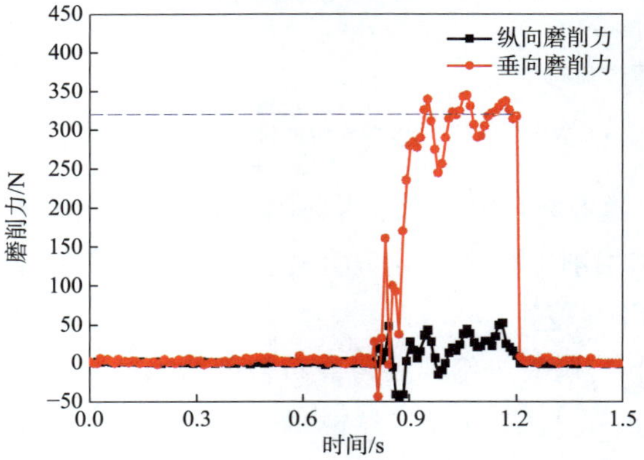


图 4-14　钢轨打磨磨削力信号示意

图 4-15 为不同打磨参数下垂向磨削力。如图 4-15(a)所示，随着磨石转速从 2 500 r/min 增加到 4 000 r/min，垂向磨削力从 953.1 N 下降到 232.5 N。如图 4-15(b)所示，随着打磨压力从 1 600 N 增加到 2 200 N，垂向磨削力几乎呈线性增加的趋势，从 227.8 N 增加到 653.2 N，可见试验结果中磨石转速和打磨压力对垂向磨削力的影响规律与仿真是一致的。如图 4-15(c)所示，随着进给速度从 1 km/h 增加到 4 km/h，垂向磨削力先减小后增加，这与仿真所得结果不太一样。这是因为试验过程中增加进给速度会导致打磨带宽度减小，钢轨与磨石接触区域面积减小且参与切削的磨粒个数减少，因此垂向磨削力先有减小的趋势，而随着进给速度进一步增加，未变形切屑厚度增大，因此磨削力又会增加。仿真模型中假设不同打磨参数下的打磨带宽度相同，因此并不存在这一影响。

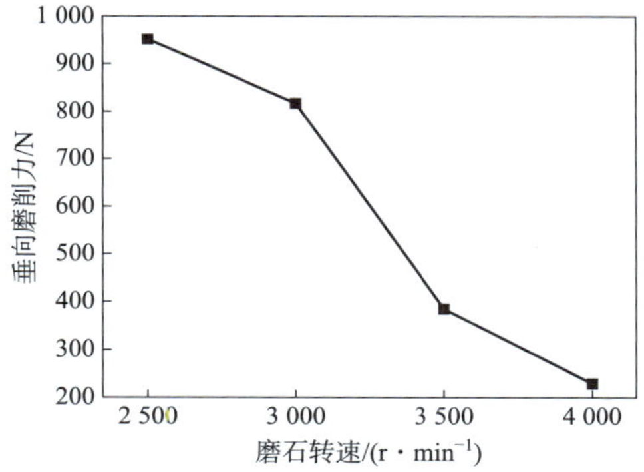


(a) 磨石转速影响

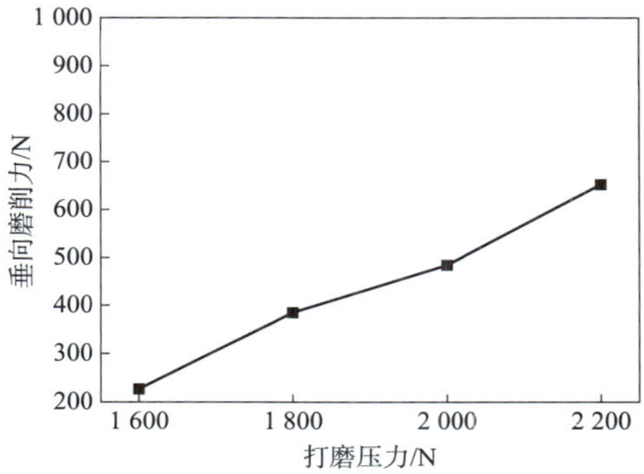


(b) 打磨压力影响

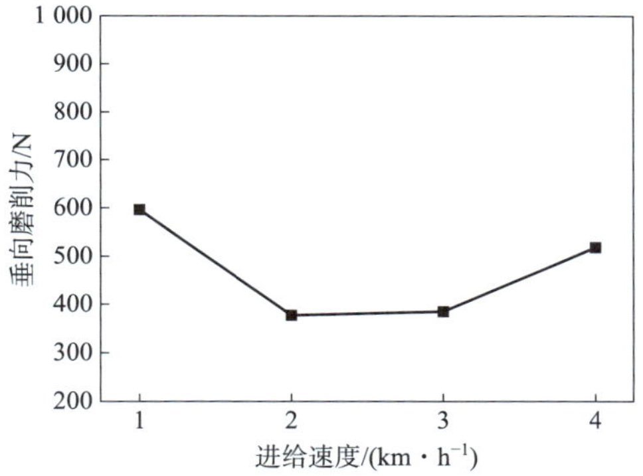


(c) 进给速度影响

图 4-15　不同打磨参数下垂向磨削力示意

钢轨打磨磨削力仿真模型是基于现场打磨作业参数建立的，由于打磨参数变化也会引起打磨带宽度改变，这对磨削力也会产生一定的影响。然而现场打磨过程中很难十分准确地确定每组打磨参数下单个磨石的打磨带宽度，因此模型中假设打磨带宽度不受打磨参数影响。对比仿真和试验结果，发现当打磨带位于磨石对称中心时纵向磨削力都为零而垂向磨削力不为零，这表明仿真模型中的磨粒均匀分布是可行的。另外，仿真和试验结果均表明增加磨石转速或降低打磨压力会导致垂向磨削力的增大，这一定程度上说明仿真模型与试验基本吻合。而进给速度对垂向磨削力的影响规律存在一定差异，这主要是由于打磨带宽度变化所造成的，今后应该基于每组现场打磨参数下钢轨打磨带宽度数据建立更加精确的磨削力模型。此外，打磨磨削力的增加不一定会导致打磨量增大：当进给速度增大时磨削力先显著减小后增加，而打磨量则一直降低；增加磨石转速会降低磨削力，但打磨量却会显著增大。磨削力变化规律主要与条形磨屑的厚度相关，条形磨屑厚度反映着磨粒切削过程中的未变形切屑厚度，未变形切屑厚度的增加会直接导致切屑形成力增大，因此磨削力增大。

# 第5章 钢轨打磨温度场与热机耦合行为

钢轨打磨是一种典型的端面磨削方式,磨削过程中磨粒与钢轨表面的接触弧长相对于平面磨削更大,导致在磨粒切削、犁耕、划擦过程中产生大量热,这些热量以热传导的方式直接进入钢轨材料和磨石中。钢轨打磨过程中一般无冷却液或润滑液等第三介质的加入,因此其材料去除过程伴随着显著的热效应,钢轨表面温度高且升温快。不合理的钢轨打磨参数会使得钢轨温升过高,进而导致钢轨出现发蓝等严重烧伤,并使得钢轨材料发生相变、加工硬化以及残余拉应力,这些由于打磨过程产生的钢轨热损伤会对其滚动接触疲劳性能产生重要影响,在现场打磨作业中被视为低打磨质量。因此,对钢轨打磨温度场进行仿真预测,并阐明其与打磨参数之间的定量关系,对保障现场钢轨打磨作业质量具有重要理论和实际意义。

本章基于磨石实际几何参数构建了三维模型,利用该磨石模型在 Deform 软件中进行了钢轨打磨材料去除与温度场仿真,确立了打磨参数对单个磨石打磨时温度场的影响规律。在此基础上,将多个磨石的温度场施加到整条钢轨表面,基于移动热源法的思想在 ABAQUS 软件中对多个磨石打磨温度场进行仿真,并以典型的钢轨打磨模式进行温度场预测。

## 5.1 钢轨打磨温度场仿真模型

### 5.1.1 单个磨石打磨温度场仿真模型

现场打磨作业中,磨石是磨削钢轨的执行单元。磨石物理特性包括磨料、粒度、硬度、结合剂、形状及尺寸等方面,对磨削作业的粗糙度、效率、精度影响极大,因此磨石模型建立是钢轨打磨过程模拟的关键部分。磨石主要由三部分组成:磨料、结合剂、空隙。在构建磨石模型时需要考虑磨石表面形貌特征,即磨石端面磨粒的随机分布、不规则形状和不均匀尺寸。本章建立了符合 16 号粒度磨石形貌特征的虚拟磨石模型,建模过程如下。

首先,在 16 号粒度磨石的端面形貌简图中,选择 a、b、c、d(10 mm×10 mm)四处典型位置作为观测区域。运用便携式显微镜(DM)对其进行观测,得到各区域图像,如图 5-1 所示。由图可知:磨石端面磨粒的尺寸大小和位置分布具有随机性,很难从图像中直接获取各个区域的磨粒数量，因此运用 MATLAB 中分水岭分割法对观测图像进行分割处理。分水岭分割法是以拓扑理论为基础，将图像当作测地学上的拓扑地貌，图像中不同灰度值对应不同海拔高度。其中，局部极小值及其相关区域代表集水盆，集水盆边界被定义为分水岭。对图中的图像进行分水岭分割处理得到图 5-2，进而统计测量区域的磨粒数量，计算出 16 号粒度磨石的面密度为 0.27 个/$mm^2$，见表 5-1。

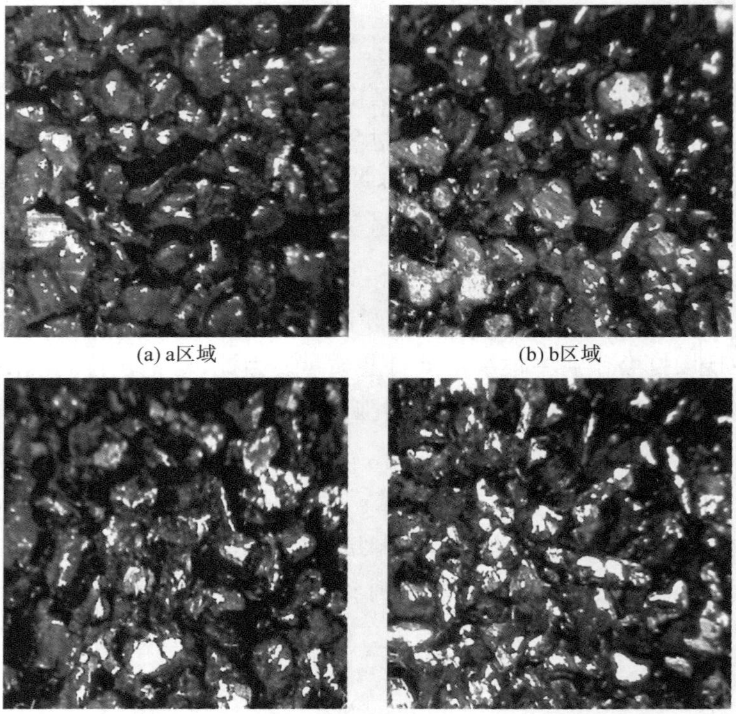

(a) a区域　(b) b区域　(c) c区域　(d) d区域

图 5-1　测量区域采集的图像

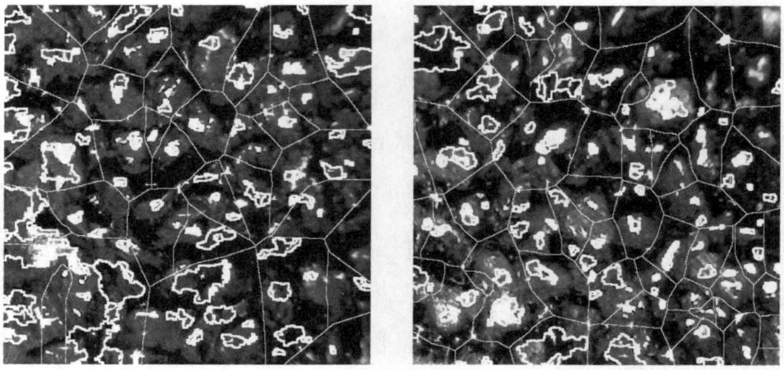

(a) a区域　(b) b区域

图　5-2

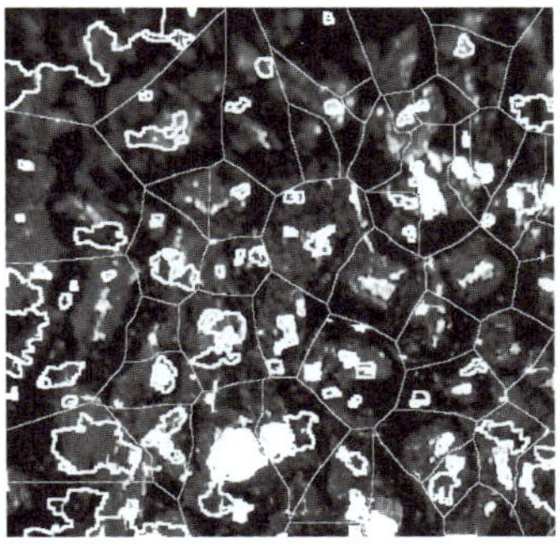

(c) c区域

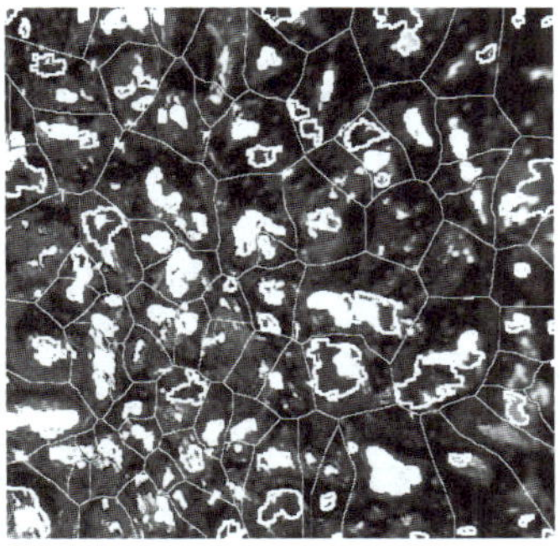

(d) d区域

图 5-2　分水岭法图像处理结果

**表 5-1　磨石磨粒面密度统计**

| 磨石粒度 | 不同区域内磨粒个数/个 | | | | 平均值/个 | 面密度/（个·$mm^2$） |
|---|---|---|---|---|---|---|
| | *a* | *b* | *c* | *d* | | |
| 16 号 | 30 | 26 | 24 | 30 | 27 | 0.27 |

利用 MATLAB 中的随机函数实现磨粒在格子内随机振动，将随机振动后的磨粒位置坐标导入 AUTOCAD 软件中，然后在所获坐标上生成磨粒。相比于圆锥形磨粒和球形磨粒，棱锥形磨粒更加符合打磨磨石表面磨粒的实际形貌，因此选取平截头棱锥作为磨粒的几何形状。磨石磨削过程中仅磨粒参与磨削，结合剂主要作用在于磨料间的黏接，因此将结合剂简化为圆柱体。将磨粒按照随机振动后的坐标装配到结合剂上，便建立了具有单层磨粒的虚拟磨石模型，如图 5-3 所示。

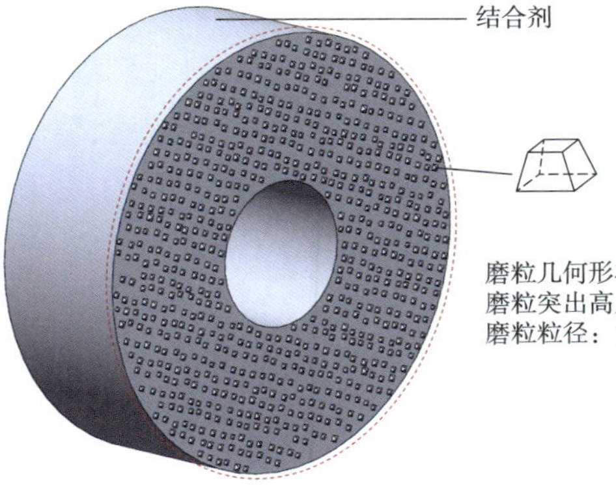


图 5-3　虚拟磨石模型

图 5-4(a)是现场常用 60 kg/m 钢轨的截面廓形。由图可知，钢轨轨头有三种不同曲率的区域，其半径分别为 13 mm、80 mm、300 mm，用 $R13$ mm、$R80$ mm、$R300$ mm 分别对这三种区域进行表示。根据钢轨外形尺寸，运用 SOLIDWORKS 软件建立实际的钢轨模型，然

后与磨石模型装配便形成钢轨打磨三维模型。磨石在不同轨顶半径处打磨钢轨的示意如图 5-4(b)所示。

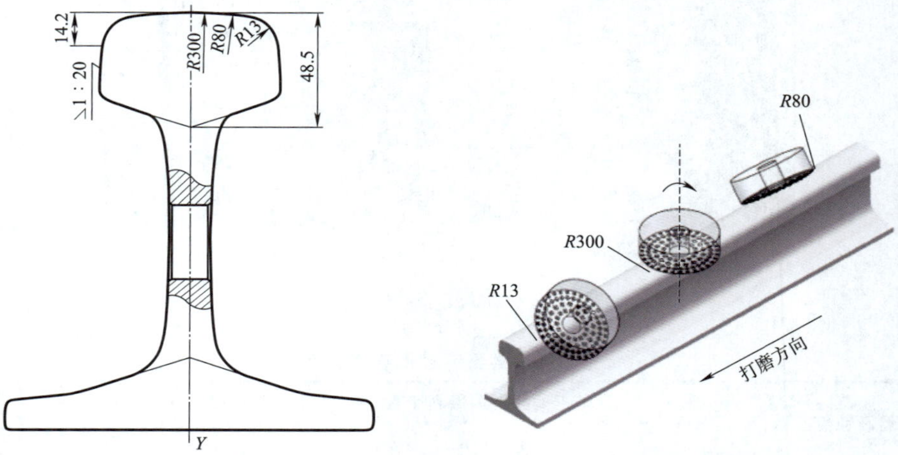


(a) 60 kg/m钢轨截面尺寸　　(b) 磨石打磨不同位置的三维模型

图 5-4　钢轨截面尺寸与打磨位置示意(单位:mm)

现场经验表明,钢轨打磨造成的高温区和应力区主要集中在钢轨表层部分,钢轨底部并不会受到明显影响。因此在不影响仿真结果的前提下,为了减少运算量、提高分析效率,将钢轨简化为 2 mm 深的轨头表层,且由于磨石结合剂不参与磨削,将磨石结合剂厚度由 10 mm 减少至 1 mm。

打磨过程中钢轨材料去除行为比较复杂,如图 5-5 所示,磨石和钢轨间的切削和摩擦作用产生的热量通过热传导的方式进入钢轨,引起钢轨表面温升,钢轨材料发生热膨胀变形而产生热应力。同时,磨石磨粒磨削钢轨并去除材料时,钢轨受到磨削力作用而产生机械应力。打磨过程中钢轨温升和应力状态对打磨质量、材料物理性质、塑性变形等有极大影响。

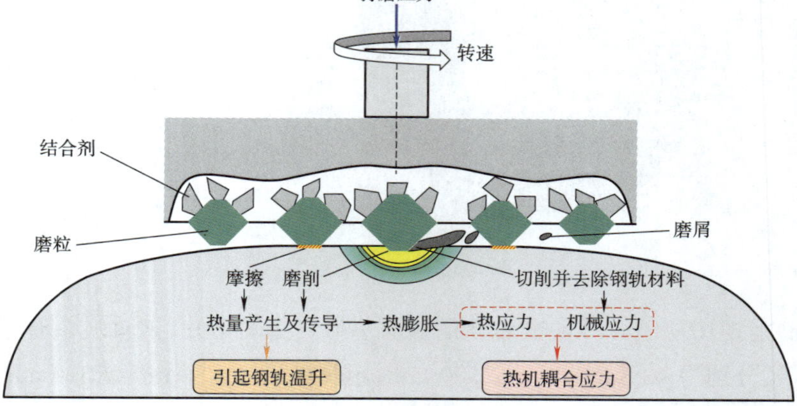


图 5-5　钢轨打磨过程中传热方式及应力分析示意

钢轨打磨过程中，磨石与钢轨界面同时伴随着热应力和机械应力，因此钢轨打磨过程仿真研究属于热机耦合分析。钢轨打磨有限元仿真需要解决两点关键问题：一是相对于磨石结合剂而言，磨粒数量多且体积小，磨粒网格不易划分；二是磨削过程伴随着钢轨材料去除和塑性变形，钢轨网格容易过度变形而畸变，导致模拟计算无法继续进行。DEFORM 有限元软件的网格划分系统能够解决上述问题，软件中局部网格细划分功能可对模型不同区域采取相应的网格划分方案，既兼顾了网格数量和质量，又能提升计算精度、运算效率。同时，针对钢轨打磨这一大变形过程，当材料流动较大或者网格形变达到一定程度，DEFORM 可通过网格自动重划分功能再次生成高质量的网格，以保证模拟计算的继续进行。另外，DEFORM 还集成了材料变形和热传导、相变等分析模块，因此采用 DEFORM 作为钢轨打磨过程的模拟和分析工具，具体仿真过程如下。

#### 5.1.1.1　网格划分

模型网格划分关系到有限元计算的精度和效率，需要考虑网格类型、单元大小、网格密度等。常用的单元形状有四面体单元和六面体单元，四面体单元适用于各种形状的模型且网格节点较少，在网格重划分时比六面体更方便快捷，因此选用四面体单元进行网格划分。磨石和钢轨均采用绝对网格划分模式，可设定最小单元尺寸和尺寸比来调整模型的网格数量和密度。最小单元尺寸的设置上，钢轨设为 0.5 mm，磨石结合剂设为 0.4 mm，由于磨石磨粒尺寸相对较小，需要进行局部网格细分，将其最小单元尺寸设置为 0.2 mm。尺寸比均设为 2，划分的网格模型如图 5-6 所示。

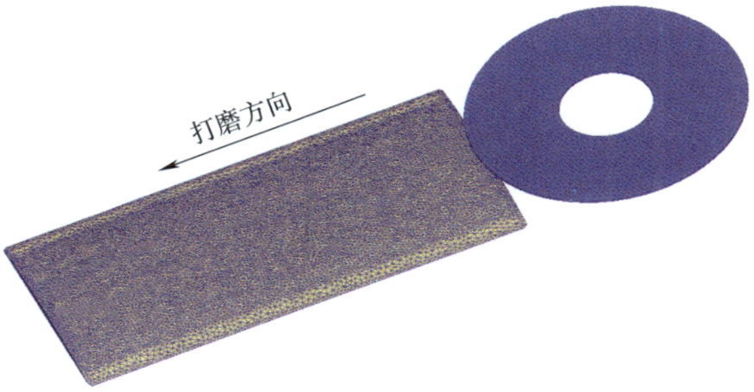


图 5-6　钢轨打磨模型网格划分示意

#### 5.1.1.2　材料参数

材料在不同载荷作用下的响应行为也各不相同，准确的材料模型对于仿真科学性至关重要。实际参与磨削的磨石磨料主要成分是 $Al_2O_3$，相对于钢轨材料 U71Mn，其硬度高、塑性变形极小，因此将磨石视为刚性体，将钢轨视为塑性体。磨石和钢轨材料的主要物理性能参数列于表 5-2，图 5-7 为钢轨材料热参数（热传导率、比热、热膨胀系数）随温度变化曲线。

**表 5-2　磨石与钢轨材料主要物理性能参数**

| 材　料 | 密度/(kg·m$^{-3}$) | 杨氏模量/GPa | 泊松比 |
|---|---|---|---|
| 磨　石 | 3 960 | 415 | 0.22 |
| 钢　轨 | 7 800 | 210 | 0.3 |

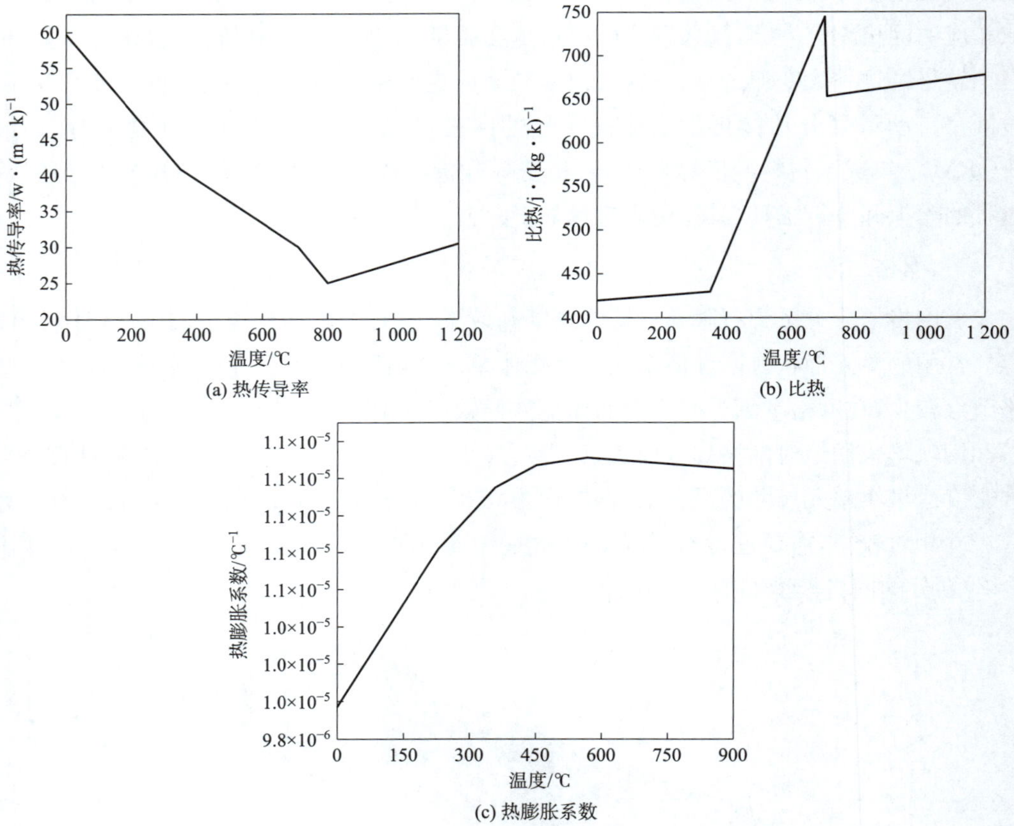


图 5-7　钢轨材料参数与温度关系示意

钢轨打磨过程中，钢轨材料受到磨石磨粒作用后产生弹性形变、塑性形变直到发生断裂，这是一个大应变、大应变率的失效过程，而且钢轨中的温度场和应力场互相影响，因此钢轨材料模型不仅要定义物理性能参数和热参数，还需要考虑应力、应变与温度之间的关系，以准确模拟打磨过程中的热机耦合作用。U71Mn 钢轨材料本构模型为公式(5-1)，图 5-8 展示了应变率为 1 时应力、应变与温度的关系。

$$\sigma_s = 5.103\varepsilon^{0.226}\bar{\varepsilon}^{0.116}\exp\left(\frac{4.464}{T}\right) \tag{5-1}$$

式中　$\varepsilon$——材料的应变；

$\bar{\varepsilon}$——材料的应变速率；

$T$——加工温度。

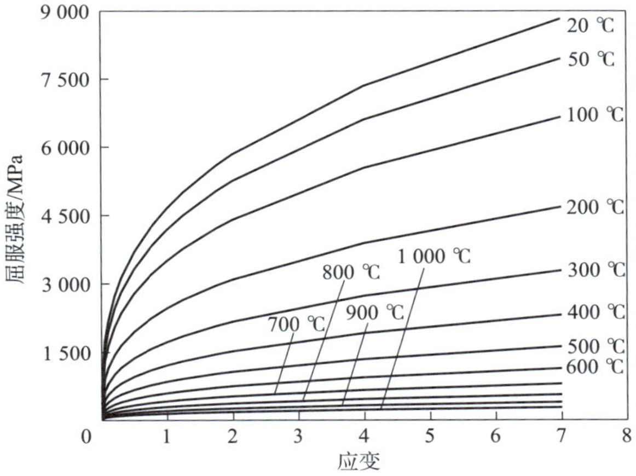


图 5-8　应变率为 1 时不同温度下应力随应变的变化曲线示意

## 5.1.2　钢轨打磨车打磨温度场仿真模型

现场钢轨打磨中，悬挂在钢轨打磨车上的多个磨石会同时参与打磨作业，其温度场比单个磨石打磨温度场更复杂。以最常用的 PGM-96 钢轨打磨车和 GMC-96 钢轨打磨车为对象，研究钢轨打磨车打磨时的温度场。PGM-96 钢轨打磨列车双边共拥有 96 个磨石，即工作在单根钢轨上的磨石数量为 48 个，图 5-9 为 PGM-96 钢轨打磨车下磨石的分布模型。图中可看出，PGM-96 钢轨打磨车共四节打磨车厢，每节打磨车厢分布三辆打磨小车，每辆打磨小车挂载两个打磨摇篮，每个打磨摇篮装载两个打磨磨石。为了更准确地对整体温度场进行分析，根据现场距离对磨石间距进行估算。同一个打磨摇篮中的两个磨石距离最近，间距为 0. 25 m，摇篮之间的磨石间距为 0. 45 m，打磨小车之间的磨石间距为 1. 7 m，打磨车厢之间的磨石间距最大，为 11. 4 m。

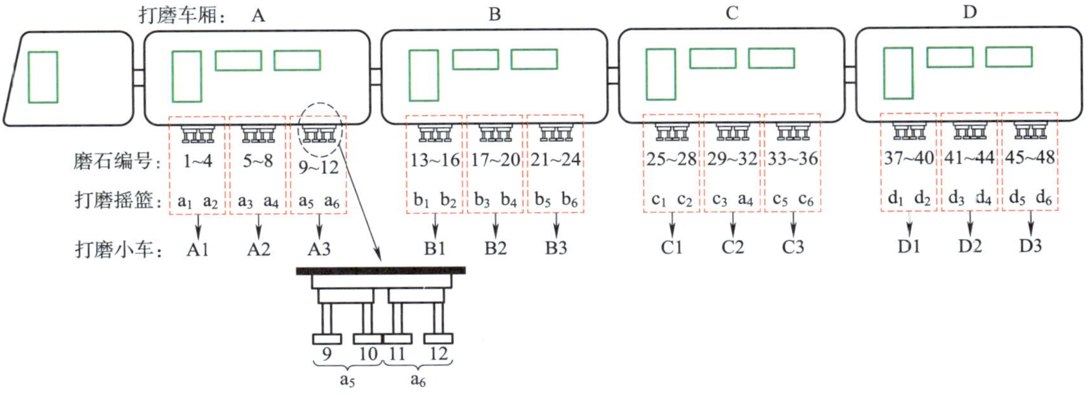


图 5-9　PGM-96 钢轨打磨车下的磨石分布示意

GMC-96 打磨车在国内钢轨打磨维护作业中应用也较为广泛，其车身长度为 145.5 m，由 7 节车厢组成：1 节动力车厢为列车提供牵引动力，6 节打磨车厢进行钢轨打磨作业。图 5-10 为GMC-96 钢轨打磨车下磨石的分布模型（动力车厢位于打磨车厢 B、C 之间），可以看出：每节打磨车厢分布两辆打磨小车，每辆打磨小车挂载两个打磨摇篮，每个打磨摇篮装载两个磨石。同样地，根据现场距离对磨石间距进行估算，同一个打磨摇篮中磨石间距为 0.45 m，摇篮之间的磨石间距为 1.8 m，打磨小车之间的磨石间距为 2.6 m，B、C 打磨车厢间的磨石间距最大，为 35.2 m，其余相邻打磨车厢间的磨石间距为 13.1 m。

钢轨打磨作业不仅需要去除钢轨表面的病害和损伤，更要获得目标钢轨廓形（廓形打磨模式）。现场打磨中，根据目标廓形和打磨量的要求，需要对打磨列车下磨石的参数、数量、角度、排布、顺序等进行设定，从而形成打磨模式。本章研究三种打磨模式的打磨温度场：PGM-96 钢轨打磨车修复性打磨模式，GMC-96 钢轨打磨车轨顶打磨模式和肥边打磨模式。

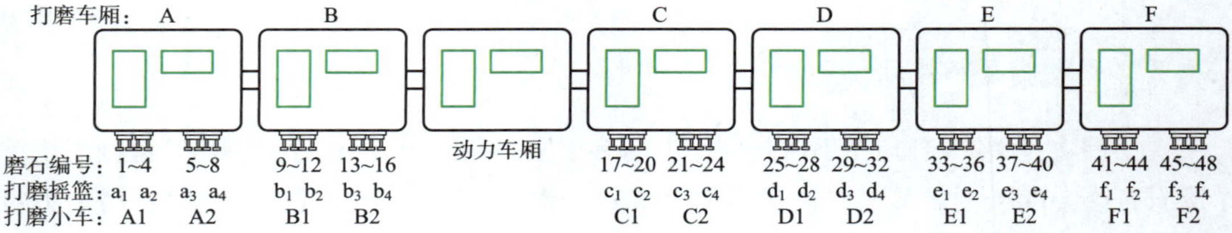


图 5-10　GMC-96 钢轨打磨车下的磨石分布示意

### 5.1.2.1　PGM-96 钢轨打磨车修复性打磨模式

PGM-96 钢轨打磨车的打磨温度场研究中，选取文献中的修复性打磨模式，该打磨模式的设计思路为：为实现磨石对钢轨顶部的包络式打磨，根据磨石轮在不同轨面的打磨能力，结合预设的钢轨目标廓形，对磨石打磨角度、功率、数量进行设计。所选打磨模式中的磨石排布及磨石功率特性列于表 5-3，其中打磨功率对应打磨压力，即打磨列车液压系统驱动打磨电机而产生的法向力。可以看出：打磨角度范围为－65.8°～＋12°。根据文献对钢轨轨头的分区，钢轨内侧区域为－60°～－16°、轨顶区域为－16°～＋2°、钢轨外侧区域为＋2°～＋20°，该打磨模式对应的打磨顺序为：钢轨内侧→外侧→轨顶→内侧。B、C 车厢下每个打磨角度排布 4 个磨石，A、D 车厢下打磨角度排布两个磨石和四个磨石，且 A、D 车厢主要打磨钢轨内侧。

**表 5-3　修复性打磨模式的磨石排布及功率特性**

| 磨石编号 | 打磨角度/(°) | 打磨功率/(%) |
|---|---|---|
| 1、2 | －17.0 | 64 |
| 3、4 | －23.0 | 64 |
| 5、6 | －29.0 | 64 |
| 7、8 | －36.3 | 64 |

续上表

| 磨石编号 | 打磨角度/(°) | 打磨功率/(%) |
|---|---|---|
| 9～12 | +12.0 | 64 |
| 13～16 | +9.1 | 64 |
| 17～20 | +2.2 | 67 |
| 21～24 | +1.2 | 67 |
| 25～28 | −1.3 | 66 |
| 29～32 | −2.3 | 66 |
| 33～36 | −9.2 | 58 |
| 37～40 | −10.2 | 58 |
| 41、42 | −43.7 | 58 |
| 43、44 | −51.0 | 58 |
| 45、46 | −58.1 | 58 |
| 47、48 | −65.8 | 58 |

根据 PGM-96 钢轨打磨车下磨石分布和修复性打磨模式中磨石排布，建立对应的钢轨表面磨石分布模型，如图 5-11 所示。

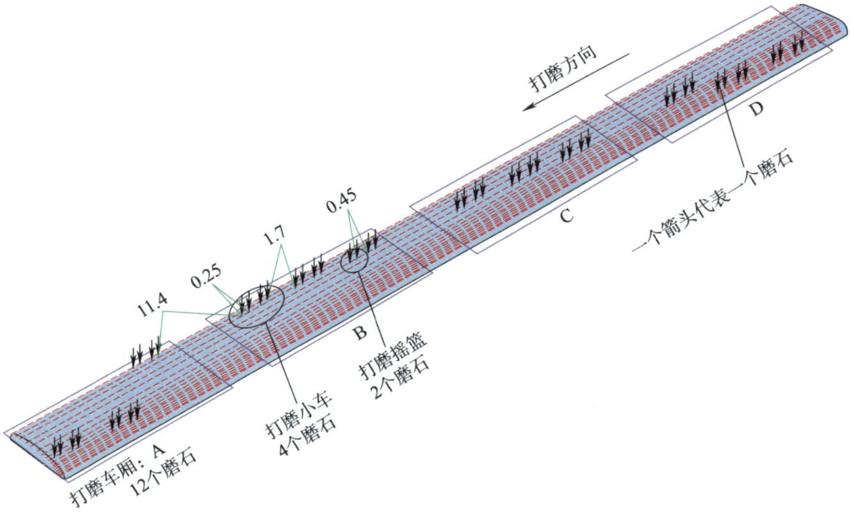


图 5-11 修复性打磨模式下的钢轨表面磨石分布模型示意(单位：m)

### 5.1.2.2 GMC-96 钢轨打磨车轨顶打磨模式

对某次 GMC-96 钢轨打磨车轨顶打磨所用的钢轨打磨模式进行采集(单根钢轨上)，工艺参数主要包括打磨角度和打磨压力，见表 5-4。由表可知：打磨角度分布范围为−15°～+8°，主要分布于钢轨轨顶。A、F 车厢下每个打磨角度排布 2 个磨石，B、C、D、E 车厢下每个打磨角度排布 4 个磨石。

**表 5-4　轨顶打磨模式的工艺参数**

| 磨石编号 | 打磨角度/(°) | 设定压力(A)① |
|---|---|---|
| 1、2 | −10.0 | 28 |
| 3、4 | −7.0 | 28 |
| 5、6 | −5.0 | 28 |
| 7、8 | −8.0 | 28 |
| 9～12 | 0 | 30 |
| 13～16 | +3.0 | 30 |
| 17～20 | +2.0 | 30 |
| 21～24 | 0 | 30 |
| 25～28 | −2.0 | 30 |
| 29～32 | −1.0 | 30 |
| 33～36 | +8.0 | 30 |
| 37～40 | +4.0 | 30 |
| 41、42 | −10.0 | 28 |
| 43、44 | −11.0 | 28 |
| 45、46 | −12.0 | 29 |
| 47、48 | −15.0 | 29 |

根据 GMC-96 钢轨打磨车下磨石分布和轨顶打磨模式中磨石排布，建立对应的钢轨表面磨石分布模型，如图 5-12 所示。

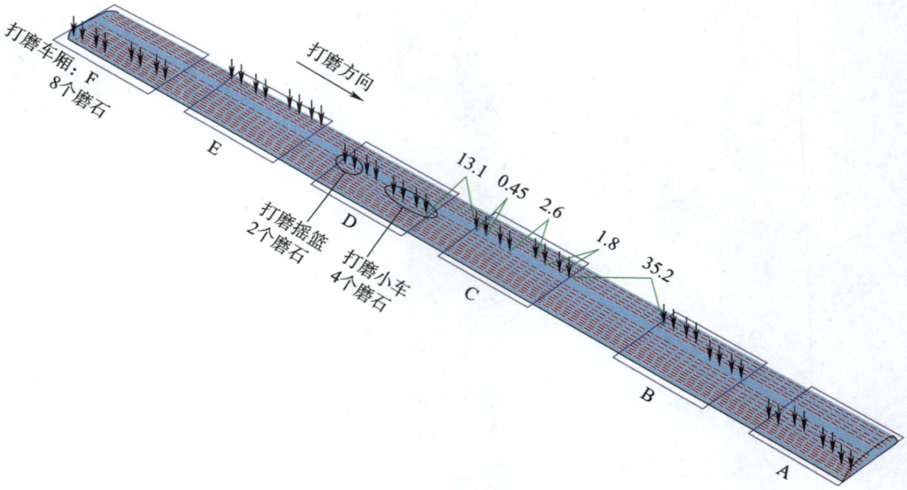


图 5-12　轨顶打磨模式下的钢轨表面磨石分布模型示意(单位：m)

① 实际使用过程中，打磨车通过改变电机的电流来控制压力，为表述方便，设定压力值取通过电机的电流值。

### 5.1.2.3 GMC-96 钢轨打磨车肥边打磨模式

对某次 GMC-96 钢轨打磨肥边打磨所用的打磨模式进行采集，工艺参数见表 5-5，由表可知，打磨角度分布范围为 −65°～+8°，打磨顺序为钢轨内侧→轨顶→外侧→轨顶→内侧。A、F 打磨车厢下每个打磨角度排布 2 个磨石，且主要打磨钢轨内侧，B、C、D、E 打磨车厢下每个打磨角度排布 4 个磨石。

表 5-5　肥边打磨模式的工艺参数

| 磨石编号 | 打磨角度/(°) | 设定压力(A) |
|---|---|---|
| 1,2 | −65.0 | 25 |
| 3,4 | −48.0 | 25 |
| 5,6 | −31.0 | 25 |
| 7,8 | −13.0 | 25 |
| 9～12 | −4.0 | 26 |
| 13～16 | −4.0 | 26 |
| 17～20 | +3.0 | 26 |
| 21～24 | +8.0 | 26 |
| 25～28 | −2.0 | 26 |
| 29～32 | −3.0 | 26 |
| 33～36 | −7.0 | 26 |
| 37～40 | −13.0 | 26 |
| 41,42 | −50.0 | 25 |
| 43,44 | −42.5 | 25 |
| 45,46 | −32.5 | 25 |
| 47,48 | −22.5 | 25 |

根据 GMC-96 钢轨打磨车下磨石分布和轨顶打磨模式中磨石排布，建立对应的钢轨表面磨石分布模型，如图 5-13 所示。

现场钢轨打磨车的打磨温度场研究中，不仅需要考虑多个磨石共同打磨，还需要考虑磨石间距、打磨顺序、磨石所在打磨角度、打磨参数等。如果继续运用前文建立的虚拟磨石来构建整条打磨列车下多个磨石的打磨模型，计算量会十分庞大，而且模拟计算过程极易不收敛。因此打磨列车温度场研究不再建立磨石和钢轨的磨削模型，而是引入移动热源法，将前文仿真得到的单个磨石打磨温度场转化为移动热源，根据能量守恒及能量转化关系，将磨石动能与打磨产生的热能联系起来，以实现钢轨打磨温度场的求解，具体过程如下。

#### 1. 确定热源分布模型

钢轨打磨过程中，高速旋转的磨石跟随列车移动以打磨整根钢轨，将磨石假设为移动的面热源，移动速度和打磨列车运行速度相同。图 5-14 给出了三种典型热源分布的二维简化

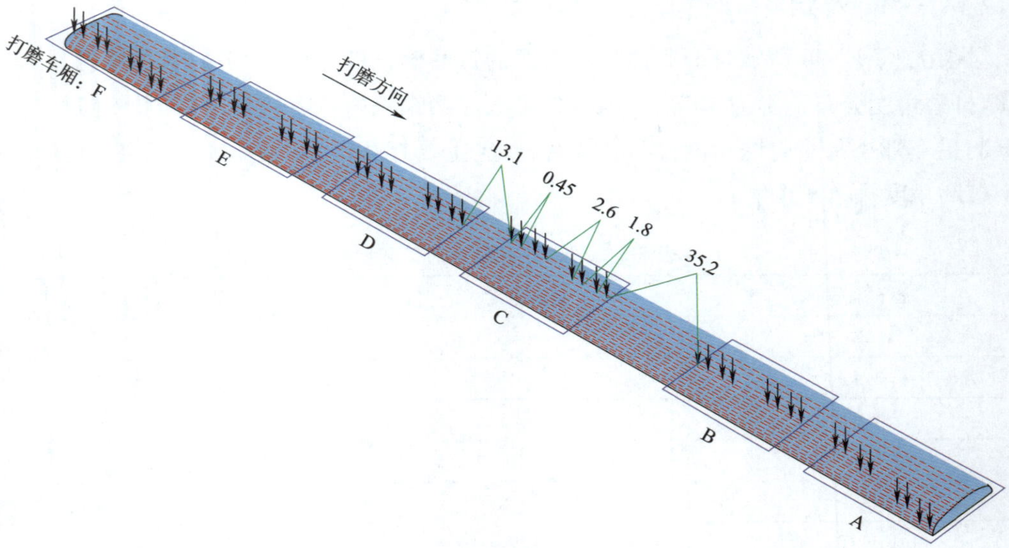


图 5-13　肥边打磨模式下的钢轨表面磨石分布模型示意(单位：m)

模型：矩形、三角形、直角三角形。现场钢轨打磨会在钢轨表面形成打磨光带，再结合磨削过程中磨石和钢轨的接触形式，可以合理假设出热源呈矩形分布，热流均匀分布在磨削区域。

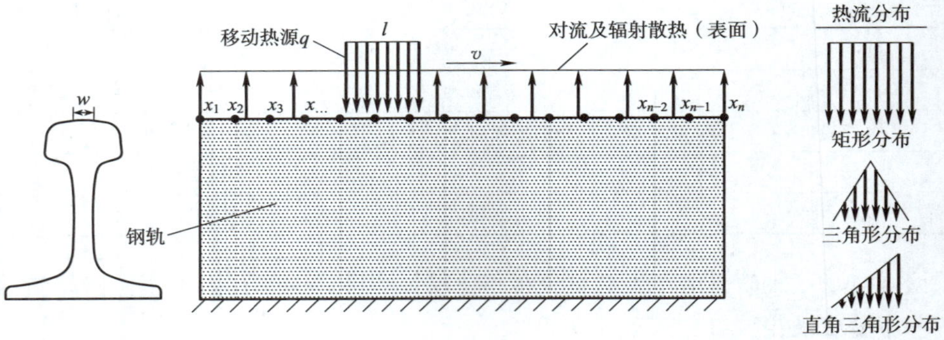


图 5-14　钢轨打磨热源分布模型示意

## 2. 打磨参数向摩擦热功率转化

钢轨打磨过程中，磨石磨粒和钢轨材料的摩擦和切削作用引起钢轨温升，已知打磨参数和摩擦系数的情况下，根据以下过程可建立打磨参数和摩擦热功率的关系，实现磨石动能向摩擦热的能量转化：

$$f = uF_{\mathrm{n}} \tag{5-2}$$

式中　$F_{\mathrm{n}}$——打磨压力；

$\mu$——磨石与钢轨界面间摩擦系数；

$f$——摩擦力。

$$s=b\times L \tag{5-3}$$

式中　$b$——接触区域宽度(打磨面宽度);

$L$——接触区域长度;

$s$——磨削接触区域面积。

$$l=2\times r\times \arcsin(\frac{b}{2r}) \tag{5-4}$$

$$T=\int_{r}^{R}(f/s)\times l\times 2r\times \mathrm{d}r \tag{5-5}$$

$$P_{\mathrm{T}}=\frac{T\times v}{9\ 549} \tag{5-6}$$

式中　$l$——半径为 $r$ 时的弧长;

$T$——摩擦力矩;

$P_{\mathrm{T}}$——摩擦热功率。

(3)热流密度求解

根据摩擦热功率计算磨削区域(矩形区域)内热流密度,并均匀地加载于磨削区域内。热流密度 $q$ 是矩形热源单位面积的热量,计算过程见公式(5-7)～公式(5-9)。

$$Q=P_{\mathrm{T}}\times \tau \tag{5-7}$$

$$s=b\times L \tag{5-8}$$

$$q=\frac{Q}{\tau\times s} \tag{5-9}$$

式中　$Q$——打磨过程总发热量;

$P_{\mathrm{T}}$——电机转化为摩擦功的功率;

$s$——接触区域面积,即磨石和钢轨接触的矩形区域面积。

根据以上步骤便可将磨石转化为移动矩形热源,同时构建打磨参数与磨削区热流密度的关系。除此之外,还需要根据磨石在钢轨表面的分布位置将对应的热源分散加载于钢轨表面。利用 ABAQUS 有限元软件,在 DFLUX 热源子程序中定义磨石数量、角度排布、磨石参数、列车移动速度、磨石间距等信息,随后将热源子程序作为外部热载荷调入 ABAQUS 并加载于钢轨表面,建立出符合钢轨表面磨石分布的热源加载模型,进而求解钢轨打磨车的打磨温度场。

## 5.2　钢轨打磨过程中温度场仿真预测

### 5.2.1　单个磨石打磨温度场

图 5-15 为单个磨石在 $R300$ mm 轨面打磨至不同纵向位置时的钢轨温度场,此时进给

速度为 12 km/h、打磨深度为 40 $\mu$m、磨石转速为 3 000 r/min。从图中可看出，打磨温度场的分布为：高温集中在磨削区域，温度向四周逐渐降低。这是因为磨石与钢轨相互作用产生的热量从磨削区域传入钢轨，然后通过热传导传至钢轨其他区域，而热量扩散时损失较大。当磨石运动至图 5-15(a)位置，磨石空孔的前端[图 5-15(a)中磨石Ⅰ区域]开始打磨钢轨 A 区域，此时 A 区域出现温升；当磨石运动至图 5-15(b)位置，磨石空孔的后端[图 5-15(a)中磨石Ⅱ区域]打磨 A 区域，A 区域温度继续升高，且热影响区范围进一步扩大。同样地，当磨石从图 5-15(c)运动至图 5-15(d)位置，B 区域温度场也经历了“温度继续升高、热影响区进一步扩大”的变化过程。说明在钢轨打磨过程中，钢轨同一部位会受到磨石前后两次的打磨作用，在此期间，磨削区温度会继续升高，热影响区会进一步向四周扩散。

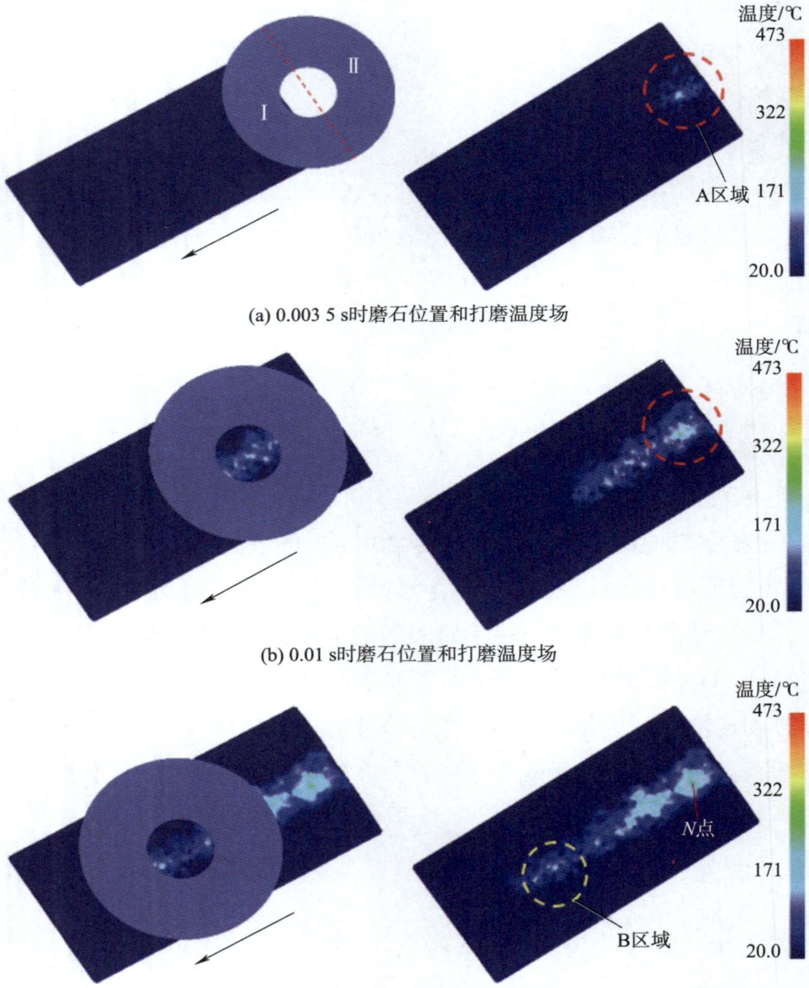


(a) 0.003 5 s时磨石位置和打磨温度场

(b) 0.01 s时磨石位置和打磨温度场



(c) 0.015 s时磨石位置和打磨温度场

图 5-15

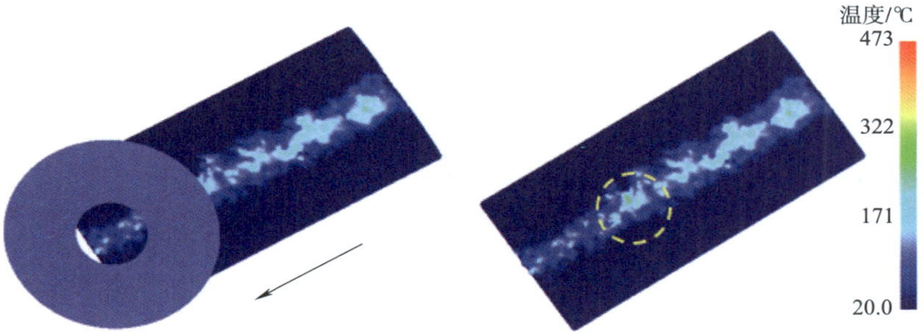


(d) 0.022 s时磨石位置和打磨温度场

图 5-15　不同打磨位置温度场

图 5-16 为单个磨石打磨钢轨不同轨面(三种曲率半径分别为:$R13$ mm、$R80$ mm、$R300$ mm)的截面温度场。截面温度场呈半椭圆形分布,温度在钢轨表层较高,向钢轨内部逐渐降低。另外,$R300$ mm 轨面上热影响区宽度大于 $R80$ mm 和 $R13$ mm 上的热影响区宽度,说明打磨 $R300$ mm 轨面时磨石与钢轨接触区域的平面宽度最大。

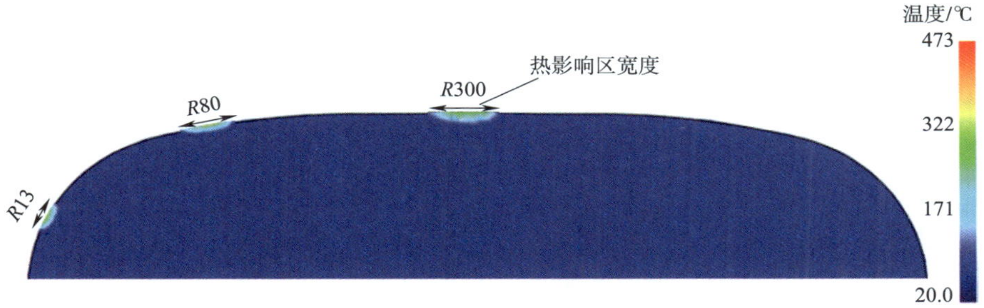


图 5-16　单个磨石打磨钢轨不同轨面的截面温度场(单位:mm)

图 5-17 为打磨过程中钢轨表面打磨区域中心位置某节点[图 5-15(c)中 $N$ 点]温度随时间的变化曲线。由图可知:随着磨石沿钢轨纵向移动,节点温度先增加至 174 ℃,随后小幅下降至 166 ℃,然后再次增加至 282 ℃,最后逐渐降低。节点温度的前后两次增加和上述结果一致。节点温度的小幅下降是磨石空心圆柱结构导致的:当磨石前端[图 5-15(a)中磨石Ⅰ部分]打磨至节点处,磨削热产生并聚集使节点温度升高,但是磨石中心空孔部分经过节点处时,没有磨粒继续磨削节点处钢轨,所以节点温度不再升高,反而因为热传递作用有所下降。当磨石后端[图 5-15(a)中磨石Ⅱ部分]打磨至节点处,节点温度由于磨石的打磨作用再次升高。温度升高至第二个波峰后,整个磨石逐渐远离节点,节点处钢轨由于热传递作用慢慢冷却,节点温度逐渐降低。

图 5-18 为磨石在不同轨头半径处打磨时最高打磨温度,此时进给速度为 20 km/h、打磨深度为 40 μm、磨石转速为 3 000 r/min。由图 5-18 可知,当轨头半径从 $R13$ mm 增大至 $R300$ mm,最高打磨温度从 479 ℃降低至 414 ℃。根据打磨温度场截面云图,磨石打磨

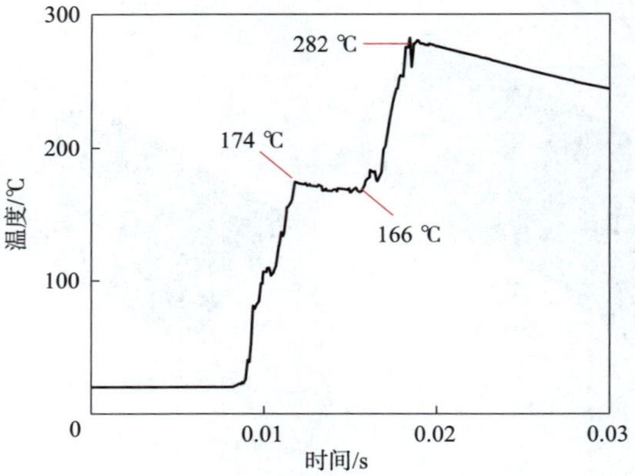


图 5-17　节点温度随时间的变化曲线示意

*R*300 mm 轨面时热影响区宽度高于打磨 *R*80 mm 和 *R*13 mm 时，*R*300 mm 处打磨平面宽度和磨削区域面积最大，根据热流密度的计算公式(5-7)～公式(5-9)，打磨宽度增加会降低热流密度值，因此 *R*300 mm 处打磨温度最低，*R*13 mm 处打磨温度最高。

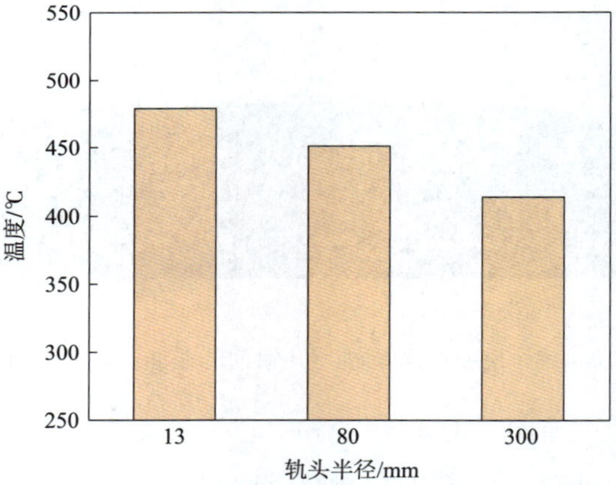


图 5-18　不同轨顶位置处的最高打磨温度示意

进给速度是指磨石在钢轨纵向的运行速度，即打磨车作业速度。现场打磨中的作业速度通常设定为 8～20 km/h，当速度低于 2 km/h 时，为防止钢轨温度过高，磨石会自动脱离轨面。图 5-19 为磨石在 *R*300 mm 轨面上打磨过程中钢轨温度峰值随进给速度(8 km/h、12 km/h、16 km/h、20 km/h)的变化情况，此时打磨深度为 40 μm、磨石转速为 3 000 r/min。由图可知，当进给速度从 8 km/h 增加至 20 km/h 时，最高打磨温度从 565 ℃降低至 414 ℃。这是因为打磨列车运行越快，磨石磨削和摩擦钢轨的时间就越短，导致磨削热减少，打磨温度随之降低。此外，可以发现进给速度越高，温度降低趋势越平缓。

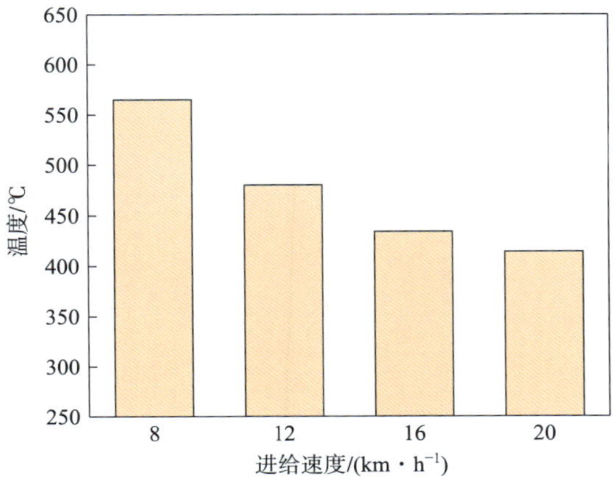


图 5-19　进给速度对最高打磨温度的影响示意

打磨深度是磨石切削钢轨的深度，与打磨压力直接相关，并随打磨压力增大而增大。图 5-20 为磨石在 $R$300 mm 轨面上打磨温度峰值随打磨深度（20 μm、40 μm、60 μm、80 μm）的变化情况，此时进给速度为 20 km/h、磨石转速为 3 000 r/min。从图 5-20 中可以看出，当打磨深度从 20 μm 增大至 80 μm 时，最高打磨温度从 364 ℃升高至 585 ℃。这是因为随着打磨深度的增加，实际参与打磨的磨粒增加，磨粒和钢轨接触作用的深度与面积也增大，导致打磨量增大，产生更多的磨削热，打磨温度随之升高。

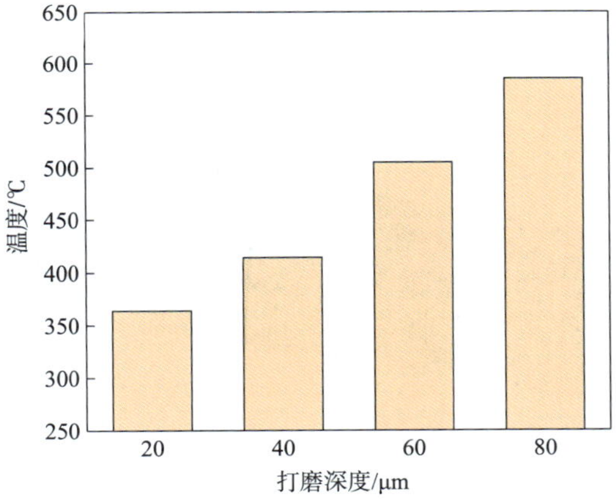


图 5-20　打磨深度对最高打磨温度的影响示意

磨石转速是钢轨打磨过程中的重要参数，直接影响着打磨质量。图 5-21 为磨石在 $R$300 mm 轨面上打磨温度峰值随磨石转速（2 000 r/min、2 500 r/min、3 000 r/min、3 500 r/min、4 000 r/min）的变化情况，此时打磨深度为 40 μm、进给速度为 20 km/h。从图中可以看出，当磨石转速从 2 000 r/min 增加至 4 000 r/min 时，最高打磨温度从 380 ℃升高至 581 ℃。这是因为磨石转速越大，单位时间内更多磨粒参与磨削，磨粒和钢轨间的磨削摩擦作用更剧烈，导致打磨量增大，产生更多的磨削热，打磨温度随之升高。

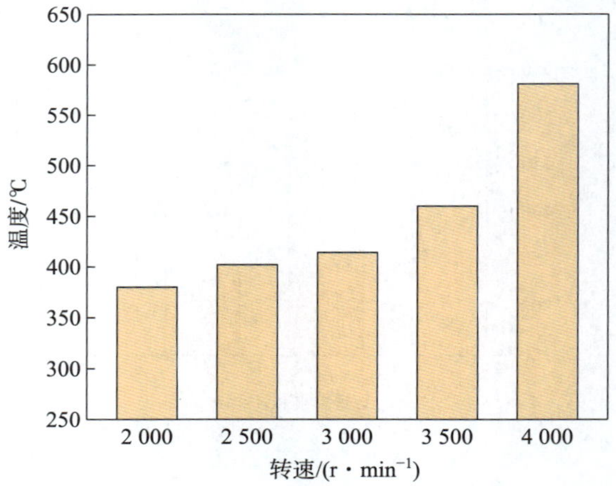


图 5-21 磨石转速对最高打磨温度的影响示意

## 5.2.2 PGM-96 钢轨打磨车打磨温度场

根据前文建立的钢轨打磨车打磨温度场仿真模型，对 PGM-96 钢轨打磨车修复性打磨模式的打磨温度场进行仿真分析（此处选取打磨列车运行速度为 20 km/h）。图 5-22 为 −17°打磨角度上单个磨石（1 号磨石）打磨的钢轨表面温度场，沿打磨方向看，热影响区呈椭圆形分布，打磨温度在椭圆中心最高，向四周逐渐降低。

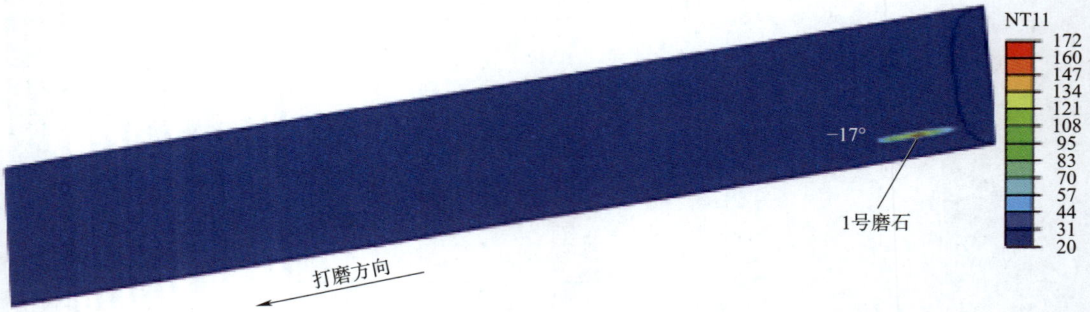


图 5-22 PGM-96 钢轨打磨车下 1 号磨石打磨温度场

图 5-23 为 A1 打磨小车下的钢轨表面温度场，由图可看出，A1 打磨小车挂载 $a_1$ 和 $a_2$ 两个打磨摇篮（共 4 个磨石，且打磨参数相同），$a_1$ 和 $a_2$ 摇篮的打磨角度分别为 −17°和 −23°，温度场中共 4 个热源，且热源间距与磨石间距一致。对比 2、4 号磨石的打磨温度场，发现 4 号磨石打磨后的钢轨温度高于 2 号磨石，说明打磨温度受到当前和相邻打磨角度上磨石的影响。

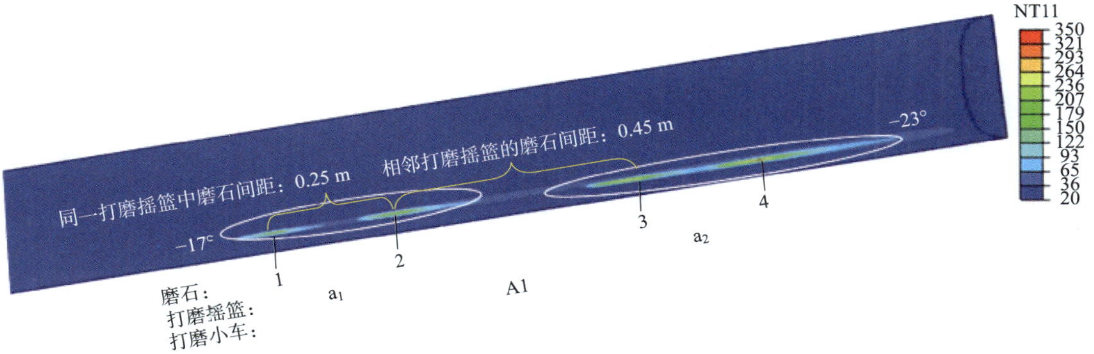


图 5-23　PGM-96 钢轨打磨车下 A1 打磨小车的打磨温度场

图 5-24 为 A～D 车厢下的钢轨表面温度场。可以看出，由于 A 车厢下磨石在钢轨内侧和外侧均有分布，内、外侧对应的打磨角度又相隔较远，其打磨温度场也分布于钢轨内侧和外侧，且内、外侧温度场之间互不影响，整体温度场呈现分离、独立的特征。B、C、D 车厢下打磨角度是相邻或相近的，温度场呈现交叉重叠、互相影响的特点。

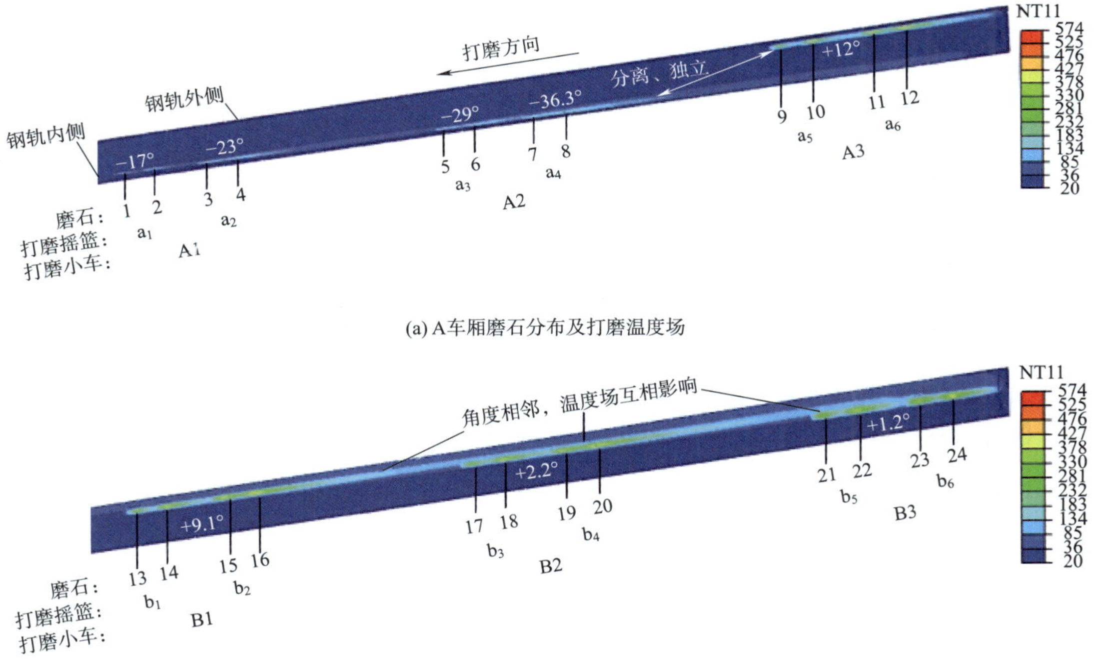


(b) B车厢磨石分布及打磨温度场

图　5-24

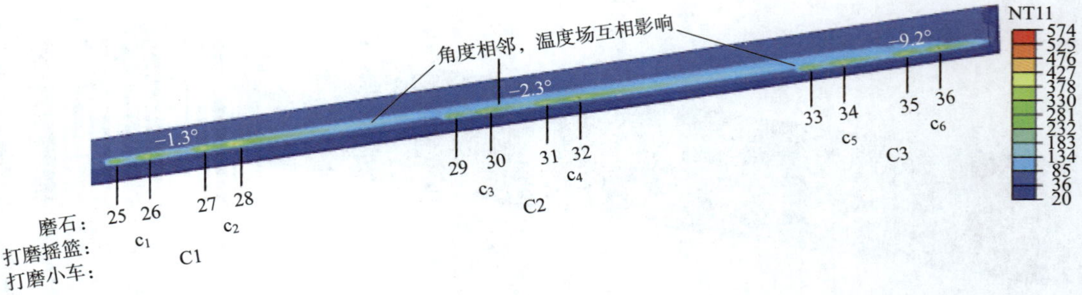


(c) C车厢磨石分布及打磨温度场

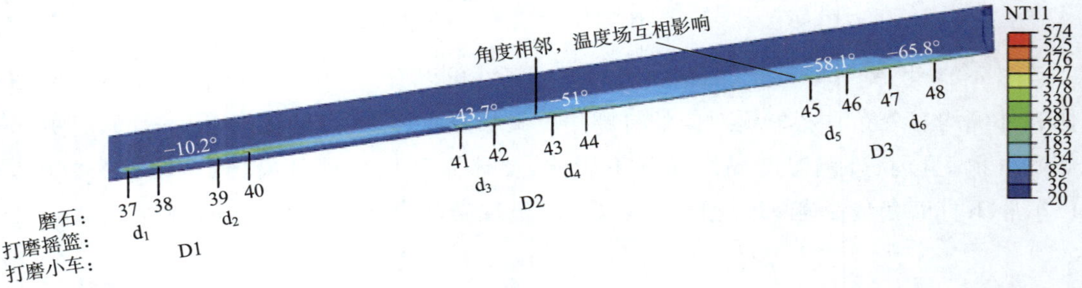


(d) D车厢磨石分布及打磨温度场

图 5-24　PGM-96 钢轨打磨车修复性打磨模式下不同打磨车厢的打磨温度场

图 5-25(a)、图 5-25(c)、图 5-25(e)、图 5-25(g)分别为 A～D 车厢下各打磨角度对应的钢轨截面温度场，可以看出截面温度场位置分布随打磨角度和打磨顺序的变化[图 5-25(g)]以及截面温度场的扩散过程。图 5-25(a)中－17°温度场为单个热源的截面温度场，将其与单个虚拟磨石打磨 $R$80 mm 轨面时的截面温度场进行对比，发现两截面温度场都呈半椭圆形分布，温度在钢轨表层较高，向钢轨内部逐渐降低。说明钢轨打磨温度场研究中，运用移动热源法将磨石转化为矩形热源的思想是科学合理的。

图 5-25(a)中，A 车厢下打磨角度在钢轨内侧和外侧均有分布，截面温度场也分布于钢轨内侧、外侧，且表现出分离、独立的状态。图 5-25(c)中，B 车厢下打磨角度＋9.1°、＋2.2°、＋1.2°是相邻的，截面温度场呈现交叉重叠、互相影响的特征，说明打磨角度排布影响截面温度场在轨顶上的分布，这与打磨角度对表面温度场分布的影响一致。另外，从 A 车厢到 D 车厢，钢轨轨头上截面温度场的分布顺序为钢轨内侧→外侧→轨顶→内侧，该顺序和打磨模式中的打磨顺序一致。由此可见，打磨模式中打磨角度和打磨顺序是影响整体温度场沿钢轨横向分布的关键因素。

图 5-25(b)、图 5-25(d)、图 5-25(f)、图 5-25(h)为各打磨角度上钢轨节点的温度变化。图 5-25(b)中黑色曲线为钢轨－17°打磨角度上某节点的温度变化曲线，曲线共有 4 个波峰，波峰 1、2 由 $a_1$ 打磨摇篮中两磨石(打磨角度均为－17°)引起，波峰 2 高于波峰 1，说明当同一

个打磨摇篮中的 2 个磨石排布于同一打磨角度，后一个磨石会使打磨温度继续升高。波峰 3、波峰 4 由 $a_2$ 打磨摇篮中两磨石（打磨角度均为－23°，与－17°相邻）引起，波峰 3、波峰 4 明显低于波峰 1、波峰 2，说明钢轨温度受到当前和相邻打磨角度上磨石的影响，且当前打磨角度对温度的影响大于相邻角度。另外，单个热源引起的节点温度变化和前文单个磨石引起的节点温度变化有少许不同，单个磨石打磨过程中节点温升过程中存在小幅降低（从 174 ℃ 降至 166 ℃），运用移动热源法仿真的节点温度曲线中不存在小幅降低现象。

图 5-25(d)、图 5-25(f) 中节点温度变化规律比较相似，图 5-25(f) 中黄色曲线为－2.3°（排布 4 个磨石）上节点温度变化曲线，曲线前段的小幅温升由－1.3°打磨角度上磨石引起，曲线后段共 4 个波峰，波峰 1、波峰 2 为 $c_3$ 打磨摇篮中两磨石引起，波峰 3、波峰 4 为 $c_4$ 打磨摇篮中两磨石引起，明显波峰 4 高于波峰 2，说明当两相邻打磨摇篮（同一打磨小车下）排布于同一打磨角度，后一个打磨摇篮会使打磨温度继续升高。

图 5-25(h) 中黑色曲线为－10.2°上节点的温度变化曲线，变化规律与图 5-25(f) 相似，4 个波峰由－10.2°上 D1 打磨小车（4 个磨石）引起。图 5-25(h) 中另外四条曲线对应的打磨角度均处于钢轨内侧，曲线变化规律与图 5-25(b) 中钢轨内侧角度的节点温度变化相似。

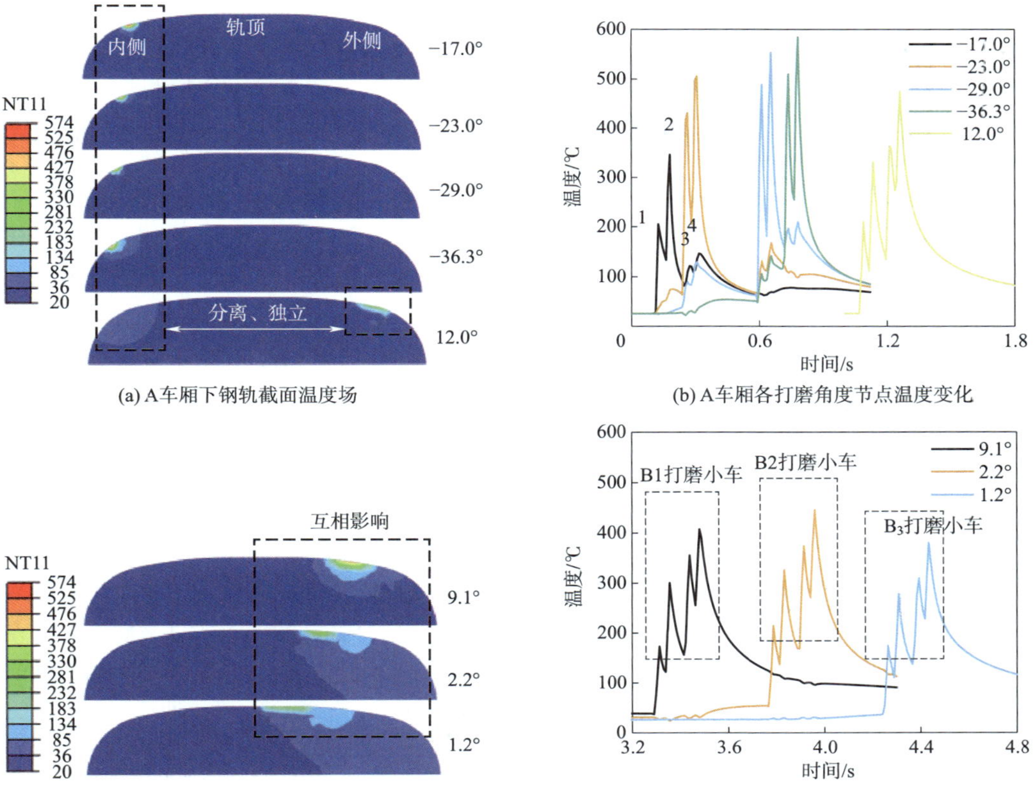

(a) A车厢下钢轨截面温度场　(b) A车厢各打磨角度节点温度变化

(c) B车厢下钢轨截面温度场　(d) B车厢各打磨角度节点温度变化

图 5-25

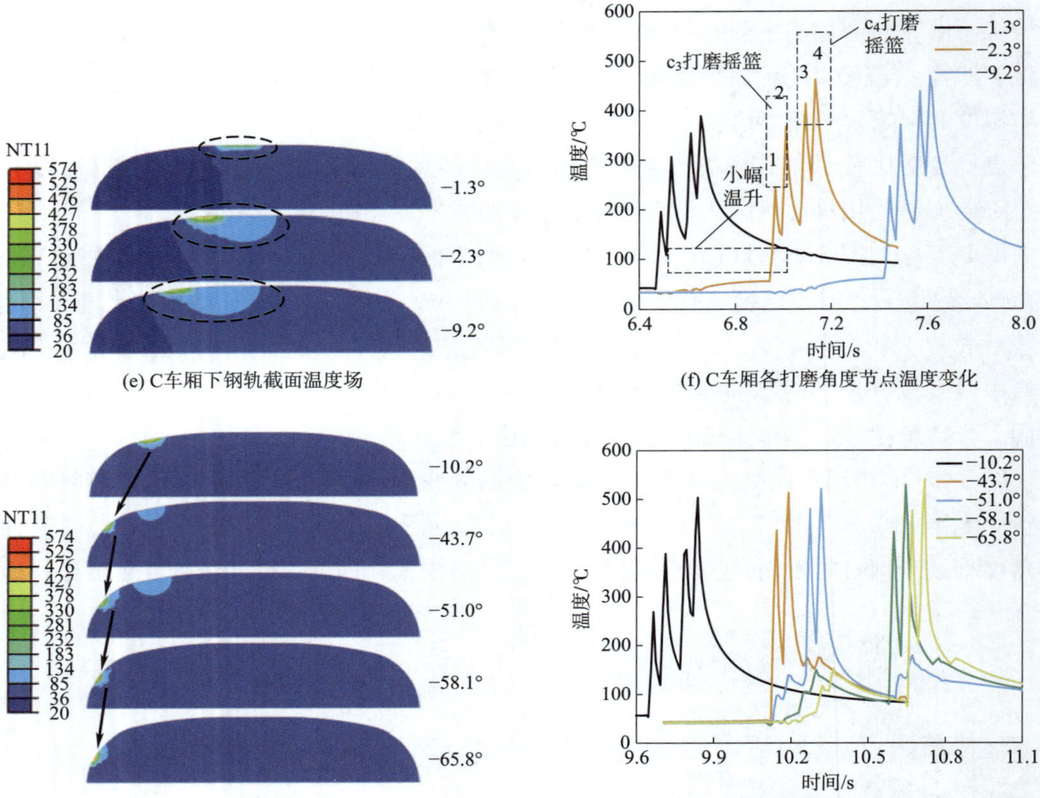


(e) C车厢下钢轨截面温度场

(f) C车厢各打磨角度节点温度变化

(g) D车厢下钢轨截面温度场

(h) D车厢各打磨角度节点温度变化

图 5-25　PGM-96 钢轨打磨车修复性打磨模式下的截面温度场及节点温度变化示意

选取不同的列车运行速度(8 km/h、12 km/h、16 km/h、18 km/h、20 km/h)，对 PGM-96 钢轨打磨车修复性打磨模式的打磨温度场进行仿真，得到列车以不同运行速度打磨作业时钢轨各轨顶位置达到的最高温度，如图 5-26 所示。由图可知，随着打磨列车运行速度增加，打磨温度逐渐降低，这与前文“磨石进给速度越大，打磨温度越低”的结论一致。另外，在同一进给速度下，钢轨各轨面达到的最高温度不同，其顺序依次为：$R$13 mm＞$R$80 mm＞$R$300 mm。根据相关的钢轨打磨试验研究，打磨温度极大地影响钢轨表面状态，当打磨温度高于 600 ℃时，将会产生打磨烧伤；当打磨温度达到 802 ℃时，淬火裂纹开始出现。当打磨列车运行速度为 8 km/h，$R$300 mm 轨面的打磨温度超过 600 ℃，$R$13 mm 及 $R$80 mm 轨面的打磨温度达到 802 ℃，；当打磨列车运行速度为 12 km/h，$R$13 mm 及$R$80 mm 轨面的打磨温度超过 600 ℃但低于 802 ℃；当打磨列车运行速度为 16 km/h，仅 $R$13 mm 轨面的打磨温度略高于 600 ℃；当打磨列车运行速度为 18 km/h 和 20 km/h，三个轨面的打磨温度均低于 600 ℃。

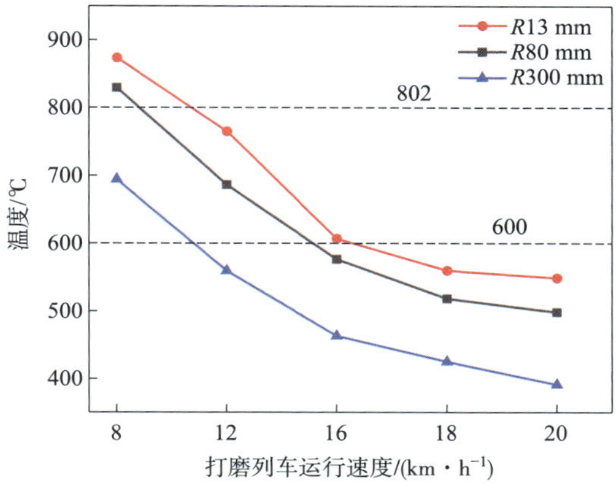


图 5-26　不同列车运行速度下各轨面达到的最高温度示意

基于以上结果,将各轨面在不同列车运行速度下达到的最高打磨温度划分至三个区域:正常区Ⅲ、烧伤区Ⅱ、淬火裂纹区Ⅰ,如图 5-27 所示。在Ⅲ区域,打磨温度低于 600 ℃,钢轨表面未发生烧伤、无淬火裂纹,钢轨表面质量良好;在Ⅱ区域,打磨温度超过 600 ℃但不高于 802 ℃,钢轨表面出现烧伤;在Ⅰ区域,打磨温度超过 802 ℃,此时钢轨表面出现淬火裂纹。因此,为了保证打磨后钢轨表面质量,应该合理选择钢轨打磨列车的运行速度:当 PGM-96 钢轨打磨车按照修复性打磨模式作业时,列车运行速度应该高于 16 km/h;当进给速度低于 16 km/h,可适当调整打磨参数及磨石排布,防止打磨温度过高影响打磨质量。

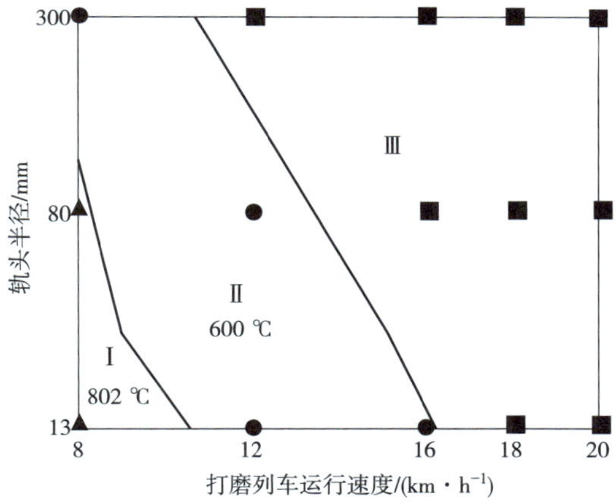


图 5-27　PGM-96 钢轨打磨车以不同运行速度修复性打磨时的各轨面打磨温度分区示意

## 5.2.3　GMC-96 钢轨打磨车打磨温度场

### 5.2.3.1　轨顶打磨模式下打磨温度场

根据前文建立的钢轨打磨车打磨温度场仿真模型,对 GMC-96 钢轨打磨车现场轨顶打磨模式的打磨温度场进行仿真分析。由于 GMC-96 钢轨打磨车中打磨车厢较长，不便于在一张图中观察整节车厢的打磨温度场，因此将每节打磨车厢的打磨温度场拆分为两辆打磨小车的打磨温度场进行分析（如 A 车厢拆分为 A1 和 A2 打磨小车），并将热源对应云图进行放大以便观察。

图 5-28 给出了 A～F 车厢的打磨温度场，可以看出，轨顶打磨模式的打磨温度场仅分布于钢轨轨顶和钢轨外侧。图 5-28(a)为 A1 打磨小车（GMC-96 钢轨打磨车中）的打磨温度场，将其与 PGM-96 钢轨打磨车下 A1 打磨小车的打磨温度场进行对比，发现 GMC-96 钢轨打磨车下 A1 打磨小车的打磨温度场中，热源沿钢轨纵向分布更稀疏，即 GMC-96 钢轨打磨车中同一打磨摇篮下的两热源间距[图 5-28(a)中 3、4 号磨石对应热源]大于 PGM-96 钢轨打磨车，相邻打磨摇篮间的两热源间距[图 5-28(a)中 2、3 号磨石对应热源]也大于 PGM-96 钢轨打磨车。这是 GMC-96 钢轨打磨车和 PGM-96 钢轨打磨车下磨石间距不同引起的，GMC-96 钢轨打磨车下同一打磨摇篮中的磨石间距（0.45 m）高于后车（0.25 m），相邻打磨摇篮之间的磨石间距（1.8 m）也高于后车（0.45 m），因此 GMC-96 钢轨打磨车的打磨温度场显得更稀疏。由此可见，打磨列车下磨石间距是影响整体温度场沿钢轨纵向分布的关键因素。另外，图 5-28(b)～图 5-28(l)中各打磨小车的打磨温度场分布都更稀疏。

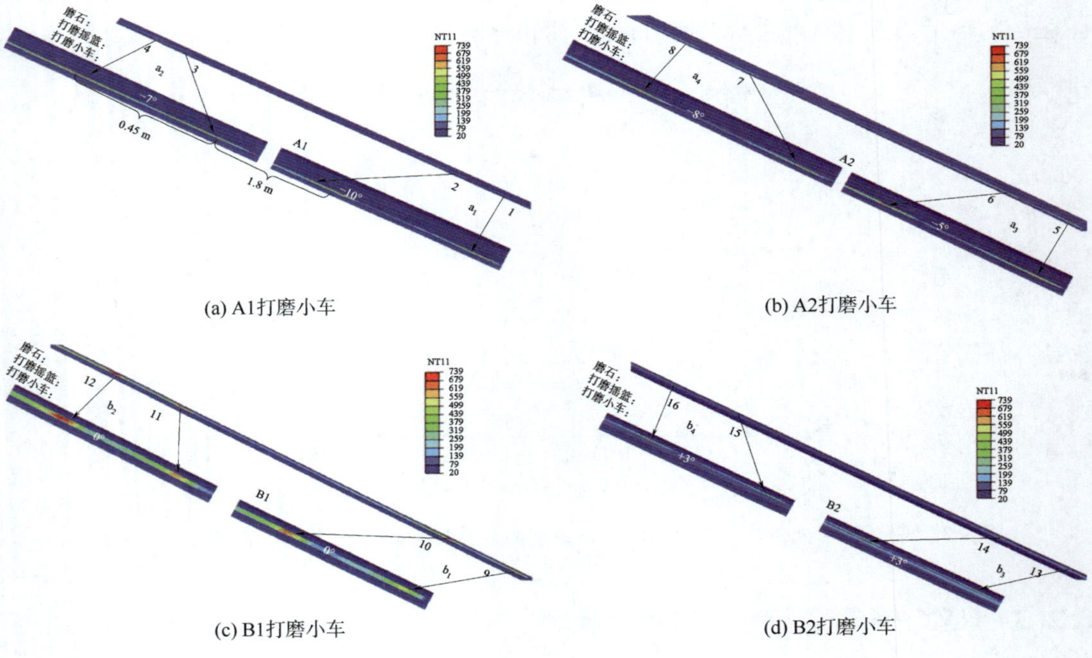


(a) A1打磨小车　(b) A2打磨小车

(c) B1打磨小车　(d) B2打磨小车

图 5-28

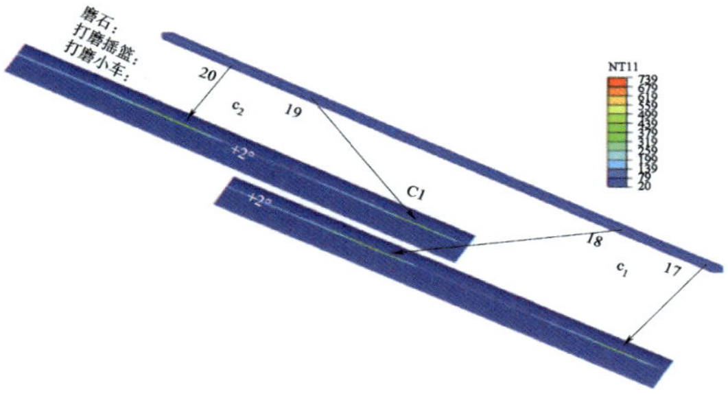


(e) C1打磨小车

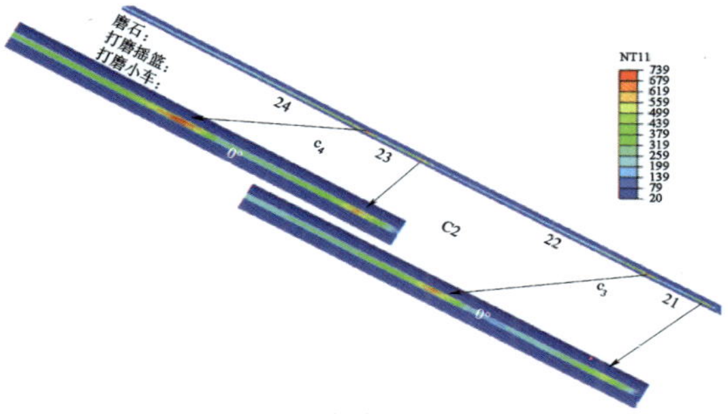


(f) C2打磨小车

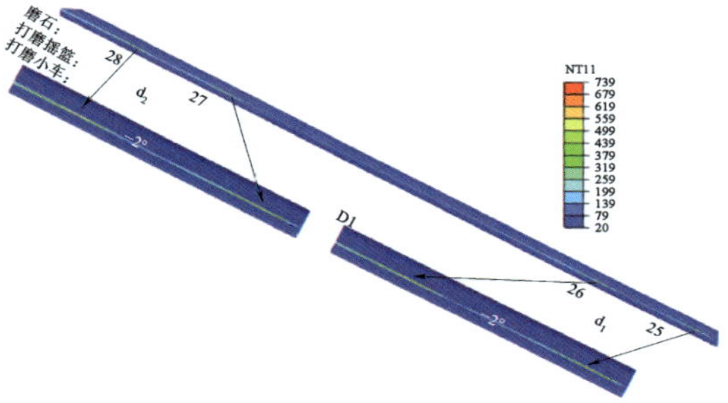


(g) D1打磨小车

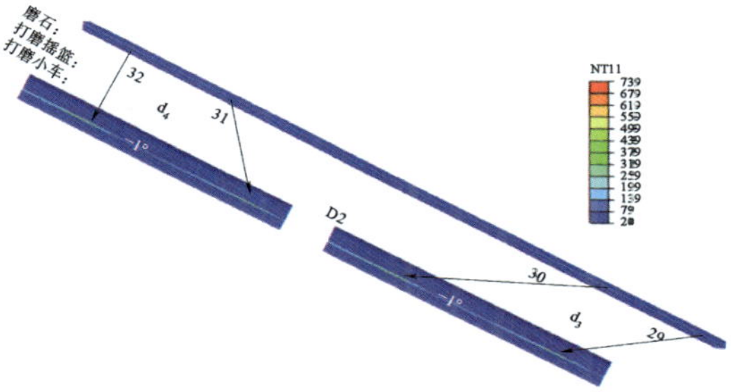


(h) D2打磨小车

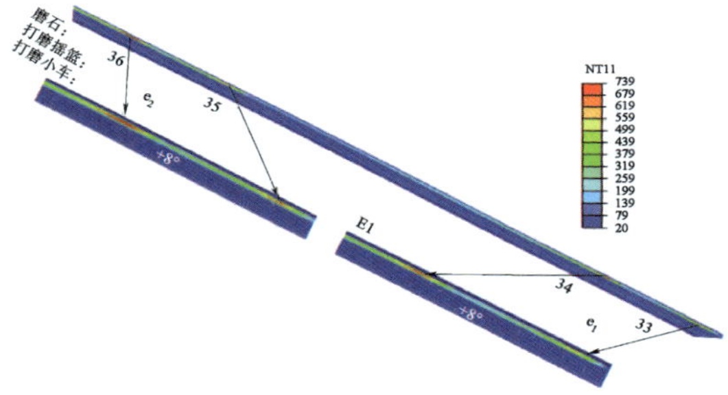


(i) E1打磨小车

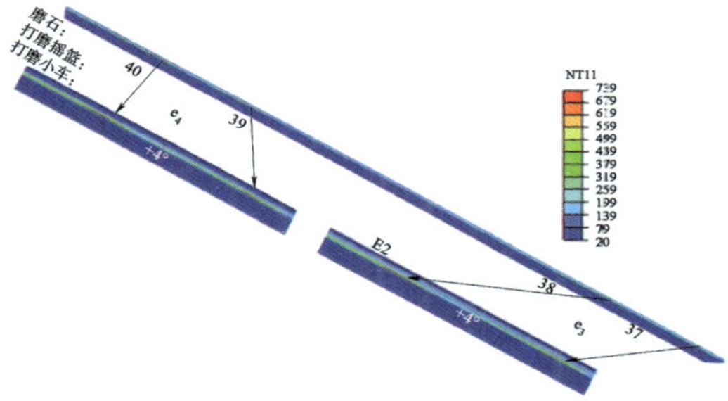


(j) E2打磨小车

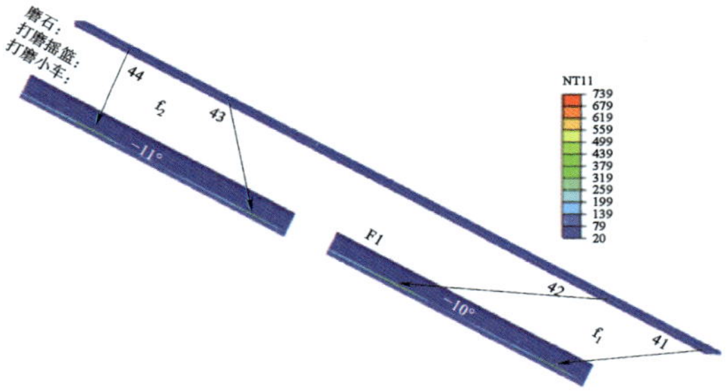


(k) F1打磨小车

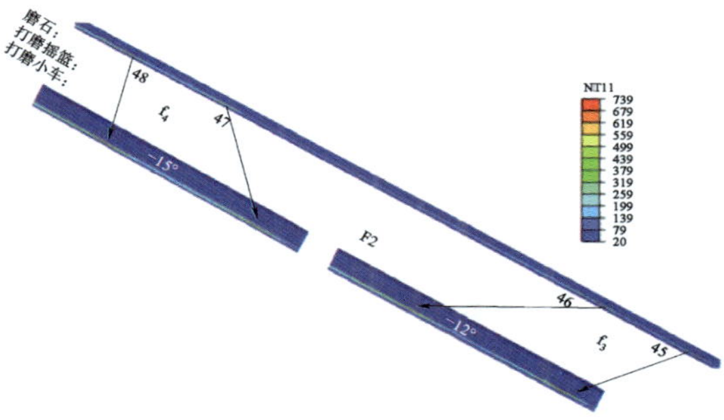


(l) F2打磨小车

图 5-28　GMC-96 钢轨打磨车现场轨顶打磨模式下不同打磨车厢的打磨温度场

图 5-29(a)、图 5-29(c)、图 5-29(e)、图 5-29(g)、图 5-29(i)、图 5-29(k)为 A～F 车厢下各打磨角度对应的钢轨截面温度场,可以看出截面温度场位置分布随打磨角度和打磨顺序的变化,[即图 5-29(a)、图 5-29(k)、图 5-29(e)、图 5-29(g)]以及截面温度场的扩散过程[图 5-29(c)、图 5-29(i)]。图 5-29(b)、图 5-29(d)、图 5-29(f)、图 5-29(h)、图 5-29(j)、图 5-29(l)为 A～F 车厢打磨角度上节点的温度变化曲线。为方便观察,每节车厢仅给出一个打磨角度。

图 5-29(b)展示了－5°打磨角度上节点的温度变化曲线,可以看出,曲线前段温度略微升高,这是由－10°上 $a_1$ 打磨摇篮引起,随后节点温度经历 6 处波峰,波峰 1、波峰 2 由－7°上 $a_2$ 打磨摇篮(2 个磨石)引起,波峰 3、波峰 4 由当前打磨角度(－5°)上 $a_3$ 打磨摇篮引起,波峰 5、波峰 6 由－8°上 $a_4$ 打磨摇篮引起,明显可看出波峰 3、波峰 4 高于波峰 1、波峰 2、波峰 5、波峰 6。

图 5-29(d)展示了 0°打磨角度上节点的温度变化曲线,仅展示 B 打磨车厢引起的温度变化,由图可知:曲线共 8 处波峰,前 4 个波峰由 B1 打磨小车(4 个磨石,打磨角度均为 0°)引起,后 4 个波峰为 B2 打磨小车(4 个磨石,打磨角度均为＋3°)引起,后 4 个波峰明显低于前 4 个波峰。另外,图 5-29(h)、图 5-29(j)中节点温度变化趋势和图 5-29(d)相似。

图 5-29(l)展示了－15°打磨角度上节点的温度变化曲线(仅展示 F 打磨车厢引起的温度变化)。曲线前段温度略微上升,这是由－10°上 f1 打磨摇篮引起,随后曲线出现 6 个波峰,波峰 1、波峰 2 由－11°上 f2 打磨摇篮引起,波峰 3、波峰 4 由－12°上 f3 打磨摇篮引起,波峰 5、波峰 6 由当前打磨角度－15°上 f4 打磨摇篮引起。可以看出,波峰 4 高于波峰 2,波峰 6 高于波峰 4。

基于以上结论,可得出打磨角度远近对节点温升的影响规律:钢轨某区域温度受到当前打磨角度(该区域所在角度)和周围打磨角度上磨石的影响,且当前打磨角度的影响最大,相邻打磨角度的影响次之,周围打磨角度与当前打磨角度的距离越远,对该区域温度影响越小。

图 5-29(f)展示了 0°打磨角度上节点的温度变化曲线,仅展示 C 车厢引起的温度变化。由图可知,曲线共 8 个波峰,1～4 波峰由 C1 打磨小车中 4 个磨石在＋2°打磨引起,5～8 波峰由 C2 打磨小车中 4 个磨石在 0°打磨引起,波峰 5～8 明显高于波峰 1～4。另外,波峰 6($c_3$打磨摇篮中 2 个磨石打磨后)高于波峰 5($c_3$打磨摇篮中单个磨石打磨后),波峰 8(C2 打磨小车中 4 个磨石打磨后)高于波峰 6,此规律和 PGM-96 钢轨打磨车下整个打磨小车(4 个磨石)排布于同一打磨角度时的节点温度变化趋势[图 5-25(f)]一致。这说明同一打磨摇篮中的 2 个磨石打磨同一平面时,后一个磨石会使打磨温度继续升高;两相邻打磨摇篮(同一打磨小车下)打磨同一平面时,后一个打磨摇篮会使打磨温度继续升高。

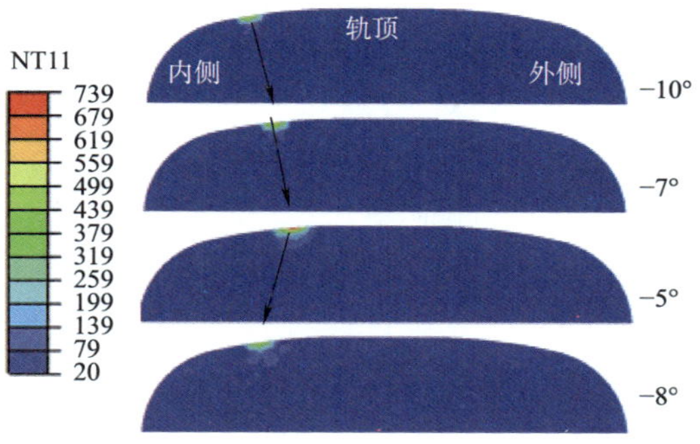


(a) A车厢下钢轨截面温度场

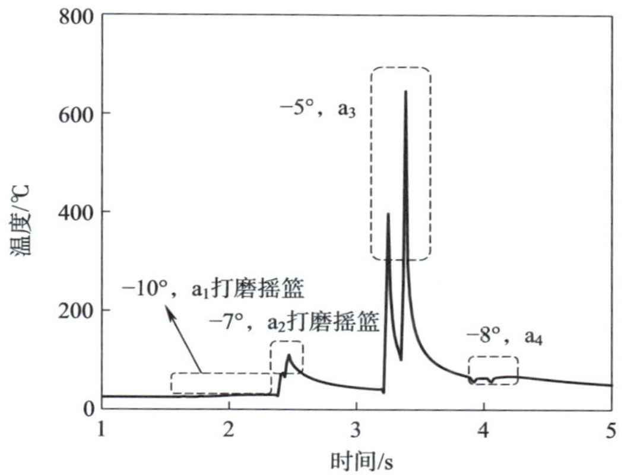


(b) −5°打磨角度节点温度变化

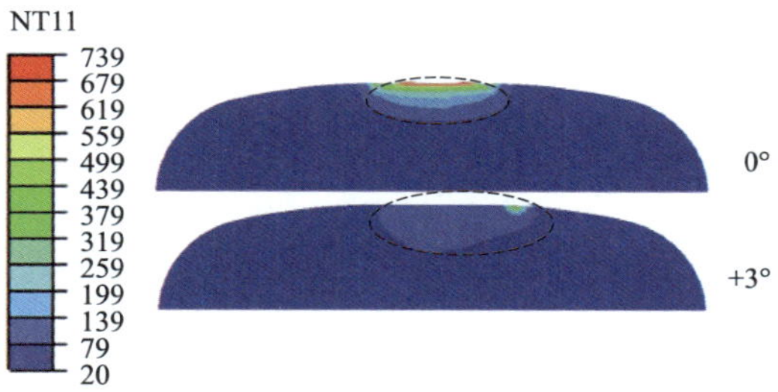


(c) B车厢下钢轨截面温度场

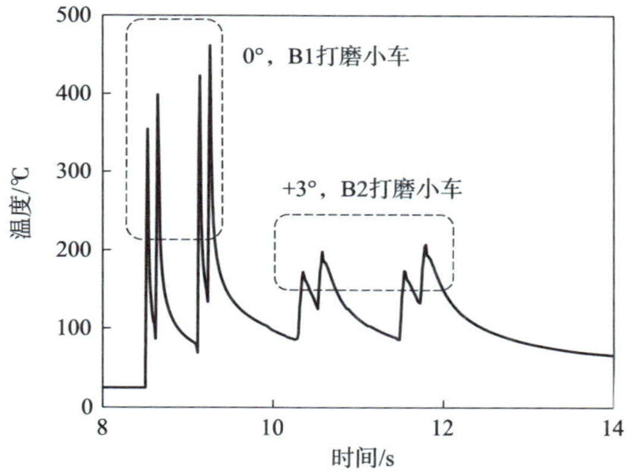


(d) 0°打磨角度节点温度变化

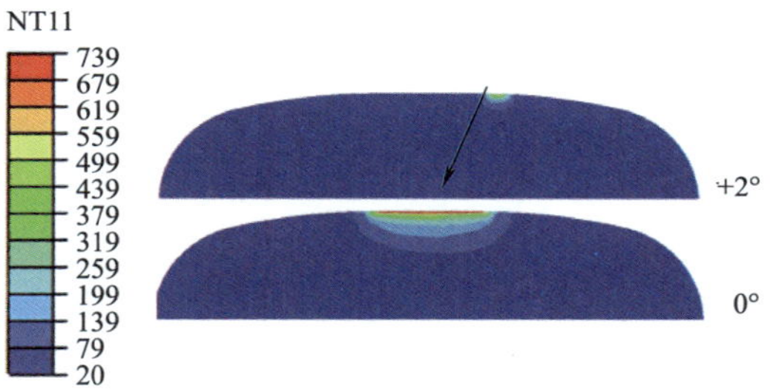


(e) C车厢下钢轨截面温度场

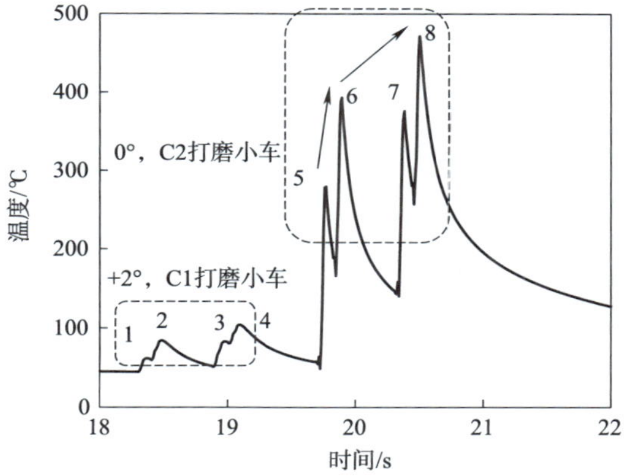


(f) 0°打磨角度节点温度变化

图　5-29

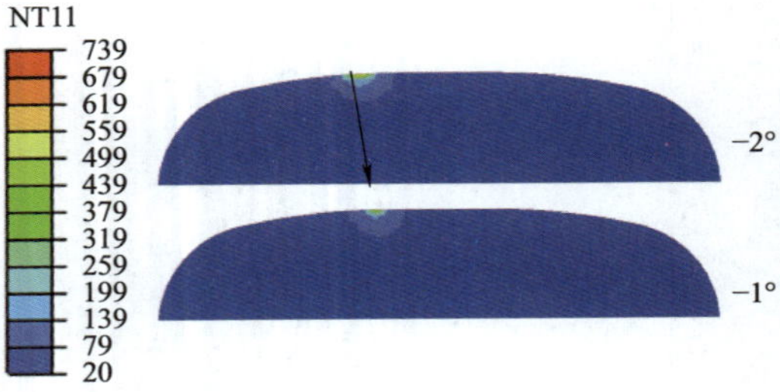


(g) D车厢下钢轨截面温度场

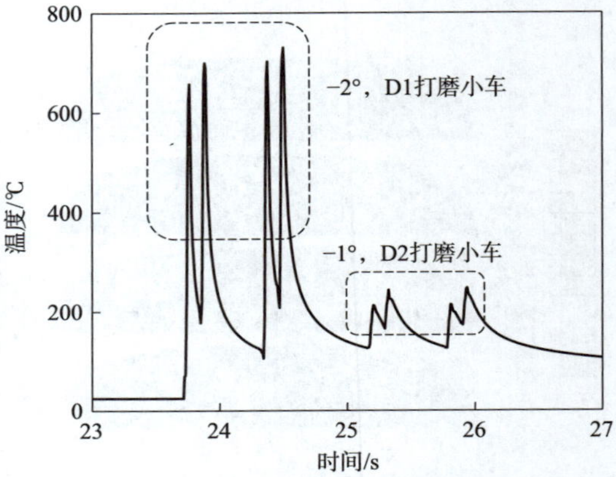


(h) −2°打磨角度节点温度变化

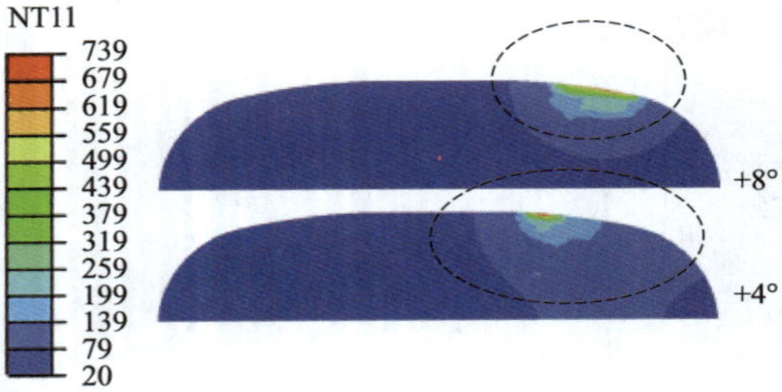


(i) E车厢下钢轨截面温度场

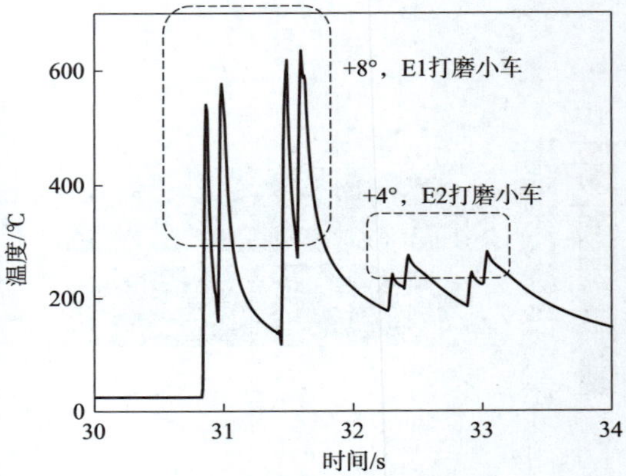


(j) +8°打磨角度节点温度曲线

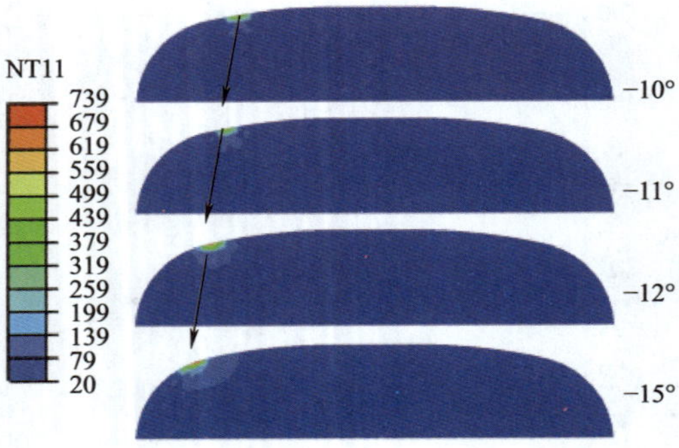


(k) F车厢下钢轨截面温度场

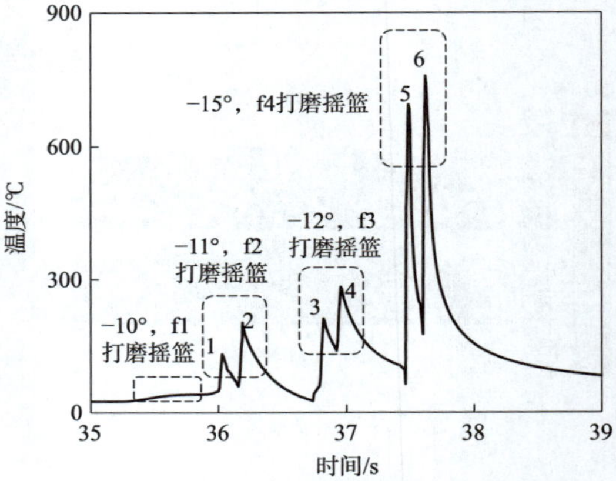


(l) −15°打磨角度节点温度曲线

图 5-29　GMC-96 钢轨打磨车现场轨顶打磨模式下的截面温度场及节点温度变化曲线示意

#### 5.2.3.2　肥边打磨模式下打磨温度场

进一步对 GMC-96 钢轨打磨车现场肥边打磨模式的打磨温度场进行仿真分析。图 5-30 展示了 A～F 车厢的打磨温度场。由表 5-5 可知，钢轨内侧对应的打磨角度被安排于车厢 A 和 F，A 和 F 车厢的打磨角度排布实现了对钢轨内侧的包络式打磨，A 和 F 车厢的打磨温度场都分布于钢轨内侧。而 B～E 车厢下打磨角度位于钢轨外侧和轨顶，打磨温度场分布于外侧和轨顶，A～F 车厢打磨温度场的不同分布位置说明了打磨角度对打磨温度场分布影响。另外，图 5-30(a)～图 5-30(l)中 GMC-96 钢轨打磨车下各打磨小车的打磨温度场都比 PGM-96 钢轨打磨车下 A1 打磨小车的打磨温度场更稀疏。

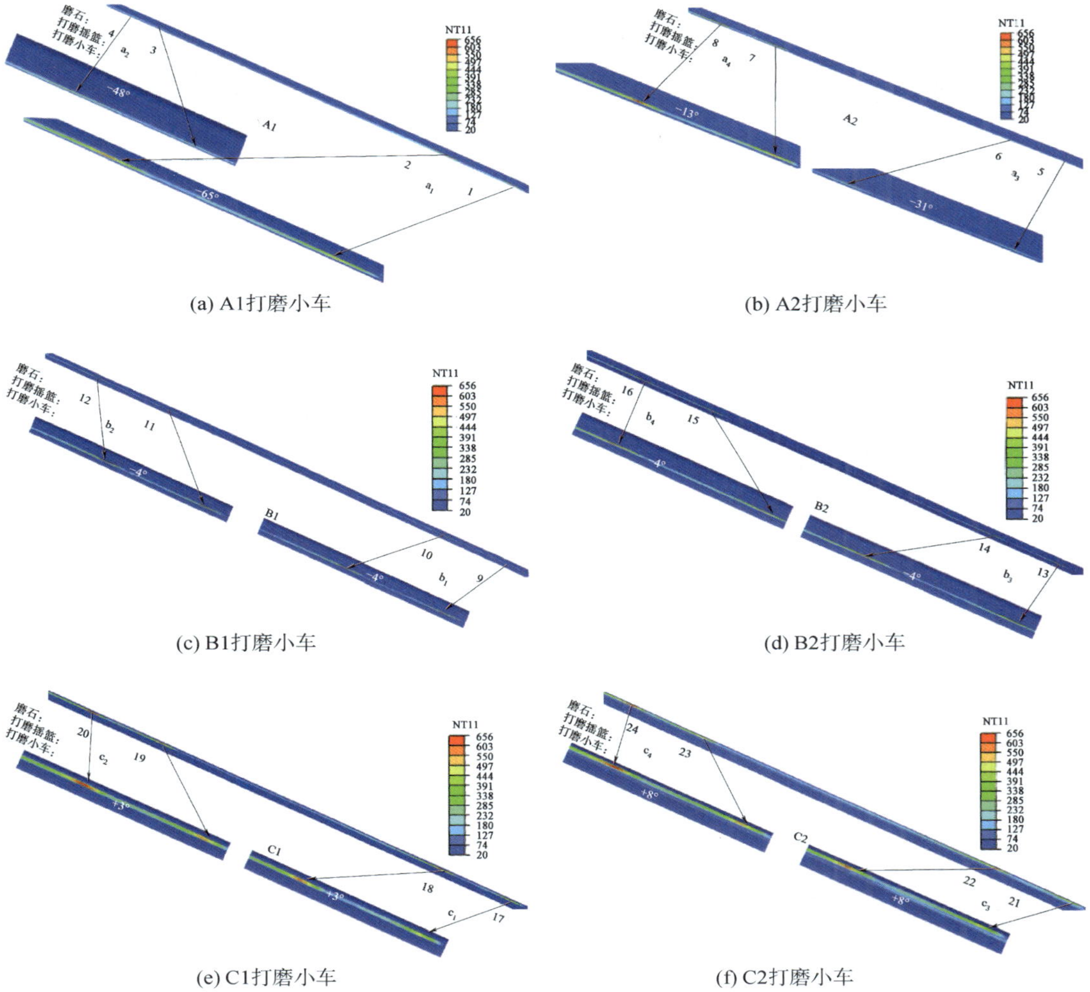


(a) A1打磨小车　(b) A2打磨小车

(c) B1打磨小车　(d) B2打磨小车

(e) C1打磨小车　(f) C2打磨小车

图　5-30

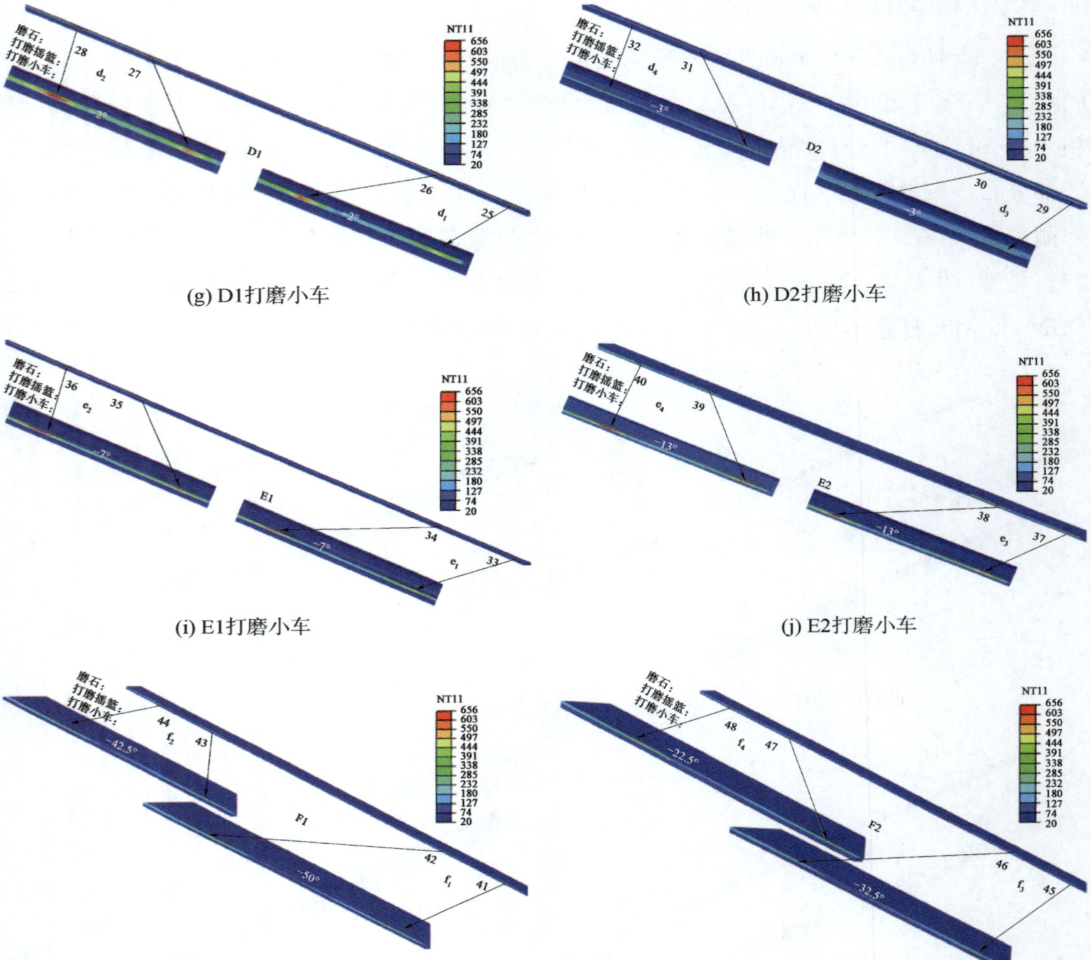


(g) D1打磨小车

(h) D2打磨小车

(i) E1打磨小车

(j) E2打磨小车

(k) F1打磨小车

(l) F2打磨小车

图 5-30　GMC-96 钢轨打磨车现场肥边打磨模式下不同打磨车厢的打磨温度场

图 5-31(a)、图 5-31(c)、图 5-31(e)、图 5-31(g)、图 5-31(i)、图 5-31(k)为 A～F 车厢下各打磨角度对应的钢轨截面温度场，可以看出，截面温度场位置分布随打磨角度和打磨顺序的变化[图 5-31(a)、图 5-31(k)、图 5-31(c)]以及截面温度场的扩散过程[图 5-31(e)、图 5-31(g)、图 5-31(i)]。图 5-31(b)为－13°打磨角度上某节点的温度变化曲线(仅给出 A 车厢引起的温度变化)，曲线共经历 4 个波峰，波峰 1、波峰 2 由－31°打磨角度上 $a_3$ 打磨摇篮引起，波峰 3、波峰 4 由当前打磨角度－13°上 $a_4$ 打磨摇篮引起。很明显，波峰 3、波峰 4 高于波峰 1、波峰 2。打磨角度－31°和－13°中间隔着－22.5°，－31°对－13°节点温度影响比较微弱，而打磨角度－48°和－65°距离－13°更远，对－13°节点温度几乎没有影响。

图 5-31(d)为－4°打磨角度上节点的温度变化曲线(仅给出 B 车厢引起的温度变化)。由表 5-5 可知，B 车厢下所有磨石(共 2 个打磨小车，4 个打磨摇篮，8 个磨石)均打磨于－4°。

图 5-31(d)中曲线共有 8 个波峰，波峰 2(380 ℃，$b_1$ 打磨摇篮中 2 个磨石引起)高于波峰 1(291 ℃，$b_1$ 摇篮中单个磨石引起)，波峰 4(425 ℃，B1 打磨小车下 4 个磨石引起)高于波峰 2，波峰 8(466 ℃，B 打磨车厢下 8 个磨石引起)高于波峰 4。这说明同一打磨角度上排布的磨石数量对打磨温度有极大影响，当同一打磨摇篮中相邻 2 个磨石排布于同一角度，打磨温度高于单个磨石；当同一打磨小车下相邻 2 个打磨摇篮(4 个磨石)排布于同一角度，打磨温度高于单个打磨摇篮(2 个磨石)；当同一打磨车厢下相邻 2 个打磨小车(8 个磨石)排布于同一个角度，打磨温度高于单个小车(4 个磨石)。

图 5-31(l)为－22.5°打磨角度上节点的温度变化曲线(仅给出 F 车厢引起的温度变化)，由图可知，节点共经历了 8 个波峰，波峰 1～8 分别由打磨摇篮 $f_1$(2 个磨石，打磨角度为－50°)、$f_2$(2 个磨石，打磨角度为－42.5°)、$f_3$(2 个磨石，打磨角度为－32.5°)、$f_4$(2 个磨石，打磨角度为－22.5°)引起，并且从左到右，曲线波峰越来越高。从波峰高度变化可看出，随着打磨角度逐渐靠近观测节点所在角度(－22.5°)，打磨引起的温升逐渐升高，此规律和前文中“打磨角度远近对打磨温度的影响”结论一致。

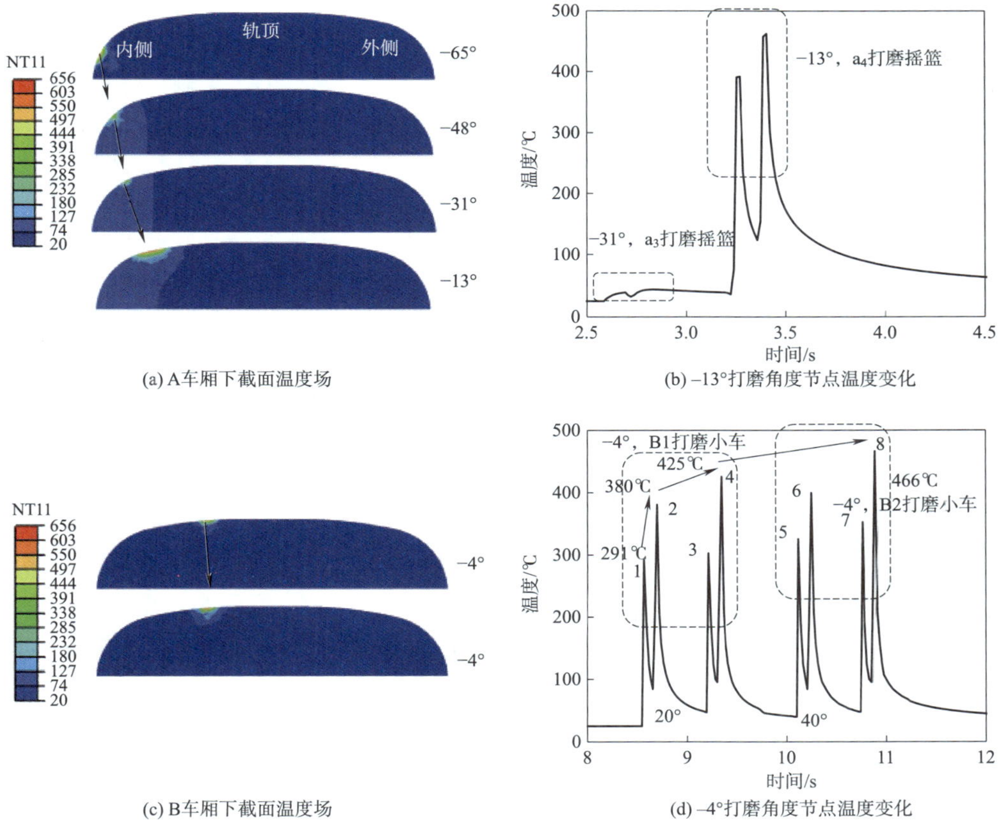

(a) A车厢下截面温度场

(b) -13°打磨角度节点温度变化

(c) B车厢下截面温度场

(d) -4°打磨角度节点温度变化

图　5-31

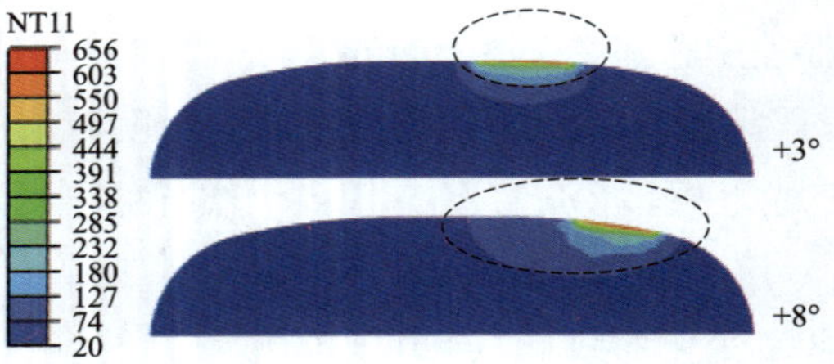


(e) C车厢下截面温度场变化

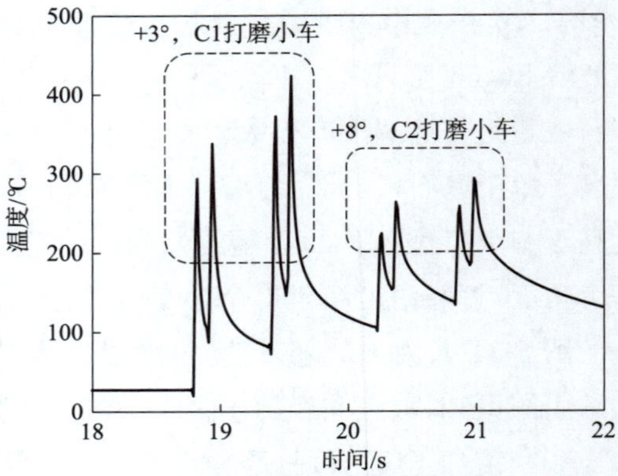


(f) +3°打磨角度节点温度

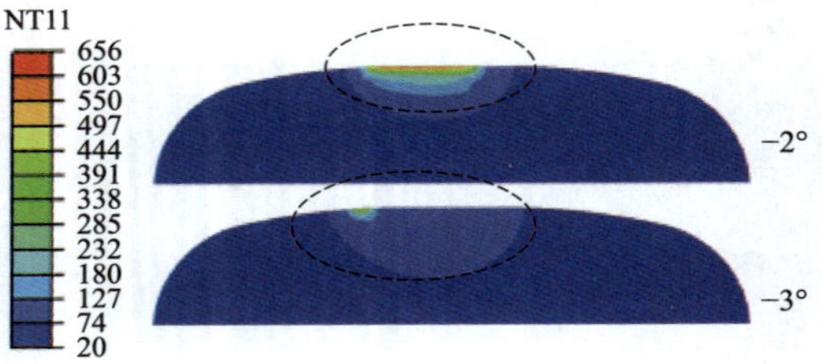


(g) D车厢下截面温度场

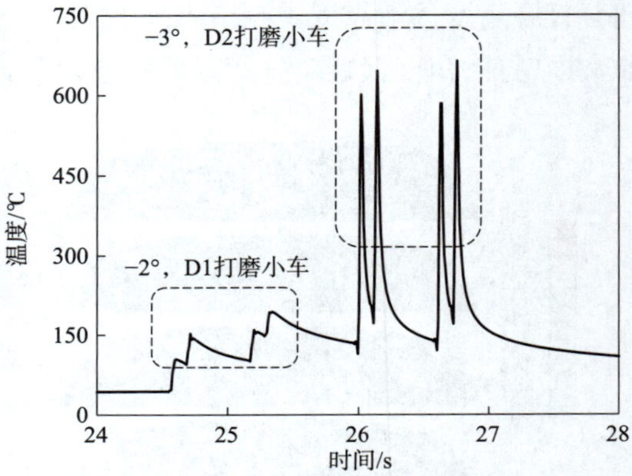


(h) −3°打磨角度节点温度变化

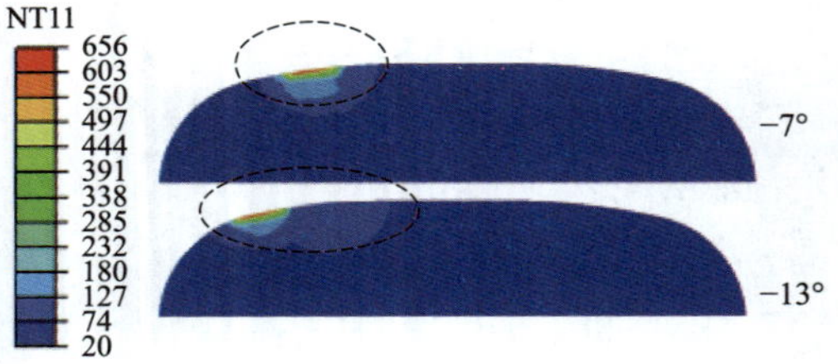


(i) E车厢下截面温度场

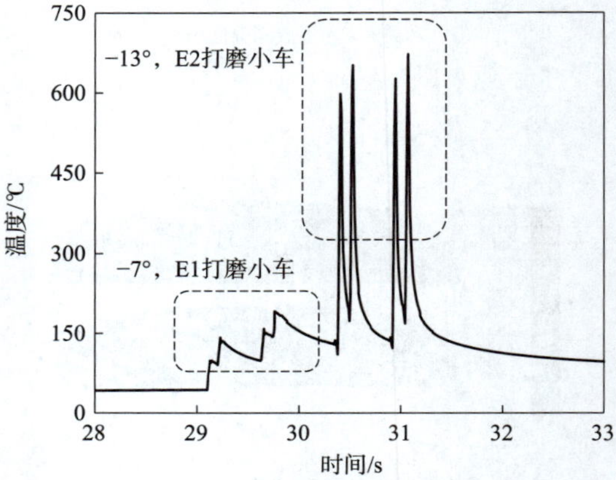


(j) −13°打磨角度节点温度变化

图 5-31

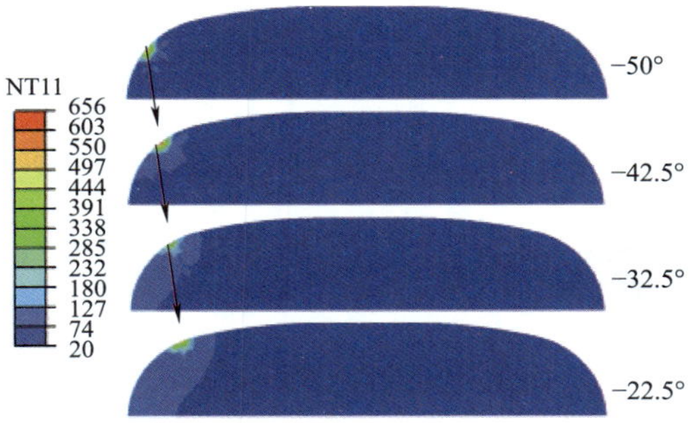


(k) F车厢的截面温度场

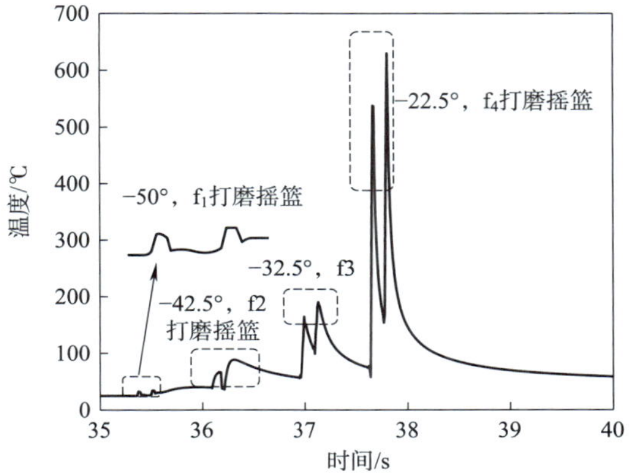


(l) −22.5°打磨角度节点温度变化

图 5-31　GMC-96 钢轨打磨车现场肥边打磨模式下的截面温度场及节点温度变化

## 5.3　钢轨打磨过程中热机耦合应力仿真

采用前文建立的单个磨石钢轨打磨三维模型，基于完全热机耦合分析法，同时考虑磨削热和机械载荷作用，对钢轨打磨过程中的热机耦合应力进行仿真分析，探究不同轨顶半径、打磨列车进给速度(8 km/h、12 km/h、16 km/h、20 km/h)、打磨深度(20 μm、40 μm、60 μm、80 μm)、磨石转速(2 000 r/min、2 500 r/min、3 000 r/min、3 500 r/min、4 000 r/min)对热机耦合应力的影响。

图 5-32 为单个磨石打磨 $R$300 mm 轨面时的热机耦合应力分布云图，此时进给速度为 20 km/h、打磨深度为 40 μm、磨石转速为 3 000 r/min。可以看出，热机耦合应力场在钢轨截面呈半椭圆形分布，应力在钢轨表层较高，向钢轨内部逐渐降低。从两方面进行分析，对比钢轨截面上热机耦合应力场和温度场，发现两者分布云图在形态上十分接近，均为半椭圆形分布。由于温升导致热应力产生，热应力又是热机耦合应力的成因之一，热机耦合应力场和温度场在形态和分布上便有所关联。另外，打磨过程中，钢轨表层材料直接受到磨粒的磨削作用，钢轨内部材料并不直接受到磨石的机械作用，而是受到材料变形所产生的挤压作用，因此机械应力从钢轨表层到内部逐渐降低。最终，热机耦合应力场便呈现“半椭圆形分布、应力从钢轨表层向内部逐渐降低”的特点。

图 5-33 给出了打磨过程中不同时刻的钢轨整体最大热机耦合应力变化。从图中可以看出，钢轨整体最大热机耦合应力呈现上下波动的特征。根据打磨过程中的温度场，温度场随着打磨进程不断变化，导致热应力场时刻变化。磨石端面磨粒的位置分布及突出高度分布都不均匀，在打磨深度一定时，磨粒的磨削深度深浅不一，甚至部分突出高度极低的磨粒无法与钢轨接触。另外，磨石跟随打磨列车在钢轨上移动并高速旋转，实际接触并磨削钢轨

图 5-32　热机耦合应力分布云图

材料的磨粒不停变化，磨石与钢轨间接触状态和机械应力便不断改变。最终，最大热机耦合应力随不断变化的热应力场和机械应力场而上下波动。

为了探究轨顶半径和打磨参数对热机耦合应力的影响，本章将热机耦合应力随时间的平均值作为热机耦合应力进行研究，图 5-33 中应力平均值为 3 741 MPa。

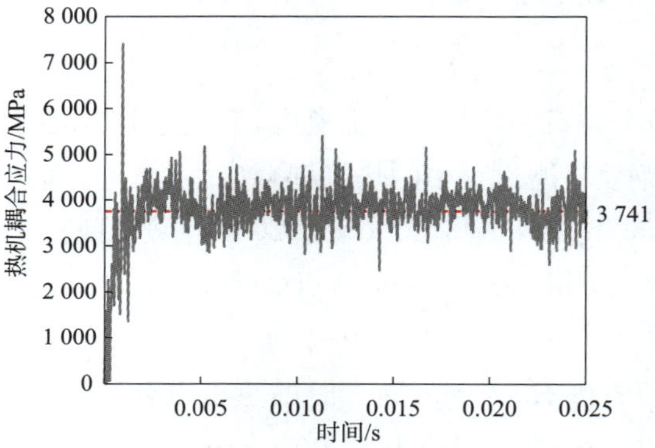


图 5-33　钢轨整体热机耦合应力随时间变化示意

图 5-34 为磨石打磨不同钢轨轨面时的热机耦合应力，此时进给速度为 20 km/h、打磨深度为 40 μm、磨石转速为 3 000 r/min。以图中可以看出，热机耦合应力值均高于钢轨材料抗拉强度(883 MPa)。这是因为钢轨受到磨石磨粒的磨削作用后，材料发生断裂、破坏直至被去除，材料受到的外力载荷超过其承载能力，因此打磨过程中热机耦合应力便超过钢轨材料的抗拉强度极限。另外，当轨头半径从 *R*13 mm 增大至 *R*300 mm，热机耦合应力从 2 929 MPa 增加至 3 743 MPa。根据前文轨头半径对打磨温度的影响研究，打磨温度随轨头半径增大而降低，那么轨头半径增加会引起热应力降低。当磨石打磨的轨头半径增大，在其他打磨参数相同的情况下，磨石与钢轨间打磨宽度增大。根据相关研究成果，磨削力随磨石与轨件的接触长度增加而增大，由于接触长度随打磨宽度增加而增大，因此磨削力随轨头半径增加而升高，机械应力随之增大，最终导致热机耦合应力随轨头半径增加而增大。结果表明，当磨石打磨的轨面变化时，机械作用对热机耦合应力的影响大于热作用对热机耦合应力的影响。

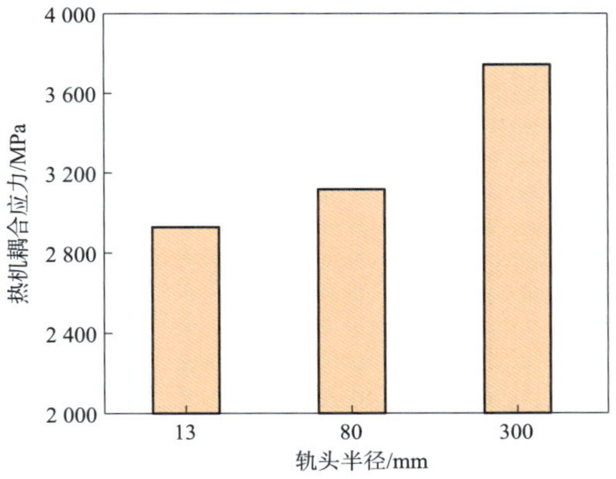


图 5-34　不同轨头半径上的热机耦合应力示意

图 5-35 为磨石以不同进给速度在 $R$300 mm 轨面上打磨的热机耦合应力，此时打磨深度为 40 μm、磨石转速为 3 000 r/min。可以看出，当进给速度从 8 km/h 增加至 20 km/h，热机耦合应力从 4 051 MPa 降低至 3 743 MPa。根据相关研究成果，打磨过程中磨削力随进给速度增加而增加，因此机械应力随进给速度增加而升高。但根据前文进给速度对打磨温度的影响研究，打磨温度随进给速度增加而降低，热应力随之降低，最终导致热机耦合应力随进给速度增加而降低。结果表明，当磨石以不同进给速度打磨钢轨时，热作用对热机耦合应力的影响大于机械作用对热机耦合应力的影响。

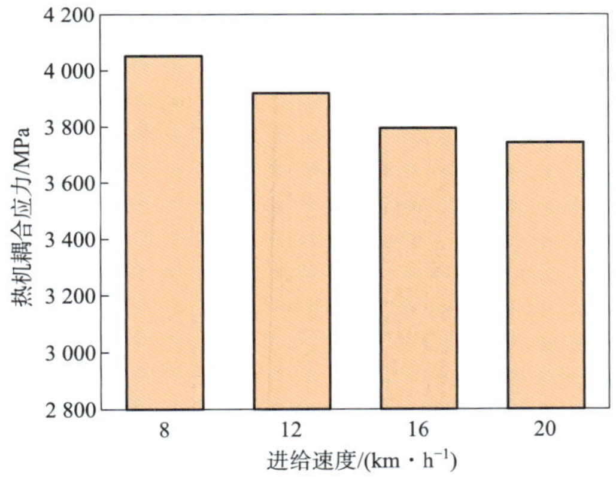


图 5-35　不同进给速度下的热机耦合应力

图 5-36 为磨石以不同打磨深度在 $R$300 mm 轨面上打磨的热机耦合应力，此时进给速度为 20 km/h、磨石转速为 3 000 r/min。可以看出，当打磨深度从 20 μm 增大至 80 μm，热机耦合应力从 3 689 MPa 增加至 3 971 MPa。根据前文研究打磨深度对打磨温度的影响研究，打磨温度随打磨深度增加而升高，热应力随之增大。另外，打磨过程中磨削力随打磨深度增加而增大，机械应力随之增加，最终导致热机耦合应力随打磨深度增加而升高。

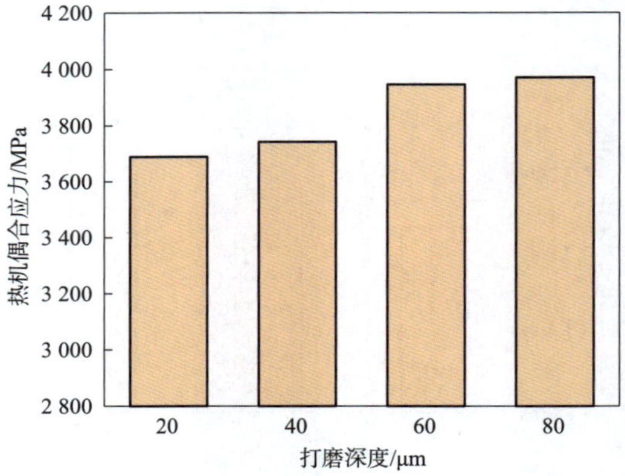


图 5-36　不同打磨深度下的热机耦合应力示意

图 5-37 为磨石以不同转速在 $R$300 mm 轨面上打磨的热机耦合应力，此时进给速度为 20 km/h、打磨深度为 40 μm。可以看出，当磨石转速从 2 000 r/min 增大至 4 000 r/min，热机耦合应力从 3 788 MPa 降低至 3 673 MPa。根据前文磨石转速对打磨温度的影响研究，打磨温度随磨石转速增加而升高，热应力随之增加。根据相关研究成果，打磨过程中磨削力随磨石转速增加而降低，机械应力随之降低，最终导致热机耦合应力随磨石转速增加而轻微降低。结果表明，磨石以不同转速打磨钢轨时，机械作用对热机耦合应力的影响高于热作用对热机耦合应力的影响。

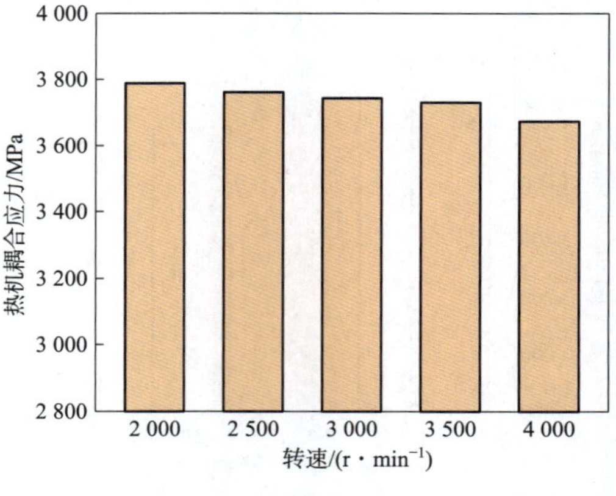


图 5-37　不同磨石转速下的热机耦合应力

## 5.4　钢轨打磨残余应力仿真预测

采用前文单个磨石钢轨打磨模型进行温度场仿真后，得到具备打磨温度场数据的钢轨模型。运用 DEFORM 有限元软件研究打磨后钢轨冷却过程中产生的残余应力，并进一步研究不同轨头半径（$R$13 mm、$R$80 mm、$R$300 mm）、打磨列车进给速度（8 km/h、12 km/h、16 km/h、20 km/h）、打磨深度（20 μm、40 μm、60 μm、80 μm）、磨石转速（2 000 r/min、2 500 r/min、3 000 r/min、3 500 r/min、4 000 r/min）对残余应力的影响。采用基于真实应力应变的硬度预测模型，建立钢轨材料塑性变形中硬度和应变的关系，根据打磨后钢轨应变研究钢轨硬度变化及分布。

### 5.4.1　打磨钢轨残余应力

图 5-38 给出了打磨 $R$300 mm 后钢轨降温冷却过程中的温度场变化，此时进给速度为 20 km/h、打磨深度为 40 μm、磨石转速为 3 000 r/min。从图 5-38(a)～图 5-38(c)中可以看出，热影响区的中心部分散热降温效果极其明显，这是由于中心部分温度高于外围部分，散热降温速度更快。冷却至 2 s[图 5-38(d)]时，中心和外围两部分温度已近乎相同。从图 5-38(e)～图 5-38(f)中看出，中心和外围两部分散热降温效果相近，直到共同冷却至室温。

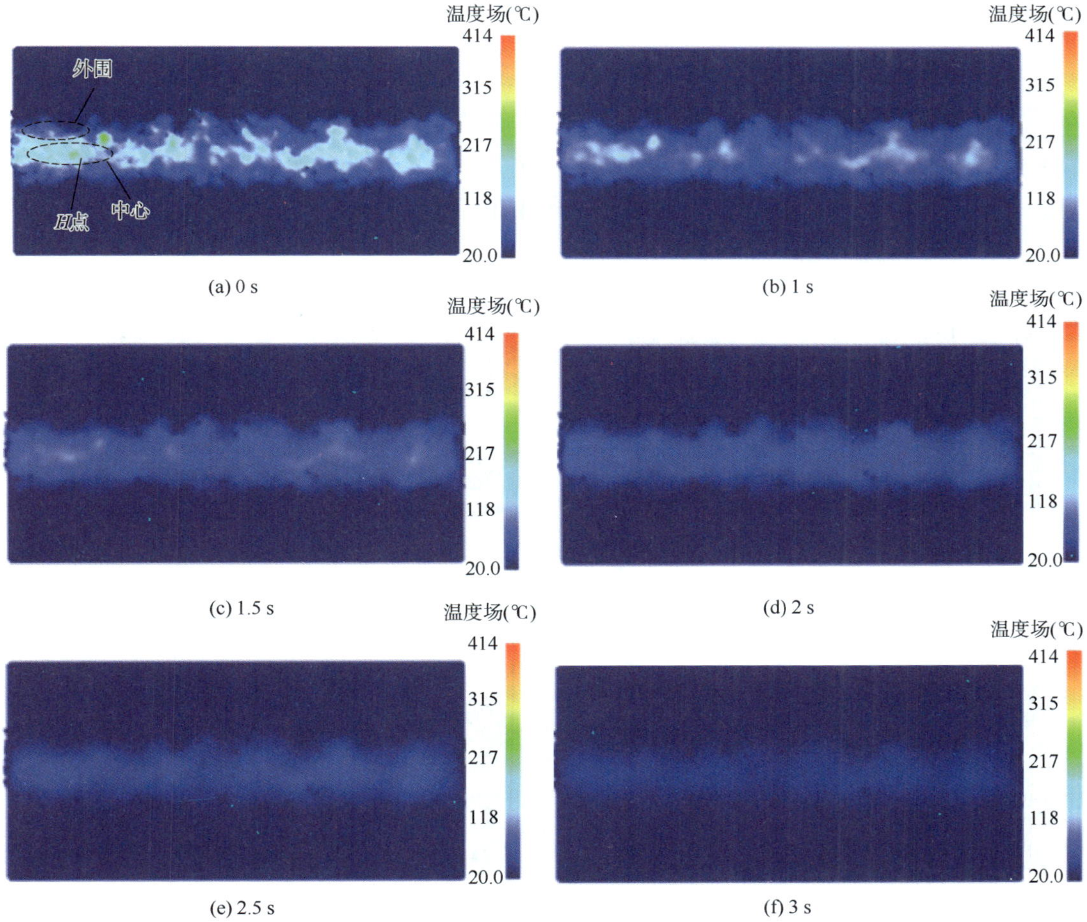


图 5-38　降温过程中的钢轨温度场

图 5-39 给出了降温过程中钢轨某节点[图 5-38(a)中 $H$ 点]温度随时间的变化曲线。可以看出，温度先迅速降低，随后缓慢降低，最终冷却至室温。打磨刚结束时，节点温度较高，散热速度与降温速度均较快。随着节点温度降低，散热速度变缓，温度缓慢下降至室温。

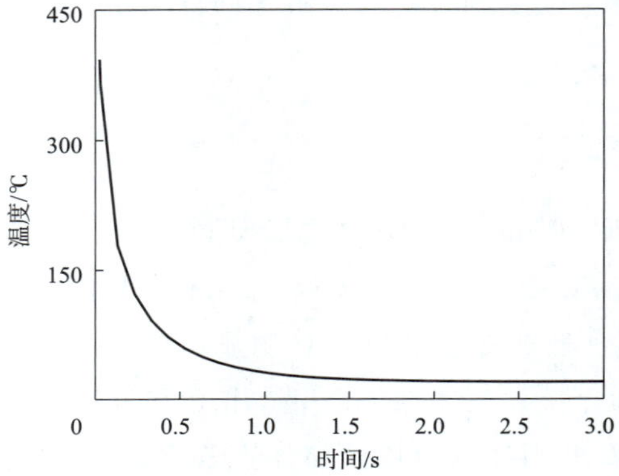


图 5-39　节点温度变化曲线示意

图 5-40 给出了钢轨降温冷却过程中的残余应力场变化。可看出，钢轨上残余应力随着降温冷却过程逐渐升高，钢轨中心区域残余应力的增加尤其明显。对比钢轨上冷却前的打磨温度场(图 5-15)和冷却后形成的残余应力场[图 5-40(d)]，发现两者分布和形态上十分相似，均表现出“中心部分较高，向四周逐渐降低”的特点。

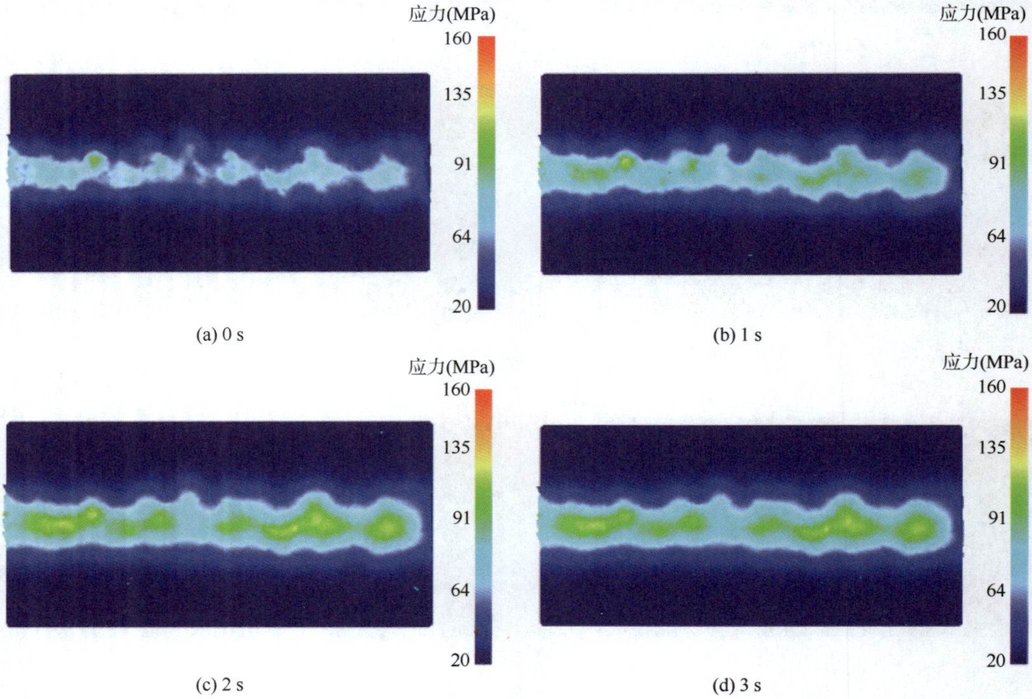


图 5-40　降温过程中钢轨的残余应力变化云图

图 5-41 给出了冷却过程中钢轨某节点[图 5-38(a)中 $H$ 点]残余应力随时间的变化曲线。可以看出，残余应力先迅速增加，随后缓慢增加，最终趋于稳定。打磨刚结束时，节点所在钢轨热影响区温度较高，散热速度快，冷却变形非常剧烈，残余应力在 0～1 s 内迅速增加。随着钢轨整体的散热降温，热影响区和基体区域的温差逐渐减小，冷却变形速度下降，残余应力在 1～1.5 s 间表现出缓慢上升。直到钢轨各部分都降至室温，冷却变形不再发生，此时残余应力趋于稳定。

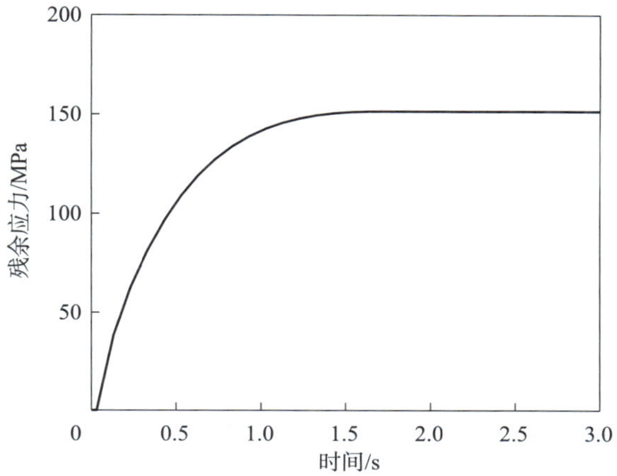


图 5-41　节点残余应力变化曲线

### 5.4.2　不同轨顶位置和打磨参数下残余应力

图 5-42(a)为单个磨石在不同轨面($R$13 mm、$R$80 mm、$R$300 mm)上打磨后的残余应力(钢轨冷却至室温后的残余应力值)，图 5-42(b)～图 5-42(d)分别为磨石以不同进给速度(8 km/h、12 km/h、16 km/h、20 km/h)、打磨深度(20 μm、40 μm、60 μm、80 μm)、磨石转速(2 000 r/min、2 500 r/min、3 000 r/min、3 500 r/min、4 000 r/min)打磨 $R$300 mm 轨面后的残余应力。可以看出，打磨后钢轨上产生的残余应力值为正值，均表现为残余拉应力。另外，当轨头半径从 $R$13 mm 增大至 $R$300 mm，残余应力从 276 MPa 降低至 170 MPa；当进给速度从 8 km/h 增大至 20 km/h，残余应力从 333 MPa 降低至 170 MPa；当打磨深度从 20 μm 增大至 80 μm，残余应力从 163 MPa 增加至 259 MPa；当磨石转速从 2 000 r/min 增大至 4 000 r/min，残余应力从 158 MPa 增加至 238 MPa。通过对比发现，残余应力和打磨温度随轨头半径、打磨参数的变化趋势具有极强相似性，再结合打磨温度场和残余应力场分布的相似性，可得出：残余应力的产生和大小与打磨温度相关。

在 $R$300 mm 轨面上，选取以下打磨参数：进给速度为 20 km/h、打磨深度为 40 μm、磨石转速为 3 000 r/min，将钢轨上热机耦合应力和残余应力进行对比，结果见表 5-6。

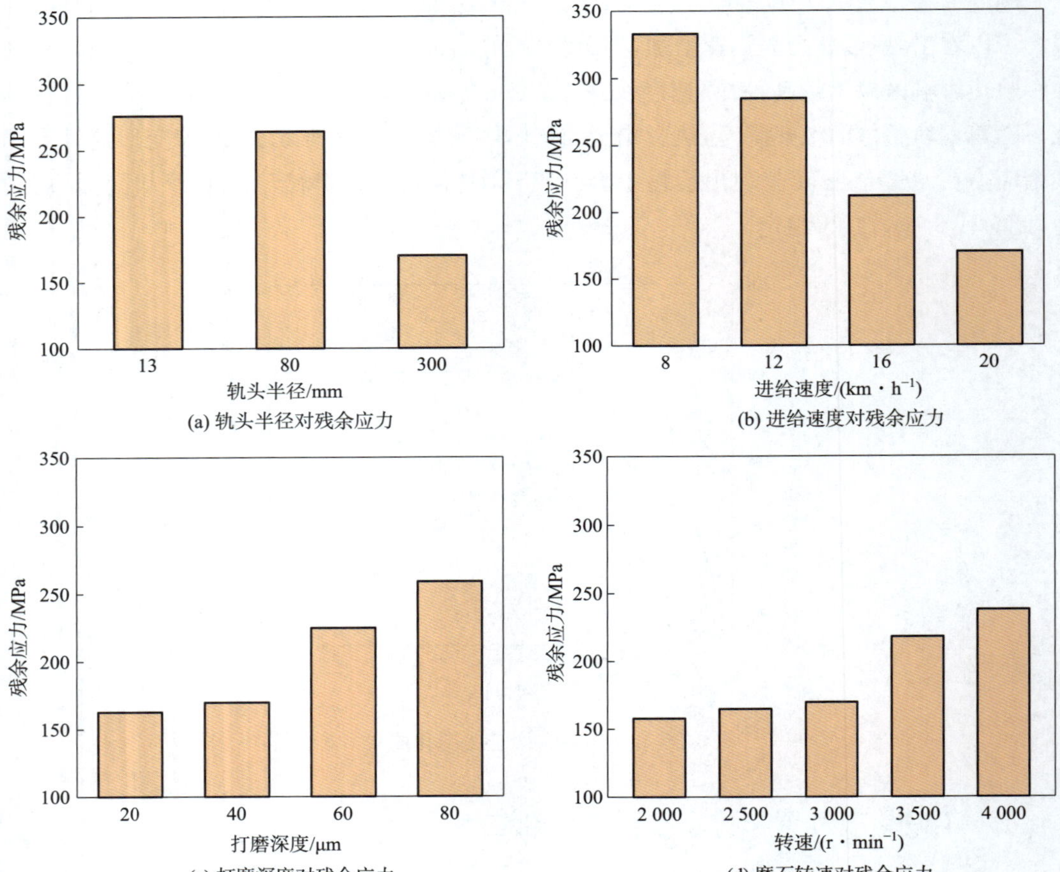


(a) 轨头半径对残余应力 (b) 进给速度对残余应力

(c) 打磨深度对残余应力 (d) 磨石转速对残余应力

图 5-42　三种轨头半径及不同打磨参数下的残余应力示意

**表 5-6　热机耦合应力与残余应力对比**

| 应力类型 | 应力值/MPa | 形成阶段 | 形成机理 | 影响因素 |
|---|---|---|---|---|
| 热机耦合应力 | 3 743 | 打磨过程中 | 机械作用及热膨胀 | 热应力和机械应力共同影响 |
| 残余应力 | 170 | 打磨后、冷却阶段 | 冷却变形 | 打磨温度场 |

## 5.4.3　残余应力试验验证

根据残余应力仿真条件，在钢轨打磨模拟试验机上进行试验。钢轨试样材料选用U71Mn钢轨，尺寸为50 mm×24 mm×20 mm；磨石材料选用棕刚玉和锆刚玉以1∶3比例混合，磨石粒度为16号。打磨试验完成后，在自然环境下充分冷却钢轨试样，然后运用便携式残余应力测试仪测量残余应力值。

选取不同磨石转速(2 500 r/min、3 000 r/min、3 500 r/min、4 000 r/min)进行钢轨打磨

试验,然后测量出钢轨残余应力值,并与仿真数据进行对比,如图 5-43 所示。可以看出,仿真和试验中残余应力随转速的变化趋势是一致的,仿真和试验的最大误差为 20.2%,平均误差约为 11.7%,因此本章运用钢轨打磨模型和顺序耦合分析法进行残余应力模拟仿真是可行的,仿真结果可近似用于钢轨打磨后的残余应力预测。

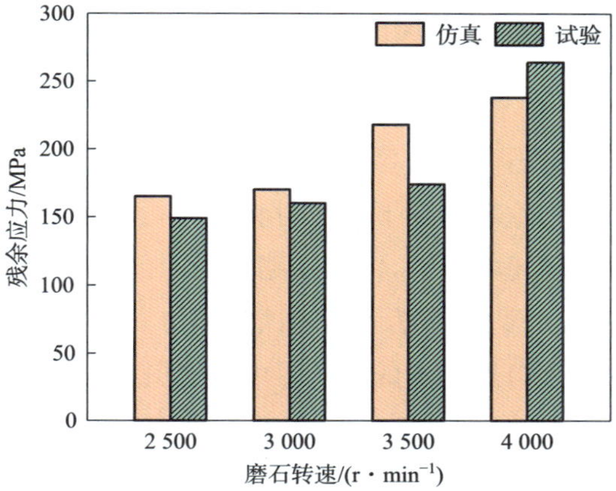


图 5-43　仿真和试验的残余应力对比

# 第6章 钢轨打磨材料去除行为

钢轨打磨属于干磨削，磨石与钢轨界面同时存在着摩擦和材料去除行为，且打磨过程同时伴随着高热机耦合作用，在这种情况下钢轨材料去除行为十分复杂。钢轨打磨效果受到打磨参数、磨石性能和外部环境等影响，由于铁路天窗时间有限，要求尽可能提高打磨效率以缩短打磨作业占用时间。为此许多学者通过试验和仿真手段针对打磨钢轨材料去除行为进行了深入研究，以求在保证打磨质量的同时尽可能地提升打磨效率。

本书研究团队设计了钢轨打磨模拟试验机，还原现场钢轨单个磨石打磨时钢轨与磨石之间的相互作用，研究了具有滚动接触疲劳裂纹的钢轨在打磨过程中的去除过程，系统分析了磨石转速、打磨压力、进给速度、打磨位置等参数对钢轨材料去除行为的影响规律，基于打磨磨屑特征及其形成机制揭示了钢轨打磨材料去除机理，最后研究了打磨磨痕在不同条件下对钢轨材料滚动接触性能的影响。

## 6.1 打磨对钢轨疲劳裂纹去除作用

### 6.1.1 钢轨打磨模拟试验机

本章设计了能模拟现场钢轨打磨磨石与钢轨相互作用的单磨头钢轨打磨模拟试验机，如图6-1所示。试验机主要由机械系统、控制系统，采集系统构成，关键部件为可移动的钢轨试样(9)和可旋转的磨石(8)，可模拟不同参数、材料、环境下钢轨打磨过程中钢轨与磨石相互作用，为钢轨打磨作业参数选取和钢轨打磨材料去除机理探究提供了可靠试验支撑。

钢轨试样(9)安装在半圆柱型的旋转夹具(19)上，旋转夹具(19)通过螺栓安装在滑板(10)的半圆柱型凹槽内，钢轨试样(9)和旋转夹具(19)可在滑板(10)凹槽内旋转以调整钢轨试样(9)的角度。齿条(18)通过螺栓安装在滑板(10)上，伺服电机(16)通过齿轮(17)齿条(18)传动方式带动滑板(10)连同钢轨试样(9)在水平方向移动，模拟打磨车相对于钢轨的进给运动。滑板(10)通过导轨(12)滑块(11)方式安装在挡板(13)上，挡板(13)与气缸(14)主轴相连，在气缸(14)推动下钢轨试样(9)与磨石(8)相接触。磨石(8)通过螺栓固定在主轴(3)上，主轴(3)通过传动带(5)与三相异步电机(4)相连，在三相异步电机(4)的驱动下磨石

(8)以一定转速旋转。整个系统的所有参数(磨石转速、打磨压力、进给速度)均由电脑(1)控制并通过采集系统(2)记录。

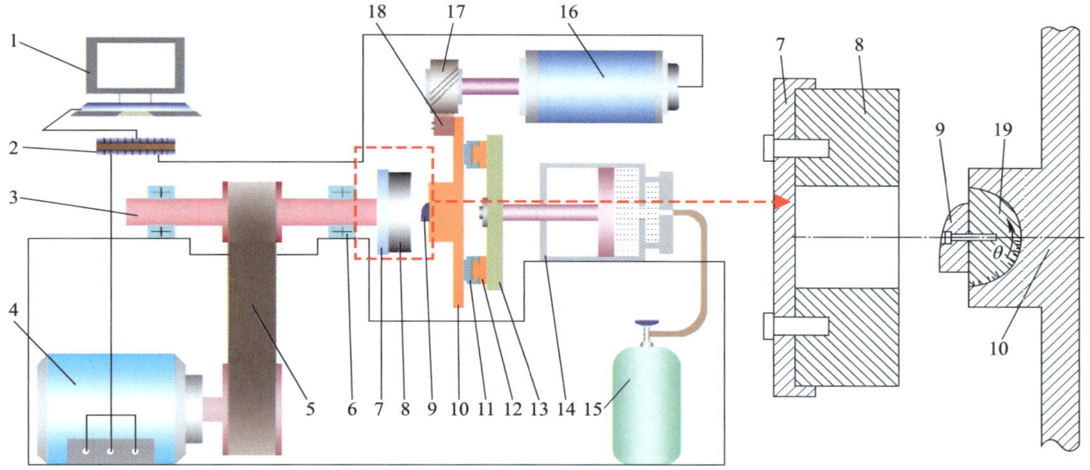


图 6-1　钢轨打磨模拟试验机示意

1—电脑;2—采集系统;3—主轴;4—三相异步电机;5—传动带;6—轴承;7—磨石夹具;8—磨石;9—钢轨试样;10—滑板;11—滑块;12—导轨;13—挡板;14—气缸;15—氮气瓶;16—伺服电机;17—齿轮;18—齿条;19—旋转夹具

试验机实现各个运动流程为:试验前调整钢轨试样(9)的角度并锁死,调整钢轨试样(9)与磨石(8)之间的距离为 2 mm,设定气缸(14)输出气压;启动三相异步电机(4),逐步增加转速直至磨石(8)达到预定转速;开启气缸(14),钢轨试样(9)在一定压力下与旋转的磨石(8)接触,与此同时伺服电机启动(16)驱动钢轨试样(9)按照预定速度在水平方向上移动,因此移动的钢轨试样(9)与旋转磨石(8)相接触,模拟打磨车作业过程中钢轨与磨石之间的相对运动。试验机的主要性能参数见表 6-1。

**表 6-1　试验机主要性能参数**

| 磨石转速/($r \cdot min^{-1}$) | 进给速度/($km \cdot h^{-1}$) | 打磨压力/N | 打磨角度/(°) |
|---|---|---|---|
| 0～6 000 | 0～4 | 0～2 800 | 0～90 |

试验所用钢轨材料为 U75V,其元素含量和机械性能分别见表 6-2 和表 6-3。如图 6-2(a)所示,为了更加真实地模拟现场钢轨打磨工况,试验所用钢轨试样均直接取自轨顶,长度为 800 mm。考虑到钢轨是对称的,因此将轨顶从对称轴分为两部分以减轻试样重量。

钢轨打磨试验采用和现场打磨作业相同成分和粒度的磨石,如图 6-2(b)所示。磨料为棕刚玉和锆刚玉按照 1∶3 混合,粒度为 16 号(磨粒直径为 1 180～1 400 μm),结合剂为树脂,磨石尺寸为 55 mm×1 505 mm×75 mm(内径×外径×厚度)。

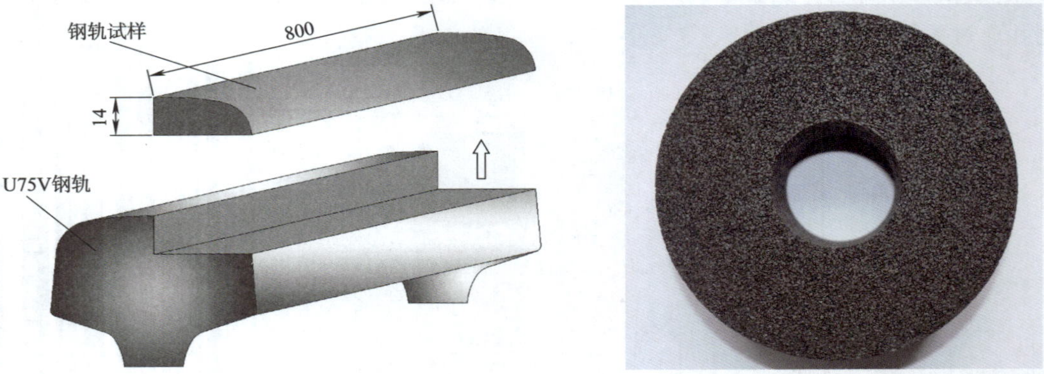


(a) 钢轨取样示意

(b) 打磨磨石

图 6-2　钢轨试样与打磨磨石示意(单位:mm)

**表 6-2　U75V 钢轨材料元素含量**

| C | Si | Mn | P | S |
|---|---|---|---|---|
| 0.793% | 0.712% | 0.771% | 0.014% | 0.07% |

**表 6-3　U75V 钢轨材料机械性能**

| 抗拉强度/$\sigma_b$ | 伸长率 $\delta$/% | 收缩率 $\psi$/% | 硬度/$HV_{0.5}$ |
|---|---|---|---|
| ≤1 000 | ≥10 | ≤10 | 320 |

现场钢轨打磨过程中的运动包括:打磨磨石的旋转运动、打磨磨石沿着钢轨的纵向进给运动、打磨磨石在钢轨深度方向上的法向进给运动、磨石相对于钢轨的角度摆动。试验机模拟现场打磨磨石与钢轨的相互作用原理为:

(1)通过电机驱动打磨磨石高速旋转实现旋转运动,且磨石转速与现场磨石转速保持一致。

(2)通过电机驱动钢轨试样作直线运动,模拟磨石与钢轨之间的纵向进给运动。

(3)通过气压缸加载钢轨试样,模拟磨石的法向进给运动。

(4)通过改变钢轨相对于磨石的角度来模拟磨石的角度摆动,对钢轨不同部位进行"包络打磨"。

此外,模拟试验在磨石与钢轨试样的选取方面与现场也是一致的。试验过程中分别利用热电偶和应变片测量钢轨打磨温度和磨削力。

通过观察现场钢轨打磨作业,发现钢轨疲劳裂纹是最严重的损伤类型之一,也是打磨过程中比较不容易被去除的,且打磨作业可能会使得裂纹处的钢轨材料产生发蓝现象。在试验室中,利用钢轨打磨模拟试验机进行试验以进一步分析打磨过程中疲劳裂纹的去除过程。钢轨试样取自现场服役之后钢轨,如图 6-3 所示。此钢轨的轨距角处存在许多不同大小的斜裂纹，因此对轨距角进行打磨，在相同的打磨参数下连续打磨四次，每次打磨后分别从表面和剖面观察疲劳裂纹。

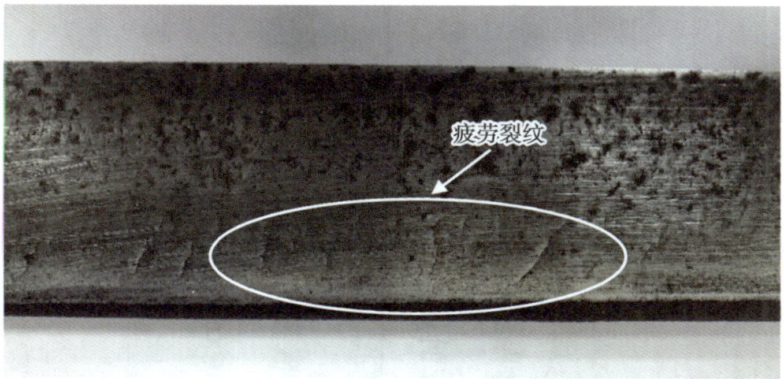


图 6-3　具备疲劳裂纹的现场钢轨试样

试验参数见表 6-4。现场打磨时一辆打磨车下通常有三到四个磨石设定在相同的角度对同一部位钢轨进行打磨，以尽可能地去除钢轨损伤，为模拟一辆打磨车打磨作业的情况，设置打磨遍数为四次，其他的打磨参数均保持不变。另外，打磨压力直接代表着打磨电机功率，钢轨打磨车打磨电机的额定功率为 22 kW，现场打磨作业时最常用的功率为额定功率的 75%左右，考虑打磨电机的效率在 85%左右，可得到通常的实际输出功率为 14 kW。根据这一功率换算得到磨石施加在钢轨上的法向力（即打磨压力）为 1 800 N。打磨磨石转速 3 600 r/min 与现场打磨时磨石转速相同；3 km/h 进给速度为现场打磨作业所允许的最低速度。

**表 6-4　试验参数**

| 钢轨材料 | 打磨位置 | 磨石转速/($r\cdot min^{-1}$) | 进给速度/($km\cdot h^{-1}$) | 打磨压力/N | 打磨遍数/遍 |
|---|---|---|---|---|---|
| U75V | 轨距角 | 3 600 | 3 | 1 800 | 4 |

### 6.1.2　打磨对钢轨疲劳裂纹去除作用分析

首先从表面观察打磨过程中裂纹去除情况，如图 6-4 所示。初次打磨后钢轨表面出现一条光亮的打磨带，打磨带内裂纹变得更加明显，因为这些裂纹表面附近的钢轨材料出现了发蓝现象，这与现场钢轨打磨作业发现的现象类似。当打磨第二遍时裂纹几乎不可见，仅能看到部分较浅的斜线状的裂纹，且裂纹附近钢轨材料发蓝现象减轻，由于打磨磨痕几乎垂直于打磨带分布，而裂纹与打磨带呈一定角度，因此可以通过斜线来判断。随着打磨遍数增加到第三遍和第四遍时，发蓝现象不再出现，通过肉眼观察钢轨几乎看不到裂纹，但放大后仍然能看到裂纹。这一现象可能会给现场打磨作业的验收带来误判，打磨后仅通过肉眼观察打磨后钢轨疲劳裂纹去除情况并不十分可靠。

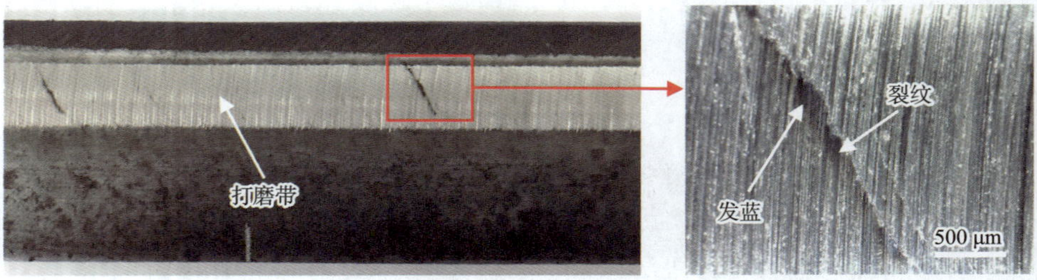

(a) 打磨一遍

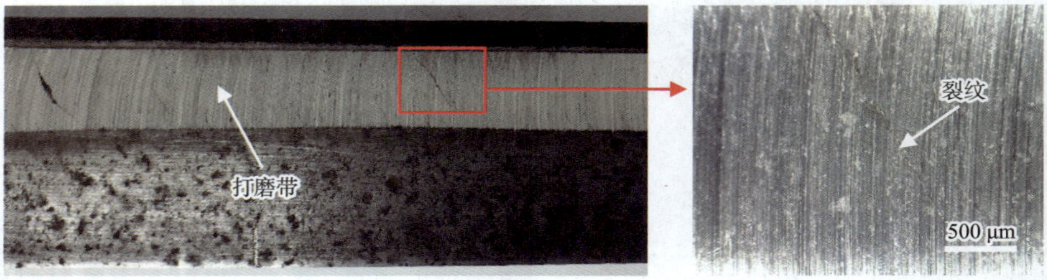

(b) 打磨二遍

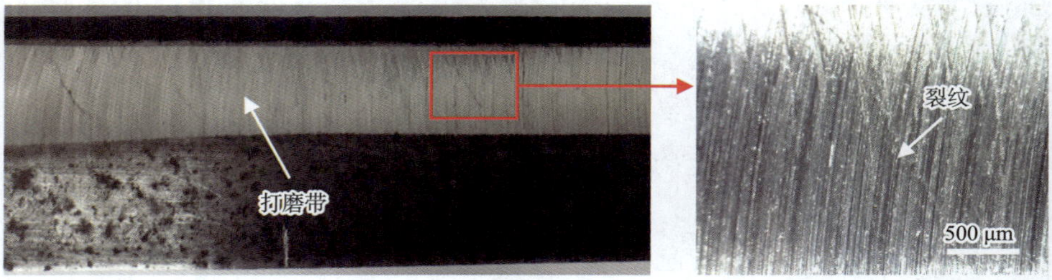

(c) 打磨三遍

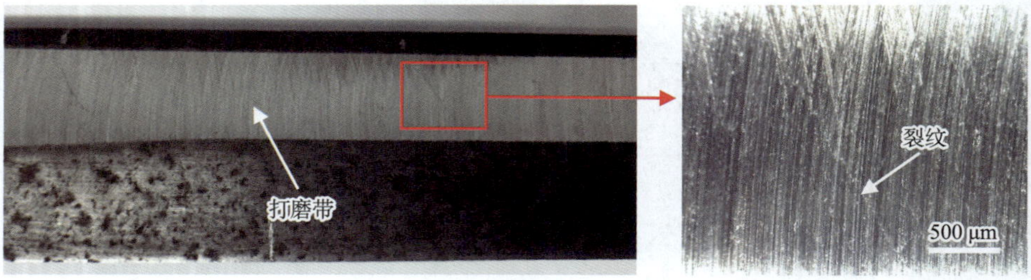

(d) 打磨四遍

图 6-4　钢轨表面裂纹演变

为了更加直观地观察打磨后裂纹的去除情况，每次打磨后在一个裂纹处垂直于裂纹方向切下小块试样，经过抛光腐蚀后利用光学显微镜对试样剖面进行观察，确定剖面裂纹的深度，如图 6-5 所示。如图 6-5(a)所示，打磨前钢轨材料塑性变形严重且晶粒尺寸非常小，钢轨表面不存在变质层，疲劳裂纹斜向下扩展，深度为 337 μm。如图 6-5(b)所示，打磨一遍后裂纹仍然存在且钢轨表层产生了白层，特别是裂纹尖端覆盖的白层厚度比周围更大，结果如图 6-4 表面裂纹观察结果，说明发蓝部位下方钢轨材料白层厚度也更大。如图 6-5(c)～

图 6-5(e)所示，继续增加打磨次数后裂纹仍然没有被完全去除，且白层始终存在，裂纹上方钢轨表层白层厚度依然更大，但相较于打磨一遍之后裂纹尖端白层的厚度反而减小，这也与打磨第二遍后表面裂纹附近的钢轨材料发蓝现象有所减弱是一致的。

剖面裂纹分析结果进一步说明从表面观察这些裂纹看似已经被去除，但是剖面分析显示对于深度很大的疲劳裂纹，在打磨四遍后裂纹仍然未被完全去除且深度比较大，为 513 μm。值得注意的是，打磨试验中钢轨进给速度为 3 km/h，要低于通常打磨车作业的速度 7 km/h 左右，进给速度越低打磨量会越大，这间接表明如果按照现场打磨作业的进给速度进行打磨，疲劳裂纹去除率将会更低。

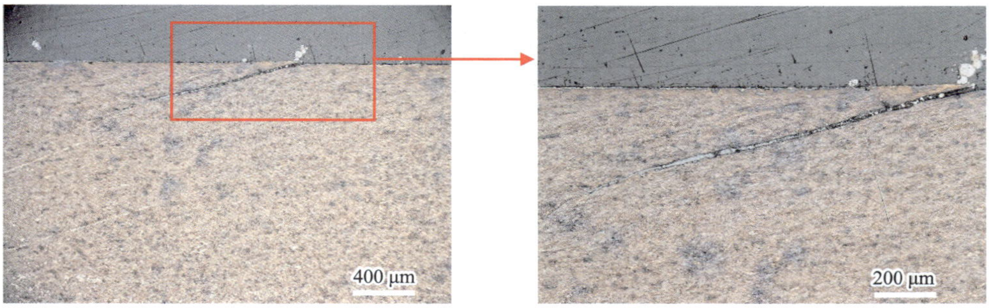


(a) 打磨前

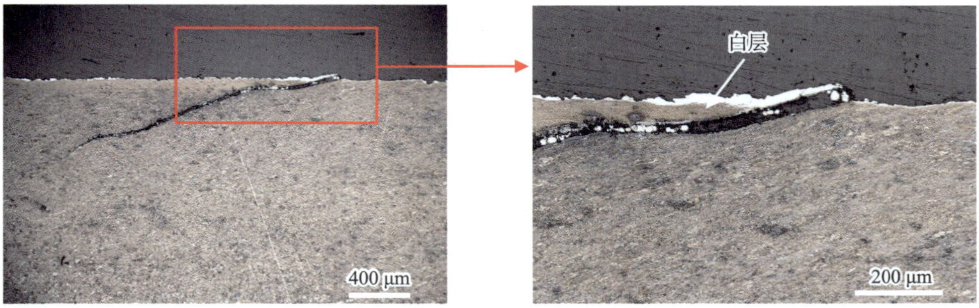


(b) 第一遍打磨

(c) 第二遍打磨

图　6-5

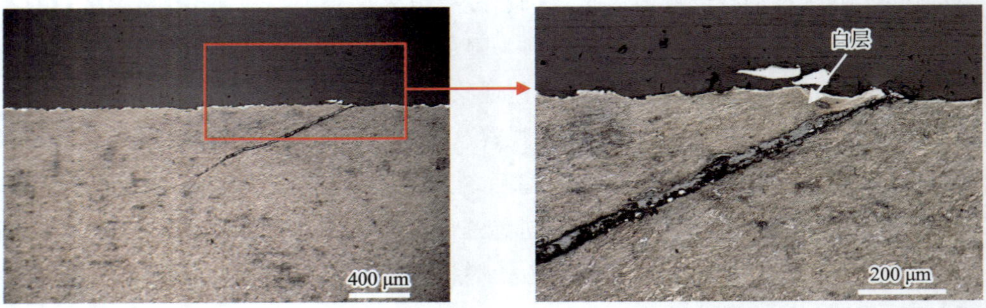


(d) 第三遍打磨

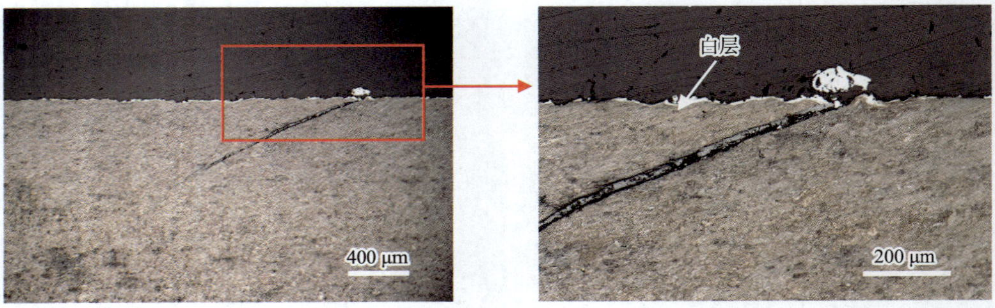


(e) 第四遍打磨

图 6-5 钢轨剖面裂纹演变

打磨后裂纹尖端钢轨材料发蓝严重且白层厚度较厚，这主要是由于裂纹处高温造成的，如图 6-6 所示。当磨石运动到裂纹尖端处时，磨粒切削作用产生瞬时高温，由于裂纹将外部钢轨材料与下方基体材料隔开，因此热量不能直接通过传导的方式传入下方钢轨材料，而只能沿着裂纹传导到左侧钢轨材料中，而裂纹尖端钢轨材料厚度较小。在这种情况下热量传递速率降低，大量的热量聚集在裂纹尖端。相反地，当磨石运动到没有裂纹的钢轨材料时，热量可以从各个方向传导到钢轨基体材料中，散热速率大大提高。因此裂纹尖端出现发蓝现象且其白层厚度要大于旁边的白层厚度。

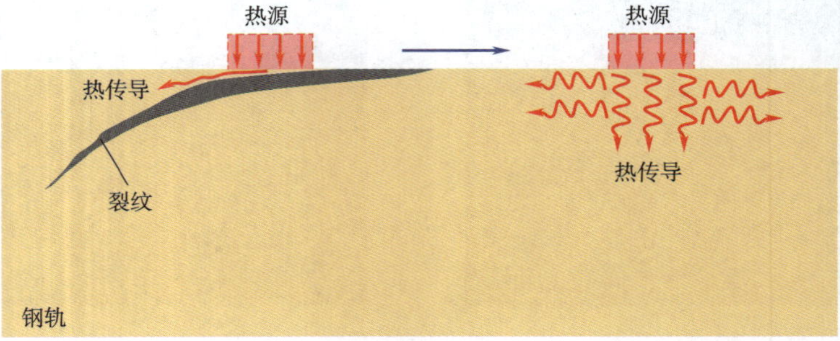


图 6-6 钢轨打磨过程中裂纹处热传导示意

通常疲劳裂纹相对于钢轨表面的角度随着深度增加而增大，因此当打磨遍数增加，裂纹深度减小时，传导热量的钢轨材料厚度增大，热量更容易传导到旁边材料中，因此更不容易造成发蓝或产生更厚的白层。随着打磨遍数增加，打磨带宽度增大，这将使得热源密度减小且打磨温度更低，因此更不容易产生发蓝现象，白层厚度也相对更小。由于现场打磨作业过程中同一位置通常安排有三个以上磨石，因此在最终打磨后疲劳裂纹附近的钢轨材料不会产生发蓝或者较厚的白层。

图 6-7 所示打磨后钢轨表面广泛分布着白层，尤其在磨痕处白层厚度更大[图 6-7(a)]，且厚度比较大的白层与基体之间出现了裂纹[图 6-7(b)]，这使得白层有从钢轨表面脱落的趋势，脱落白层下方依然存在着白层。由于打磨前钢轨材料晶粒已经非常细且存在很严重的塑性变形，因此从图中看不到明显的由于打磨导致的塑性变形。白层的硬度相对于钢轨基体材料更高，在轮轨滚动接触过程中这种有硬质白层特别是磨痕中的白层在较大的接触应力作用下可能会被压入钢轨基体材料中，使得钢轨萌生疲劳裂纹降低钢轨使用寿命，因此打磨产生的白层是应该极力避免的。

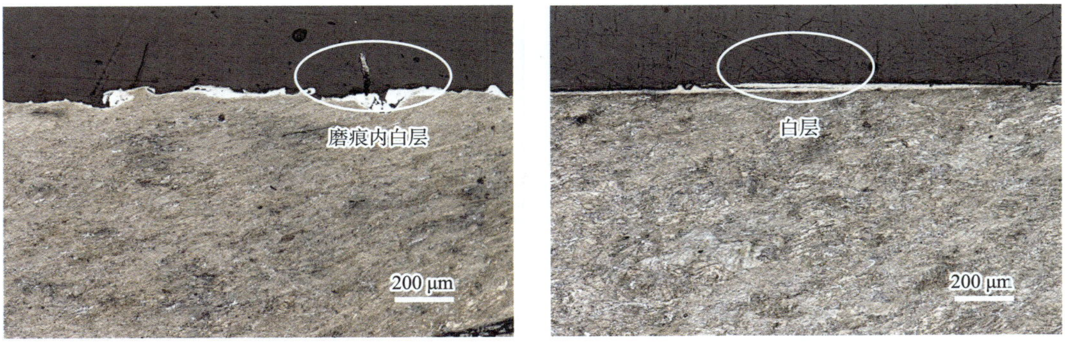


(a) 垂直于磨痕剖面　　(b) 平行于磨痕剖面

图 6-7　打磨后钢轨表面白层

从现场打磨作业以及钢轨打磨试验均可以看出：打磨不能完全去除钢轨上深度比较大的疲劳裂纹。在打磨遍数从一遍增加到四遍（即打磨车单次作业）的过程中，从表面观察疲劳裂纹逐渐不可见但观察剖面后发现钢轨中的疲劳裂纹并未被完全去除，这主要是打磨量不够导致的，因此需要尽可能增大钢轨打磨量。一方面可以通过增加作业次数实现，但是考虑到打磨车作业次数的增加会占用更多天窗时间不利于铁路部门经济效益，需要考虑在打磨遍数保持不变的情况下通过改变打磨参数来提高打磨量；另一方面，打磨过程中钢轨材料产生了一定程度的变化，打磨后钢轨表面产生的白层降低了钢轨的表面质量，这是打磨对钢轨造成的不利影响，因此需要合理地选择打磨参数，尽量避免这些问题的出现以提高打磨质量。因此需分析打磨效率和打磨质量的影响因素，既保证打磨过程不损伤钢轨材料，又使得打磨作业效率尽可能高。

# 6.2 基于磨屑特征的钢轨打磨材料去除机理

## 6.2.1 钢轨打磨磨屑特征及形成过程

打磨过程中磨石端面磨粒对钢轨材料进行切削，大部分钢轨材料以磨屑的形式被去除，因此通过观察打磨磨屑可以间接地反映钢轨材料去除机理。结合现有在镍基高温合金磨削方面的研究结果，收集的磨屑被分为四种不同类型：流动形磨屑、刀状磨屑、块片状磨屑和球形磨屑。

为了从磨屑中得到磨削环境和磨粒状态等重要信息，观察磨屑的微观形貌至关重要。将收集的磨屑均匀粘在导电胶上，然后用 SEM 观察不同压力下磨屑的微观形貌，如图 6-8 所示，从图中可知，流动形磨屑细长且弯曲；刀状磨屑尺寸较短但是宽度更大，磨屑表面存在锯齿状；块片状磨屑最短但是宽度最大；球形磨屑尺寸分布范围较广，根据球体形状可将球形磨屑分为完整球体和部分球体两种。

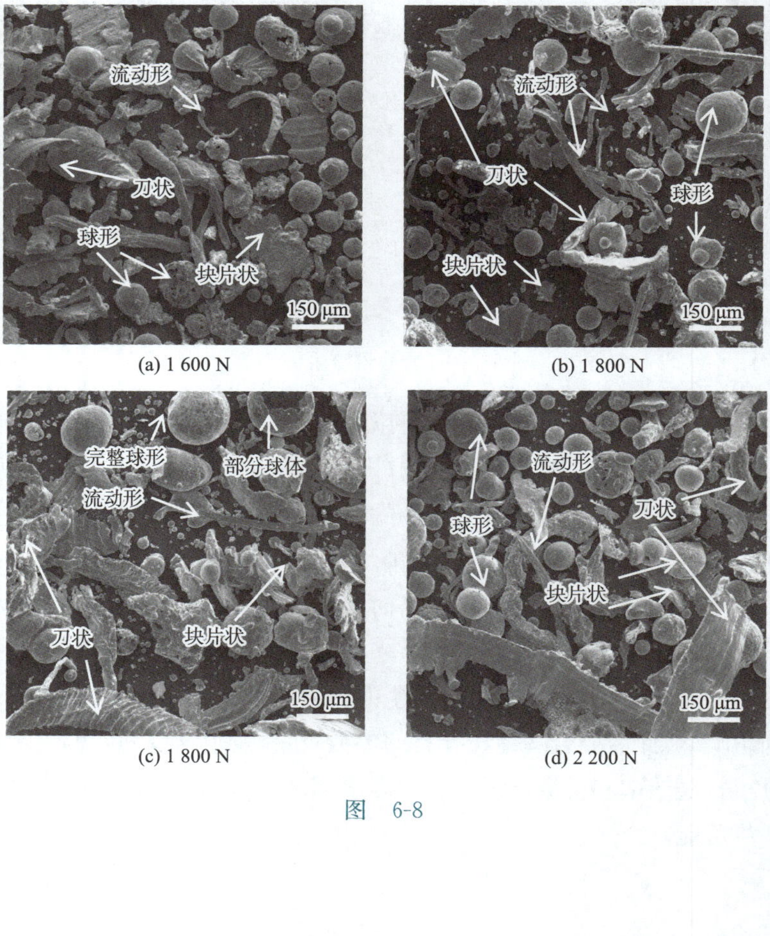


(a) 1 600 N　(b) 1 800 N

(c) 1 800 N　(d) 2 200 N

图 6-8

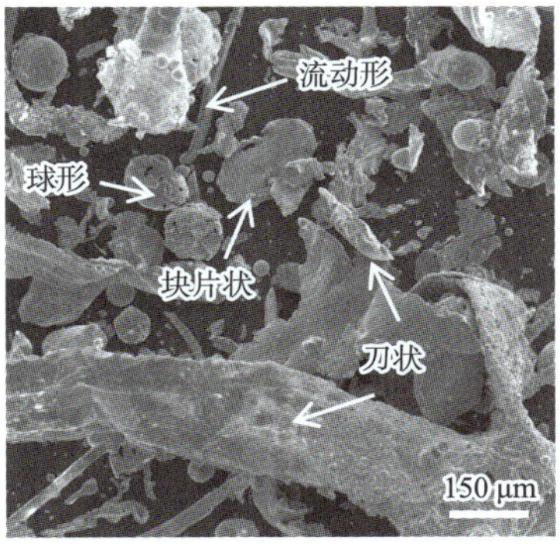


(e) 2 400 N

图 6-8　不同打磨压力下磨屑形貌

图 6-9 为不同打磨压力下不同类型磨屑的 SEM 图。从图中可以看出，流动形磨屑表面相对光滑，沿着磨屑形成方向存在明显细微划痕；刀状磨屑切削面存在更加明显的划痕，但在非切削面观察到明显的锯齿状，大量研究证明这是由于绝热剪切形成的；块片状磨屑剪切更加明显，中间出现明显的间隙。随着打磨压力的增加，流动形磨屑的长度和宽度增加，表面沿着长度方向上划痕更明显；刀状磨屑厚度增加，且锯齿状更加明显；块片状磨屑表面划痕变深，磨屑尺寸增加。

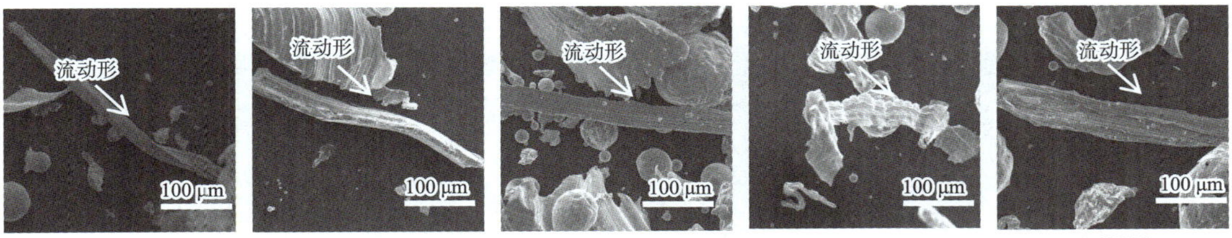


1 600 N　1 800 N　2 000 N　2 200 N　2 400 N

(a) 流动形

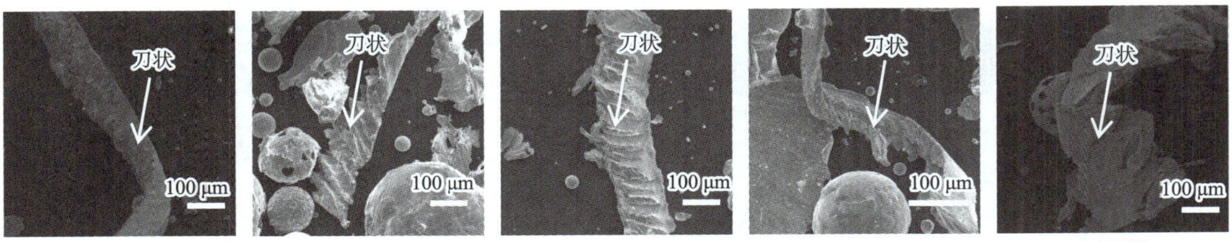


1 600 N　1 800 N　2 000 N　2 200 N　2 400 N

(b) 刀状

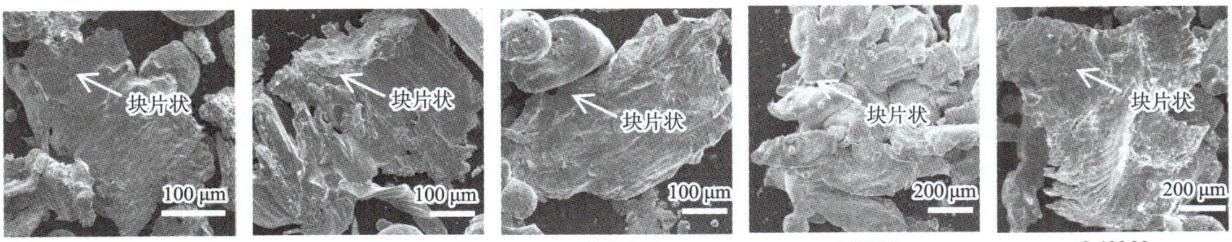


1 600 N　1 800 N　2 000 N　2 200 N　2 400 N

(c) 块片状

图 6-9　不同打磨压力打磨磨屑分类

球形磨屑在许多机械加工中均有出现。有学者研究了不同机械加工中,产生的球形磨屑,最终根据球形磨屑的表面形貌,把球形磨屑分为 8 种类型:疲劳球、网状球、薄片球、树状球、部分球体、蝌蚪球、熔融球和空心球。为了观察钢轨打磨过程中球形磨屑的类型,通过 SEM 观察球形磨屑表面形貌。结合其表面特征,最终把钢轨打磨过程中球形磨屑进一步分为以下 4 种:薄片状球、网状球、树枝状球、熔融状。球形磨屑的微观形貌如图 6-10 所示,可以看出,薄片状球表面由许多薄片组成,薄片之间存在明显的间隙;网状球表面没有间隙,但是有凸出的网状纹路;树枝状球表面由树枝状碎片组成,中间存在间隙;熔融状球形表面较为光滑且无间隙。

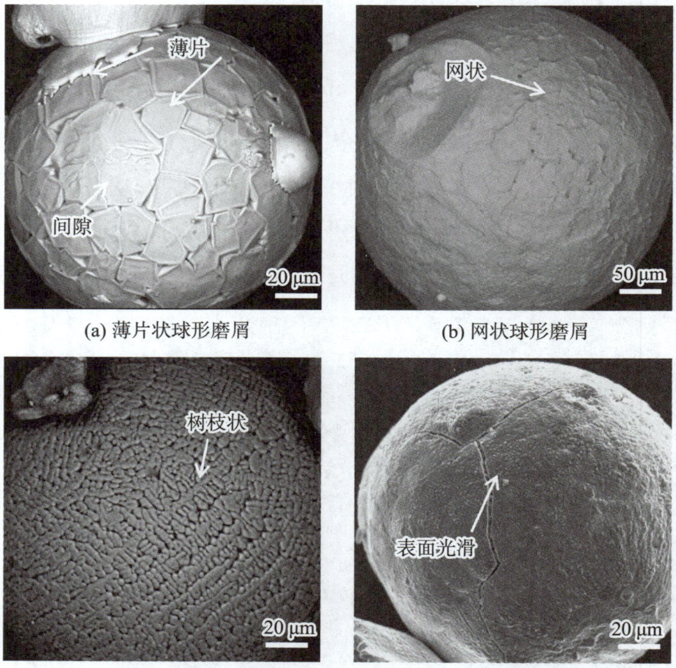


(a) 薄片状球形磨屑　(b) 网状球形磨屑

(c) 树枝状球形磨屑　(d) 熔融状球形磨屑

图 6-10　不同类型球形磨屑表面形貌

对球表面施加一定的压力使其破裂,观察不同类型空心球的内部结构和形貌,如图 6-11 所示。有学者将 AISI1055 钢在两种气体中磨削,即常规气体和惰性气体(含氩气)。结果表明,球形切屑只有在有氧气和火花流的情况下才能形成。在打磨过程中,不可避免存在火花飞溅的现象,这就证明了球形磨屑的形成。

在火花冷却过程中,由于热胀冷缩的作用,导致熔液冷却时体积会收缩,由于球形磨屑外表面与空气接触,冷却速度高于内部熔液的冷却速度,内部熔液向外壁收缩,最终形成空心球形磨屑。不同外表面形貌的球形磨屑,对应了不同形貌的内表面形貌,薄片状球形磨屑和树枝状球形磨屑内外构成一样,网状球形磨屑内表面由小球体构成,熔融状球形磨屑内表面存在许多凸点。

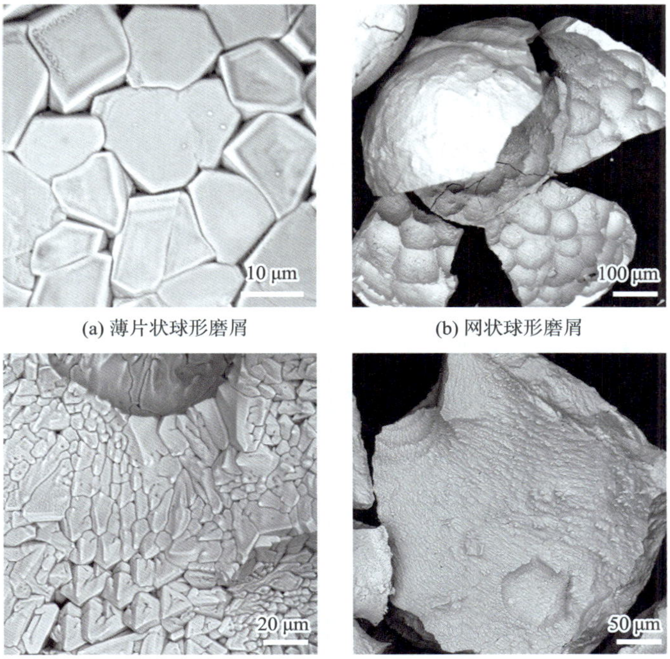

(a) 薄片状球形磨屑　(b) 网状球形磨屑
(c) 树枝状球形磨屑　(d) 熔融状球形磨屑

图 6-11　不同类型球形磨屑内部形貌

钢轨打磨后表面烧伤是反映钢轨表面质量的重要评价指标。烧伤程度通过其颜色来判断,颜色越深则烧伤越严重。利用光学显微镜观察打磨后的钢轨表面可以观察到打磨后钢轨表面存在烧伤行为。利用超景深显微镜观察不同打磨压力不同类型磨屑表面形貌,在磨屑表面同样发现不同程度的烧伤行为,如图 6-12 所示。从流动形磨屑,刀状磨屑到块片状磨屑,烧伤面积增加,烧伤颜色加深,说明其烧伤程度变严重。球形磨屑表面没发现明显烧伤行为。

为了研究不同类型磨屑在不同烧伤不同温度下微观组织的变化,对磨屑进行镶样腐蚀,观察其内部组织,如图 6-13 所示。从图中可知,在刀状和块片状磨屑上观察到明显的分层结构。磨屑的横截面可分为三个区域:初级剪切区、二次剪切区和中央区。由于集中变形,首先在初级剪切区中形成了一些剪切带。另外,在磨屑形成期间,大量的形变能转化为热能,这导致初级剪切区的温度非常高。由于材料的热软化,随着温度的升高,初级剪切区的机械性能将降低。因此,由于外部载荷的影响,在初级剪切区形成了裂纹。随着磨削过程的进行,可以定期在磨屑的横截面上观察到裂纹。此外,刀状磨屑的裂纹比流动形磨屑的裂纹深,块片状磨屑的裂纹比刀状磨屑的裂纹更深。这表明高温会严重降低块片状磨屑在成形过程中的机械性能,并且在大挤压的作用下,块片状磨屑会形成严重的裂纹,当挤压更加严重时,将直接导致块片状磨屑破裂甚至粉碎。

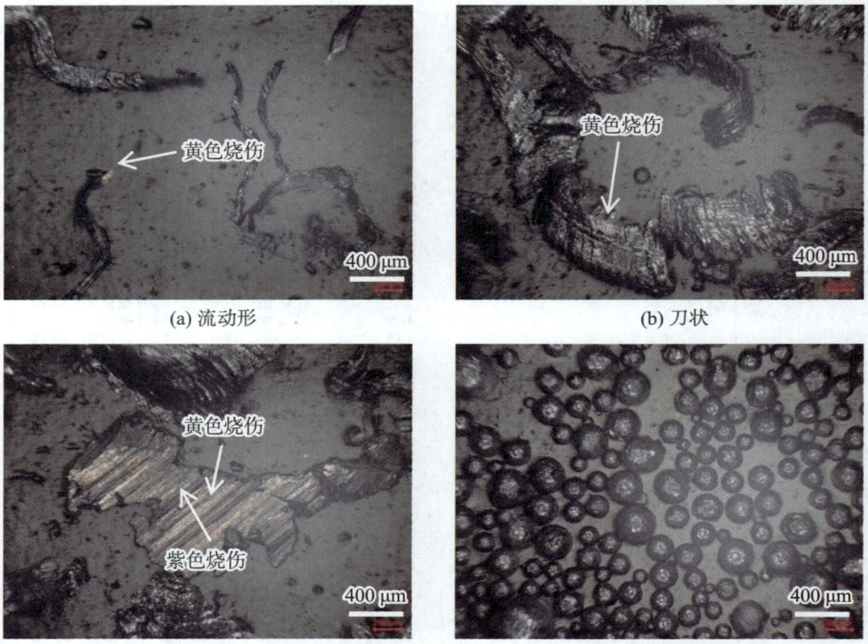


(a) 流动形　(b) 刀状　(c) 块片状　(d) 球形

图 6-12　磨屑表面烧伤形貌

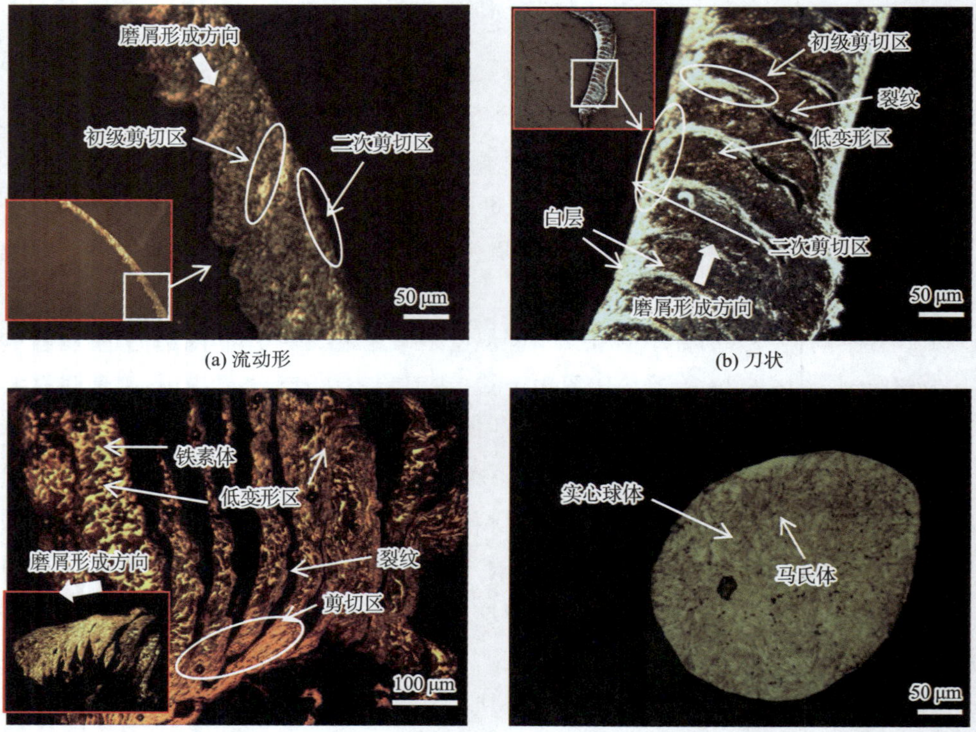


(a) 流动形　(b) 刀状　(c) 块片状　(d) 球形

图 6-13　磨屑截面形貌和白层

磨屑的底面与磨粒的切削刃直接接触，并且磨屑从磨粒的前刀面流出，从而形成二次剪切区。在磨屑的形成过程中，塑性流动方向与磨屑形成方向相反，并且由于塑性变形和磨削热的协同作用，在二次剪切区会产生明显的白层。另外，中心区域在两个主要剪切区域之间，其中塑性变形水平低、温度低，并且没有裂缝和白色层。在球形切屑的横截面中没有发现上述形态和特征，这进一步证明了球形切屑没有被磨粒直接切割。同时，还发现磨屑的基本金相组织包括铁素体和针状马氏体。

打磨前钢轨表面硬度约为 320 $HV_{0.5}$，由于打磨过程中温度和塑性变形的影响，导致加工硬化和白层形成，会使打磨后钢轨表面硬度明显升高，约为 500 $HV_{0.5}$。为了研究磨屑在形成过程中发生加工硬化和塑性变形的程度，对磨屑截面硬度进行测量，结果如图 6-14 所示。从图中可知，现场打磨形成的磨屑中，流动形磨屑、刀状磨屑和块片状磨屑的硬度相较于打磨前钢轨硬度有了很大程度的增加，硬度都超过了 800$HV_{0.05}$，比打磨后钢轨表面硬度高 300 $HV_{0.05}$，说明磨屑的塑性变形和加工硬化比钢轨严重。球形磨屑的硬度接近 500 $HV_{0.05}$，要低于其他类型磨屑。

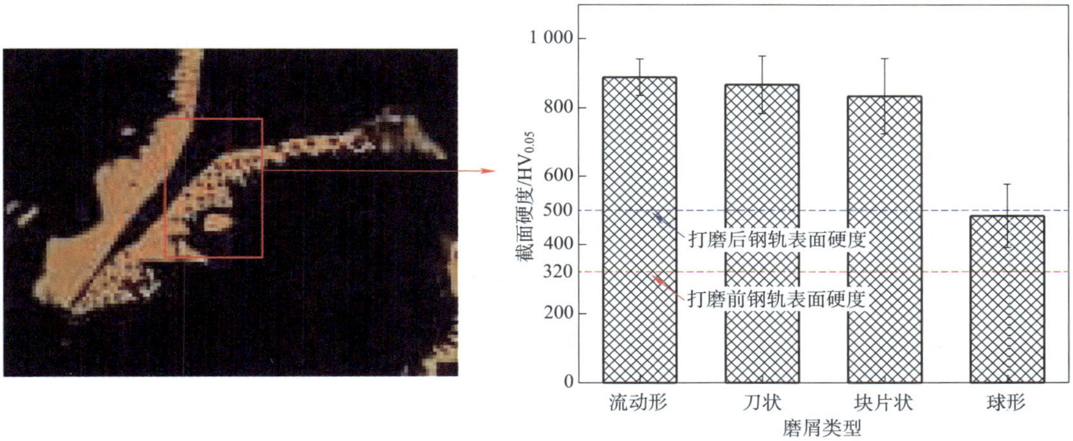


图 6-14　磨屑截面硬度示意

为了明确磨屑所含元素种类，利用能谱仪（EDX）对磨屑进行元素分析，如图 6-15 所示。检测显示磨屑主要含元素：C、O、Al、Si、Mn、Fe，具体含量如图 6-16 所示。与原钢轨成分相比，磨屑中氧元素含量明显增加，且 Fe 元素含量下降，这是由于磨屑形成过程中打磨温度较高，直接导致被氧化；其次在磨屑中发现 Al 元素，结合钢轨打磨的摩擦副系统特性，推测 Al 元素来自磨石磨损。

利用 EDX 分别检测不同类型磨屑所含元素比例，观察不同形貌磨屑氧化程度的高低，解释其形成机理，结果见表 6-5。不同表面形貌的球形磨屑所含氧元素差异不大，说明球形磨屑表面形貌与其氧化程度无关，根据研究，不同球形磨屑形貌是由于球形磨屑的形成过程中冷却速度不同导致。其次，流动形磨屑和块片状磨屑的氧元素含量约为 20%，铁元素含量约为 70%；刀状磨屑和球形磨屑的氧元素含量约为 38%，铁元素含量约为 55%。对比可知，流动形磨屑和块片状磨屑氧化程度较低，刀状磨屑和球形磨屑的氧化程度较高。

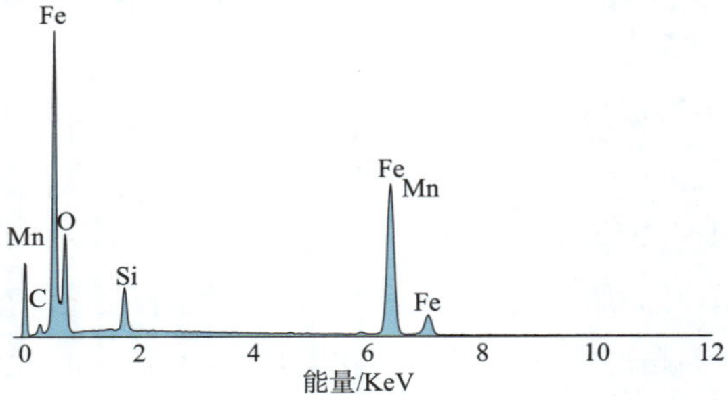


图 6-15　磨屑 EDX 元素分析示意

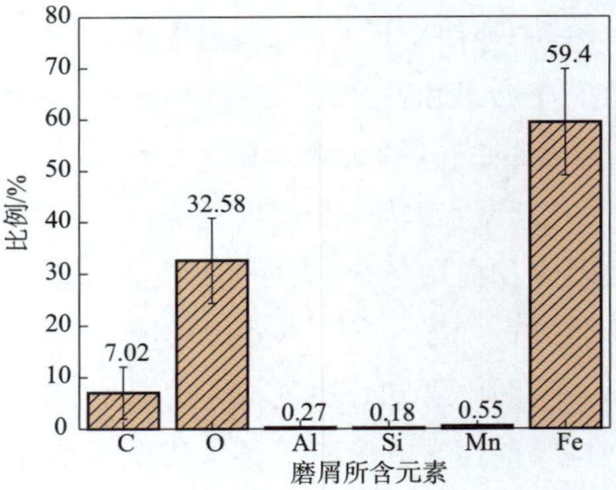


图 6-16　磨屑表面元素含量示意

**表 6-5　不同类型磨屑所含元素**

| 元素 | 流动形/% | 刀状/% | 块片状/% | 球体/% | | | |
|---|---|---|---|---|---|---|---|
| | | | | 薄片状 | 网状 | 树枝状 | 熔融形 |
| C | 9.45 | 5.82 | 9.94 | 4.33 | 7.26 | 5.33 | 5.81 |
| O | 19.33 | 37.18 | 17.14 | 35.47 | 37.15 | 38.15 | 36.85 |
| Al | 0.06 | 0 | 0.1 | 0.53 | 0.26 | 0.64 | 0.37 |
| Si | 0.19 | 0.06 | 0.5 | 0.34 | 0.26 | 0.48 | 0.55 |
| Mn | 0.62 | 0.42 | 0.74 | 0.78 | 0.73 | 0.55 | 0.88 |
| Fe | 70.35 | 56.48 | 71.59 | 58.55 | 54.35 | 54.85 | 55.53 |

利用 XRD 对磨屑进行成分检测，图 6-17(a)为磨屑的谱图，随后用分析软件对磨屑进行定性和半定量分析，分析结果如图 6-17(b)所示。从分析结果可知，钢轨打磨产生的磨屑中主要成分约为 90%左右的 $Fe_3O_4$ 和 8%左右的 FeO。这是由于打磨过程温度过高，导致磨屑产生过程中发生不同程度的燃烧。除此之外还含有少量的 $Fe_2O_3$、$AlFe_2O_4$。不同成分的来源如下。

Fe 在氧气不足的情况下燃烧，最终生成 FeO(黑色粉末)，化学反应式为

$$2Fe+O_2 \rightarrow 2FeO \tag{6-1}$$

Fe 在氧气充足的情况下点燃，最终生成 $Fe_3O_4$(具有磁性的黑色晶体，磁铁矿)，化学反应式为

$$3Fe+2O_2 \rightarrow Fe_3O_4 \tag{6-2}$$

Fe 在潮湿的空气中生锈，最终生成 $Fe_2O_3$(红棕色粉末，铁锈)，化学反应式为

$$4Fe+6H_2O+3O_2 \rightarrow 4Fe(OH)_3 \tag{6-3}$$

$$2Fe(OH)_3 \rightarrow Fe_2O_3+3H_2O \tag{6-4}$$

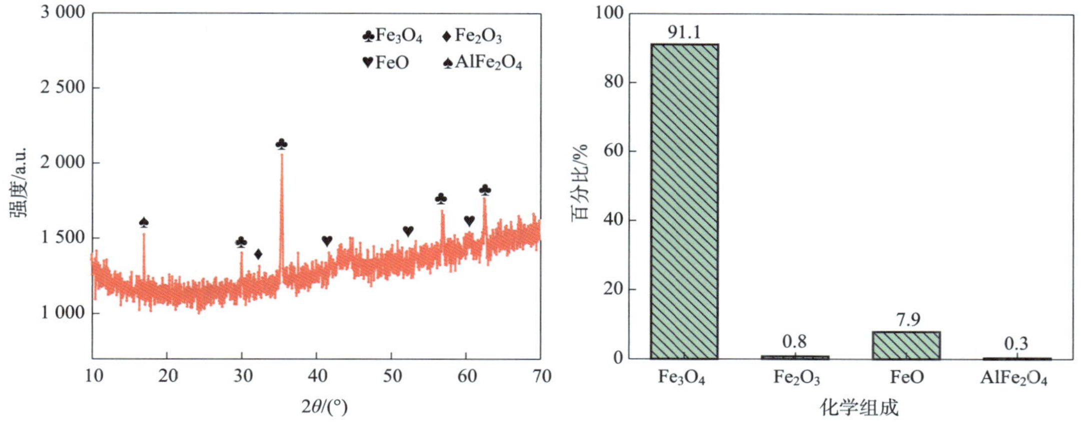


(a) 磨屑XRD谱图　　(b) 磨屑XRD的定性半定量分析

图 6-17　磨屑 XRD 分析示意

$AlFe_2O_4$（锂铁矿，尖晶石）仅包含 $Fe^{2+}$ 离子；$AlFe_2O_4$（固溶体，尖晶石）含有 $Fe^{2+}$ 和 $Fe^{3+}$ 离子，具体的化学反应式为

$$Al_2O_3+2Fe+O_2 \rightarrow FeAl_2O_4 \tag{6-5}$$

$$FeAl_2O_4+Fe_3O_4 \rightarrow 2AlFe_2O_4 \tag{6-6}$$

为了明确不同打磨压力对磨屑成分的影响，用 XRD 对不同打磨压力下磨屑进行了物质分析，图 6-18 为磨屑的谱图。从分析结果可知，打磨压力为 1 600 N、1 800 N、2 000 N、2 200 N、2 400 N，打磨后磨屑中主要成分是 $Fe_3O_4$ 和 FeO。

把磨屑均匀分布在白纸上，用便携式显微镜在同一倍数下，随机采集 16 张照片，最后放大照片，并统计各种类型磨屑的比例，计算平均值，结果如图 6-19 所示。结果表明，随着打磨压力的增加，磨屑中球形磨屑比例从 40%增加到 70%。流动形磨屑，块片状磨屑的比例下降。这是由于打磨压力增加，导致磨屑过程中温度升高的结果。

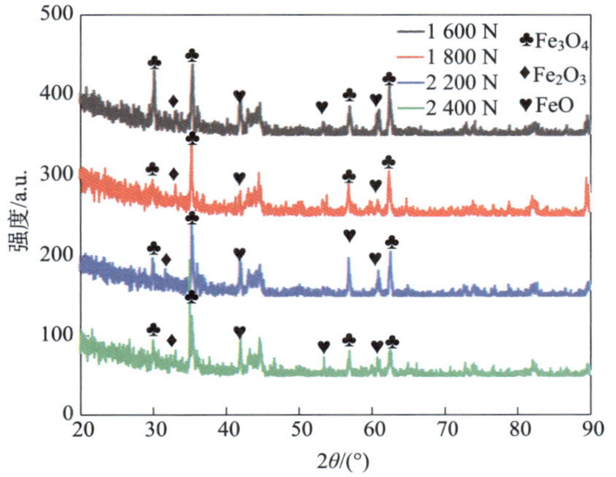


图 6-18　不同打磨压力磨屑的 XRD 谱图

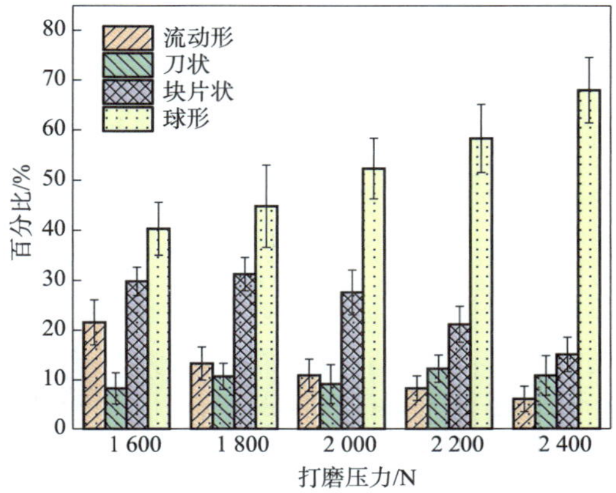


图 6-19　不同打磨压力磨屑比例示意

随后将每种磨屑分离出来，互不干涉地摆放在白纸上，再放入已知尺寸的样条，利用便携式显微镜采集图片，最后把图片导入 Rhino 软件中，计算出图片中弯曲磨屑和样条的长度及比例。在样条长度已知的情况下，则可计算出磨屑长度，结果如图 6-20(a)所示。可以发现，随着打磨压力的上升，同一类磨屑的长度依次增加，由于打磨过程中接触面积不变，随着打磨压力增加，切削深度增加，磨屑长度增加。随后，统计了钢轨打磨过程中球形磨屑的尺寸分布范围，结果如图 6-20(b)所示，从图中可知，钢轨打磨过程中球形磨屑尺寸范围为 5～600 μm，但大部分球形磨屑尺寸为 100～280 μm，120 μm 的球形磨屑比例最大。

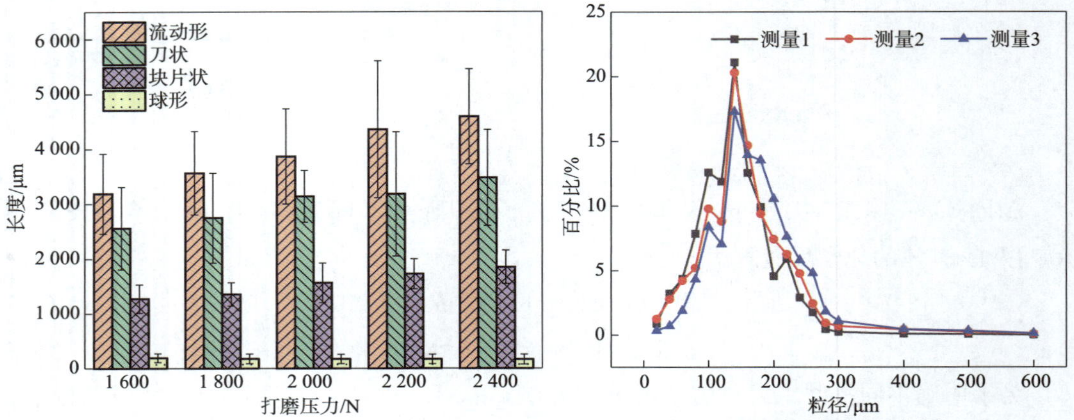

(a) 不同打磨压力磨屑长度　　(b)球形磨屑的尺寸分布

图 6-20　不同打磨压力磨屑尺寸示意

### 6.2.2　钢轨打磨材料去除机理

钢轨打磨是通过磨石去除轨道表面材料的过程。钢轨打磨和普通磨削的区别在于，钢轨打磨是端面磨削过程而不是平面磨削或外面，但是单磨粒切削机理类似。磨削中切屑形成机制与挤压相似。钢轨打磨打磨材料去除机理如图 6-21 所示。

当磨削深度较小或磨粒的负前角较小时，如图 6-21(a)所示，此时磨粒剪切角较大，从而形成较窄的主剪切区，磨粒的水平磨削力较大，有利于磨屑的产生；磨粒的垂直磨削力较小，有助于降低打磨后钢轨表面粗糙度。在这种情况下，磨粒的切削性能非常好，材料以低应变被去除，产生大量的流动形磨屑。磨粒与钢轨材料仅被轻微压缩，因此流动形磨屑表面上的划痕并不明显，与原钢轨相比，流动形磨屑的截面硬度略有增加。当磨粒切削作用更加显著时，磨粒与钢轨材料间的摩擦作用更小，从而导致此时的磨削温度较低，在钢轨表面和流动形磨屑表面没有明显的燃烧行为，并且流动形磨屑的氧化程度较低。在观察磨屑截面的金相中发现流动磨屑截面的塑性变形层很浅，没有发现明显的白层。总之，当产生流动的切屑时，磨粒的切削性能很好，并且磨削后的表面质量很好。在选择钢轨打磨的工艺参数时，应尽可能多地获得较大比例的流动形磨屑。

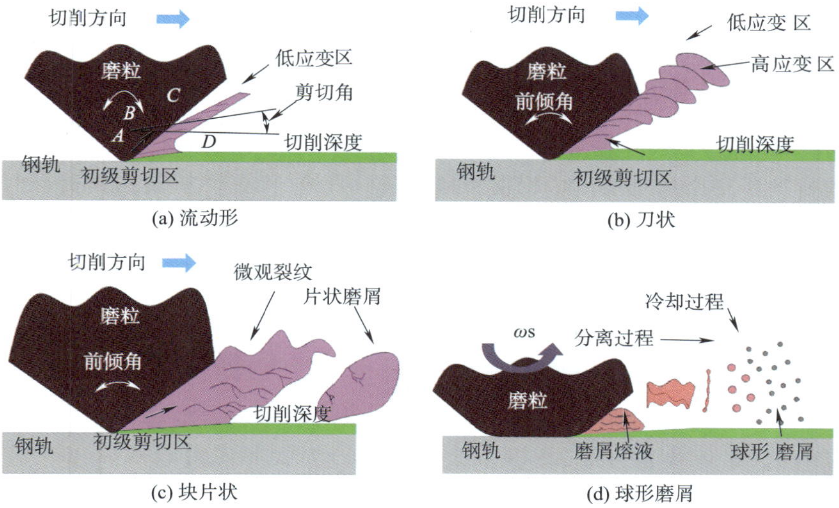


图 6-21　钢轨打磨材料去除机理示意

刀状磨屑的形成机理类似于流动形磨屑，如图 6-21(b)所示，此时磨粒的磨削深度或负前角更大，磨粒的剪切角晶粒较小，主剪切区的宽度较宽，磨粒的水平磨削力减小，这不利于切屑的产生；磨粒的垂直磨削力增加，不利于降低打磨后钢轨表面粗糙度。在这种情况下，磨粒的切削性能较差，材料以较高的应变被去除，磨粒和钢轨材料被压缩，因此刀状磨屑表面的刮痕更加明显，刀状磨屑的截面硬度与钢轨材料截面硬度相比明显提高。打磨过程中，部分消耗的能量被存储在刀状磨屑中，部分能量被存储在钢轨中，导致打磨温度升高，钢轨表面和刀状磨屑表面具有明显的燃烧行为，并且刀状磨屑的氧化程度增加。在截面金相观察中，发现在温度和塑性变形的共同作用下，刀状磨屑被绝热剪切形成锯齿状，并有明显的塑性变形层和白层。总之，当产生刀状磨屑时，磨粒的切削性能适中，磨削后的表面质量适中。在选择钢轨磨削工艺的参数时，当无法获得较大比例的流动形磨屑时，应尽可能多地获得刀状磨屑。

块片状磨屑有两种来源。一是磨屑堵塞磨石后脱落，这种块片状磨屑较少，并且是从其他类型的磨屑中演变而来，不是通过切削直接产生的。由于磨屑堵塞磨石后，周围的磨粒丧失切削能力，最终导致钢轨表面粗糙度降低，但仍会产生大量的热量，导致钢轨表面严重烧伤。另一种情况如图 6-21(c)所示，当磨粒的磨削深度或负前角较大时，磨粒会形成较宽的主剪切区，在磨粒的前方堆积有大量的钢轨材料，磨粒的水平磨削力降低，不利于切屑的产生；磨粒的垂直磨削力增大，钢轨表面粗糙度较大。在这种情况下，磨粒切削性能非常差并且材料以高应变被去除。由于磨粒和钢轨材料的强烈压缩，形成了较高的压缩残余应力，因此块片状磨屑表面的划痕明显，并且截面硬度较高。小部分能量存储在磨屑中，大部分能量存储在钢轨材料中，导致此时的磨削温度很高，且钢轨和磨屑表面燃烧行为非常明显，块片状磨屑的氧化度增加。在截面的金相观察中，发现由于残余应力而在块片状磨屑中形成许多深裂纹，该裂纹最终会导致块片状磨屑破碎。综上所述，当产生块片状磨屑时，磨粒的切削性能非常差，并且磨削后的表面质量也很差。在选择钢轨磨削工艺的参数时，应尽可能减少块片状磨屑的比例。

球形磨屑出现在许多加工过程中，并且球形磨屑的形成机理在不同的加工过程中是不同的。钢轨打磨过程中球形磨屑的形成机理与其他类型的磨屑不同，因为通过观察球形磨屑的微观形态没有发现划痕且在截面形态上没有塑性流动，没有直接切割的特征。结合机械离心雾化原理可知，钢轨打磨过程中球形磨屑的形成机理与离心雾化相似，如图 6-21(d)所示。具体步骤如下：粉末状的碎屑在高温下熔融形成熔融溶液，高速旋转磨石作为转盘，在离心力的作用下将熔融溶液排出（在试验室和现场打磨过程中可以观察到飞溅的火花）；最后在空气中分散并冷却形成球形磨屑（主要成分是 $Fe_3O_4$，具有磁性，有利于球形碎片的结合）。最终检查发现，根据钢轨磨削过程中球形切屑的不同表面形态，可将其分为四种类型。本章证明球形磨屑的表面形态与其氧化程度无关，并且空心球碎片的比例很大。随着球形磨屑尺寸的减小，空心球磨屑的比例减小，壁厚增加。总之，当产生球形切屑时，磨粒的切削性能非常差，导致在轨道磨削过程中产生大量的热量。因此球形磨屑的比例可用于近似衡量磨削过程中的温度，在钢轨打磨过程中选择参数时应使球形磨屑的比例最小化。

## 6.3 打磨参数对钢轨材料去除行为影响

### 6.3.1 打磨压力

本章分别对钢轨三个不同部位（轨冠、轨肩、轨距角）在四种不同打磨压力下进行打磨试验，研究了不同打磨压力条件下钢轨材料去除行为，分别从钢轨打磨效率和打磨质量两个角度对打磨压力进行评价，最后根据三个不同部位特点选取最佳的打磨压力。

图 6-22 为不同打磨压力下打磨带宽度和打磨量。随打磨压力增加，打磨带宽度呈增加趋势，打磨量有增加趋势，特别是轨距角处打磨量增加趋势显著。打磨过程中磨石端面磨粒在磨石法向力（即打磨压力）作用下被压入钢轨材料中，并随着磨石运动而切削钢轨材料。增加打磨压力会使得磨石端面单颗磨粒所受法向力增加，因此磨粒切削深度增大。另一方面，磨粒切削深度增加也会使得磨石端面参与切削的磨粒个数增多。由于打磨的钢轨顶部是弧面，因此打磨带宽度与打磨量会增加。

图 6-23 为钢轨不同部位的打磨带。轨冠处打磨带宽度明显大于轨肩和轨距角处打磨带宽度，轨肩打磨带宽度略大于轨距角处打磨带宽度。打磨轨距角时打磨量要明显高于轨冠和轨肩，而轨冠和轨肩的打磨量相差不大。这表明在更大轨顶半径处打磨时打磨带宽度和打磨量普遍更大，这是因为其圆弧半径更小，打磨深度更大。钢轨斜裂纹多发生在轨距角

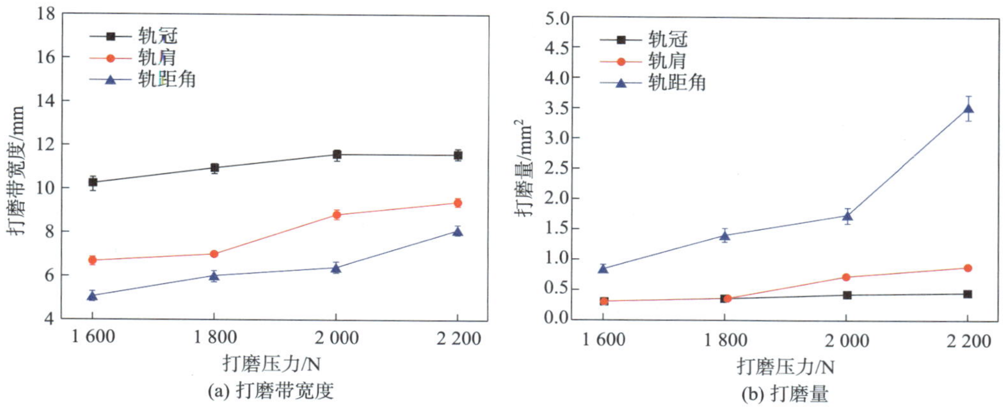


图 6-22　不同打磨压力下打磨带宽度与打磨量示意

处，这一现象更有利于去除轨距角的斜裂纹。另外，在打磨比较深的疲劳裂纹时，可以通过增加打磨遍数或加大打磨压力的方法来完全去除裂纹。

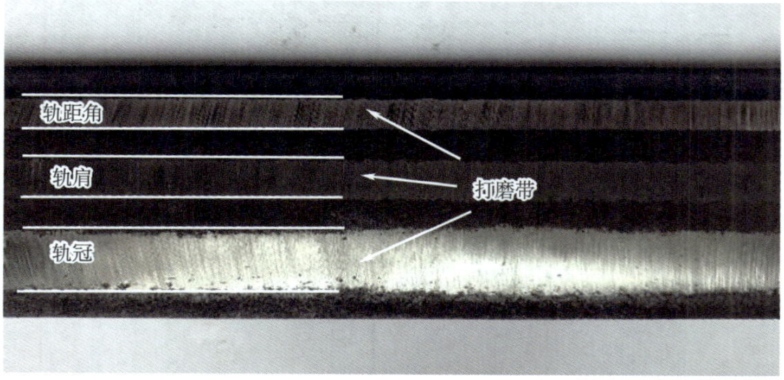


图 6-23　钢轨不同部位打磨带

图 6-24 为不同打磨压力下打磨后钢轨表面 SEM 图(打磨部位为轨肩)。可以看到，打磨后钢轨表面并不是规则的磨痕表面，而是存在大量大小不一由于磨粒切削而产生的磨痕，许多磨痕两侧还存在钢轨材料的塑性流动现象。打磨过程中由于磨粒切削、划擦作用，钢轨材料被去除或者挤压到两侧进而形成磨痕，由于磨石端面磨粒形态和尺寸不一，因此磨痕形貌也不尽相同。磨粒切削和划擦的过程伴随着大量的热量产生，在高温作用下钢轨材料被软化并挤压到磨痕两侧呈现出塑性流动状态。

随打磨压力增加，打磨后钢轨表面形貌更加杂乱无序，不仅划痕数量增多，钢轨材料塑性流动程度也加大。这是因为增加打磨压力会使得磨粒切削深度增加，因此实际参与切削或者划擦的磨粒个数也增多。由于更多的磨粒参数切削或划擦，产生了更多热量，因此钢轨材料塑性流动程度也加大。可以发现，磨痕形态和数量随着打磨压力的变化规律与打磨磨屑一致。

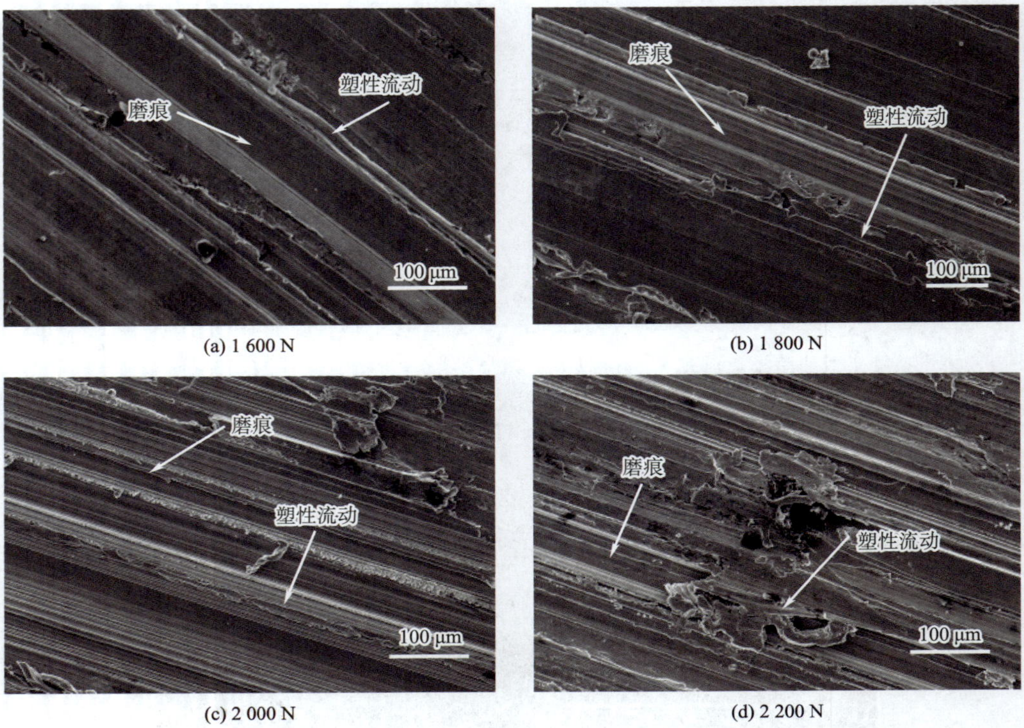


图 6-24　不同打磨压力下打磨钢轨表面形貌 SEM 图

图 6-25 为钢轨不同部位打磨后表面形貌 SEM 图(打磨压力为 2 200 N)。分别对轨冠、轨肩和轨距角打磨时,磨痕宽度和钢轨材料塑性流动程度依次增大,且磨痕数量有增加趋势。这是因为轨冠、轨肩和轨距角处打磨带宽度依次减小,在相同打磨压力作用下打磨带宽度越小磨粒所受法向力越高,磨粒切削深度越大,因此磨痕宽度增大。另外,磨粒切削深度增大也会产生更多热量,因此钢轨材料塑性流动程度加剧。

扫描电镜虽可以观察打磨表面真实的磨痕特征,但不能反映磨痕的三维特征,因此利用白光干涉仪进一步测量打磨表面三维形貌。图 6-26 为不同打磨压力打磨后钢轨的表面三维形貌和二维形貌(打磨位置为轨肩)。可以看到,打磨后钢轨表面存在许多截面近似为锥形的磨痕,且磨痕深度不尽相同,在某些地方可能会出现深度比周围明显大的划痕,这是打磨过程中随机产生的,可能原因之一是打磨过程中从磨石上脱落或破碎的磨粒没有及时排出而是夹杂在磨石与钢轨之间,在法向力作用下继续切削钢轨材料留下很深的磨痕,在钢轨服役过程中这些较深的划痕可能会存在一定的水或油等第三介质,在轮轨法向接触应力作用下可能会萌生出裂纹,缩短钢轨疲劳寿命。随着打磨压力增加,磨痕深度明显增加且磨痕变得更加密集。图 6-27 为钢轨不同位置打磨后钢轨表面三维形貌(打磨压力为1 800 N)。结果表明,在轨冠处打磨时磨痕深度最小、轨肩次之、轨距角处磨痕深度最大。

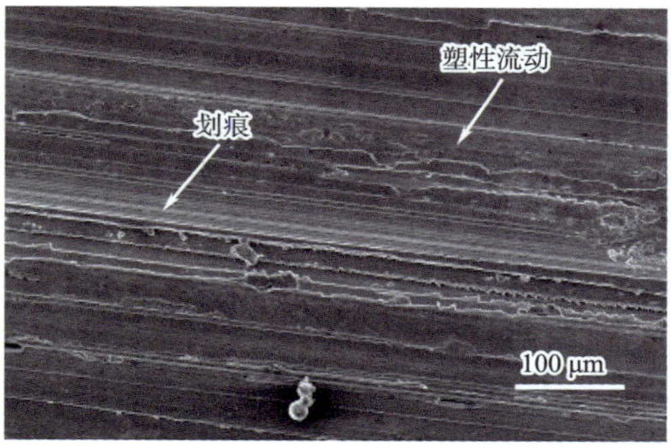


(a) 轨冠

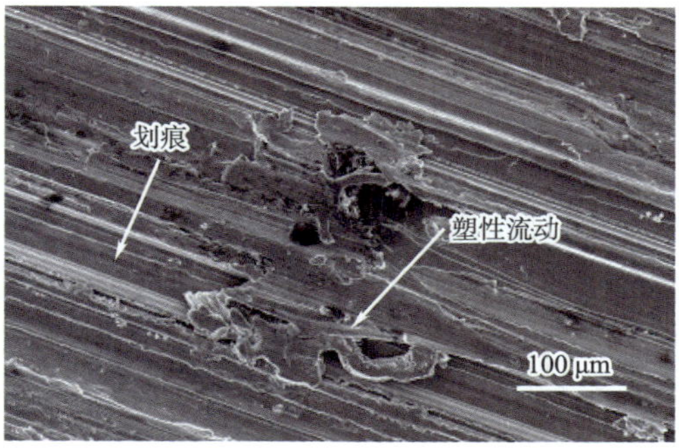


(b) 轨肩

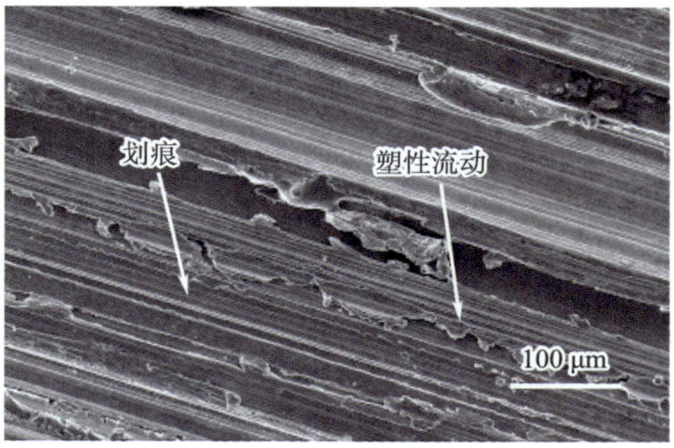


(c) 轨距角

图 6-25 不同部位打磨后钢轨表面 SEM 图

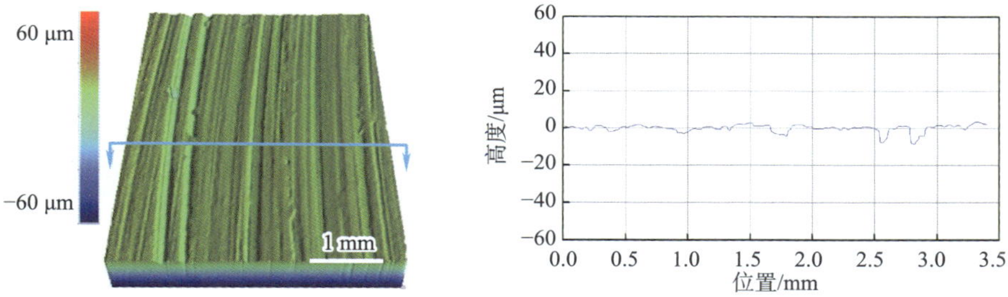


(a) 1 600 N

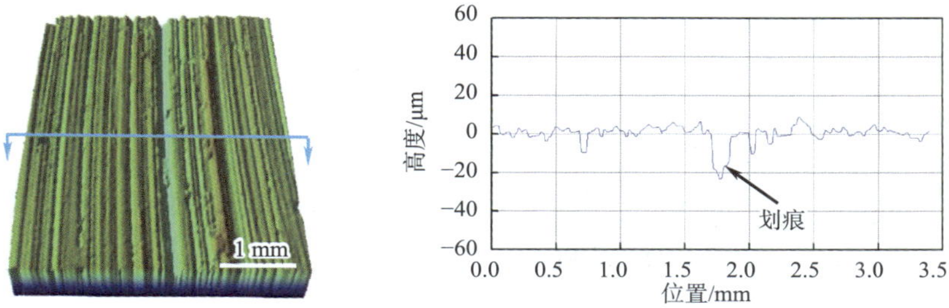


(b) 1 800 N

图 6-26

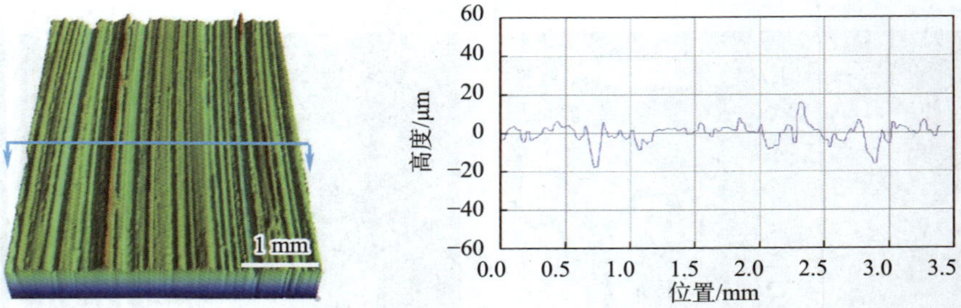


(c) 2 000 N

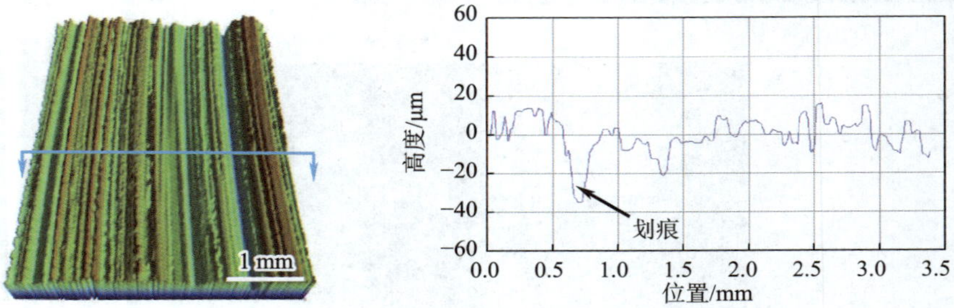


(d) 2 200 N

图 6-26　不同打磨压力打磨后钢轨表面三维形貌

进一步可以得到不同打磨压力和打磨位置下打磨后钢轨表面粗糙度，如图 6-28 所示。打磨后轨距角处的表面粗糙度明显大于轨肩和轨冠，轨冠处表面粗糙度最小，这与图 6-27 中三维形貌结果是一致的。随着打磨压力增加，钢轨表面粗糙度显著增加。值得注意的是，当打磨压力达到 2 200 N 时轨距角和轨肩处表面粗糙度超过 10 μm。过高的表面粗糙度可能会对钢轨的抗磨损与抗疲劳性能产生不利影响，根据钢轨打磨作业欧洲标准，打磨作业后钢轨表面粗糙度不能超过 10 μm，这说明打磨轨冠或者轨肩时打磨压力不应超过 2 200 N。

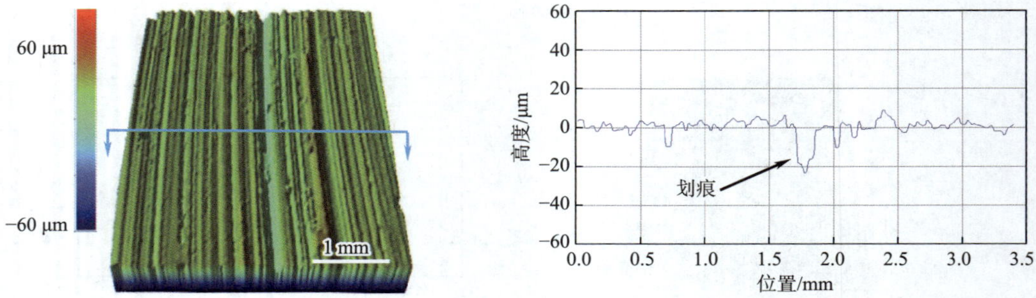


(a) 轨冠

图　6-27

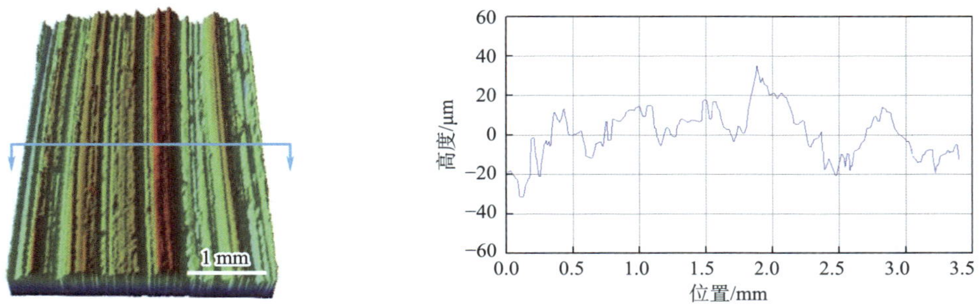


(b) 轨肩

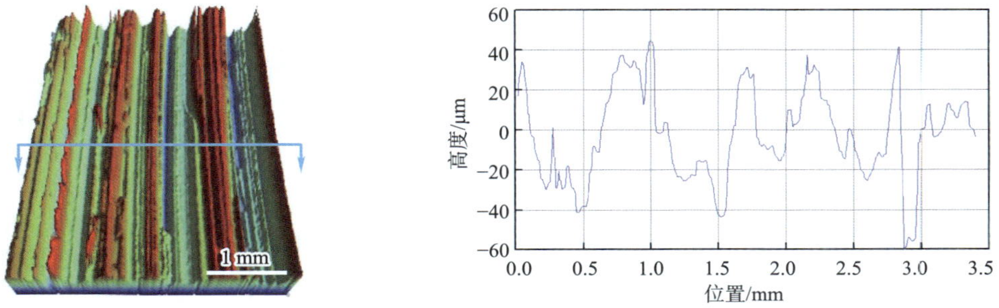


(c) 轨距角

图 6-27　不同位置打磨后钢轨表面三维形貌示意

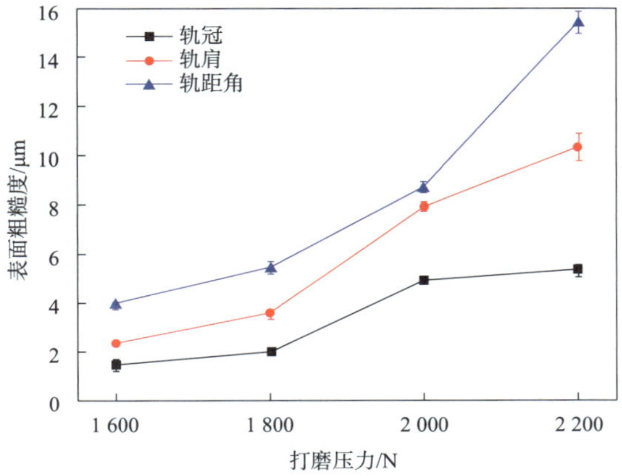


图 6-28　不同打磨压力下打磨钢轨表面粗糙度示意

钢轨打磨后表面烧伤是反映钢轨表面质量的重要评价指标，打磨烧伤的严重程度通常通过其颜色来判断，颜色越深则烧伤越严重。利用光学显微镜观察打磨后钢轨表面可以获得打磨后钢轨表面的真实颜色，如图 6-29 所示。打磨后钢轨表面出现了不同程度的烧伤：当打磨压力小于 2 200 N 时轨冠处钢轨表面呈现出金属光泽且没有烧伤，当打磨压力达 2 200 N 时出现了淡黄色烧伤；打磨压力小于 2 000 N 时轨肩处钢轨表面未见烧伤，当打磨压力达到 2 000 N 时钢轨表面出现了黄色烧伤，随着打磨压力继续增加到 2 200 N，烧伤颜色加深为棕色；当打磨压力小于 1 800 N 时轨距角处钢轨表面未被烧伤，当打磨压力在 1 800～2 000 N 之间时出现了棕色烧伤，当打磨压力继续增加到 2 200 N 时在划痕深处发现了蓝色烧伤。这表明增加打磨压力会使得到钢轨表面烧伤程度加重，轨距角处相比于轨肩和轨冠更容易被烧伤。值得注意的是，打磨烧伤出现在打磨带内的某些区域，而并非整条打磨带分布有打磨烧伤。另外，打磨带中心区域的烧伤程度比边缘更加严重，这主要与打磨带内温度分布有关。

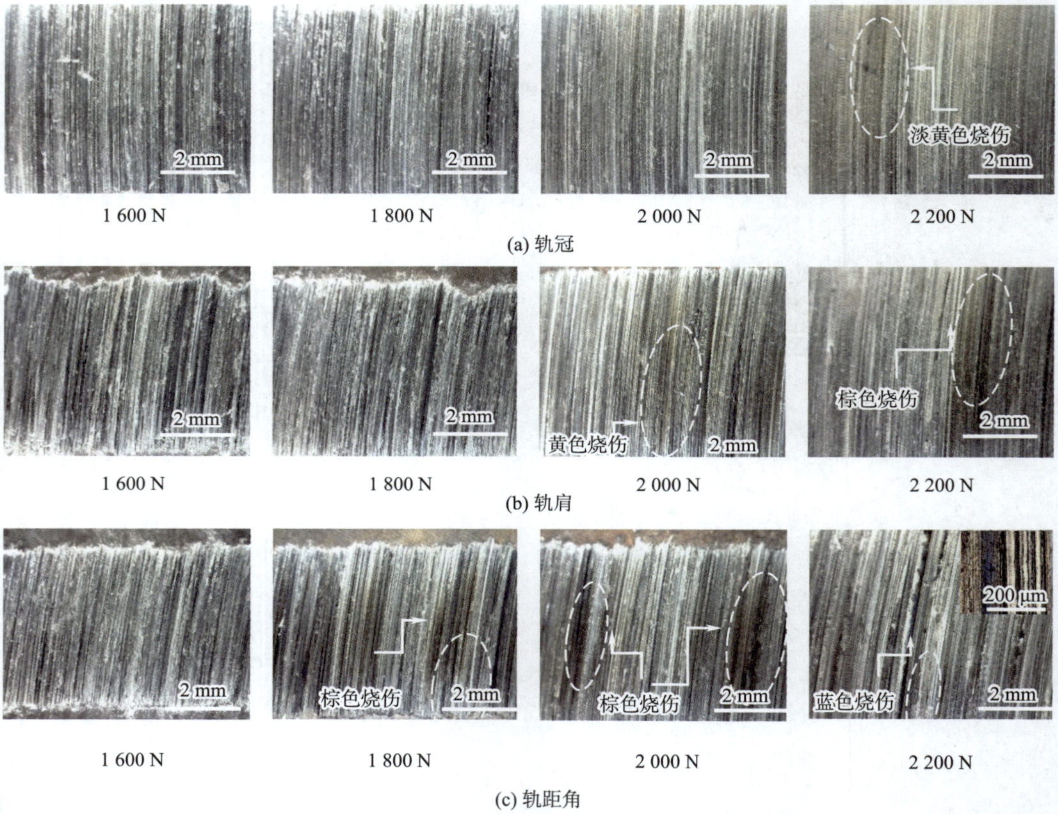


图 6-29　不同打磨压力下打磨钢轨表面 OM 图

图 6-30 为不同打磨压力和打磨位置下打磨后钢轨剖面 OM 图。打磨后钢轨表面覆盖着厚度不均匀的白层，白层下方的钢轨材料出现了塑性变形，且塑性变形方向与磨痕方向一致，说明这是磨粒切削过程导致的。结果表明，在钢轨的各个部位，随着打磨压力从 1 600 N 增加到 2 200 N，白层厚度总体呈增加趋势。另外，在相同的打磨压力下轨冠处的白层厚度小于轨肩，轨肩处的白层厚度小于轨距角。结合图 6-29 中钢轨打磨烧伤结果可以发现，没有出现打磨烧伤的钢轨也发现了白层，且打磨烧伤越严重的钢轨其表面的白层厚度也更大。

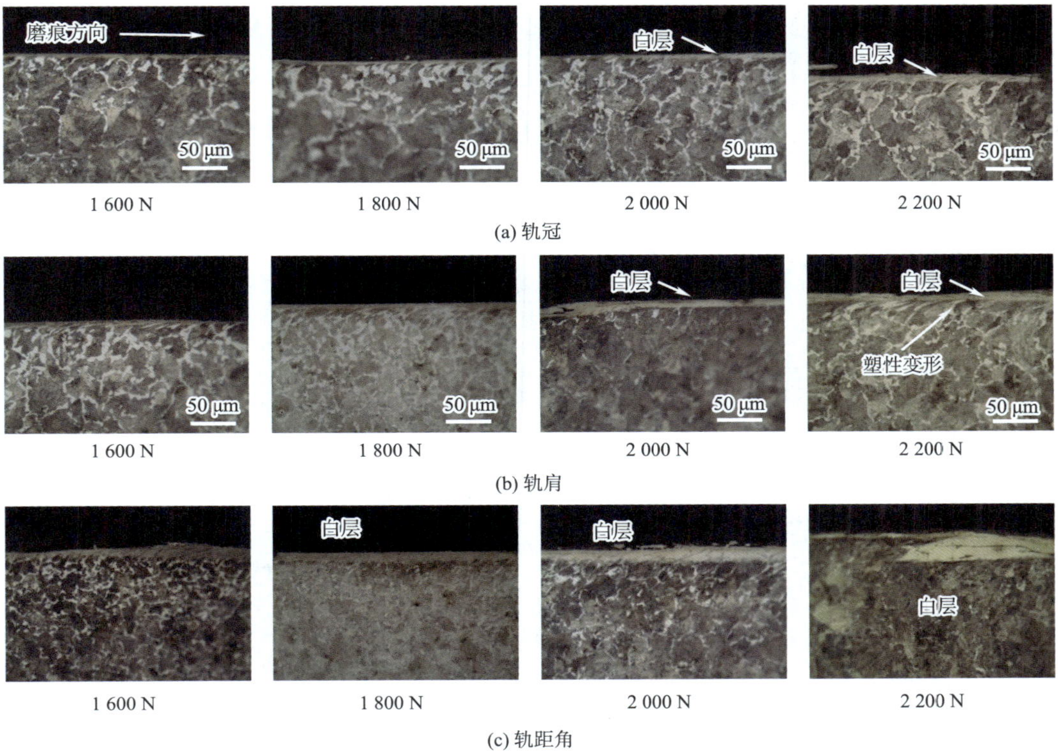


图 6-30　不同打磨压力下打磨后钢轨剖面 OM 图

图 6-31 为不同打磨压力下打磨前后钢轨的表面硬度。打磨前钢轨表面硬度约为 320 $HV_{0.5}$，打磨后钢轨表面硬度明显升高。打磨轨肩和轨距角时随着打磨压力增加钢轨表面硬度有显著增加趋势，打磨轨冠时钢轨表面硬度随着打磨压力增加有轻微增加趋势。另外，轨距角处打磨后表面硬度最大，轨肩其次，轨冠最小。打磨后钢轨表面硬度升高主要与加工硬化和白层形成有关，打磨压力的升高使得白层厚度增加，因此钢轨表面硬度也呈增加趋势。值得注意的是，国内外对铁路轮轨硬度比有比较严格的规定，过高或过低的钢轨硬度对轮轨系统都会产生不利影响。

图 6-32 为不同打磨压力下打磨后钢轨表面残余应力。打磨前钢轨表面为残余压应力，大小为－132 MPa，这种残余压应力是钢轨热处理过程中产生，有利于降低钢轨疲劳裂纹萌生与扩展。而打磨后钢轨表现为残余拉应力，根据残余应力相对于磨痕方向可以将残余应力分为垂向残余应力 $\sigma_{垂}$ 和平行残余应力 $\sigma_{平行}$。可以看到，垂直方向残余应力要明显大于平行方向残余应力。随着打磨压力增加残余应力明显增加，且打磨区域中心残余应力总体高于边缘残余应力。

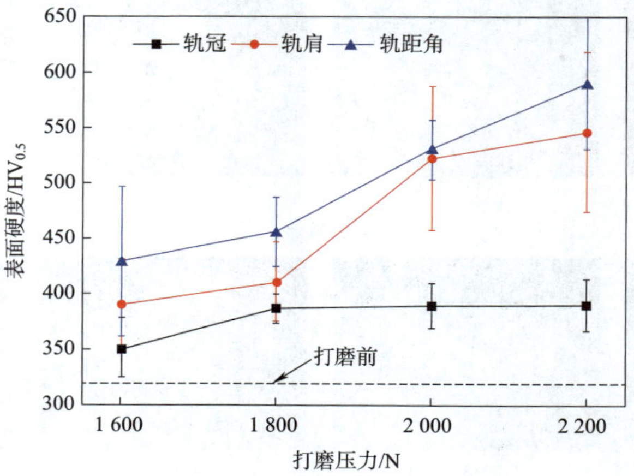


图 6-31 不同打磨压力下钢轨表面硬度示意

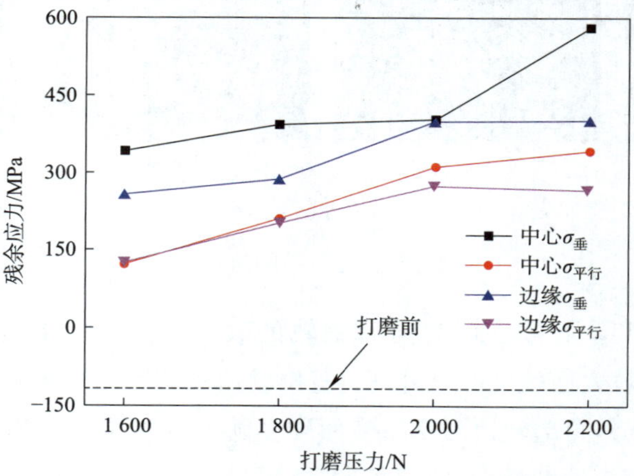


图 6-32 不同打磨压力下打磨后钢轨表面残余应力示意

打磨过程产生的残余应力形成与许多因素相关如打磨温度、塑性变形和白层等。打磨过程中在磨粒切削与犁耕作用下磨粒与钢轨材料之间产生很大的热量，其中一部分热量传导进钢轨表层材料中使得钢轨表面温度急剧升高。表层钢轨材料随即受热膨胀，而表层以下钢轨材料则保持室温不会发生弹性变形。当打磨完成后钢轨材料开始冷却收缩，而表层钢轨材料冷却速度大于内层钢轨材料，内层的钢轨材料对表层钢轨材料的收缩起到了阻碍作用，因而产生残余拉应力。由于打磨压力升高会使得打磨温度增大，因此残余拉应力值也随之增大。打磨完成后钢轨表面产生塑性变形使得钢轨材料沿着切削方向收缩，因此钢轨磨粒切削方向产生残余拉应力。另外，不同的金相组织的比重不同，钢轨材料发生相变产生白层之后表层钢轨材料的比容积会发生变化，必然会导致内应力产生。

钢轨打磨质量主要通过钢轨表面粗糙度、钢轨打磨烧伤、钢轨打磨白层和钢轨表面残余应力来判断。从上述结果可以看出，增加打磨压力会导致钢轨表面粗糙度增加、钢轨表面烧伤程度加重、钢轨白层厚度和表面硬度增大、残余拉应力增加，即钢轨打磨质量下降。这主要是因为增加打磨压力会使得参与切削的磨粒个数显著增多且磨粒切削深度增大，因此打磨温度更高，过高的打磨温度会降低钢轨打磨质量。另外，在相同的打磨参数下轨冠处打磨质量最好，轨肩处次之，轨距角处最差。

在现场钢轨打磨作业中，首先要保证打磨质量，在此前提下要求钢轨打磨效率尽可能高。从以上试验结果可以看出，钢轨打磨质量和打磨效率同时受到打磨压力影响，且钢轨各个部位打磨效果不尽相同。图 6-33 为打磨压力对钢轨材料去除影响的综合分析图，一方面，打磨压力增加虽然会提升钢轨打磨效率，主要表现为打磨量显著增加；另一方面，打磨压力增加会使得钢轨打磨质量下降，主要表现为钢轨表面粗糙度升高、钢轨白层厚度增大、钢轨残余应力值增加。因此需要将打磨压力设定在一个合理的范围内，既保证打磨质量较好，又不会使得打磨效率过低，同时考虑到钢轨各个部位打磨效果不同，因此需要分别针对各个钢轨部位设定最合适的打磨压力。

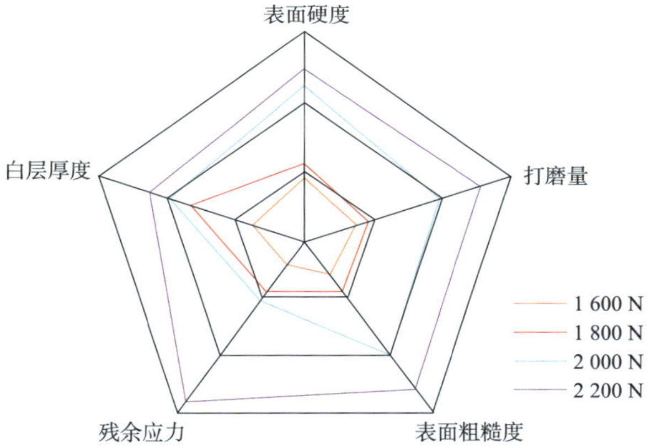


图 6-33　打磨压力影响综合分析示意

图 6-34 为考虑钢轨不同部位的打磨压力合理区间。根据钢轨质量和打磨效率可以将打磨压力分为三个区域：在区域Ⅰ内钢轨打磨质量足够好，但打磨量不够，在这种情况下虽然打磨后钢轨表面具有比较好的表面质量，但是打磨过程对钢轨损伤的去除效果较低，这是预防性打磨通常采用的策略；在区域Ⅲ内钢轨打磨量足够，但是打磨质量较低，虽然打磨有效地去除了钢轨损伤，但是同时也使得打磨后钢轨表面质量降低，这是修复性打磨经常带来的问题；在区域Ⅱ中打磨量足够且打磨质量得到了保证，即最合适的打磨压力存在范围。可以看到钢轨的三种部位对应的最优打磨压力不同，轨距角对应的最优打磨压力在 1 600 N 左右，轨肩为 1 800 N，而轨冠则为 2 000 N。

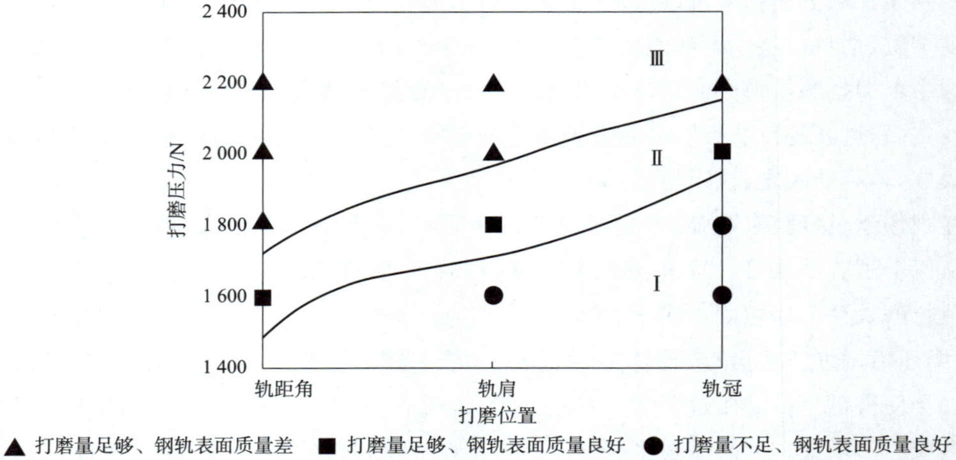


图 6-34　钢轨打磨压力合理区间示意

## 6.3.2　磨石转速

图 6-35 为不同磨石转速下钢轨打磨带宽度和钢轨打磨量。结果表明,随着磨石转速从 2 500 r/min 增加到 4 000 r/min,打磨带宽度和打磨量都呈增加趋势。这说明现场打磨过程中磨石转速虽然通常是固定的,但是可以显著提高钢轨打磨效率。这是因为随着磨石转速增加,单位时间内参与切削的磨粒个数会增加,因此钢轨材料的去除量增大,钢轨打磨量增加。钢轨打磨作业过程中,当钢轨损伤比较严重时可以考虑通过提高磨石转速来增加钢轨打磨量以更加高效地去除钢轨损伤,这可以减少打磨遍数以降低铁路天窗占用时间。

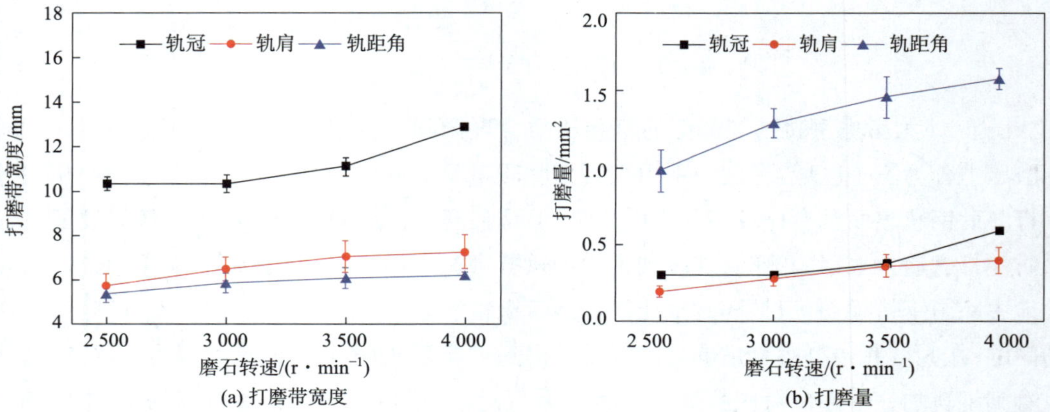


图 6-35　不同磨石转速下打磨带宽度与打磨量示意

图 6-36 为不同磨石转速下打磨磨屑 SEM 图(打磨位置为轨肩)。结果表明,随着磨石转速增加,条形磨屑厚度明显减小而球形磨屑数量明显增多,特别是当磨石转速为 4 000 r/min 时球形磨屑成为主要的磨屑类型。条形磨屑是由于打磨过程中磨粒切削作用形成的,而增加磨石转速会导致磨粒未变形切屑厚度减小,因此条形磨屑厚度会减小。值得注意的是这一结果与钢轨打磨量增加是不矛盾的,增加磨石转速的过程中条形磨屑厚度降低,但单位时间内参与切削的磨粒个数增多,在这种情况下钢轨总的材料去除量增大。球形磨屑是由于磨粒切削过程中磨粒点与钢轨材料之间的温度过高,使得钢轨材料熔化并随着磨石飞出而形成的。磨石转速的增加会导致磨粒切削消耗能量增加,且单位时间内更多的磨粒参与切削,在这两个因素共同作用下打磨温度会升高,因此球形磨屑的数量也会相应地增多。

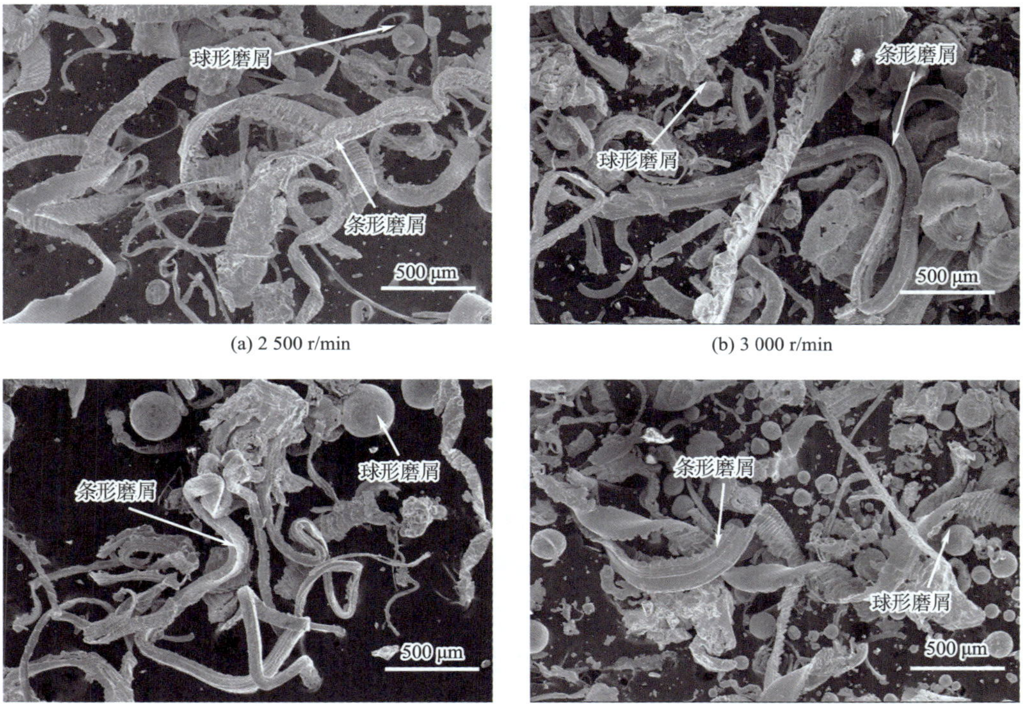

(a) 2 500 r/min　(b) 3 000 r/min

(c) 3 500 r/min　(d) 4 000 r/min

图 6-36　不同磨石转速下打磨磨屑 SEM 图

图 6-37 为不同磨石转速下钢轨表面 SEM 图(打磨位置为轨肩)。可以看到,随着磨石转速增加,磨痕的密度增多且磨痕两侧钢轨材料塑性流动程度增大。特别是当磨石转速增加到 4 000 r/min 时磨痕中出现了许多球形磨屑。这一结果与打磨磨屑中的分析是一致的。另外,正是由于磨石转速增加使得打磨温度上升,因此钢轨材料的软化程度加剧,磨粒切削后钢轨材料的塑性流动程度也相应加剧。

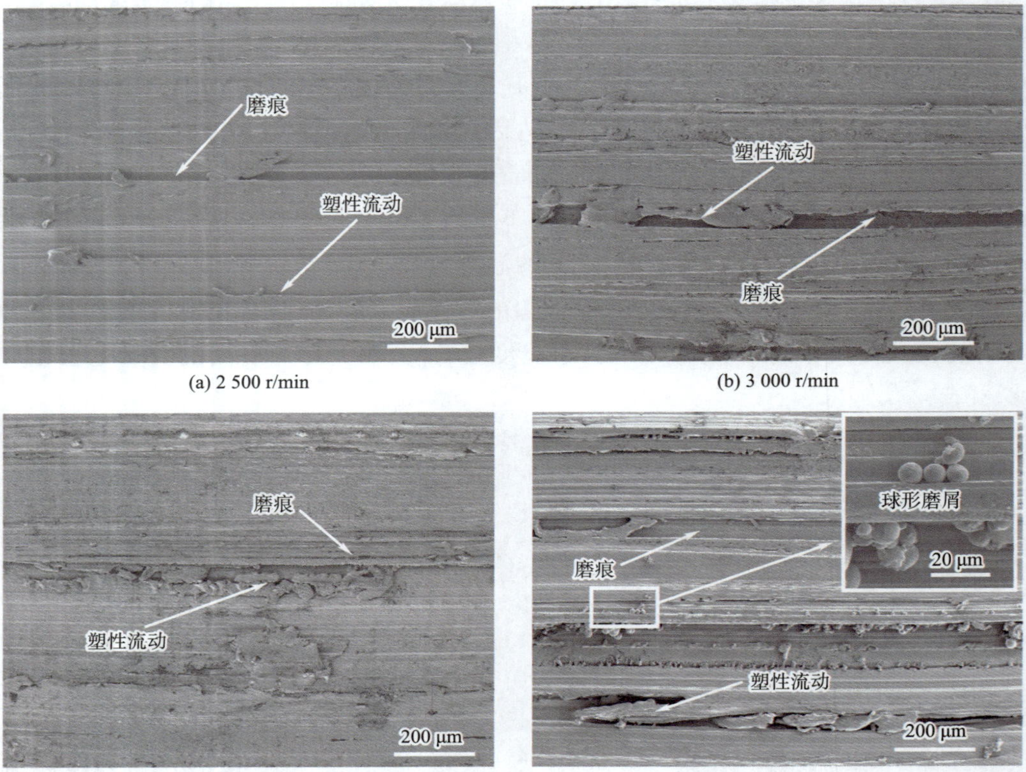


(a) 2 500 r/min　(b) 3 000 r/min　(c) 3 500 r/min　(d) 4 000 r/min

图 6-37　不同磨石转速下打磨钢轨表面 SEM 图

进一步对不同磨石转速下打磨钢轨表面三维形貌进行了测量，如图 6-38 所示（打磨位置为轨肩）。可以看到，随着磨石转速增加打磨后钢轨表面磨痕深度整体呈减小的趋势。图 6-39 中钢轨表面粗糙度结果也表明随着磨石转速的增加钢轨表面粗糙度逐渐降低，在四种磨石转速条件下钢轨表面粗糙度均低于 10 μm。这是因为随着磨石转速增加，磨石磨粒的未变形切屑厚度减小，因此打磨磨痕深度减小且钢轨表面粗糙度降低。

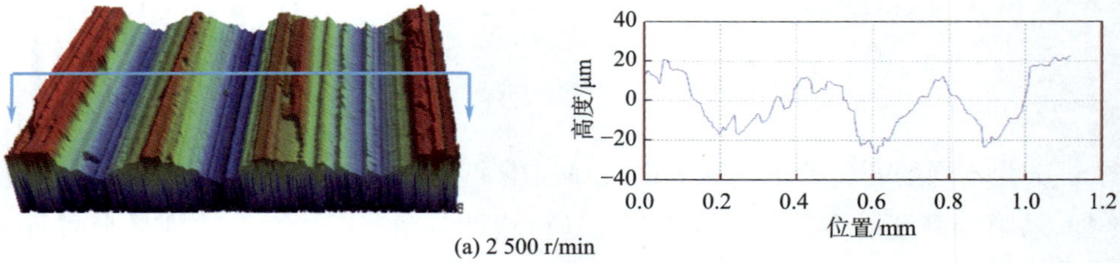


(a) 2 500 r/min

图　6-38

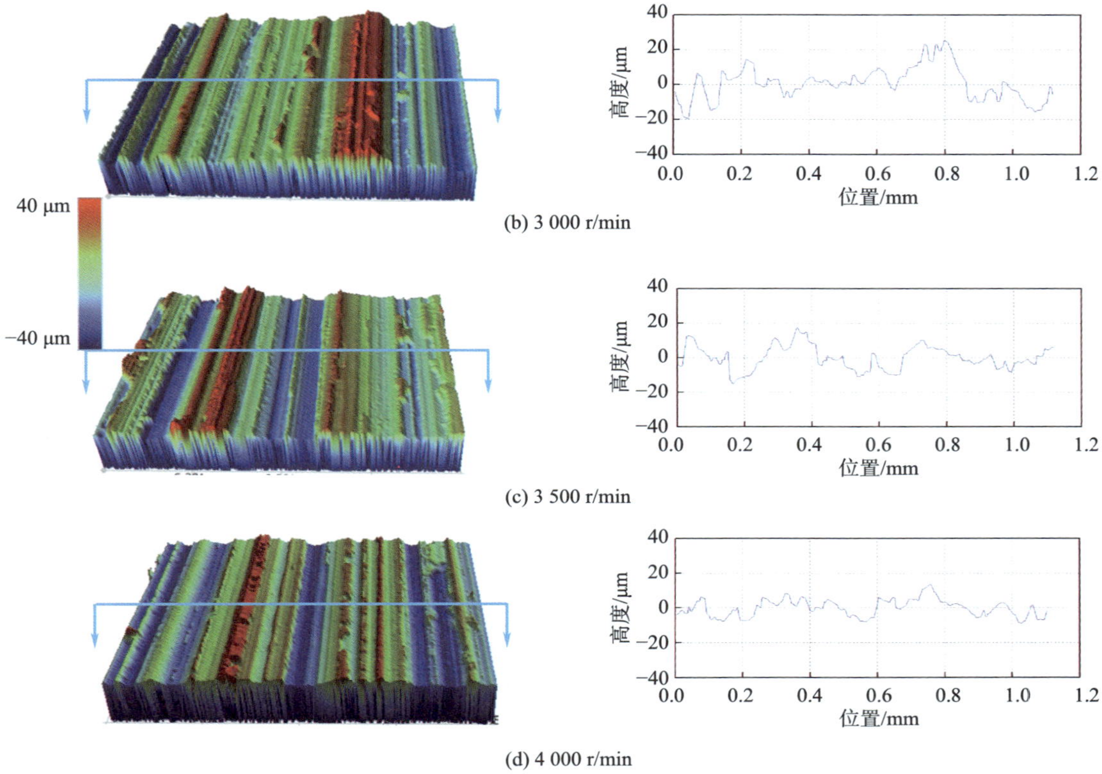


图 6-38　不同磨石转速下打磨钢轨表面三维形貌示意

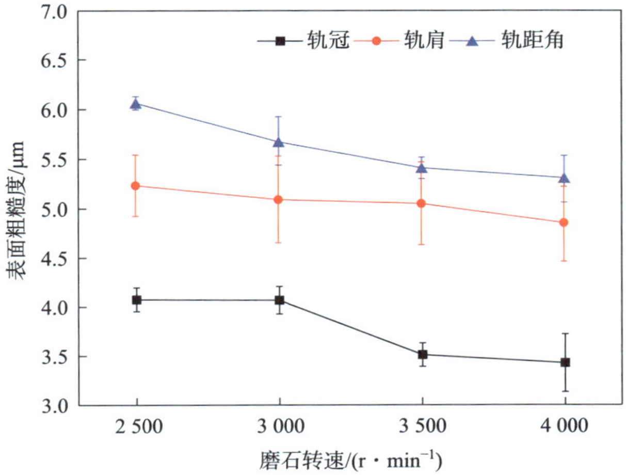


图 6-39　不同磨石转速下打磨钢轨表面粗糙度示意

图 6-40 为不同磨石转速下打磨后钢轨表面 OM 图(打磨位置为轨肩)。可以看到,当磨石转速小于 4 000 r/min 时钢轨表面均未出现烧伤,而当转速增加到 4 000 r/min 时钢轨表

面出现了棕色烧伤。这是因为增加转速会导致打磨温度升高，因此可能会烧伤钢轨。这说明现场打磨过程中也不能为了增加打磨量而不停地增大磨石转速，结合图 6-38 和图 6-40 的结果，建议磨石转速不能超过 4 000 r/min。

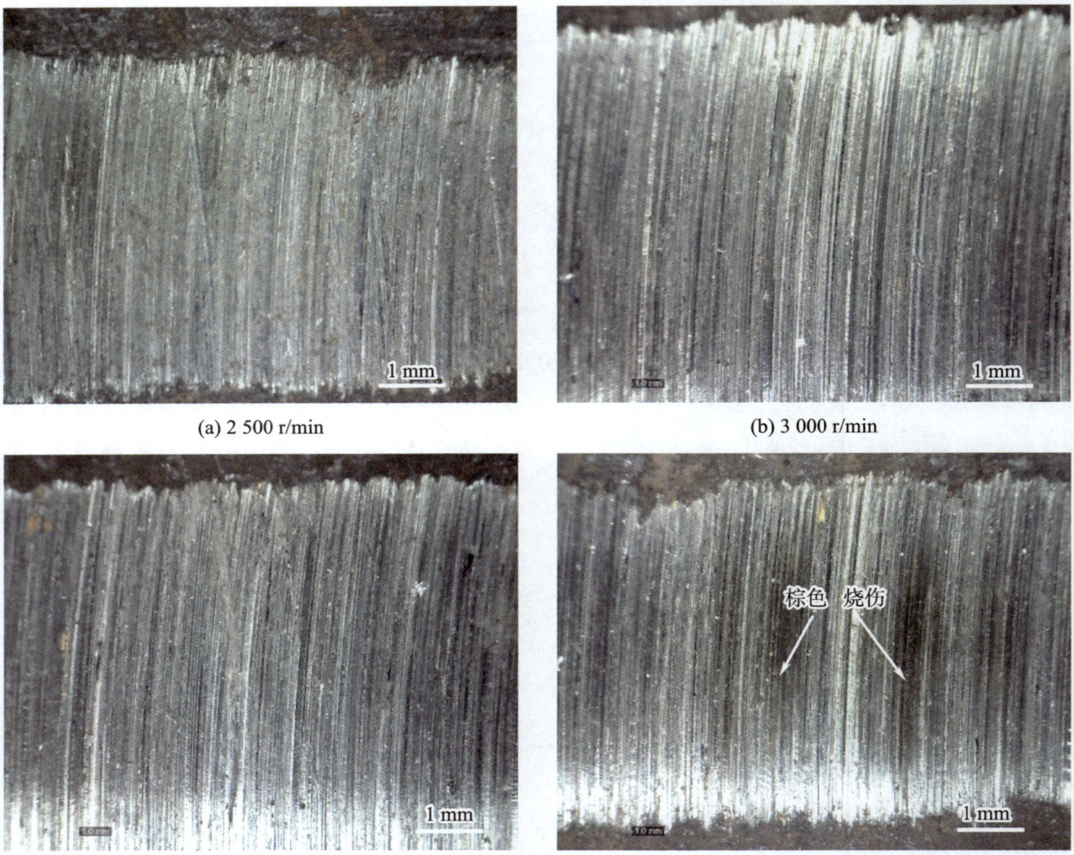


(a) 2 500 r/min　(b) 3 000 r/min

(c) 3 500 r/min　(d) 4 000 r/min

图 6-40　不同磨石转速下打磨钢轨表面 OM 图

图 6-41 为不同磨石转速条件下打磨后钢轨剖面 OM 图。当磨石转速低于 3 500 r/min 时钢轨表面未出现明显的白层，而当转速达到 3 500 r/min 时钢轨表面出现了白层，其厚度为大约 8 μm，当转速继续增加到 4 000 r/min 时白层厚度增大至 24 μm。

从上述结果可以发现，增加磨石转速会一定程度上降低钢轨打磨质量，特别是当磨石转速为 4 000 r/min 时钢轨打磨质量很低，主要表现为钢轨表面出现了棕色烧伤，白层厚度比较大。从这一结果来看现场钢轨打磨作业过程中磨石转速保持在 3 600 r/min 是比较合理的。

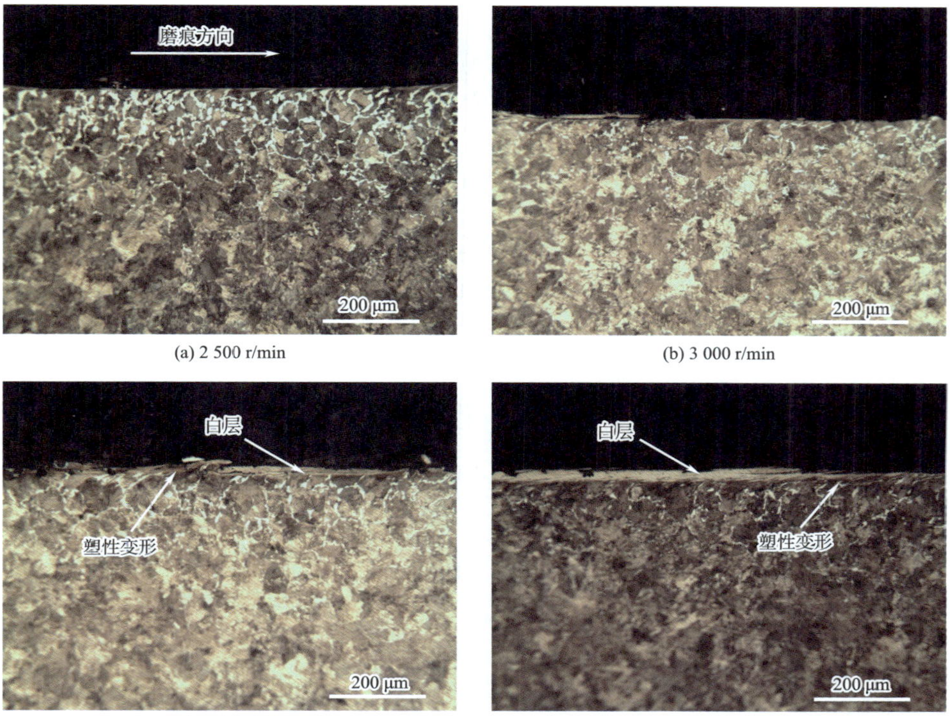


(a) 2 500 r/min (b) 3 000 r/min

(c) 3 500 r/min (d) 4 000 r/min

图 6-41 不同磨石转速下打磨钢轨剖面 OM 图

## 6.3.3 进给速度

图 6-42 为不同进给速度下钢轨打磨带宽度和打磨量。可以看到，随着进给速度增加，钢轨打磨带宽度和打磨量均显著降低。这是因为增加进给速度会导致单位时间内参与切削的磨粒个数减少，因此钢轨材料去除量更低，钢轨打磨量更小。这一特点正是高速铁路打磨策略的原理，由于高速铁路钢轨的疲劳损伤相对轻微，因此可以通过提高打磨车进给速度的方法来缩短作业时间同时去除轻微的钢轨损伤。

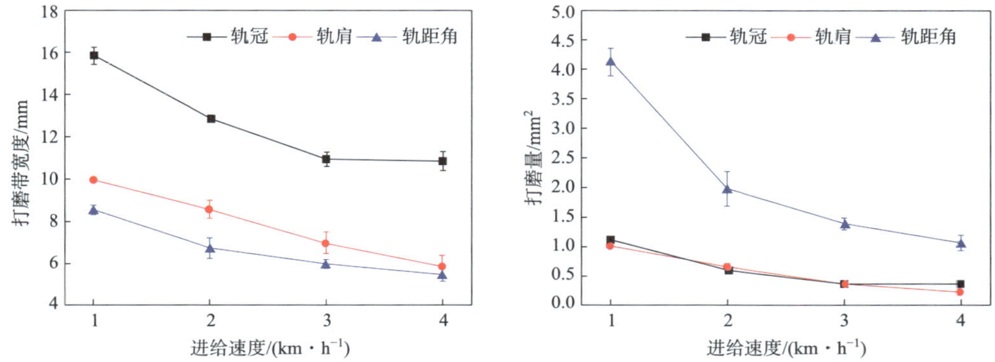


(a) 打磨带宽度 (b) 打磨量

图 6-42 不同进给速度下打磨带宽度与打磨量示意

根据欧洲铁路钢轨打磨验收标准，打磨作业后轨冠处的打磨带宽度不能大于 10 mm，轨肩处不能超过 7 mm，轨距角处不能超过 4 mm。本章中所有打磨带宽度均高于现场所允许的范围。这是因为现场打磨作业是由多个磨石共同完成的，例如 GMC-96 钢轨打磨车一条钢轨上布置的磨石为 48 个，因此当打磨车作业完成后不同磨石造成的打磨带之间会互相干涉，导致最终的打磨带宽度减小，而本章采用的单个磨石在钢轨不同部位进行打磨，打磨带之间并不存在相互干涉的情况，因此打磨带宽度更大。

图 6-43 为不同进给速度下打磨后钢轨表面 SEM 图(打磨位置为轨肩)。随着进给速度增加，钢轨材料塑性流动程度减小。这是因为进给速度的增加会导致打磨温度降低，因此钢轨材料受热软化程度会减小，磨粒切削过程中钢轨材料塑性流动程度随即减轻。

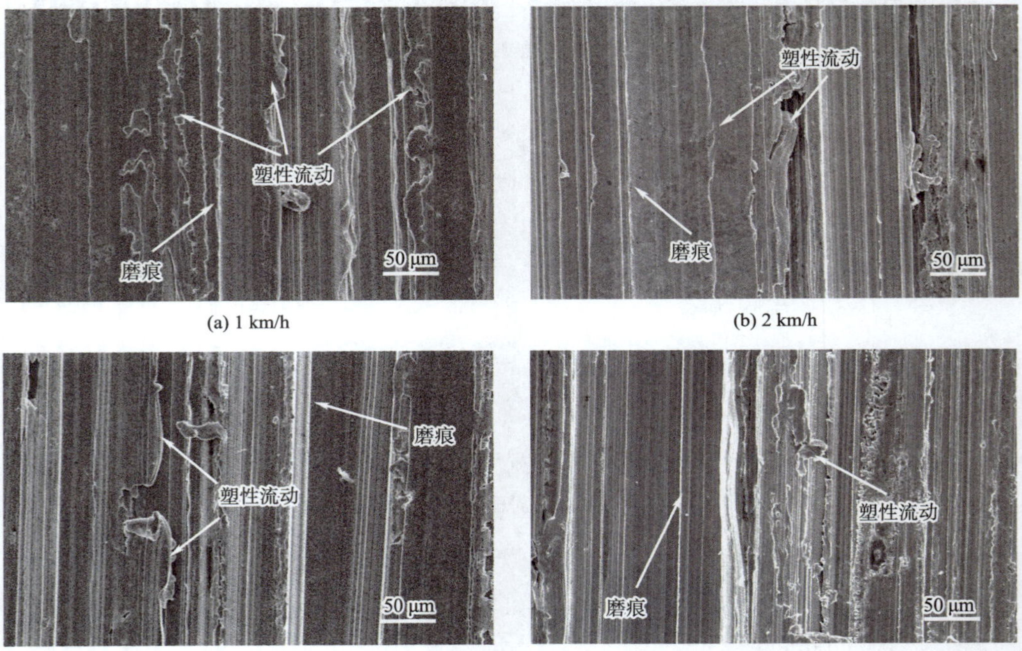


(a) 1 km/h　(b) 2 km/h　(c) 3 km/h　(d) 4 km/h

图 6-43　不同进给速度下打磨后钢轨表面 SEM 图

图 6-44 为不同进给速度下打磨后钢轨表面三维形貌(打磨位置为轨肩)。随着进给速度增加，钢轨表面磨痕深度呈现出先增加后减小的趋势。图 6-45 为不同进给速度下打磨后钢轨表面粗糙度，可以看到随着进给速度增加，表面粗糙度先增加后降低，当进给速度为 3 km/h 时表面粗糙度最大。这是因为打磨产生的表面粗糙度同时与进给速度和磨削深度有关：当磨削深度不变时进给速度增加会导致表面粗糙度增大；当进给速度不变时磨削深度的增加会导致表面粗糙度减小。钢轨打磨属于一种恒压力端面磨削，进给速度增加会导致磨削深度减小，因此表面粗糙度呈现出先增加后减小的变化趋势。

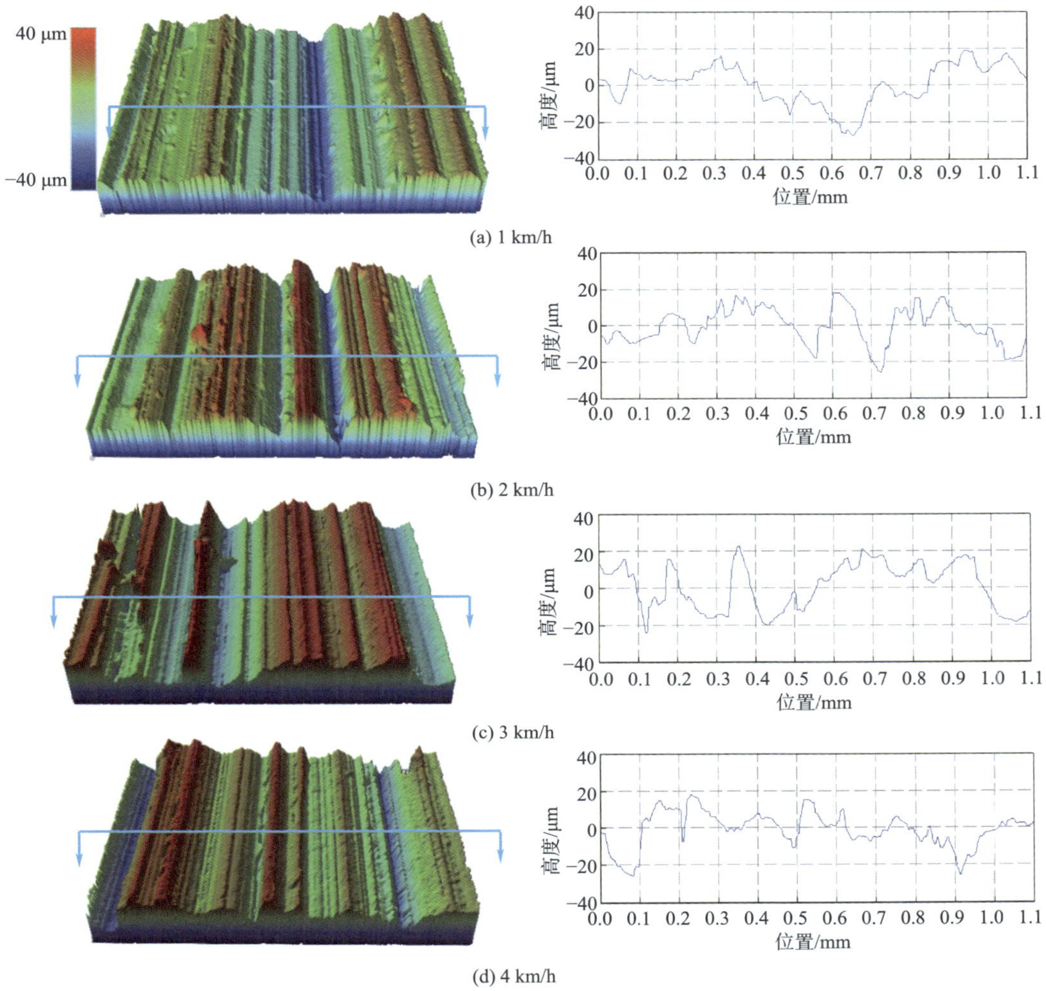


图 6-44　不同进给速度下打磨后钢轨表面三维形貌示意

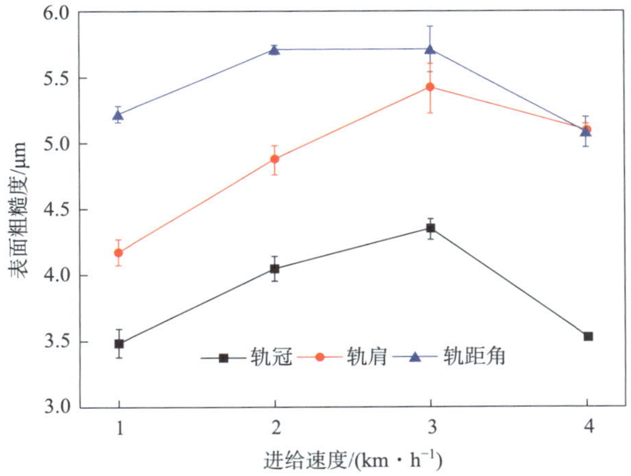


图 6-45　不同进给速度下打磨后钢轨表面粗糙度示意

图 6-46 为不同进给速度下打磨后钢轨表面 OM 图(打磨位置为轨肩)。打磨后钢轨表面出现了不同程度的烧伤,随着进给速度增加,烧伤有减缓趋势。当进给速度为 1 km/h 时钢轨表面烧伤呈现蓝色;当进给速度为 2 km/h 时烧伤为棕色;当进给速度达到 3 km/h 时钢轨表面未被烧伤。增加进给速度会使得打磨温度显著减小,因此钢轨表面烧伤程度减轻。钢轨表面的蓝色,即“发蓝现象”是一种比较严重的烧伤,在现场打磨过程中要求打磨之后钢轨表面不能出现连续的发蓝。图 6-46 中的蓝色烧伤只是出现钢轨表面的局部,并不是大面积连续出现,而连续发蓝现象的出现表明打磨温度非常高,对钢轨材料产生了不利影响。

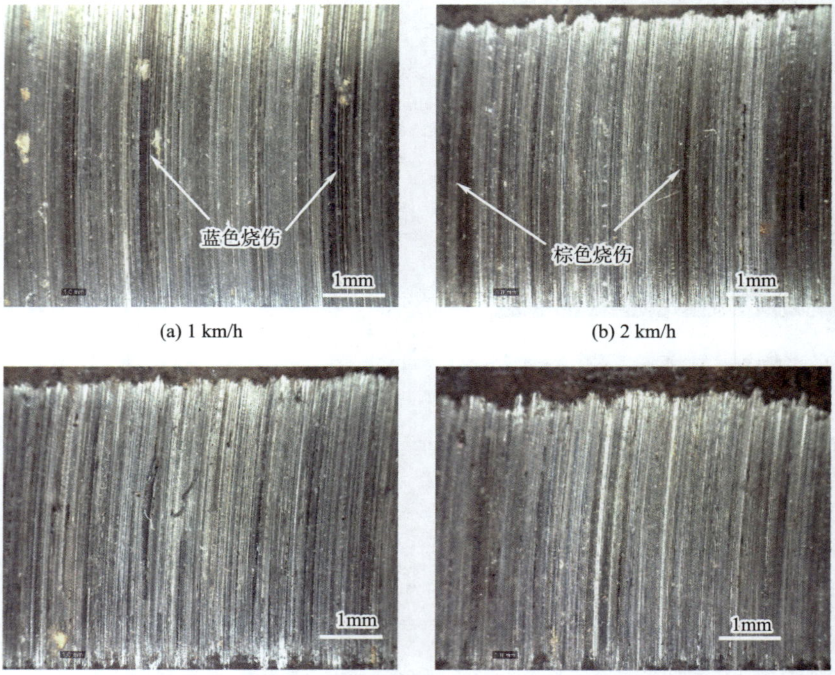


(a) 1 km/h (b) 2 km/h

(c) 3 km/h (d) 4 km/h

图 6-46 不同进给速度下打磨后钢轨表面 OM 图

进一步对不同进给速度下打磨后钢轨剖面进行了观察,如图 6-47 所示(打磨位置为轨肩)。不同进给速度下打磨后钢轨表面均覆盖着不同厚度的白层,且随着进给速度从 1 km/h 增加到 4 km/h,白层从大约 25 $\mu$m 减小到大约 9 $\mu$m。图 6-48 为不同进给速度下打磨前后钢轨表面硬度。从图中可以发现,随着进给速度增加钢轨表面硬度呈下降趋势。这是因为增加进给速度会导致白层厚度降低,因此钢轨表面硬度会有降低的趋势。

图 6-49 为不同进给速度下打磨前后钢轨表面残余应力。随着进给速度增加,垂向残余应力先增加后减小,而平行残余应力先减小后增加。在轮轨滚动接触过程中钢轨表面残余

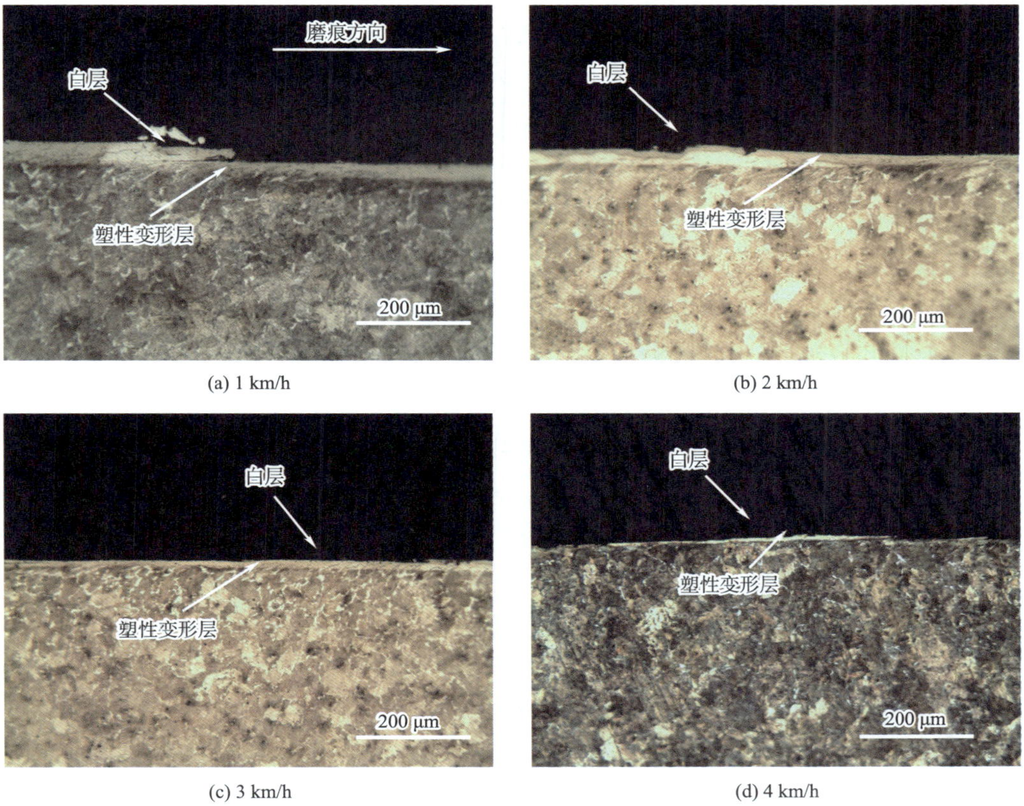


(a) 1 km/h　(b) 2 km/h　(c) 3 km/h　(d) 4 km/h

图 6-47　不同进给速度下打磨后钢轨剖面 OM 图

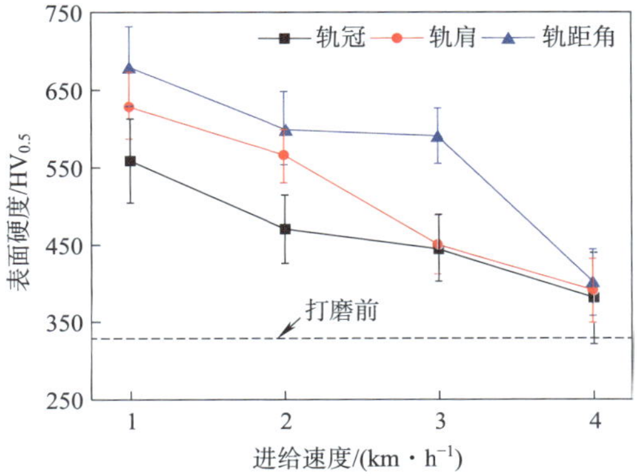


图 6-48　不同进给速度下打磨前后钢轨表面硬度示意

拉应力会加剧钢轨疲劳裂纹萌生与扩展，因此是应该极力避免的，但是从本章试验结果来看，打磨过程肯定会使钢轨表面残余压应力转变为拉应力，所以只能通过设置合理的打磨参数来尽量降低残余拉应力。

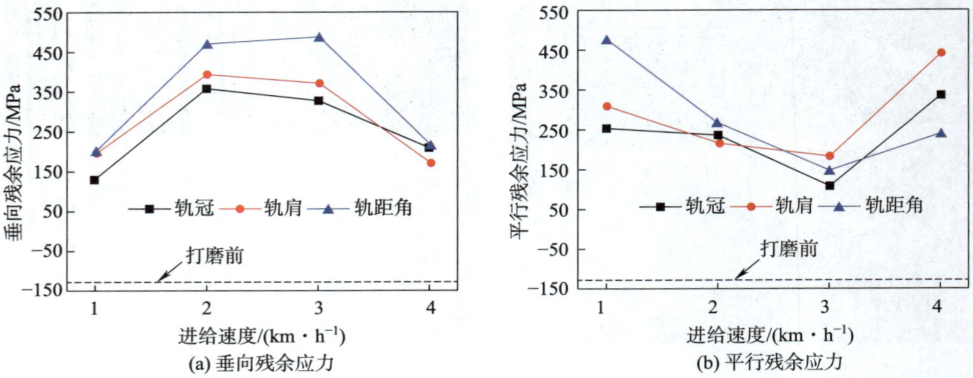


图 6-49　不同进给速度下打磨前后钢轨表面残余应力示意

从上述结果可以看出，增加进给速度可以有效提高钢轨打磨质量，这是因为随着进给速度增加，钢轨表面烧伤、钢轨白层等均有所减轻。这说明现场打磨过程中可以通过提高打磨车进给速度来改善打磨钢轨表面质量，但同时也会使得打磨量降低，这看似是一个矛盾的问题，但是可以很好地用于预防性打磨。在钢轨损伤还比较轻微的阶段，此时所需要的钢轨打磨量比较小，在此时就开始进行打磨作业不仅能有效去除钢轨损伤，还能最大程度地降低对钢轨造成的不利影响。另外，可以通过综合调控磨石转速和打磨车进给速度来不断改进新的打磨策略。一方面，增加磨石转速有利于提升打磨效率；另一方面，增加进给速度有利于提升钢轨打磨质量，因此可以同时增大磨石转速和打磨车进给速度以满足损伤比较严重路段的钢轨打磨作业需求。

## 6.4　钢轨打磨过程中材料微观组织转变

### 6.4.1　钢轨打磨白层及相变行为

图 6-50 为钢轨打磨白层与温度之间的定量关系。可以看到，当打磨温度低于 347.6 ℃时，没有出现白层，当温度升高到 400 ℃左右时出现了厚度为 3～8 μm 的白层，而这一温度低于钢轨材料奥氏体转变温度 735 ℃。总体上，随着打磨温度升高白层厚度呈现缓慢增大的趋势。

白层可以在很多情况下生成，如滑动摩擦、滚动摩擦、冲击、微动。白层的形成原因各有不同，主要可归结于高温及高冷却速率、高接触应力、材料特性。在表现形式上白层有一些相同特点，主要有白色、耐腐性、高硬度、细晶粒。目前对于白层的形成机制没有统一的认识，在摩擦学领域主要包括三种：热作用机制、机械作用机制、热机综合作用机制。在磨削加

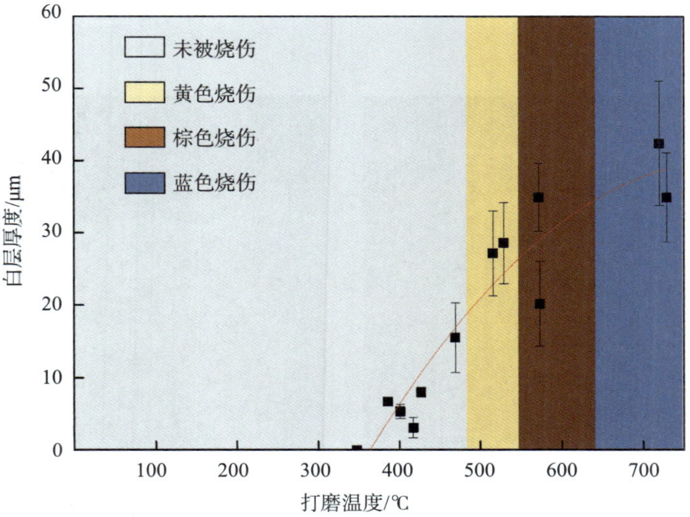


图 6-50　打磨钢轨热损伤与温度之间的关系示意

工过程中许多学者也发现磨削后的工件表面产生了白层。对于磨削白层的形成机制，主要有以下两类主要观点：

(1)温度作用机制。磨削过程大部分能量都转化成为热能，并且大部分传递到磨削工件中。有研究认为打磨过程产生的高温超过了工件材料奥氏体化温度，在快速冷却的过程中奥氏体再结晶形成马氏体，马氏体白层是磨削温度引起的二次淬火组织。

(2)温度-机械作用机制。有学者发现磨削白层可以在磨削温度低于工件材料奥氏体化温度的条件下产生，认为磨粒切削过程中产生很大的接触应力使得工件材料发生严重的塑性变形，接触应力会降低工件材料的相变温度，而塑性变形则会促进奥氏体向马氏体转变以及马氏体晶粒细化。因此以温度为主导，机械作用为辅是磨削白层的形成原因。

利用光学显微镜和扫描电镜对打磨白层进行了观察。图 6-51 显示了没有裂纹白层和有裂纹白层横剖面(即垂直于磨痕方向)OM 图(磨石转速为 3 600 r/min，进给速度为 3 km/h，打磨压力为 1 800 N)。钢轨基体材料中不规则白色条形组织为铁素体，暗色组织为珠光体，可以看到，白层大量集中于磨痕中，从磨痕中心到磨痕边缘白层厚度逐渐减小，白层以下的钢轨材料发生了严重的塑性变形，铁素体晶粒出现了细化现象。如图 6-51(b)所示，当白层厚度比较大时在白层与变形层交接处附近出现了裂纹，裂纹的出现使得白层看似有脱落趋势。分别对白层和钢轨基体材料硬度进行了测量，发现白层硬度为 798.6 $HV_{0.05}$，明显高于钢轨基体硬度 320.4 $HV_{0.05}$。图 6-52 平行于磨痕方向 OM 图，可以看到细化的铁素体在白层中几乎呈线条状且有明显的变形。从图 6-52(b)可以看到，白层下方的裂纹几乎平行于打磨表面，裂纹下方也有比较薄的白层，白层下方为塑性变形层，且白层与塑性变层之间是逐渐过渡的，塑性变形层内细化的铁素体逐渐延伸至白层组织中最后逐渐消失。

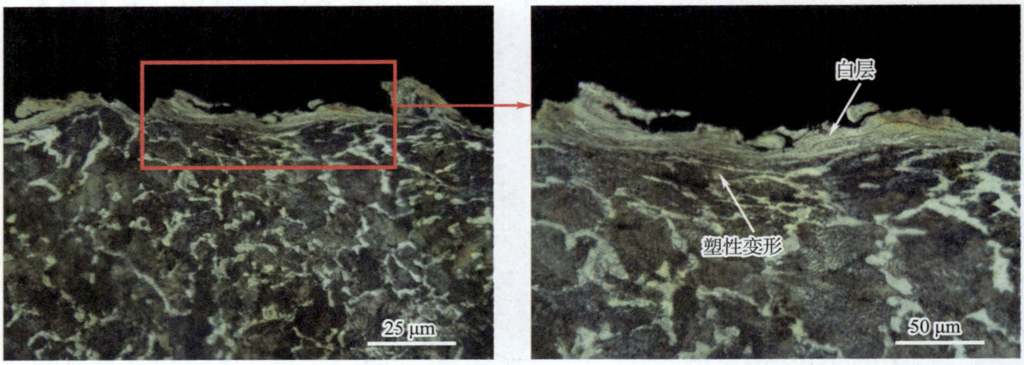


(a) 无裂纹

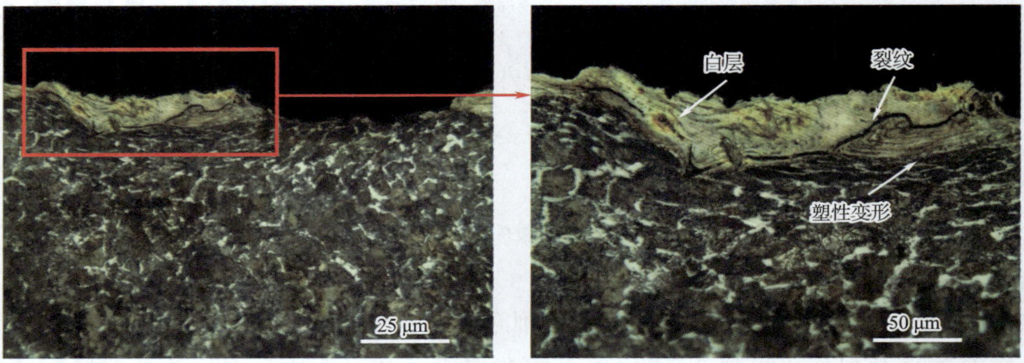


(b) 有裂纹

图 6-51　白层横剖面 OM 图

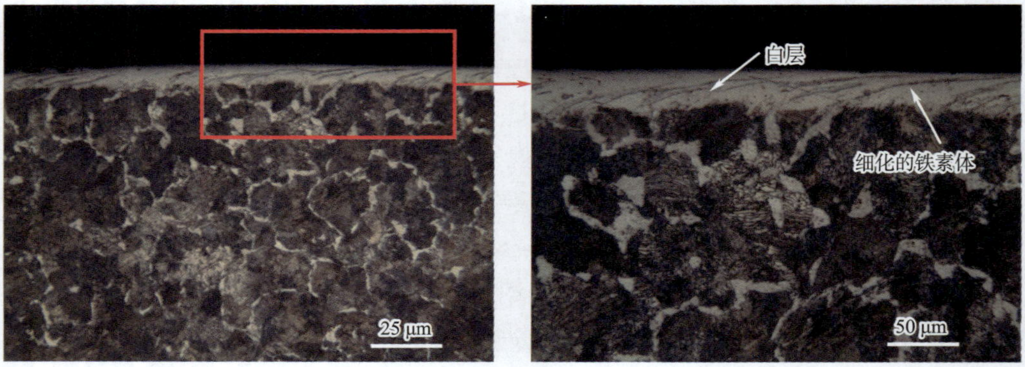


(a) 无裂纹

图　6-52

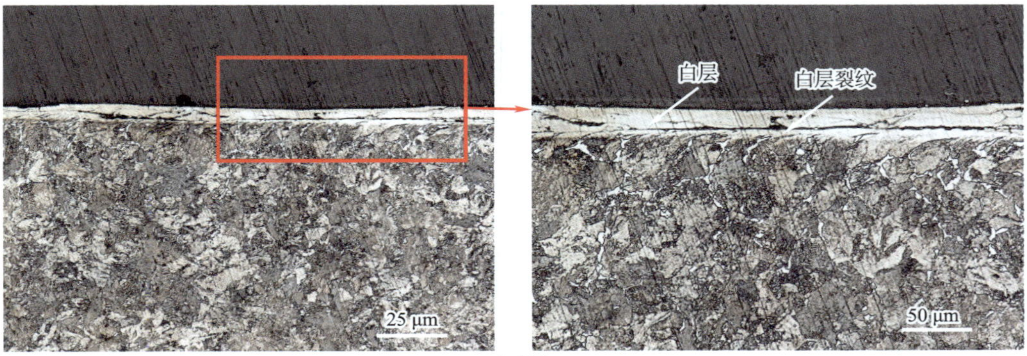


(b) 有裂纹

图 6-52　白层纵剖面 OM 图

图 6-53 为两处不同位置(分别为位置①和位置②)白层 SEM 图。可以看到,裂纹将白层与变形区域分开,裂纹以上白层组织致密没有明显的组织结构,这符合马氏体组织不易被腐蚀且结构致密的特点。区域 A 位于白层边缘,其中仍然可以看到细化的铁素体。在裂纹以下区域(即区域 B),首先是厚度为 4 μm 左右的白层,白层下方钢轨材料发生了严重的塑性变形,铁素体细化且变形到几乎裂纹平行。在位置②处的白层中除了能在白层中看到细化的铁素体外,还可以在白层前方看到白层与基体的分界线:在分界线以下珠光体组织未发生变形,铁素体未发生细化,而分界线以上的白层组织中铁素体细化明显,裂纹沿着分界线扩展。这种裂纹萌生可能与打磨引起的残余拉应力有关,白层相比钢轨基体组织是一种硬质组织,因此在分界线处白层与基体的结合并不紧密。当白层厚度比较大时,在残余拉应力的作用下白层与基体在分界线处产生裂纹。但是由于白层并未完全从钢轨基体上脱离,而是处于一种“镶嵌”在磨痕中的状态,在后续的轮轨滚动接触过程中这种硬质的白层在轮轨法向载荷的作用下会被强行压入磨痕中,并在切向力的作用下萌生疲劳裂纹。

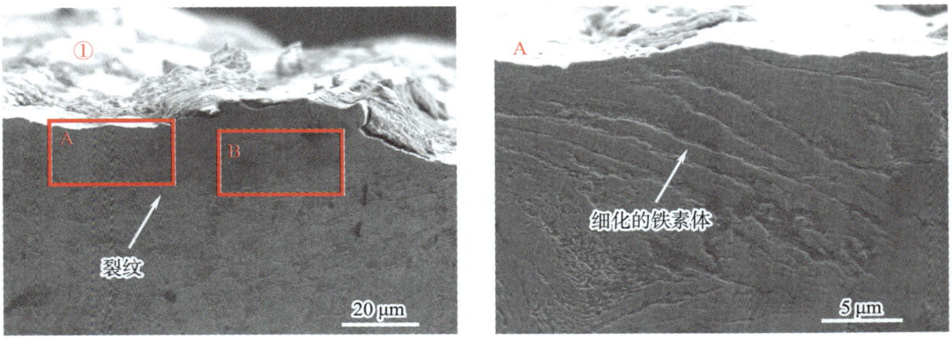


图　6-53

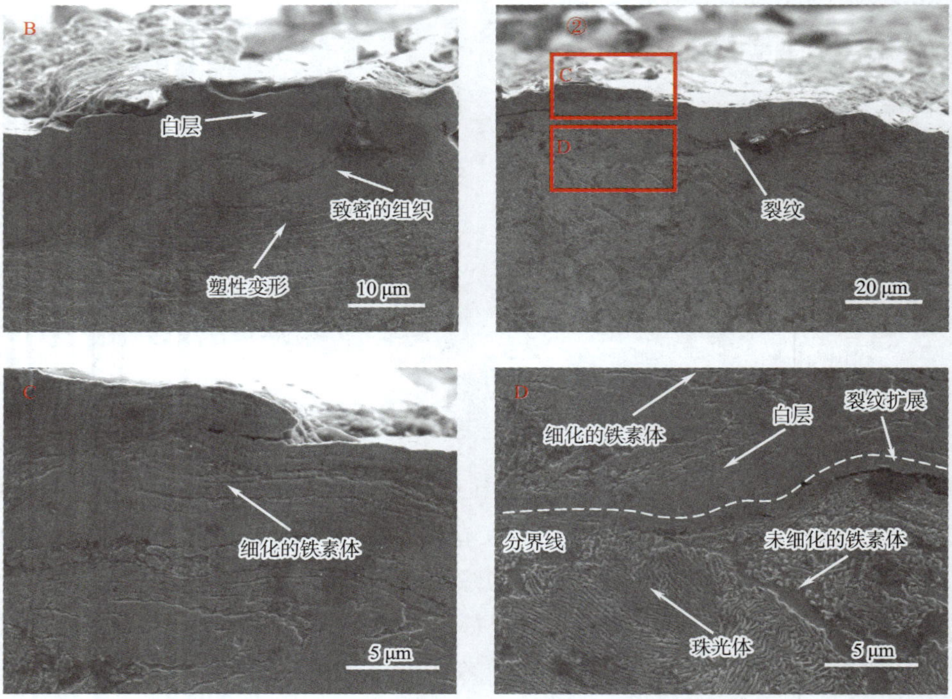


图 6-53　钢轨打磨白层 SEM 图

作为对比，图 6-54 显示了没有白层的钢轨剖面 SEM 图。可以看到，磨痕处珠光体在磨粒的与钢轨之间高接触应力作用下发生了严重塑性变形，越靠近表面变形程度越大。在变形区内铁素体组织被细化，且距离钢轨表面越近细化程度越高，在距离表面 2 μm 处铁素体几乎与表面平行。在距离表层 1 μm 区域内钢轨材料已变得十分致密，看不清明显的组织结构，这与图 6-52 中白层裂纹以下的组织结构十分类似。

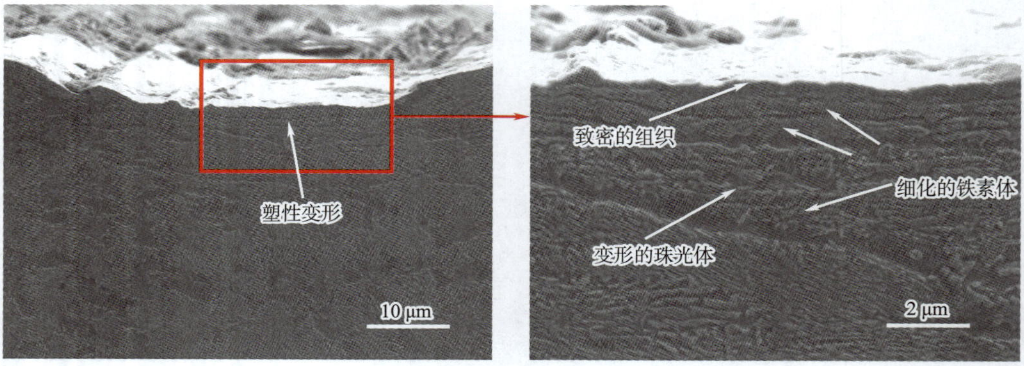


图 6-54　钢轨材料塑性变形 SEM 图

打磨过程中钢轨材料的相变可以用 X 射线衍射分析来进行判断，通过检测残余奥氏体的存在与否来确定相变类型，图 6-55 为打磨前后钢轨表面 XRD 衍射图。打磨后钢轨表面除了铁素体（$\alpha$ 相）外还包含奥氏体（$\gamma$ 相）。其中奥氏体 $\gamma$(111)峰与铁素体 $\alpha$(110)峰重叠。残余奥氏体直接表明白层的形成且是由相变导致的，其结构为马氏体。值得注意的是由于 XRD 检测中马氏体相的衍射峰与铁素体几乎相同，通常用残余奥氏体来判断马氏体存在与否。另外打磨后 $\alpha$ 相三强峰与打磨前相比均出现了宽化且衍射峰向大角度方向偏移。根据德拜-谢乐公式

$$D_{hkl}=\frac{k\lambda}{\beta\cos\theta_{hkl}} \tag{6-7}$$

式中　$\theta_{hkl}$——衍射角；

$D_{hkl}$——晶粒尺寸；

$\beta$——半宽峰；

$k$——常数，通常取 1。

可见半峰宽或衍射角增大时晶粒尺寸会减小，这表明打磨后钢轨材料晶粒出现了细化，这符合马氏体组织结构致密的特点，且钢轨材料发生了严重塑性变形。另外，残余应力的存在也会使得衍射峰角度发生偏移。

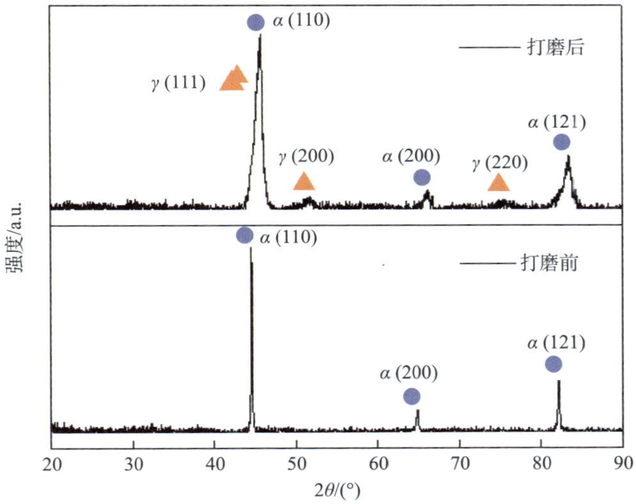


图 6-55　打磨前后钢轨表面 XRD 衍射图谱示意

为了分析白层组织和基体组织成分差异，分别测量了白层组织和基体组织中 C 和 Fe 元素含量，图 6-56 为 EDS 能谱。可以发现，白层组织中 C 元素的含量为 3.71%高于基体中的 C 含量 1.58%；Fe 元素的含量区别不明显，白层中 Fe 元素含量为 95.04%略低于基体中 Fe 元素含量 95.97%。马氏体是 C 的过饱和铁素体结构，过量的 C 元素溶入奥氏体结构中引起晶格畸变而形成马氏体。因此通常认为 C 元素在马氏体结构中含量相对较高，另外有些学者认为在大应变条件下变形后铁素体溶 C 能力更强，因此形成马氏体的相变温度更低。

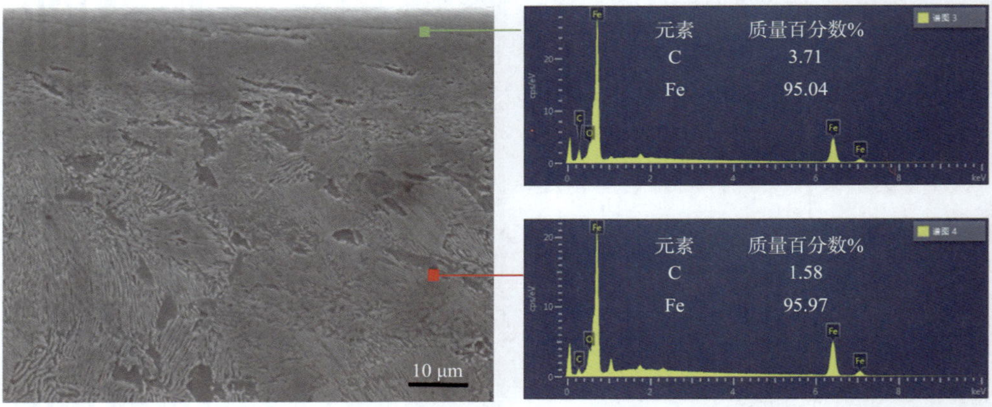


图 6-56 白层组织与基体组织 EDS 成分分析

打磨过程中磨粒在一定的压力下压入钢轨并对钢轨材料进行切削，当磨粒的接触应力高于钢轨材料的屈服极限时钢轨材料开始产生塑性变形，随着接触应力继续增大塑性变形程度加重，当塑性变形超过一定限度时，钢轨材料发生断裂并以切屑的形式离开钢轨。在此过程中由于摩擦作用磨粒与钢轨间产生很高的温度，在高温下珠光体片层内的渗碳体开始溶解并形成奥氏体，在随后快速冷却的过程中奥氏体再结晶形成马氏体。于此同时磨粒对钢轨材料施加的很大的接触应力使得 C 元素更好地溶入铁素体中，奥氏体的转变温度降低。因此打磨形成的马氏体白层主要是由打磨温度引起的，磨粒对钢轨的接触应力促进了奥氏体转变和马氏体的形成。这表明钢轨打磨白层形成过程受到打磨温度与接触应力的共同作用。

值得注意的是，磨粒与钢轨接触点的温度（闪温）极高，高于打磨磨石与钢轨间的界面温度即基础温度。闪温信号的持续时间极短（几十微秒）很难被热电偶记录下来，加之外界环境中存在高频干扰信号，干扰信号与闪温信号的频率相近，在滤波的过程中会随着干扰信号同时被滤掉，本章只测量到了基础温度。从白层的组织形貌来看，尤其在磨痕中白层厚度更大，因此可能是由于闪温所致。今后将进一步对打磨过程中的闪温进行研究，以进一步确定白层的形成与打磨温度的关系。

### 6.4.2 钢轨打磨烧伤及氧化行为

打磨烧伤形成是一个相当复杂的过程，其形成机制主要与打磨过程高温相关且受打磨参数影响明显。由于打磨烧伤是钢轨表面上发生的变化，故首先对打磨前后钢轨表面化学成分进行检测。对打磨后钢轨表面进行了 EDS 能谱分析，如图 6-57 所示。不同进给速度打磨后能谱上均可以看到氧元素，其含量在 6.8%～11.3%。另外，能谱上还可以看到极少量的铝元素。由于能谱测量点在打磨后钢轨表面，这一表面相对于打磨前是钢轨内部材料，因此氧元素来源于打磨过程中。考虑到打磨过程的高温，推断氧元素是由于铁金属在空气中氧化产生的，铝元素则来自磨石。

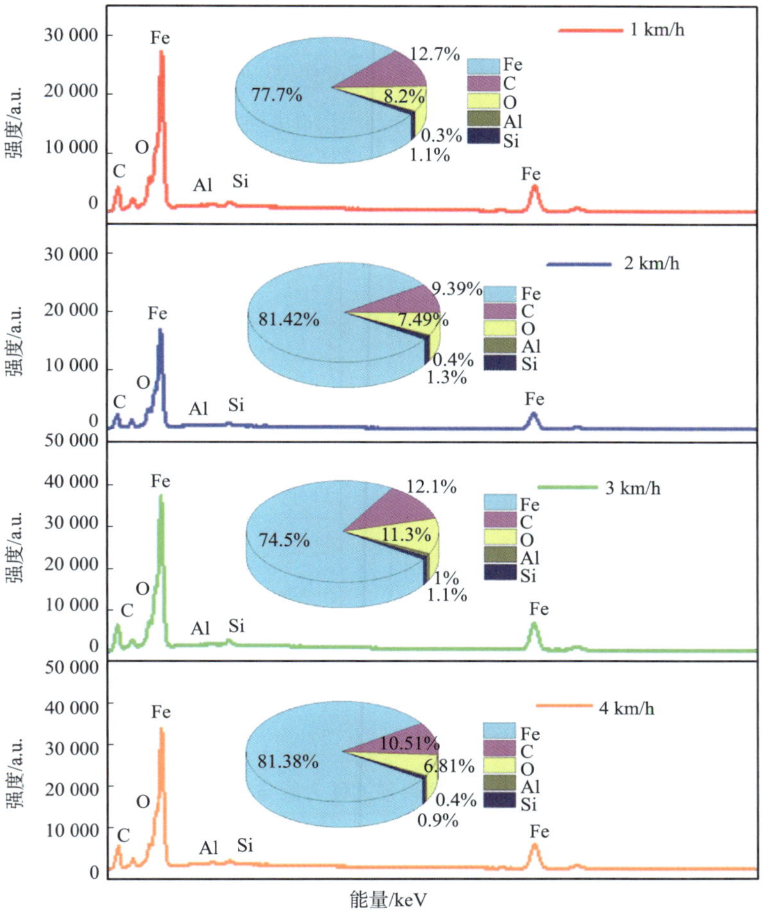


图 6-57　不同进给速度下打磨后钢轨表面 EDS 能谱

既然钢轨材料在打磨过程中发生了氧化反应，就需要对打磨后钢轨表面铁元素的存在状态进行测定以确定其氧化反应程度。图 6-58 为不同进给速度下打磨后钢轨表面铁元素的 XPS 分析(精细谱)。从图 6-58(a)可以看到，在 711.3 eV 和 724.4 eV 处分别出现了两个峰：$Fe2p_{3/2}$ 和 $Fe2p_{1/2}$，由于 $Fe2p_{3/2}$ 峰的强度和面积都要大于 $Fe2p_{3/2}$ 峰，所以用 $Fe2p_{3/2}$ 峰来确定铁元素的价态和相对含量要更加准确。为了得到铁元素的价态需要对能谱进行分峰拟合，如图 6-58(b)所示。可以看到，当进给速度低于 3 km/h 时 $Fe2p_{3/2}$ 峰可以分为两个峰：$Fe^{2+}$ 峰和 $Fe^{3+}$ 峰；当进给速度达到 3 km/h 及以上时 $Fe2p_{3/2}$ 峰可以分为三个峰：$Fe^0$ 峰、$Fe^{2+}$ 峰和 $Fe^{3+}$ 峰。铁元素的这三种价态的峰对应的结合能和半峰宽 FWHM 列于表 6-6。根据各个峰与横轴形成的面积可以得到其相对含量，见表 6-7。当进给速度低于 3 km/h 时 $Fe^0$ 相对含量为零，即钢轨表面铁元素全部被氧化；当进给速度达到 3 km/h 时开始出现极少量 $Fe^0$。随着进给速度增加，$Fe^{3+}$ 的相对含量逐渐减少，而 $Fe^{2+}$ 的相对含量逐渐增多。

$Fe^{3+}$是铁元素充分氧化形成的产物，而$Fe^{2+}$则是铁元素不完全氧化的产物，这表明增加进给速度会导致铁元素氧化反应减弱。结合EDS能谱分析结果，打磨后钢轨表面存在着由$Fe_2O_3$和FeO构成的氧化物薄膜，且氧化膜的厚度随着进给速度增加而减小。这是因为氧化膜主要是由于钢轨材料高温氧化而形成的，而增加进给速度会降低打磨温度，因此氧化反应程度减弱，氧化膜的厚度减小。

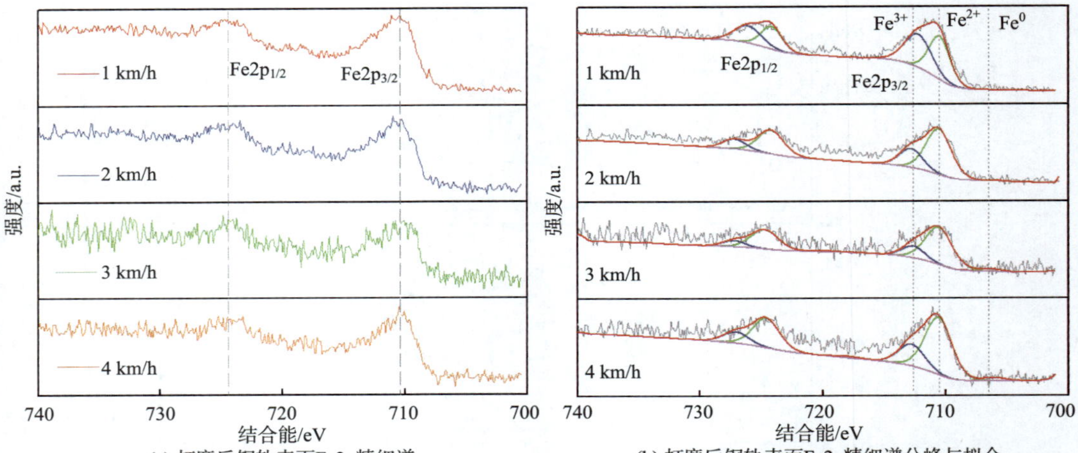

(a) 打磨后钢轨表面Fe2p精细谱　(b) 打磨后钢轨表面Fe2p精细谱分峰与拟合

图6-58　不同进给速度下打磨钢轨表面XPS分析示意

**表6-6　XPS拟合谱的结合能与FWHM**

| 进给速度/(km·h$^{-1}$) | 结合能/eV | | | FWHM | | |
|---|---|---|---|---|---|---|
| | $Fe^0$ | $Fe^{2+}$ | $Fe^{3+}$ | $Fe^0$ | $Fe^{2+}$ | $Fe^{3+}$ |
| 1 | | 710.49 | 712.23 | | 2.08 | 2.66 |
| 2 | | 710.56 | 712.81 | | 2.56 | 2.30 |
| 3 | 706.32 | 710.55 | 712.63 | 2.48 | 2.71 | 2.18 |
| 4 | 706.05 | 710.58 | 712.78 | 2.37 | 2.67 | 2.56 |

**表6-7　$Fe^0$、$Fe^{2+}$和$Fe^{3+}$的相对含量**

| 进给速度/(km·h$^{-1}$) | $Fe^0$ | $Fe^{2+}$ | $Fe^{3+}$ |
|---|---|---|---|
| 1 | 0 | 50.6 | 49.4 |
| 2 | 0 | 64.2 | 35.8 |
| 3 | 2.6 | 71.9 | 25.5 |
| 4 | 2.7 | 72.1 | 25.2 |

根据以上分析结果可以推测打磨过程中钢轨表面烧伤的形成过程。磨粒以一定速度高速运动，磨粒切深范围以下的钢轨材料被去除，与此同时被切削的钢轨表面温度迅速升高，钢轨材料在温度作用下与空气中的氧发生剧烈的氧化反应生成铁氧化物，氧化物以薄膜的

形式附着在钢轨的表层，厚度在几十纳米左右。由于氧化膜本身的颜色与铁金属颜色不同，因此肉眼观察钢轨表面颜色发生变化，即表面烧伤。不同的打磨参数下打磨温度不同，因此钢轨材料氧化反应程度发生改变，生成的氧化物薄膜厚度不尽相同。不同厚度的薄膜对光的反射率也会发生改变，因此烧伤颜色不同：随着膜厚增大，烧伤颜色从黄色到棕色再到蓝色变化。

## 6.5　打磨磨痕对钢轨材料损伤影响

钢轨打磨后表面出现的磨痕可以用磨痕角度和打磨粗糙度两个参数来表示其特征，其中磨痕角度表示磨痕与轮轨运行方向上的夹角，打磨粗糙度表示磨削沟痕的深浅。由于水介质下不同磨痕角度对钢轨材料接触疲劳损伤行为的影响有较大的差异。所以本章通过设置不同的打磨粗糙度来研究磨痕对钢轨接触疲劳的影响，考虑单一磨痕角度下打磨粗糙度变化对钢轨损伤的差异不具有代表性，这里选取 0°、20°、和 90°的磨痕进行分析研究。

试验前，各试验组中的钢轨试样通过控制打磨处理的力度、时间等来实现表面上预定区域的表面粗糙度表现出 1 μm、4 μm 和 7 μm 差异，且相同试样上的磨痕角度要保持相同。

### 6.5.1　表面粗糙度变化规律

钢轨试样上各个试验区域试验后表面粗糙度如图 6-59 所示。可以看出，试验后各个区域表面粗糙度的情况可以看出，试验后钢轨试样上初始打磨粗糙度 1 μm、4 μm、7 μm 区域的表面粗糙度值呈现出递降的趋势。光滑区域的表面粗糙度在试验后比初始打磨粗糙度 4 μm、7 μm 区域分别高出了 17.6%、41.1%。这是因为虽然 0°磨痕对疲劳损伤有较大的促进作用，但是严重的打磨使得初始打磨粗糙度 4 μm、7 μm 区域微裂纹深度过浅，相对而言削减了水介质的促进作用，使得试验后光滑区域的表面粗糙度高于初始打磨粗糙度 4 μm、7 μm 区域。

不同于 0°磨痕钢轨试样的情况，试验后初始打磨粗糙度 1 μm、4 μm、7 μm 区域的表面粗糙度均高于光滑区域，这可能是因为 20°磨痕对钢轨试样接触疲劳损伤的影响比较大。20°磨痕造成试验区域出现严重的损伤，会使得表面剥离现象很严重，从而引起表面粗糙度的增大，所以试验后钢轨试样上磨痕区域的表面粗糙度均高于光滑区域；初始打磨粗糙度 4 μm、7 μm 区域的粗糙度值接近相同，这可能是因为磨痕角度的影响作用比较大，一定程度上覆盖了初始表面粗糙度的作用，所以这两个区域的表面粗糙度在试验后基本相等。

由图 6-59 中 90°磨痕钢轨试样可以看出，试验前初始打磨粗糙度 1 μm、4 μm、7 μm 区域的表面粗糙度值在试验后同样呈现递降的趋势。光滑区域表面粗糙度在试验后与初始打

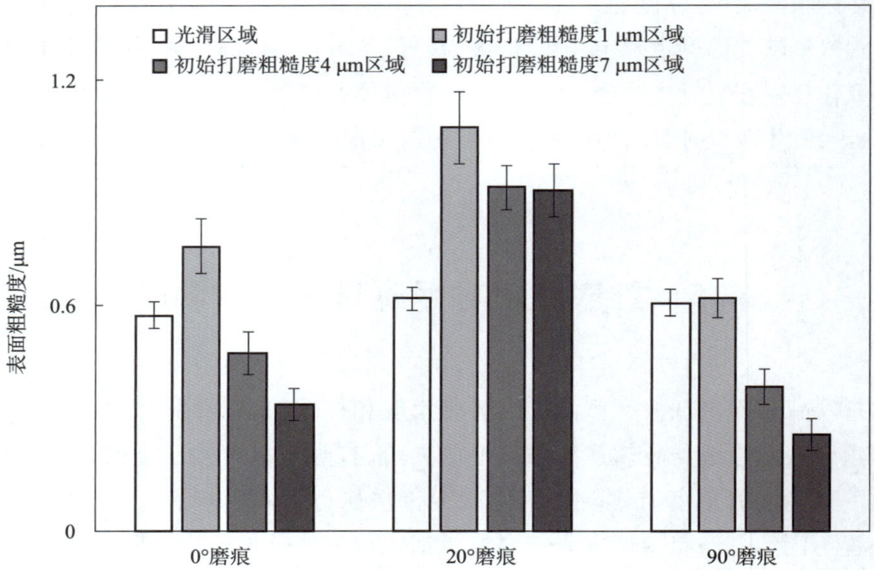


图 6-59　钢轨试样上各个试验区域试验后表面粗糙度示意

磨粗糙度 1 μm 区域较为接近，这可能是因为 90°打磨磨痕造成的水介质侧流现象较为严重，难以对损伤的发展起到很大的促进作用，所以初始打磨粗糙度 1 μm 的表面损伤较为轻微，粗糙度值偏低。

0°、90°磨痕钢轨试样出现表面粗糙度值随初始打磨粗糙度增大而减小趋势的原因主要有两个方面。一方面是因为当试样表面存在沟壑、峰谷、划痕时，可以起到蓄储水、油介质的作用。初始打磨粗糙度较小的试验区域因为储水的能力较差，轮轨试样间形成的水膜较薄，使得试样表面接触疲劳损伤容易出现；而初始打磨粗糙度大的区域水介质的存在较大程度上保护了试样表面，剥落等疲劳损伤不容易出现，这样试验后钢轨试样表面上该区域的粗糙度就比较低。另一方面是因为钢轨试样在打磨处理前经过 5 000 次循环表面形成了微裂纹，轻微打磨处理后形成粗糙度 1 μm 磨痕区域，表面微裂纹被磨去的很少，而较重的打磨处理使得微裂纹被磨去得更多，这样也造成初始打磨粗糙度越大，试验后表面损伤越轻微。

20°磨痕钢轨试样上表面粗糙度规律不同于前者可能是因为磨痕角度促进作用始终大于初始打磨粗糙度的作用，使得试样上表面剥落损伤较为严重，试验后表面粗糙度值则比较高。

## 6.5.2　表面硬度变化规律

由图 6-60 中 0°磨痕钢轨试样上各个区域的表面硬度情况可以看出，试验后钢轨试样上各个试验区域的表面硬度随着初始打磨粗糙度的增大基本没有很大差异，但是均高于光滑

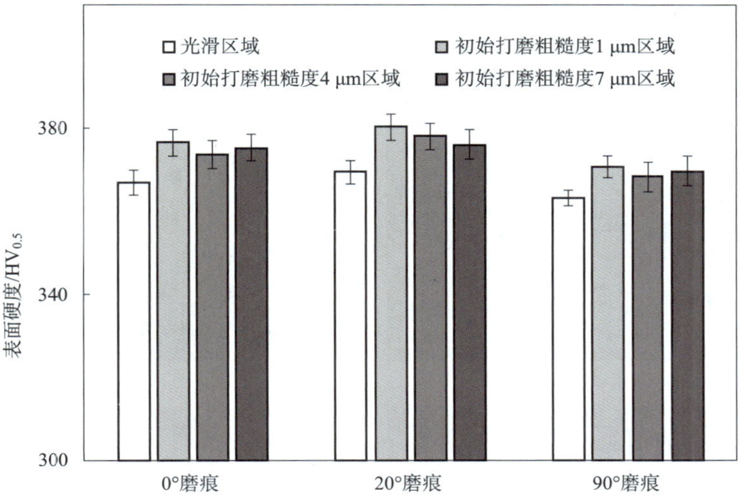


图 6-60　试验后钢轨试样各个区域表面硬度示意

区域的表面硬度。这是因为 0°磨痕能起到一定的储水能力，磨痕中水介质难以排出，逐渐积累且受压后形成较大的水压，作用于钢轨试样表面使得表面出现一定程度的硬化，所以初始打磨粗糙度 1 μm、4 μm、7 μm 区域的表面硬度要高于光滑区域。

由图 6-60 中 20°磨痕钢轨试样结果可以看出，试验后钢轨试样上不同初始打磨粗糙度区域的表面硬度同样接近相同，且均高于光滑区域，这与 0°磨痕试样的情况相同，磨痕的存在使得其中水介质存在一定的压力，水压力的作用造成磨痕区域表面材料产生一定程度的硬化现象，所以试验后磨痕区域的表面硬度要高于光滑区域。

由图 6-60 中 90°磨痕钢轨试样的结果发现，试验后钢轨试样各区域的表面硬度也相接近，其原因与前者相似。

## 6.5.3　表面损伤变化规律

图 6-61 为 0°磨痕钢轨试样实验后表面损伤情况。可以看出，试样上光滑区域[图 6-61(a)]和初始打磨粗糙度 4 μm 区域[图 6-61(c)]的损伤程度基本相同，表现为轻微的剥离损伤；而初始打磨粗糙度 1 μm 区域[图 6-61(b)]的损伤要比前两者严重一些，但是初始打磨粗糙度增大到 7 μm 后，损伤情况又变得轻微，表面仅出现轻微的起皮现象[图 6-61(d)]。

由于 0°磨痕的存在会使钢轨表面的初始微裂纹迅速扩展，相对光滑区域而言表现为“促进”疲劳损伤出现的作用，所以初始打磨粗糙度 1 μm 试验区域的损伤程度严重于光滑区域。但是光滑区域的损伤与初始打磨粗糙度 4 μm 的区域是接近的，且严重于初始打磨粗糙度 7 μm 区域。这是因为轮轨试样在水态环境滚动时，磨痕中的水介质受挤压流出磨痕，且流动方向与运行方向相反，而钢轨试样上微裂纹的开口方向也是与运行方向相反，这样磨痕中流出的水介质会流向与磨痕相邻区域的光滑区域的微裂纹，从而促进其扩展生长，

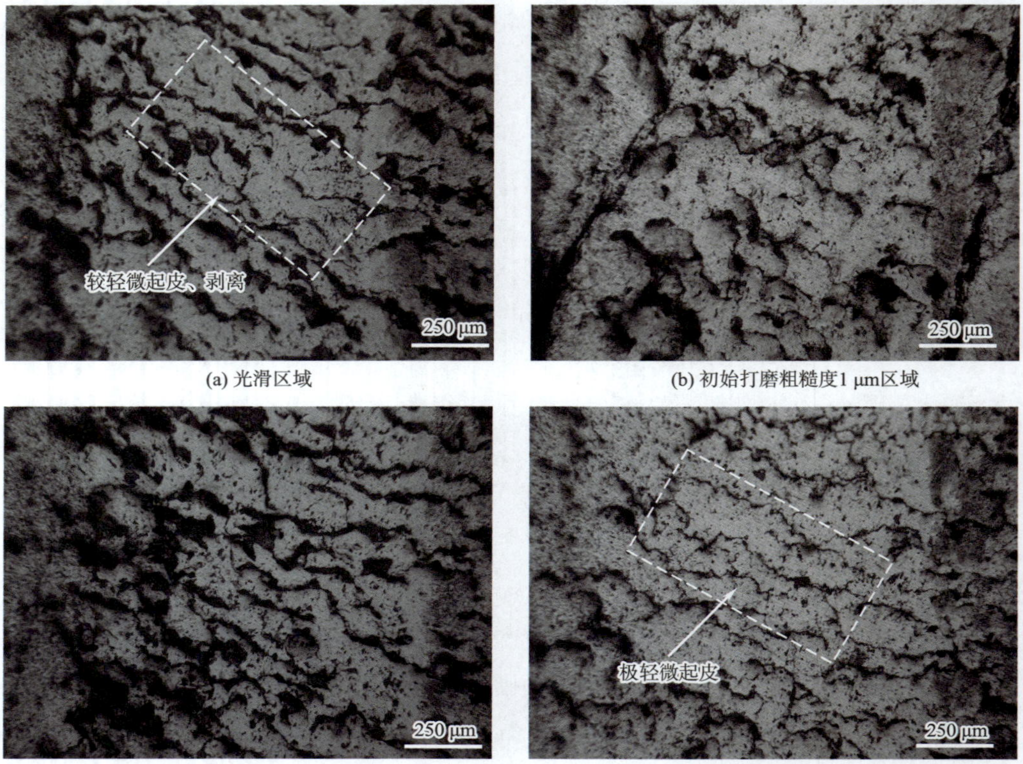


(a) 光滑区域　(b) 初始打磨粗糙度1 μm区域

(c) 初始打磨粗糙度4 μm区域　(d) 初始打磨粗糙度7 μm区域

图 6-61　0°磨痕钢轨试样表面损伤 OM 照片

如图 6-62 所示。此外,初始打磨粗糙度 4 μm 和 7 μm 区域在试验前经过打磨处理,表面保留的微裂纹要少于光滑区域,所以会出现光滑区域表面损伤接近于初始打磨粗糙度 4 μm 区域,严重于初始打磨粗糙度 7 μm 区域的情况。

图 6-63 为 20°磨痕钢轨试样表面损伤情况。可以看出,试样上初始打磨粗糙度1 μm [图 6-63(b)]、4 μm 区域[图 6-63(c)]均出现了严重的疲劳剥离现象;初始打磨粗糙度 7 μm 区域的表面损伤情况明显轻微了许多,由图[图 6-63(d)]可知,损伤呈现出起皮的形态,且相互连接成线条形状。光滑区域[图 6-63(a)]的表面剥离损伤较为轻微,严重于初始打磨粗糙度 7 μm 区域,但是轻微于初始打磨粗糙度 1 μm 和 4 μm 的区域。这是因为水介质下 20°磨痕对微裂纹扩展的促进作用比较大,由于钢轨试样上 20°磨痕区域的疲劳损伤情况要比光滑区域严重很多,且 20°磨痕中流出的水介质由于磨痕与运行方向呈一定角度的原因,其流量要小于 0°磨痕,所以光滑区域表面损伤程度弱于初始打磨粗糙度 4 μm 区域。初始打磨粗糙度 7 μm 区域的微裂纹深度过浅使得磨痕角度的实际作用削弱很多,该处的损伤稍轻微于光滑区域。

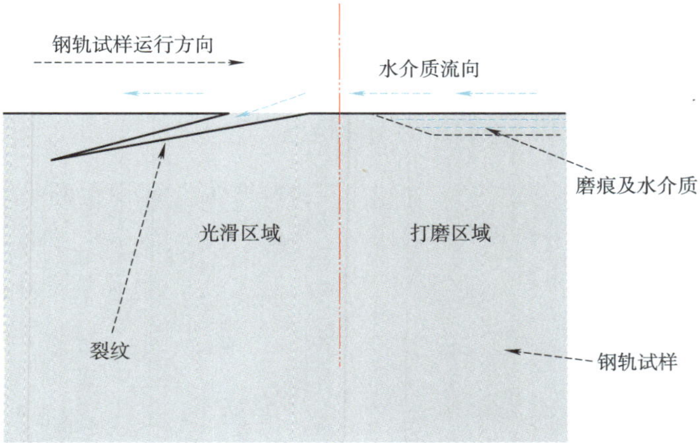


图 6-62　打磨区域与光滑区域水介质流动示意

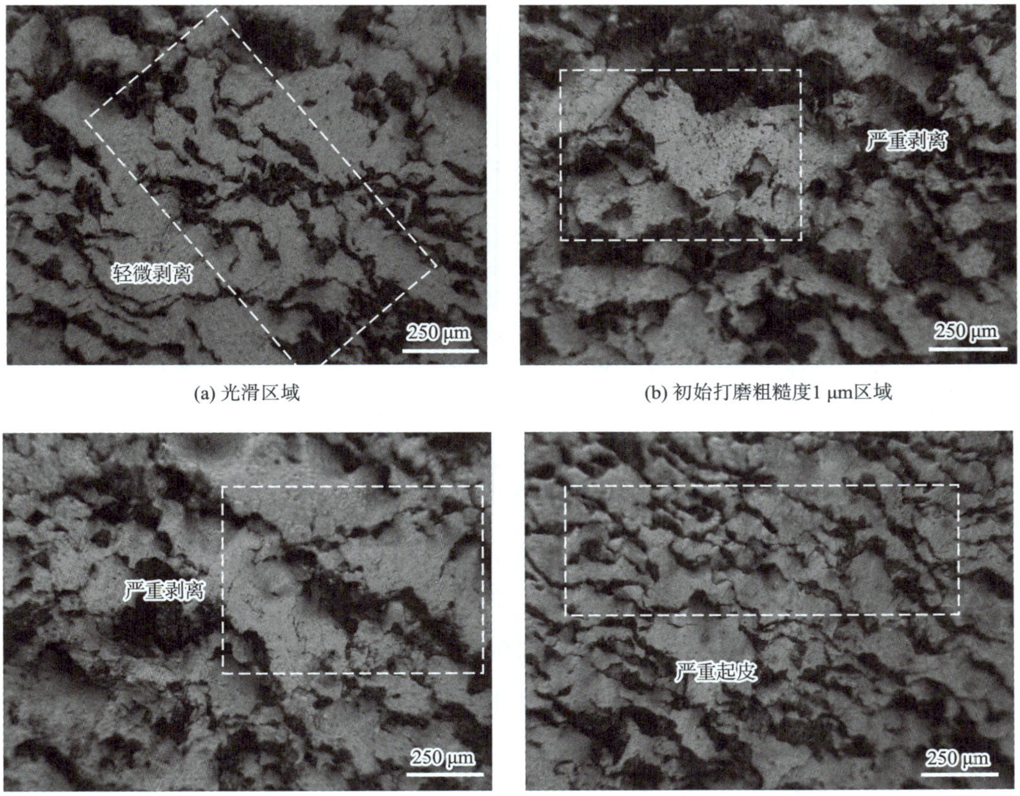


(a) 光滑区域　(b) 初始打磨粗糙度1 μm区域

(c) 初始打磨粗糙度4 μm　(d) 初始打磨粗糙度7 μm区域

图 6-63　20°磨痕钢轨试样不同试验区域表面损伤 OM 照片

图 6-64 为 90°磨痕钢轨试样表面损伤的 OM 照片。整体来看，光滑区域[图 6-64(a)]、初始打磨粗糙度 1 μm 区域[图 6-64(b)]的表面损伤程度接近相同，均表现为稍微严重的剥

离现象；初始打磨粗糙度 1 μm 区域的表面损伤稍轻微于前两者，而初始打磨粗糙度 7 μm 区域的表面损伤轻微许多。这可能是因为 90°磨痕对损伤的作用较小，且磨痕中的水介质很大部分只能流向试样侧面，不能对光滑区域的微裂纹起到促进作用，所以各个区域的损伤程度基本上只依赖于打磨处理后微裂纹的保留情况。

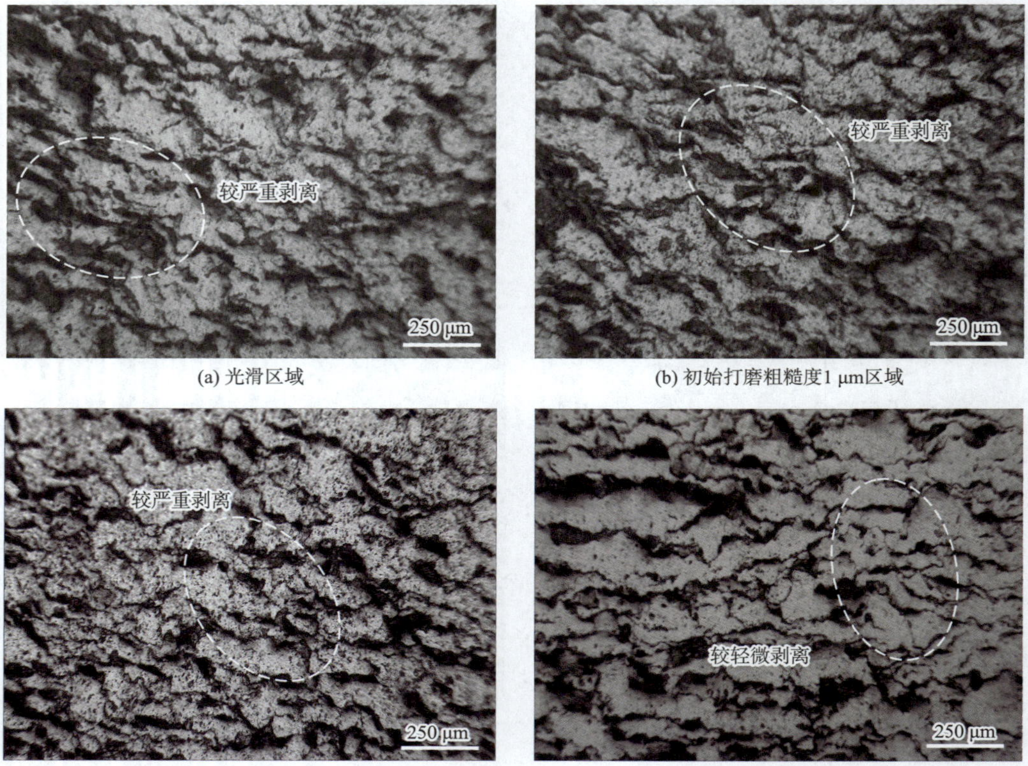

(a) 光滑区域　(b) 初始打磨粗糙度1 μm区域
(c) 初始打磨粗糙度4 μm区域　(d) 初始打磨粗糙度7 μm区域

图 6-64　90°磨痕钢轨试样各区域表面损伤 OM 照片

## 6.5.4　剖面疲劳裂纹变化规律

图 6-65 是 0°磨痕钢轨试样不同初始打磨粗糙度区域剖面疲劳裂纹情况。可以看出，光滑区域的疲劳裂纹虽然不是十分明显，但其并不是仅仅在表层扩展，有比较大的扩展深度，如图 6-65(a)所示；初始打磨粗糙度 1 μm 区域[图 6-65(b)]表现出很明显的裂纹，且深度较其他三处大许多。随着初始打磨粗糙度的增大，疲劳裂纹迅速变浅变轻微，初始打磨粗糙度 4 μm 区域的裂纹基本只在表层扩展[图 6-65(c)]，初始打磨粗糙度 7 μm 区域偶尔有裂纹在表层扩展，基本上只呈现类似表面起皮的形态，如图 6-65(d)所示。

图 6-66 为 20°磨痕钢轨试样结果，不同初始打磨粗糙度区域剖面疲劳裂纹情况。很明显，初始打磨粗糙度 1 μm[图 6-66(b)]、4 μm 区域[图 6-66(c)]疲劳裂纹均十分严重，出现

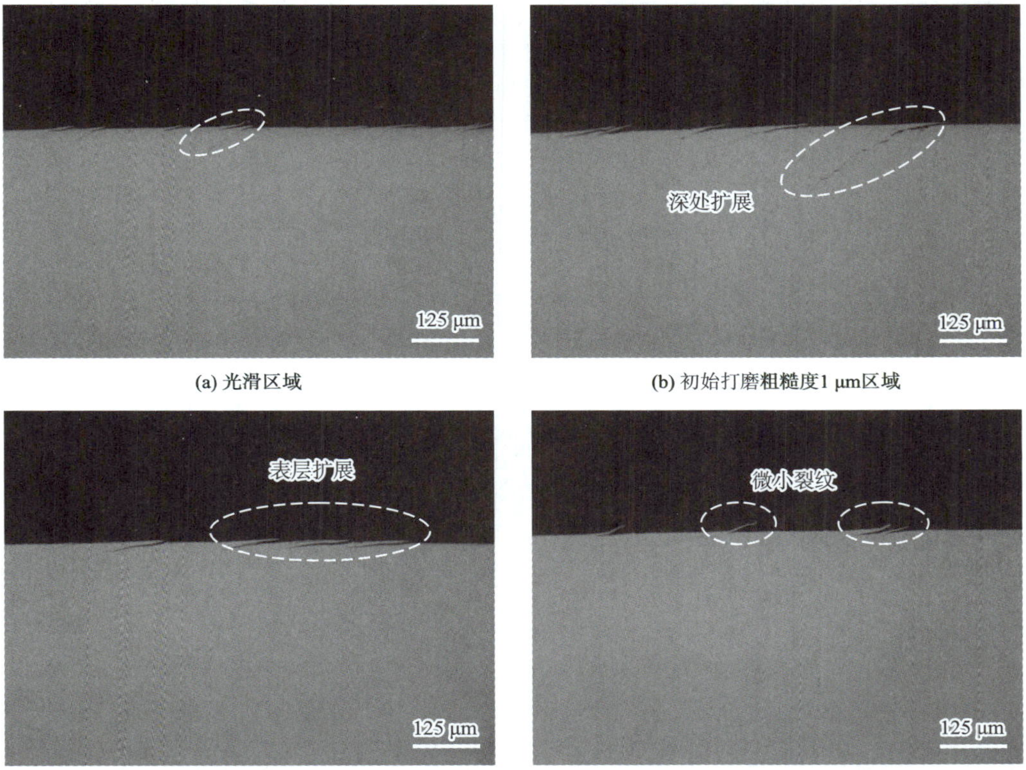


(a) 光滑区域　(b) 初始打磨粗糙度1 μm区域

(c) 初始打磨粗糙度4 μm区域　(d) 初始打磨粗糙度7 μm区域

图 6-65　0°磨痕钢轨试样剖面疲劳裂纹 OM 照片

多处分支裂纹，且初始打磨粗糙度 1 μm 区域的裂纹要比 4 μm 区域密集；当初始打磨粗糙度增大到 7 μm[图 6-66(d)]时，疲劳裂纹变浅了许多，分支现象也更为轻微；图 6-66(a)为光滑区域的疲劳裂纹情况，相比磨痕区域，没有出现明显的分支裂纹，裂纹整体严重程度接近于初始打磨粗糙度 7 μm 区域，比初始打磨粗糙度 1 μm、4 μm 区域轻微许多。

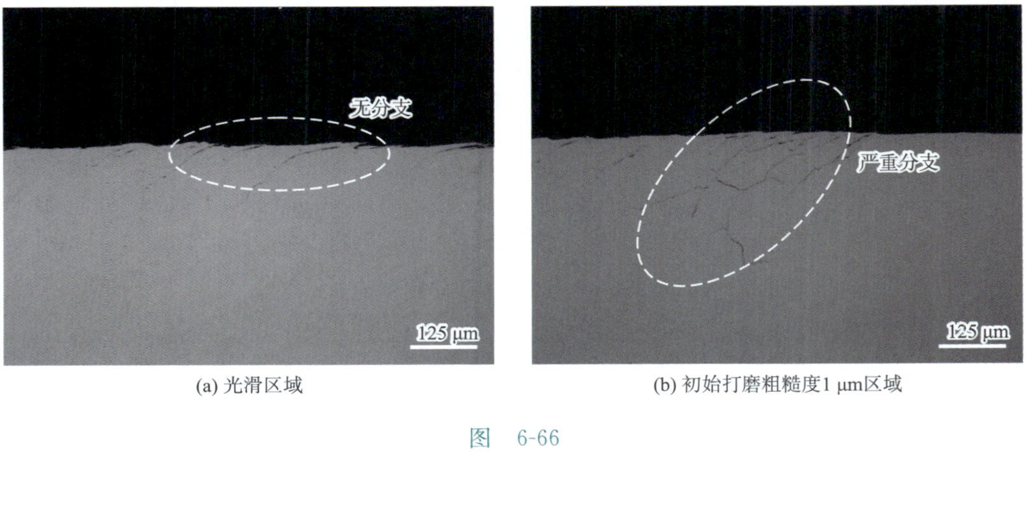


(a) 光滑区域　(b) 初始打磨粗糙度1 μm区域

图　6-66

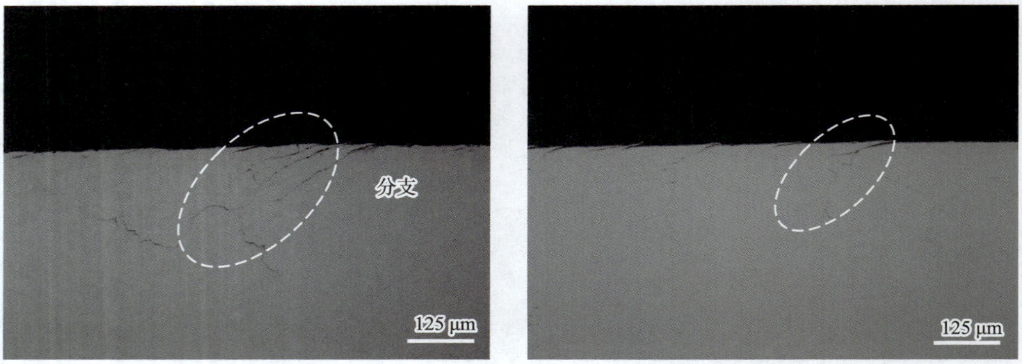


(c) 初始打磨粗糙度4 μm　　(d) 初始打磨粗糙度7 μm区域

图 6-66　20°磨痕钢轨试样不同试验区域剖面疲劳裂纹 OM 照片

光滑区域[图 6-67(a)]出现了比较长的疲劳裂纹，但是扩展并不深；初始打磨粗糙度 1 μm 区域[图 6-67(b)]有较为明显的裂纹，而随着初始打磨粗糙度的增大，疲劳裂纹变浅变轻微，初始打磨粗糙度 4 μm[图 6-67(c)]、7 μm[图 6-67(d)]区域的裂纹基本只是表层扩展，裂纹很浅。

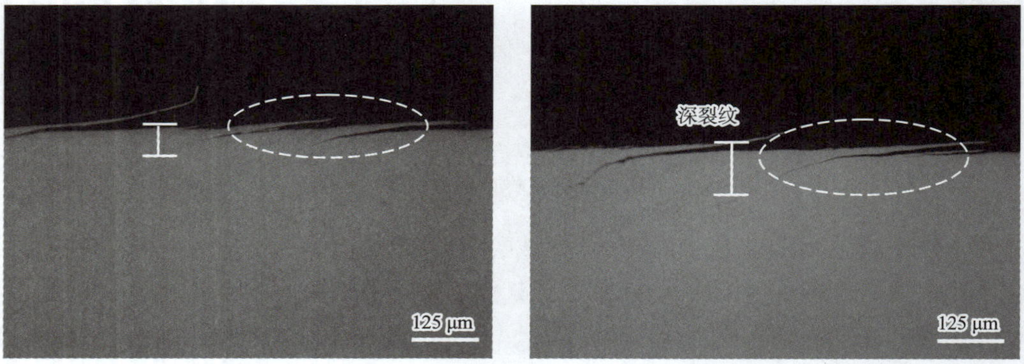


(a) 光滑区域　　(b) 初始打磨粗糙度1 μm区域

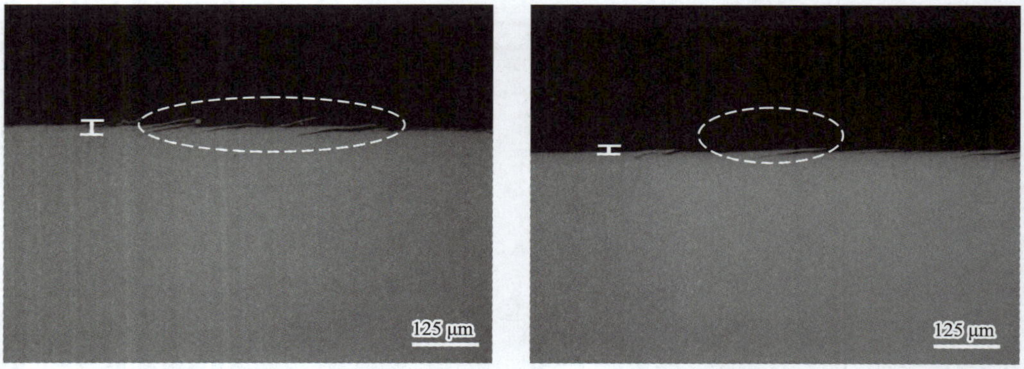


(c) 初始打磨粗糙度4 μm区域　　(d) 初始打磨粗糙度7 μm区域

图 6-67　90°磨痕钢轨试样各区域剖面损伤 OM 照片

通过以上的分析，可以发现各个试验组剖面疲劳裂纹的扩展情况与表面损伤的差异程度是一致的。0°、90°磨痕钢轨试样剖面损伤随着初始打磨粗糙度的增大而逐渐轻微，20°磨痕试样上初始打磨粗糙度为 1 μm 和 4 μm 时，损伤情况接近，初始打磨粗糙度增大到 7 μm 时，损伤才迅速轻微。这同样是初始打磨粗糙度大小、打磨处理后保留的微裂纹深度以及打磨预制的磨痕角度在水介质环境下相互耦合作用造成的。

通过对钢轨试样切割、磨样、光学显微镜拍照、CAD 软件测量换算得到疲劳裂纹实际扩展深度，统计了试样运行方向上 5 mm 区域内所有裂纹的尖端到试样表面垂直距离的平均值。整理后得到不同打磨磨痕角度钢轨试样上试验后各个区域疲劳裂纹扩展的平均深度，如图 6-68 所示。

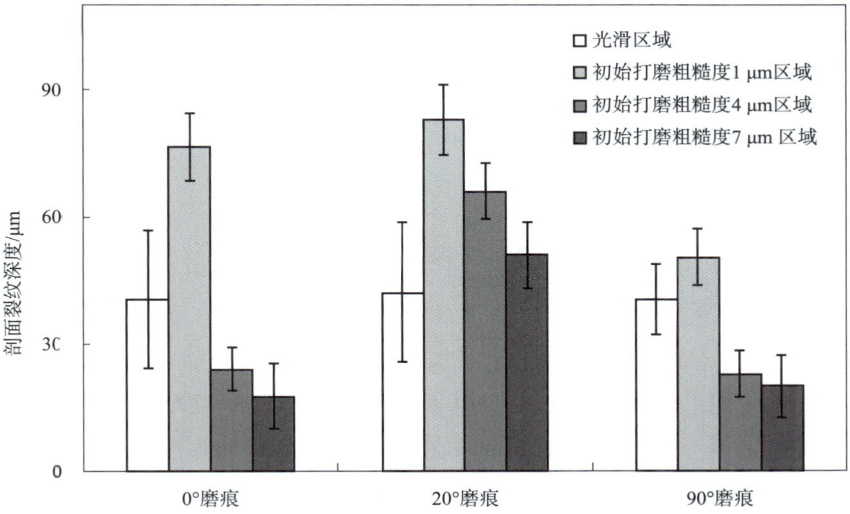


图 6-68　钢轨剖面疲劳裂纹深度示意

可以看出，3 个磨痕角度的钢轨试样上疲劳裂纹扩展深度基本上均呈现随磨痕粗糙度增大而减小的趋势，但 0°和 20°磨痕钢轨试样上这种规律比较明显，90°磨痕的钢轨试样上初始打磨粗糙度 4 μm 与 7 μm 区域疲劳裂纹扩展深度比较接近。这可能是因为 0°磨痕区域水介质不能流出试样外部，水含量大造成水压较大，对疲劳裂纹扩展的作用相比初始磨痕粗糙度的变化作用要大；20°磨痕区域磨痕中水介质流速大，对疲劳裂纹的作用也大于初始磨痕粗糙度变化影响；而 90°磨痕区域的水介质可以流向钢轨试样外部，这样削弱了水介质的作用，当初始磨痕粗糙度增大时，粗糙度的影响占主导作用使得 90°磨痕试样组中初始打磨粗糙度 4 μm 与 7 μm 区域疲劳裂纹扩展深度较为接近。相同磨痕粗糙度不同磨痕角度处的疲劳裂纹的扩展深度与之前磨痕角度试验的规律相同，呈现出先增大又减小的趋势；除 20°磨痕钢轨试样组，其他磨痕角度钢轨试样上初始打磨粗糙度 4 μm 和 7 μm 区域的疲劳裂纹扩展深度均低于光滑区域，其相差比较小。

# 第7章　打磨磨石磨损行为及磨石-钢轨匹配

钢轨打磨磨石是完成打磨过程的主要工具，当前有90%的钢轨打磨作业是由磨石完成（其余由砂带、铣刀完成）。磨石的磨削性能直接关系到打磨作业的效果，在选用磨石时，需要同时考虑磨料、粒度、结合剂、硬度和气孔等磨石特性。

本章对钢轨打磨过程中磨石磨损进行表征分析，通过单颗磨粒刻划试验研究了磨粒磨损行为及其演变规律，阐明了磨石磨损对钢轨打磨质量的影响；系统研究了磨石粒度、硬度等参数对钢轨材料去除行为的影响规律，确定了磨石与钢轨硬度的最佳匹配方案。

## 7.1　钢轨打磨磨石磨损行为

钢轨打磨是一种干式端面磨削方式，且磨削速度高、法向施加压力大。在机械、热冲击和化学等因素共同作用下，打磨磨石的磨损非常严重，导致磨粒切削能力下降。磨石的磨损是一个复杂的过程，这是因为磨粒随机分布在磨石表面，磨粒的脆性断裂磨损使得磨粒具有自锐性，同时结合剂也会发生破碎使磨粒脱落。此外，磨粒自锐和结合剂破碎是持续且随机进行的，因此磨石有多种磨损形式。一般认为，磨石的磨损形式主要分为：磨耗磨损、破碎磨损（包括磨粒破碎磨损与结合剂破碎磨损）、粘附磨损、堵塞磨损。磨损严重的磨石若继续被使用，将造成钢轨表面烧伤、白层等热损伤，同时引起磨削振动和噪声。为了解磨石磨损机理，对钢轨打磨过程中磨石磨损形式与演变规律进行了表征分析。

### 7.1.1　钢轨打磨磨石磨损表征

如图7-1所示为钢轨打磨磨石的磨耗磨损形式。磨石磨耗磨损是由于切削过程中，磨粒与钢轨表面由于滑移作用产生机械磨损，使磨粒上形成磨损小平面，且磨粒磨损平面上的沟痕平行于切削方向，也就是磨粒运动方向，在磨粒后刀面还发现已经磨耗磨损产生的细小棕黄色粉末，同时由于磨削区温度急剧升高，此时磨粒与磨削区会发生化学反应和塑性变形，钢轨材料表面会产生白层，导致硬度增加，加剧磨粒机械磨损，甚至有可能出现反磨削，磨耗磨损最终会导致磨粒切削性能急剧下降。

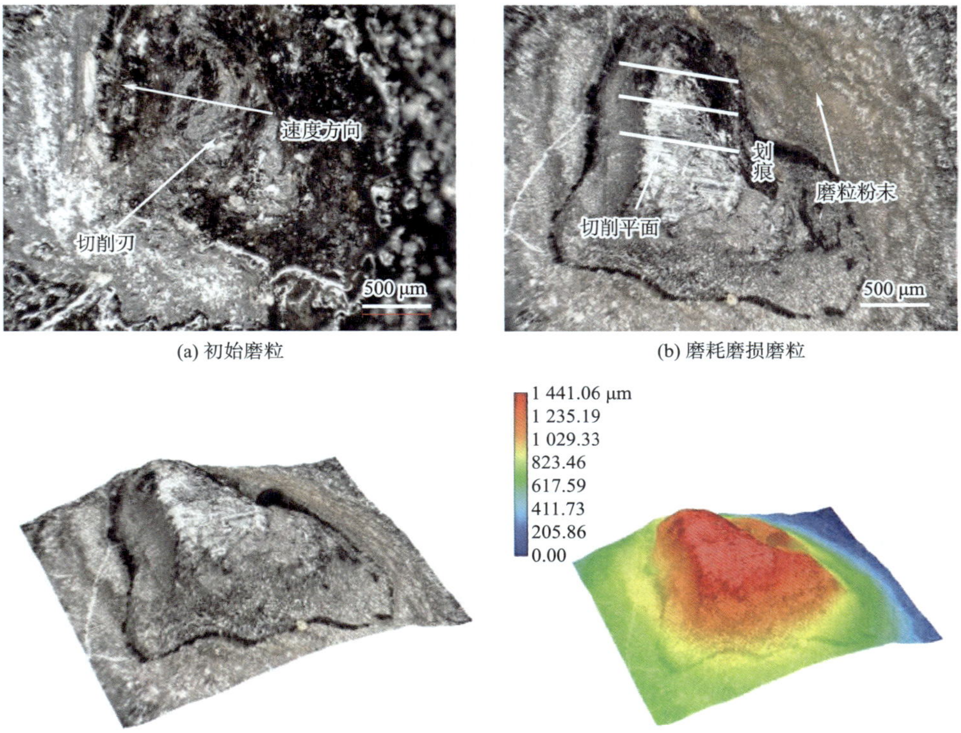


(a) 初始磨粒　(b) 磨耗磨损磨粒

(c) 磨耗磨损3D形貌　(d) 磨耗磨损3D深度

图 7-1　磨粒磨耗磨损形貌

在钢轨打磨试验中，磨石磨损形式主要以破碎磨损为主，磨石磨粒破碎磨损形貌如图 7-2 所示。破碎磨损的两种主要表现形式为磨粒破碎与磨粒脱落，磨粒破碎发生的主要原因是磨粒与工件之间不断的挤压摩擦，磨石不停旋转，磨粒从空载到与工件接触前必然会有部分冲击作用，在不断的碰撞冲击作用和磨削力的作用下，磨粒产生较高的内应力，此时内应力大于磨料的屈服强度，直接导致磨粒破碎。这种作用除了影响磨粒之外，也会影响到粘结剂，若磨石粘结剂出现剥离或者脱落，粘附在粘结剂上的磨粒也会随之脱落，形成磨粒脱落磨损。在磨粒破碎后，原本的切削刃消失不见，但是出现多个更加锋利的切削刃，如图 7-2(d)所示，使磨削效率和钢轨表面质量提高，这就是磨粒的自锐性，所以适度的磨粒破碎有利于正常磨削的持续进行。

图 7-3 为钢轨打磨磨石磨粒脱落形貌。磨粒脱落就是粘结剂破碎，最终导致与之相连的磨粒掉落，掉落之后磨粒形貌如图 7-3(b)所示。磨损后产生的孔洞极易成为磨屑的堆积点，而磨粒的堆积会进一步加快粘结剂的脱落，加快磨粒脱落的速率，进而影响磨石的使用性能。

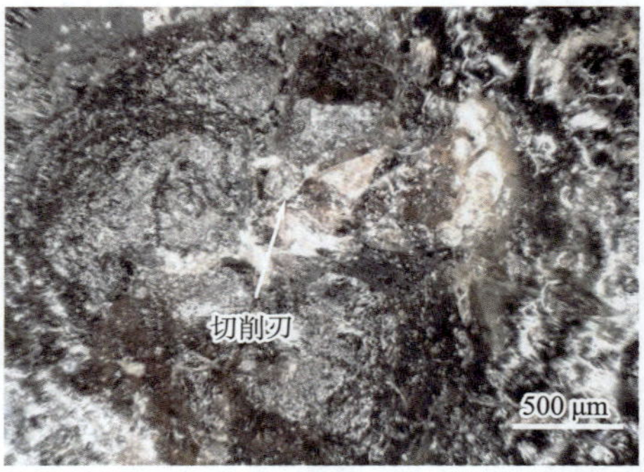


(a) 初始磨粒

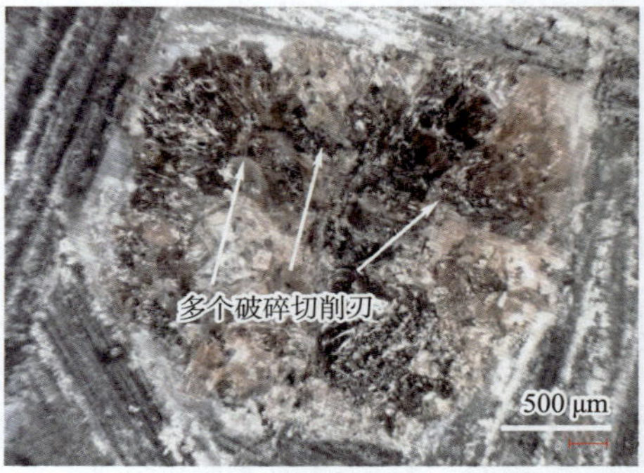


(b) 磨粒破碎

(c) 磨粒破碎3D形貌

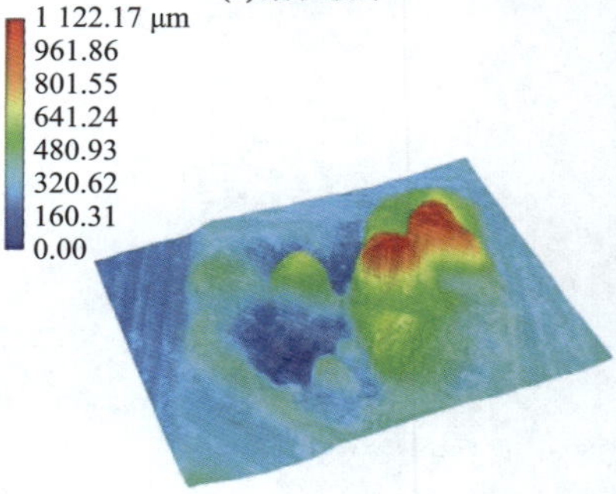


(d) 磨粒破碎3D深度

图 7-2　磨粒破碎磨损形貌

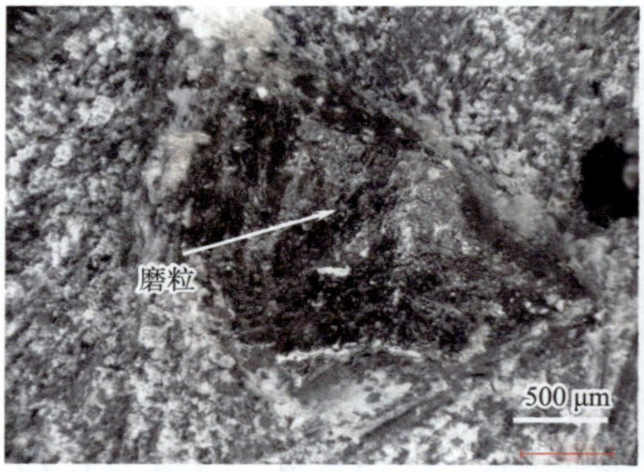


(a) 初始磨粒

(b) 磨粒脱落

图 7-3　磨粒脱落形貌

本章收集计算磨石破碎磨损的方式与传统方式一样，由于收集装置收集的碎屑中包含磨屑和磨粒，可直接用收集的碎屑分析计算磨粒破碎和磨粒脱落的量，具体步骤如下：首先用吸铁石分离收集的磨屑和磨粒，由于粒度为 16 号磨粒的尺寸为 1 000 μm 左右，考虑到磨粒脱落之前磨粒的磨耗磨损，最终用孔径为 800 μm 的筛子，分离破碎和脱落的磨粒，分离出来的磨粒如图 7-4 所示。

图 7-4　不同尺寸磨粒碎片形貌

通过观察分离出的脱落磨粒，发现其周围都存在粘结剂，最后通过天平称量磨粒的质量。不同打磨压力对磨石破碎磨损的影响如图 7-5 所示。从图中可知，磨石破碎磨损中，大部分是磨粒破碎，小部分是磨粒脱落；随着打磨压力的增加，磨粒破碎和磨粒脱落的量增加，打磨压力小于 2 000 N 时，增加趋势较为平缓，当打磨压力大于 2 000 N 后，磨粒破碎和磨粒脱落的量陡然增加。因此，为了减小磨石破碎磨损，打磨压力最好不要大于 2 000 N。

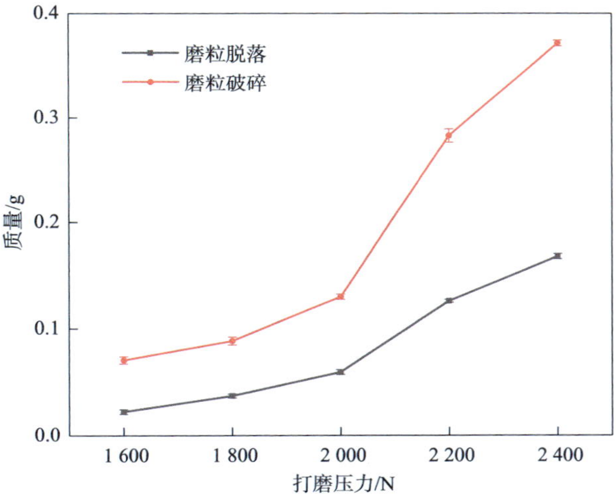


图 7-5　不同打磨压力下磨石破碎磨损示意

钢轨打磨过程中，磨石和钢轨表面材料紧密结合在一起，导致磨削区域的温度快速升高，且在磨石端面加工过程中磨屑在磨削区域很难排出。在高温环境中，部分磨屑在磨石挤压力作用下粘附在磨石表面把磨粒覆盖住，这一现象就是磨石的粘附磨损，粘附磨损严重降低了磨石的锐利度，增加了磨削过程的摩擦作用，最终导致磨削力和磨削温度升高，使磨石很快丧失切削能力，影响了磨石的磨削效率和打磨后钢轨表面质量。

在打磨过程中，由于磨石的高速旋转运动，导致部分条状磨屑插入磨粒之间的间隙中，在随后的打磨过程中，磨屑之间相互干扰，导致间隙内的磨屑越积越多，最终与磨粒切削面齐平，甚至超过磨粒高度，使周围的磨粒丧失切削能力，产生大量的磨削热，使堆积的磨屑表面融化成一个平面。堵塞磨损导致打磨温度急剧升高，容易产生烧伤行为，降低钢轨打磨表面质量。

钢轨打磨磨石粘附磨损形貌如图 7-6 所示，磨屑粘附在磨粒表面，使磨粒丧失切削能力，并代替磨粒进行切削，最终导致表面被磨平，且存在严重的烧伤现象。随后去除磨粒表面的磨屑后，磨粒表面形貌如图 7-6(b)所示，磨粒表面发现细微金属光泽，对该磨粒进行镶样抛光观察，其截面形貌如图 7-7 所示。从图中可知，钢轨材料残留在磨粒表面，可能原因是高温高压作用下磨粒与钢轨发生了化学反应，使其结合很牢靠。

(a) 粘附磨屑　　(b) 粘附磨粒

图 7-6　磨粒粘附磨损表面形貌

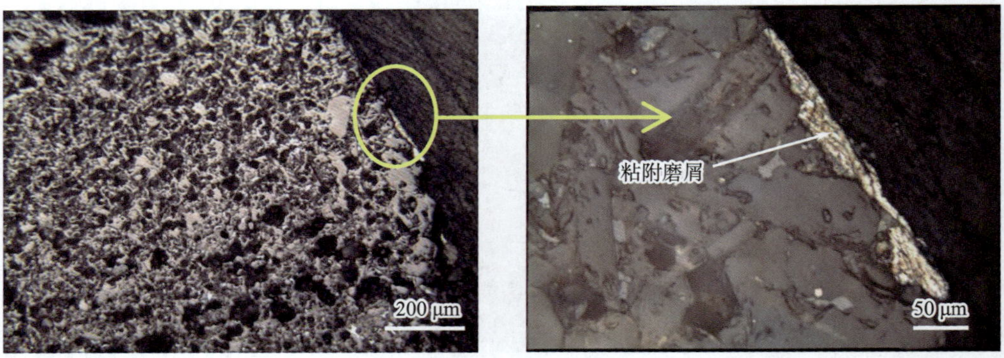


图 7-7　磨粒粘附磨损截面形貌

堵塞磨损形貌如图 7-8 所示，磨屑堵塞在磨粒之间的间隙，导致周围的磨粒丧失切削能力，堵塞磨屑表面出现磨粒速度方向的沟痕，去除磨屑之后可以看见，间隙中残存在流动型磨屑，且周围磨粒早已松动容易脱落，粘附堵塞磨损会加剧磨粒脱落。

为了研究打磨压力对磨石粘附堵塞的影响，用磨石表面上单位面积的粘附堵塞磨屑的质量 $b$ 衡量粘附堵塞的大小，具体如下

(a) 堵塞磨屑　　(b) 堵塞位置

图 7-8　磨粒堵塞磨损形貌

$$b=M/S \tag{7-1}$$

式中　$M$——粘附堵塞磨屑的质量，mg；

$S$——磨石端面面积，$cm^2$。

通过上述公式计算了不同打磨压力下磨石粘附堵塞磨损量，结果如图 7-9 所示。从图中可知，随着打磨压力的增加，粘附堵塞磨损量增加。导致这样的结果有两个原因，一是由于打磨压力增加，磨粒脱落量增加，磨石表面孔隙量增加，堵塞磨损的量增加；二是由于打磨压力增加，磨粒与钢轨表面的间隙减小，排屑更加困难，导致磨屑堆积在磨粒之间的孔隙中，形成堵塞磨损。

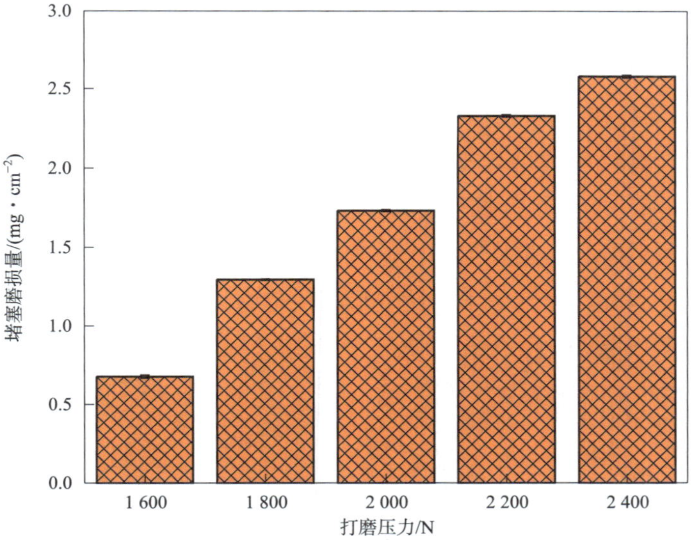


图 7-9　打磨磨石堵塞磨损量示意

由于钢轨打磨过程中磨粒和钢轨接触面温度很高，磨粒与钢轨之间可能发生化学反应，最终不仅会导致磨粒表层弱化进而发生磨粒磨耗磨损，还会导致钢轨表面层弱化，降低钢轨强度，增加钢轨缺陷发生的概率。利用 XRD 检测从碎屑中分离出的打磨磨石磨粒碎片的成分，检测角度为 10°～90°，磨粒碎片检测谱如图 7-10 所示。由于磨石材料为棕刚玉磨粒和锆刚玉磨粒，检测结果显示磨粒中约有 34.2%的 $ZrO_2$ 和约为 65.7%的 $Al_2O_3$，同时也检测出约为 0.1%的 $AlFe_2O_4$，前文已经介绍了的磨屑中 $AlFe_2O_4$ 来源，磨粒中 $AlFe_2O_4$ 来源与磨屑中一致。这也充分证明了在钢轨打磨过程中高温高压作用下，氧化铝磨粒会和钢轨发生了轻微的化学反应，导致磨粒磨损。

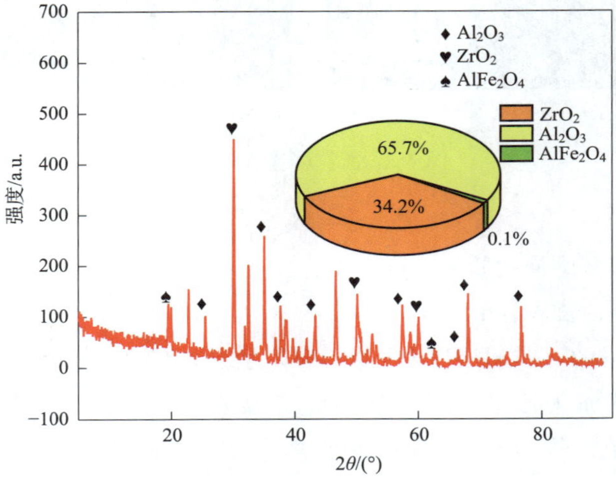


图 7-10　打磨磨石磨粒碎片 XRD 分析示意

在磨削高温的作用下，表面磨耗磨损和粘附磨损的磨粒切削力增大，导致与钢轨接触区的磨粒表层材料发生一定程度的软化，此时磨粒接触区会产生塑性变形而磨损，通过观察磨粒截面，可以发现在磨粒切削面上会发现类似于塑性流动层，如图 7-11 所示。有研究表明，磨粒表面的塑性流动不一定是磨粒本身的塑性流动，在刚玉磨削过程中，是由于高温导致磨粒和钢轨发生上述化学反应，生成了 $AlFe_2O_4$，这是一种全塑性变形的化合物，所以化学磨损只是降低磨粒表面强度，使其由于塑性变形而快速磨损。

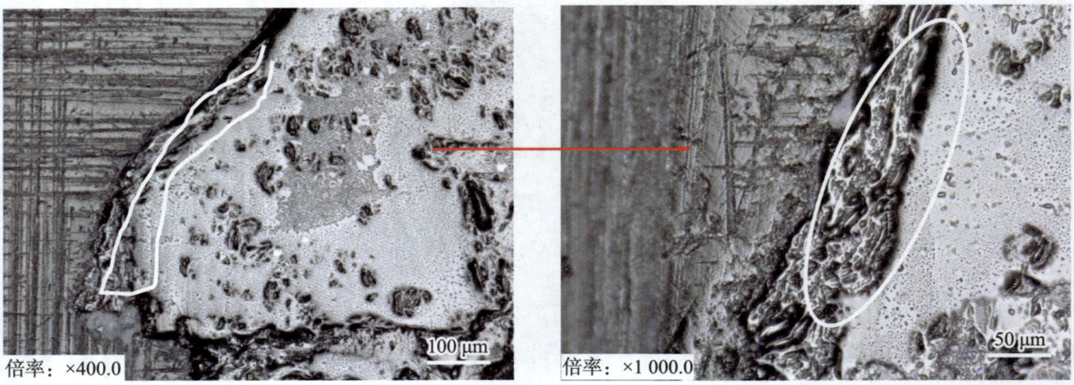


图 7-11　磨粒化学磨损形貌

磨粒和钢轨接触面温度过高时，磨粒与钢轨之间会发生元素的相互扩散，在检测磨屑成分时，已经发现了 Al 元素，证明打磨过程中磨粒的 Al 元素已经扩散到磨屑中，同样在对磨粒进行元素分析的时候，在磨粒表面发现了 Fe 元素的存在，如图 7-12 所示。磨粒中含有大量的 Al 元素和 O 元素，还含有少量的 C 元素和 Fe 元素。说明钢轨打磨过程中，元素扩散是相互的，钢轨元素扩散到磨粒表面之后，会降低磨粒切削性能，加剧磨粒磨损。

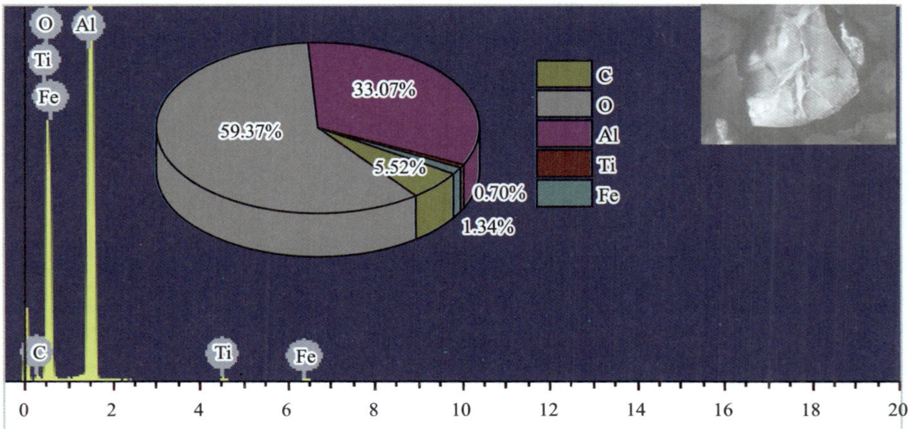


图 7-12　打磨磨石磨粒碎片 EDS 分析示意

## 7.1.2　基于单颗磨粒摩擦试验的打磨磨石磨损机理

为了研究磨石磨粒的磨损机理，采用单颗磨粒对钢轨进行打磨，观察磨粒磨损过程中其表面形貌的变化，以此解释磨石磨损机理及不同磨损程度对磨屑形貌和钢轨表面质量的影响。不同打磨时间磨粒表面二维形貌如图 7-13 所示。从图中可知，磨粒整个寿命过程大致分为四个阶段，第一阶段为磨耗磨损阶段，其形貌如图 7-13(a)～图 7-13(c)，发生在打磨前期，切削钢轨过程中，磨粒切削刃在高温和滑移共同作用下慢慢被磨耗成一个平面，磨粒切削性能下降。

第二阶段为磨粒自锐阶段，其形貌如图 7-13(d)～图 7-13(h)，发生在磨粒磨耗之后，在此阶段中磨粒的前刀面发生细微破碎，出现多个切削刃，但是随着打磨继续，细微的切削刃很快又被磨平，出现更大的磨损平面面积。

第三阶段为磨粒破碎阶段，其形貌如图 7-13(i)～图 7-13(n)，由于前期的磨损产生了更大的磨损平面，导致磨粒在切削过程中，受到更大摩擦阻力，阻力方向为磨粒速度反方向，直接导致磨粒产生裂纹，且垂直磨粒速度方向裂纹更容易产生，裂纹最终导致磨粒大颗粒破碎。

第四阶段为磨粒脱落阶段，其形貌如图 7-13(o)～图 7-13(r)，磨粒的大颗粒破碎之后，磨粒周围的粘结剂减少，结构强度减弱，最终导致粘结剂破碎，导致磨粒脱落。

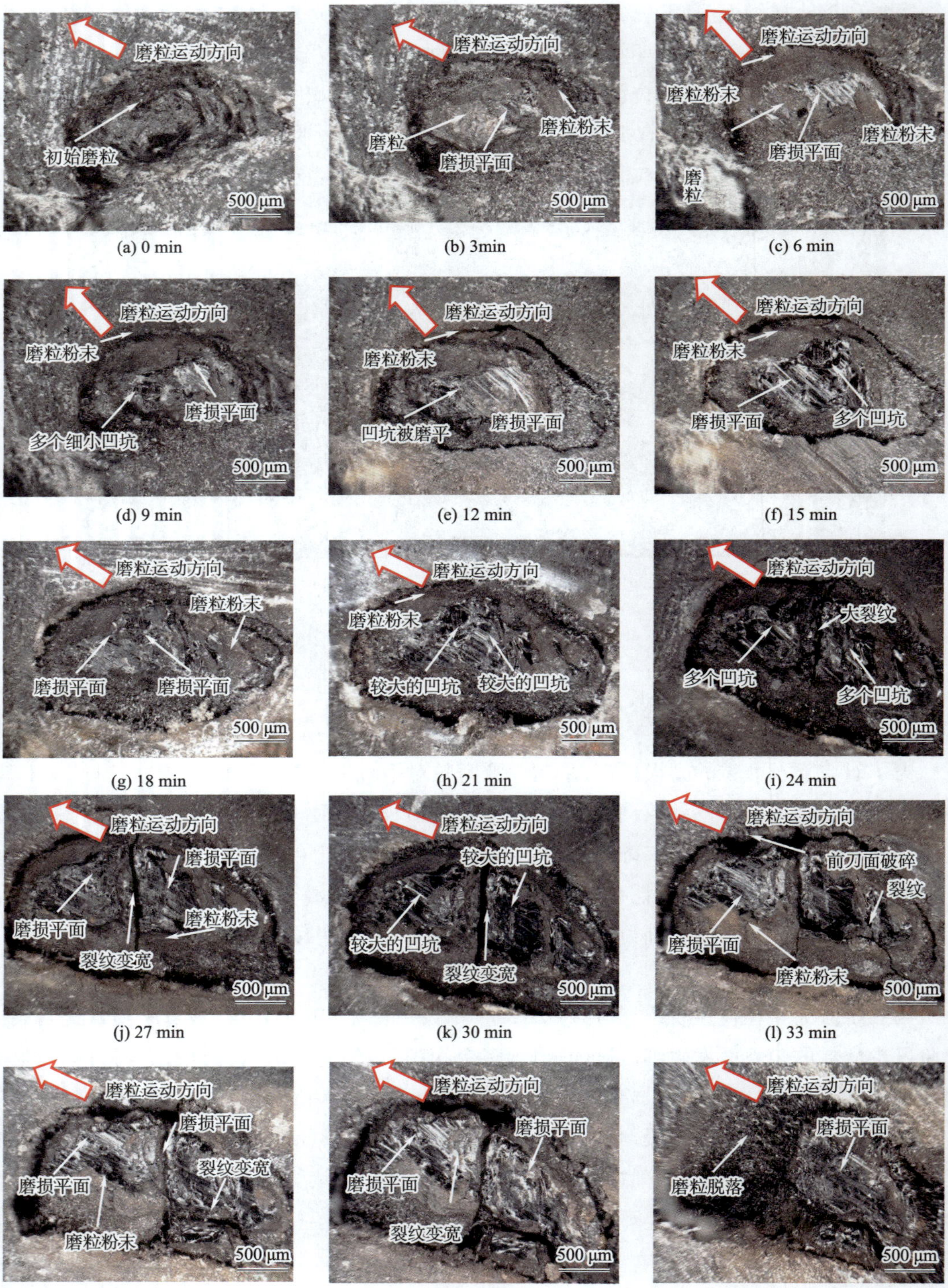


(a) 0 min (b) 3min (c) 6 min

(d) 9 min (e) 12 min (f) 15 min

(g) 18 min (h) 21 min (i) 24 min

(j) 27 min (k) 30 min (l) 33 min

(m) 36min (n) 39 min (o) 42 min

图 7-13

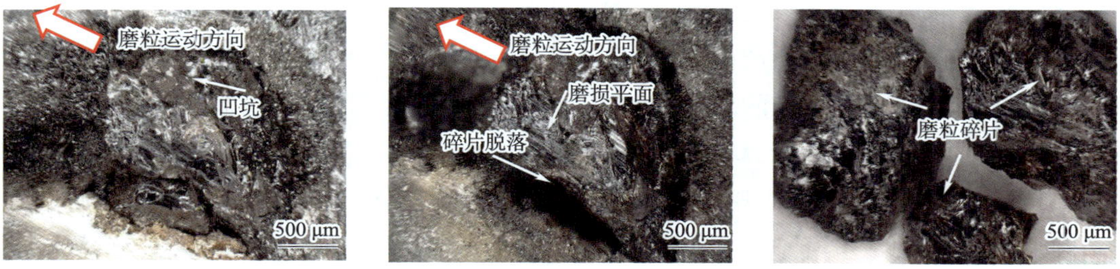


(p) 45 min　(q) 48 min　(r) 51 min

图 7-13　不同阶段磨粒形貌

通过以上对磨粒磨损原因的分析以及磨粒磨损过程的观察，可以解释钢轨打磨过程中磨石的磨损机理。磨粒切削钢轨过程中，磨粒尖端会逐渐磨钝，最后形成磨损平面。影响磨粒磨耗磨损的原因主要有：在磨粒切削钢轨过程中磨粒顶端与钢轨表面发生相对划擦，导致磨粒机械磨损；在较大的打磨压力下，磨粒和钢轨在相对划擦过程中会导致接触区压力和温度急剧上升，在高温高压的环境下，磨粒与钢轨发生化学反应，形成尖晶石（$AlFe_2O_4$），最终导致磨粒尖端发生塑性变形而迅速磨损；在高温高压的环境下，磨粒和钢轨表面还会发生元素的扩散，导致磨粒表面弱化而促进其磨损。磨粒磨耗磨损的过程如图 7-14 所示，磨耗磨损形成的切削面，会导致切削时摩擦阻力过大，产生高温，加剧磨粒磨耗磨损，在磨粒四周可以观察到磨耗磨损产生的磨粒粉末。磨耗磨损会降低磨粒的切削性能，导致钢轨打磨后粗糙度降低，但是由于温度过高会导致钢轨烧伤。

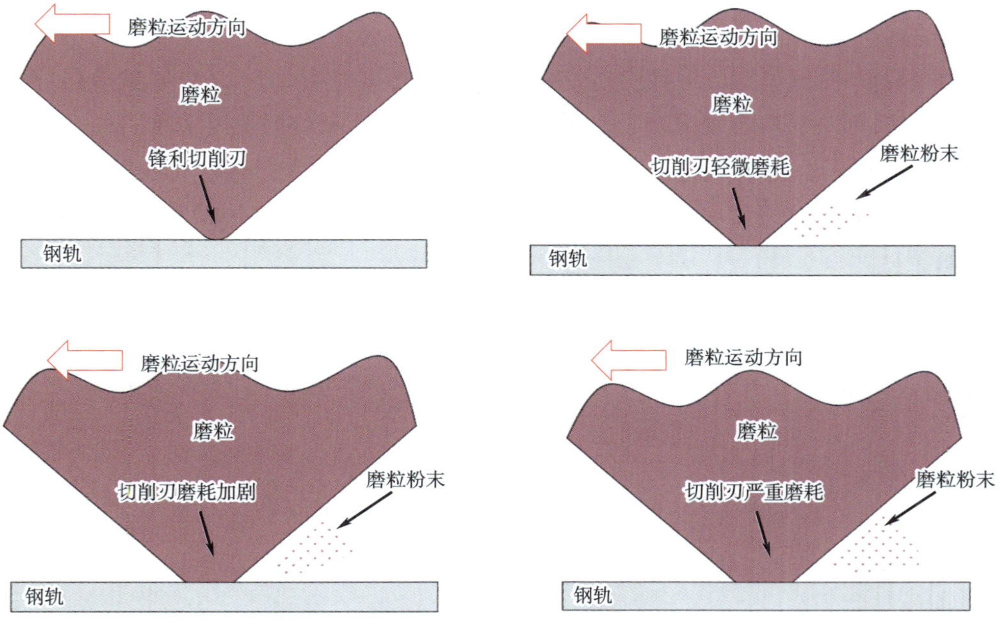


图 7-14　磨粒的磨耗磨损示意

随着磨耗磨损加剧，磨粒切削性能下降，切削过程中压力和温度越高，当磨粒切削刃处内应力大于其断裂强度，就会产生磨粒小碎片，此时存在多个细微的切削刃，磨粒切削能力略微提升，此过程也称为磨粒的自锐性，此时磨粒继续参与切削，新的切削刃又会磨耗磨损，很快被磨平，导致磨粒切削面面积急剧增加，在磨粒内部产生细微裂纹（主要是垂直切削方向）。随着打磨继续，磨粒所受压力增加，导致磨粒裂纹开始扩展，产生磨粒大碎片脱落，形成多颗较为锋利的磨粒，继续参加切削，其破碎过程如图 7-15 所示。综上所述，磨粒破碎会增加磨粒的切削能力，提高材料的去除效率，但是会导致钢轨表面粗糙度增加。

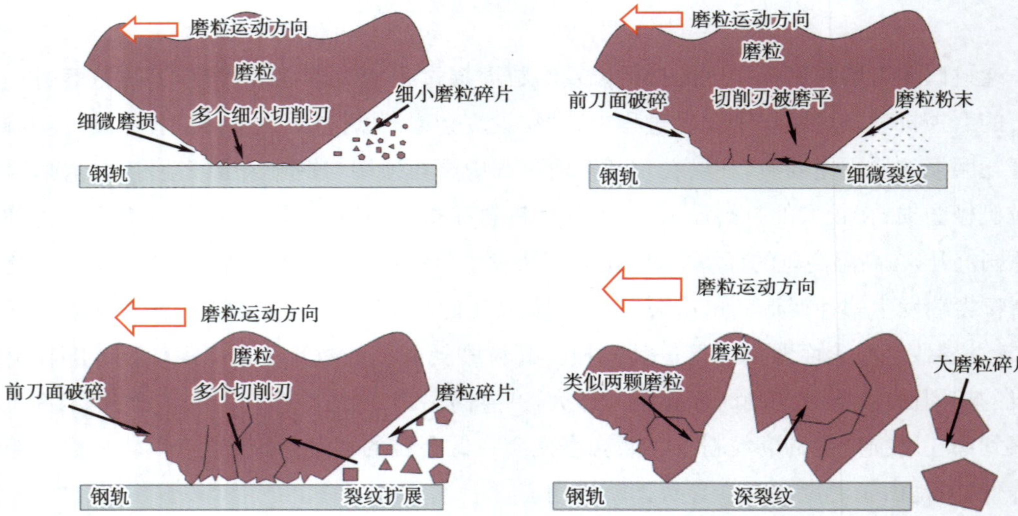


图 7-15　磨粒的破碎磨损示意

随着磨耗磨损越来越严重，磨粒切削性能下降，切削过程中压力和温度越高，当磨粒粘结剂的内应力大于其断裂强度，就会导致粘结剂破碎，最终导致粘结剂下方的磨粒连着粘结剂直接脱落。磨粒脱落过程如图 7-16 所示。磨粒脱落会增加打磨过程的振动和噪声，最终导致打磨后钢轨表面粗糙度升高，虽然有利于散热，但是其发生过程常常伴随着堵塞磨损。

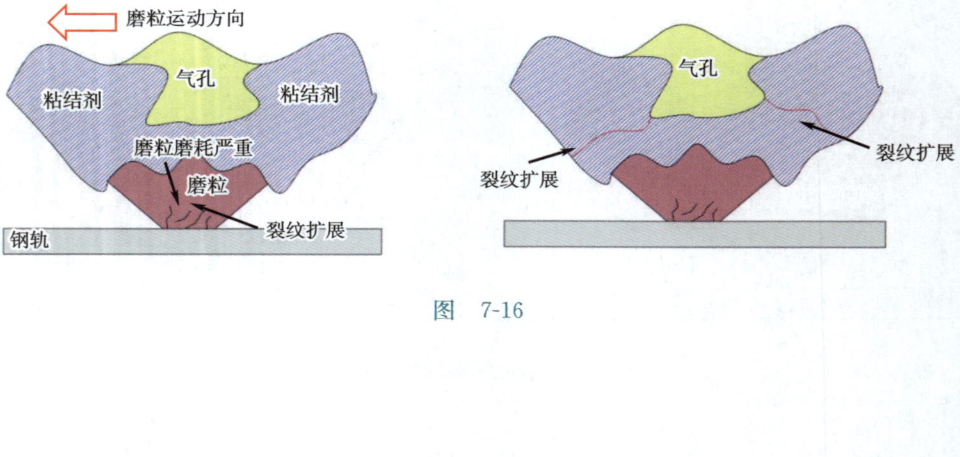


图　7-16

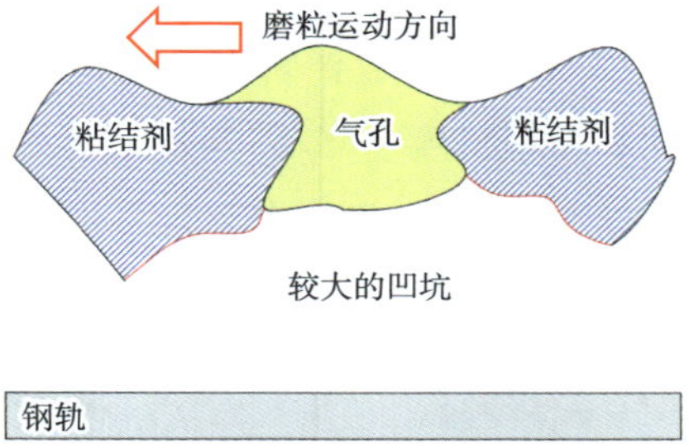


图 7-16　磨粒脱落示意

钢轨打磨过程中，磨粒与钢轨接触区温度较高，会导致一些磨屑软化，在较大压力下，软化的磨屑与磨粒发生熔焊，粘附在磨粒表面，磨屑代替磨粒切削刃进行打磨作业，由于硬度相当，无法完成切削，只能与钢轨表面对磨，产生大量热，最终导致钢轨烧伤。磨粒粘附磨损如图 7-17 所示。磨粒粘附最终导致打磨后钢轨表面粗糙度下降，但是却不利于散热，容易导致钢轨表面烧伤。

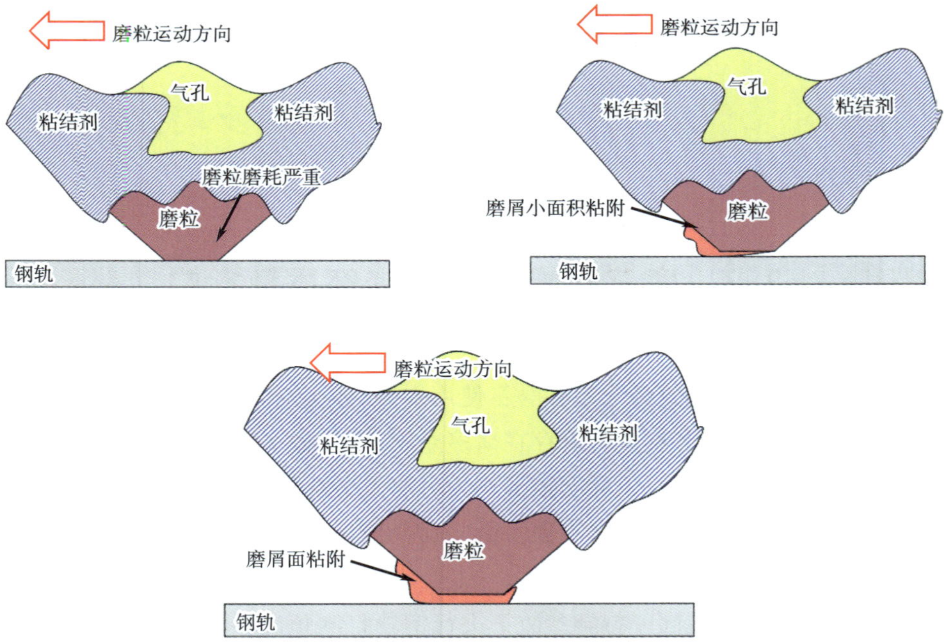


图 7-17　磨粒的粘附磨损示意

堵塞磨损主要现象是磨屑堆积在磨粒之间的气孔内，主要在流动形磨屑的形成过程中，以较大的冲击力插入磨粒之间的气孔中，随着磨粒继续切削，堵塞的磨屑缠绕更多的磨屑进入气孔内，堵塞的大量磨屑开始挤压堆积，最终填满整个间隙，与磨粒表面齐平，甚至超过磨粒高度，最终导致周围的磨粒丧失切削能力，代替磨粒进行切削，产生大量热，堆积磨屑的切削面熔化成一个平面。堵塞磨损很容易导致钢轨表面烧伤，堵塞磨损机理如图 7-18 所示。磨粒粘附最终导致打磨后钢轨表面粗糙度下降，但是却很容易导致钢轨表面烧伤，堵塞磨损的磨屑最终会伴随周围磨粒一起脱落，增加磨石磨损。

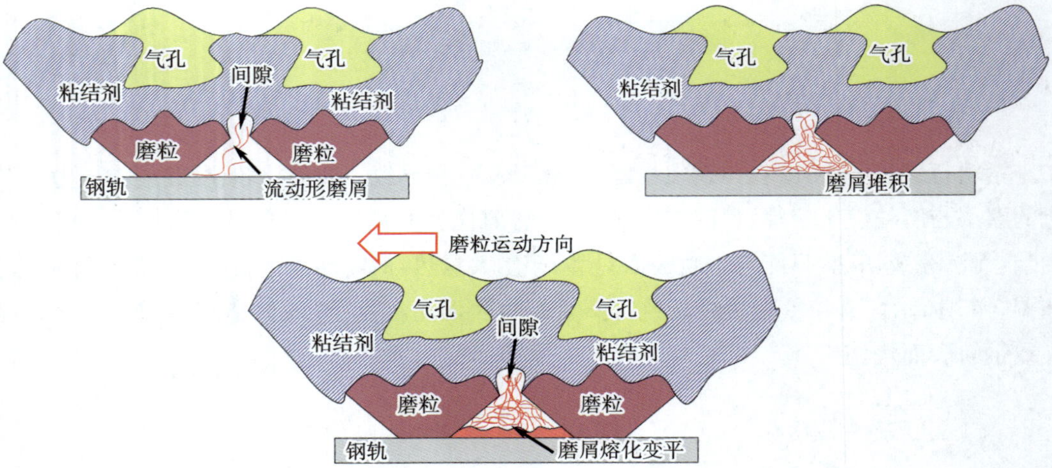


图 7-18　磨粒的堵塞磨损示意

## 7.2　磨石磨损对钢轨打磨质量影响

磨石的磨损不仅会影响打磨效率和磨石使用寿命，还会对打磨质量产生重要影响。在磨石处于不同磨损状态时，其影响程度存在诸多差异，为了研究磨石磨损对打磨效率和打磨质量的影响，选用参数相同但以不同磨损形式为主的三个磨石，在相同打磨参数下进行钢轨打磨试样，检测打磨后磨削比和钢轨表面质量（表面粗糙度、表面硬度、白层厚度），基于分析结果建立磨石磨损和钢轨打磨质量的联系。

利用相同参数的磨石在同一打磨参数下进行钢轨打磨预试验，通过观察打磨前后磨石截面轮廓图和计算打磨前后磨石表面有效磨粒数，磨粒平面面积，选出处于不同磨损形式的三个磨石，其打磨前后截面轮廓如图 7-19 所示。从图中可以看出，磨石 1 打磨后原有的磨粒破碎，形成多个细小切削刃，说明其磨粒破碎磨损的比例较大；磨石 2 打磨后磨粒变化不是很明显，说明其以磨耗磨损为主；磨石 3 打磨后原有的磨粒消失不见，说明其磨粒脱落磨损的比例较大。

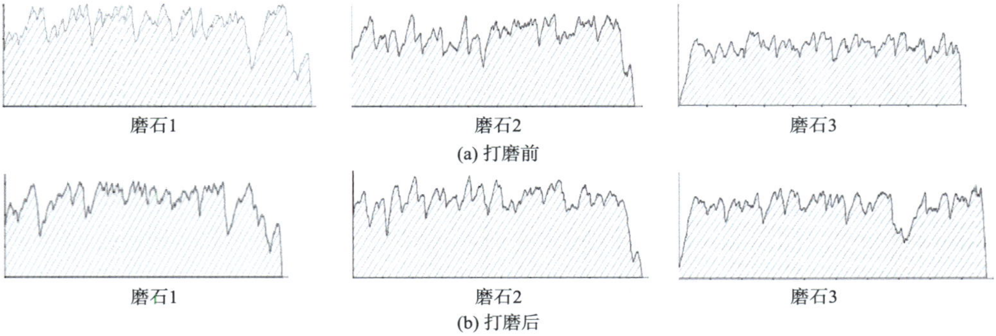


图 7-19　打磨前后磨石截面轮廓示意

为了更加准确地确定三个磨石的主要磨损状态，首先计算了打磨前后各种磨损形式的量。图 7-20 显示的是磨石磨耗磨损面积率及打磨前后有效磨粒数；图 7-21 是计算磨粒破碎磨损，磨粒脱落磨损和磨粒堵塞磨损的结果。

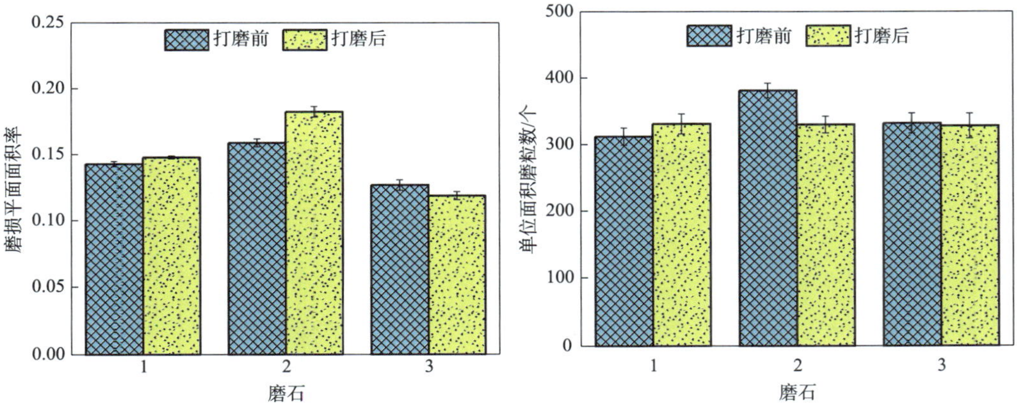


图 7-20　打磨前后磨石的磨耗磨损示意

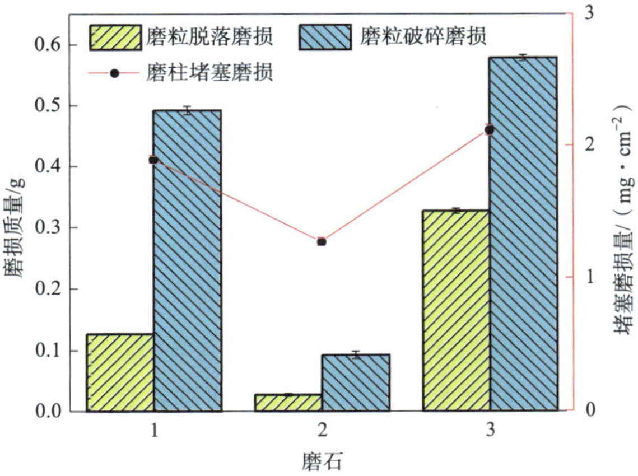


图 7-21　磨粒破碎磨损、磨粒脱落磨损和磨粒堵塞磨损量示意

从图 7-21 中可以看出，磨石 1 存在少量磨粒脱落和大量的磨粒破碎，导致单位面积内磨粒数量略微增加，且存在少量磨耗磨损，导致其磨耗磨损面积略微上升，最终可知磨石 1 的主要磨损形式为磨粒破碎；磨石 2 存在微量的磨粒破碎和磨粒脱落，但是打磨之后单位面积内磨粒数量明显减小，但磨耗磨损面积明显增加，这是由于磨石表面细微的切削刃被磨平导致的结果，最终可知磨石 2 主要以磨耗磨损为主；磨石 3 存在大量的磨粒破碎和磨粒脱落，相对于磨石 1，磨石 3 磨粒脱落的比例增加，由于磨粒脱落导致其磨损平面面积率降低且磨石单位面积上有效磨粒数下降。最终用上述三个不同主要磨损形式为主的磨石进行钢轨打磨试验，观察打磨后钢轨表面质量，以此研究磨石磨损形式对钢轨打磨质量的影响。从图 7-21 中还可以发现，磨石堵塞磨损量和磨粒脱落量变化趋势相同，说明磨粒脱落后留下的凹坑有利于磨屑堆积造成磨石堵塞磨损，且磨石堵塞磨损后切削阻力增加，最终加剧堵塞磨损周围磨粒的脱落。

图 7-22 为不同磨损状态磨石打磨后钢轨表面粗糙度。从图中可以看出，在相同的打磨参数下，不同磨损形式的磨石打磨钢轨后，钢轨表面粗糙度存在差异。以磨耗磨损为主的磨石 2 打磨钢轨后，钢轨表面质量最好，表面粗糙度最低。从磨石 2、磨石 1 到磨石 3，磨石磨粒脱落磨损和磨粒破碎磨损量依次增加，打磨后钢轨表面粗糙度依次增加；当磨石磨粒脱落量超过 0.3 g 和磨粒破碎量超过 0.5 g 后，钢轨表面粗糙度为 12.762 μm，超过钢轨打磨作业标准（$Ra$10 μm），此时应当调整打磨参数（降低打磨压力），或者直接更换磨石。

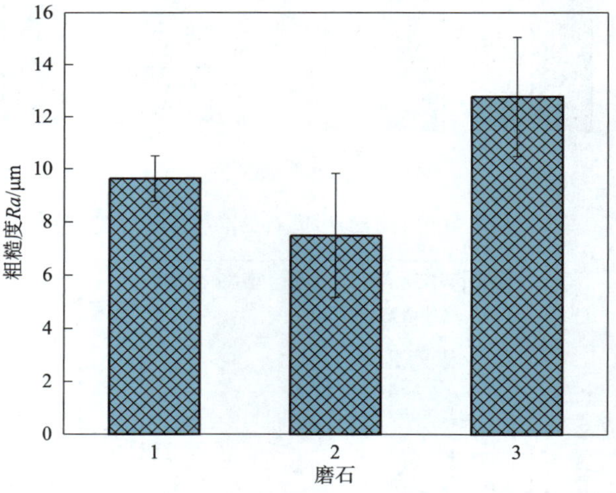


图 7-22　打磨后钢轨表面粗糙度示意

图 7-23 为打磨后钢轨表面硬度图，从图中可知，不同磨损状态磨石打磨后钢轨表面硬度会有不同程度的上升。以磨耗磨损为主的磨石打磨钢轨后，钢轨表面硬度上升最小，以磨石磨粒脱落磨损和磨粒破碎磨损为主的磨石打磨钢轨后，钢轨表面硬度上升较大，且随着磨石磨粒脱落磨损和磨粒破碎磨损量的增加，打磨后钢轨表面硬度增加。

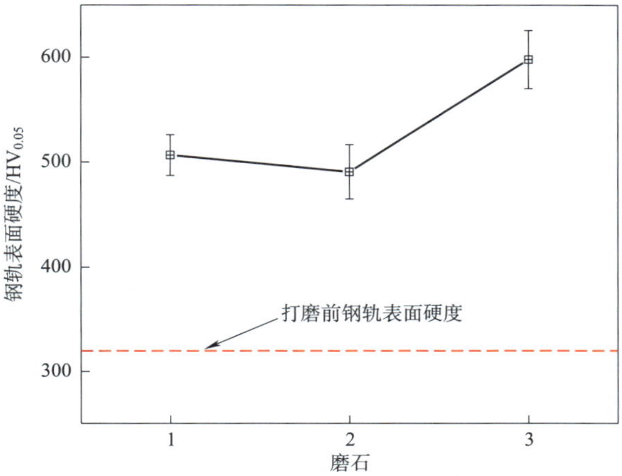


图 7-23　打磨后钢轨表面硬度示意

图 7-24 为沿着磨粒运动方向上打磨后钢轨截面形貌图。可以看出，在磨石 1 打磨后钢轨截面发现明显白层，磨石 2 和磨石 3 打磨后钢轨截面白层不清楚，这与前面的研究不符合。为了探究其原因，对垂直磨粒运动方向上打磨后钢轨截面形貌进行观察，形貌如图 7-25 所示。从图中可知，在垂直磨粒运动方向上白层分布间断且不均匀，当观察沿着磨粒运动方向上打磨后钢轨白层时，选择位置的不同对观察结果影响很大，不能准确地反应钢轨表面白层厚度。

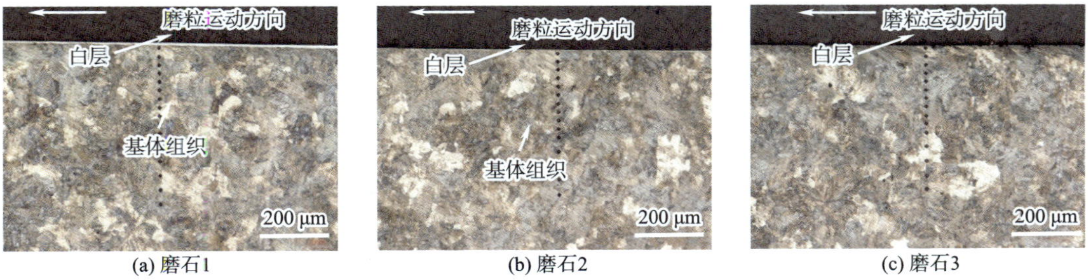


图 7-24　沿着磨粒运动方向上打磨后钢轨截面形貌

图 7-25　垂直磨粒运动方向上打磨后钢轨截面形貌

通过对垂直磨粒运动方向上白层截面图进行图像处理后，进一步计算垂直磨粒运动方向上的白层面积，以此来衡量打磨后钢轨表面白层的大小，计算结果如图 7-26 所示。可以看出，磨耗磨损为主的磨石 2 打磨钢轨后，钢轨表面白层分布最低，打磨质量最好。从磨石 2、磨石 1 到磨石 3，磨石的破碎磨损和磨粒脱落磨损依次增加，导致打磨后钢轨表面白层依次增加，打磨质量依次变差。

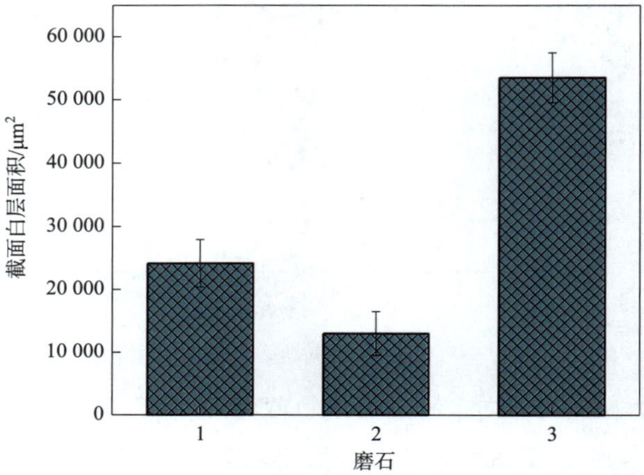


图 7-26　垂直磨粒运动方向上打磨后钢轨截面白层面积示意

磨削比是评定磨石切削性能的重要参数，磨削比的计算方式是钢轨去除体积与磨石磨损体积之比，钢轨去除体积、磨石磨损体积和磨削比如图 7-27 所示。从图中可知，随着磨石破碎磨损和磨粒脱落磨损量的增加，对钢轨材料的去除能力增加，但是会损耗更多的磨石，最终导致其磨削比反而下降。

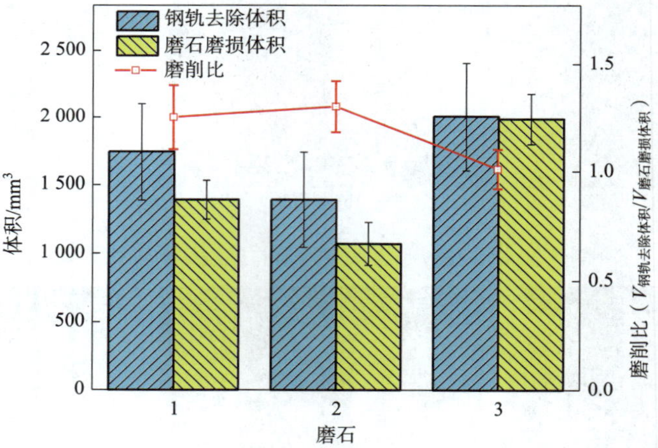


图 7-27　材料去除量和磨削比示意

综上所述，可得出不同磨损状态的磨石与磨削比及钢轨表面质量的关系，见表 7-1。当磨石主要磨损形式为磨耗磨损时，此时磨粒切削性最好，磨削比最高，打磨后钢轨表面粗糙度和表面硬度最低，且白层厚度最低。当磨石主要磨损形式为磨粒破碎时，此时磨粒切削性较好，磨削比适中，打磨后钢轨表面粗糙度和表面硬度适中，且白层厚度适中。当磨石主要磨损形式为磨粒脱落时，此时磨粒切削性最差，磨削比最低，打磨后钢轨表面粗糙度和表面硬度最高，且白层厚度最高。当打磨后钢轨表面质量较差时，首先考虑调节打磨参数，当调节打磨参数无法获得较好的钢轨打磨质量后，应当考虑是否更换磨石。

**表 7-1　磨石磨损与钢轨表面质量的联系**

| 磨石 | 主要磨损形式 | 堵塞磨损 | 粗糙度 | 表面硬度 | 白层 | 磨削比 |
|---|---|---|---|---|---|---|
| 磨石 2 | 磨耗磨损 | 低 | 低 | 低 | 低 | 高 |
| 磨石 1 | 磨粒破碎 | 中 | 中 | 中 | 中 | 中 |
| 磨石 3 | 磨粒脱落 | 高 | 高 | 高 | 高 | 低 |

钢轨打磨过程中，磨石磨损状态不仅反映在打磨后钢轨表面质量，同样反映在磨屑的组成和形貌中，图 7-28 是不同磨损状态磨石打磨后收集磨屑的形貌图。可以看出，随着磨石破碎磨损量的增加，收集的磨屑中，细小片状磨屑的量增加，为了具体了解磨屑的组成，分别对磨屑的比例进行统计计算，结果如图 7-29 所示。从图中可知，随着磨石磨粒破碎磨损和磨粒脱落磨损的增加，磨屑中流动形磨屑和刀状磨屑的比例下降，块片状磨屑和球形磨屑的比例上升，通过前面对磨屑的研究结果可以得出、随着磨石磨粒破碎磨损和磨粒脱落磨损的增加，打磨质量越来越差。

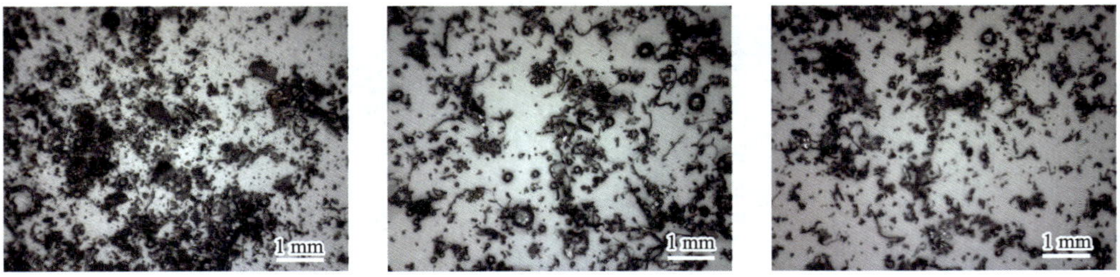


(a) 磨石1　(b) 磨石2　(c) 磨石3

图 7-28　不同磨损状态磨石打磨后磨屑微观形貌

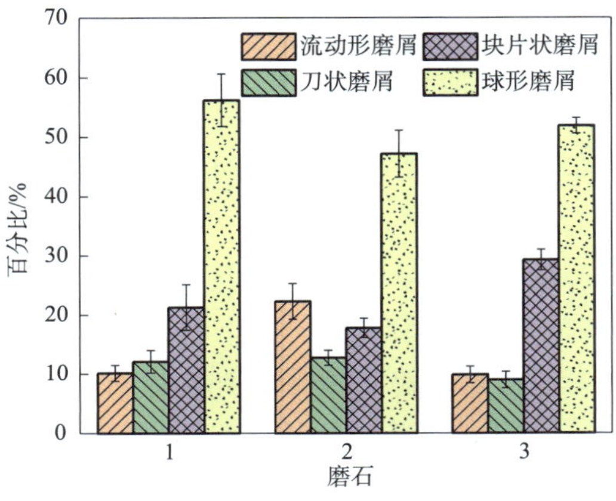


图 7-29　不同磨损状态磨石打磨后磨屑百分比示意

## 7.3 磨石参数对钢轨打磨材料去除影响

使用锆刚玉磨石、棕刚玉磨石和三个混合磨料磨石在钢轨打磨模拟试验机上进行钢轨打磨试验，分析打磨过程中打磨量、钢轨表面粗糙度、表面硬度、形貌、白层、残余应力等的变化规律，研究磨料配比对钢轨材料去除行为的影响。为有效模拟现场打磨作业中磨石与钢轨间的磨削作用，对目前现场打磨作业使用的钢轨打磨专用磨石进行调研，确定现有的磨石磨料、粒度、硬度等磨石参数，在此基础上对磨石的参数进行改进，委托某磨石生产厂家根据试验方案对磨石进行订做。磨石（图 7-30）的外形尺寸为 150 mm×70 mm×55 mm（外径×厚度×内径），磨石背部有四个螺栓孔用于磨石与夹具的连接。

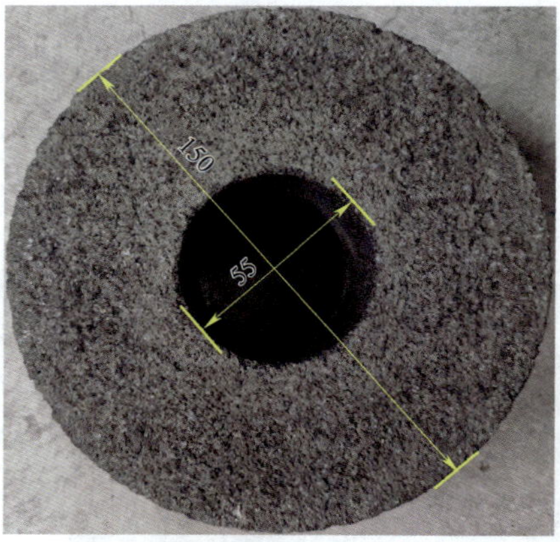


图 7-30　钢轨打磨磨石（单位：mm）

锆刚玉和棕刚玉两种磨料被广泛应在现场钢轨打磨磨石中。锆刚玉价格较高，为了节省成本，通常会在锆刚玉磨石中加入棕刚玉磨料。试验所用的钢轨打磨磨石选用棕刚玉和锆刚玉两种磨料，两种磨料的外形如图 7-31 所示，锆刚玉磨料呈现灰白色，磨粒边角锋利。棕刚玉磨粒呈现棕褐色，磨粒相对锆刚玉略微圆润，本试验使用一个纯锆刚玉磨石，一个纯棕刚玉磨石，和三个分别加入 10%、20%、30%棕刚玉磨料的锆刚玉磨石，共五个磨石，研究磨料配比对钢轨材料去除行为影响。

磨石的粒度是指磨料颗粒的大小，现场常用的打磨磨石粒度为 16 号。钢轨打磨磨石属于固结磨具，为“F 粒度号磨料”，故将粒度为 16 号的磨粒记为 F16，其余粒度号的磨粒使用相同的方法表示。将不同粒度号的磨粒混合制成磨石，磨石中不同粒度磨粒的质量分数比即粒度配比。分别将 F16 与 F24 的磨粒按质量分数比为 1∶1 混合，F16、F24 与 F36 的磨粒按 2∶1∶1 混合，F20 与 F24 的磨粒按 1∶1 混合，制作成三种不同粒度配比的锆刚玉磨石，研究不同粒度配比的磨石对钢轨材料去除行为影响。

(a) 锆刚玉磨粒　　(b) 棕刚玉磨粒

图 7-31　钢轨打磨磨石磨料

磨石硬度是指在外力作用下磨粒从结合剂中脱落的难易程度，《固结磨具　一般要求》(GB/T 2484—2018)中规定了磨石的硬度分为超软、软、中软、中、中硬、硬和超硬七大等级，在这些等级中还可以再细分出若干小等级。磨石的硬度等级用大写字母表示，“A”为最软的磨石，磨粒最容易从结合剂中脱落，“Z”表示最硬的磨石，即磨粒最难从结合剂中脱落。目前现场使用的钢轨打磨专用磨石硬度等级在“M”到“T”之间。本研究选用 N、P、R、T 四个硬度等级的磨石进行试验，研究磨石硬度对钢轨材料去除行为影响。

### 7.3.1　磨料配比

试验选取五种不同磨料配比的磨石，分别为锆刚玉磨石、棕刚玉磨石和三个混合 10%～30%棕刚玉磨料的锆刚玉磨石。磨石的粒度号为 F16，硬度等级为 R，为了便于分析，将五个磨石记为 G1、G2、G3、G4、G5。使用 U75V 钢轨进行试验，每个磨石对钢轨三个半径($R$13 mm、$R$80 mm、$R$300 mm)各打磨两次。现场打磨中，磨石转速为 3 600 r/min，磨石与钢轨间的作用力通常约为 2 000 N，考虑钢轨打磨模拟试验机技术参数与打磨车运行速度[PGM 钢轨打磨车运行速度为 1.6～16 km/h]，试验时打磨速度选取 3 km/h。由于打磨不同半径时打磨参数相同，在不同半径下得出的规律可互为试验结论的佐证。磨石及试验参数见表 7-2，打磨后进行宏观及微观分析。

**表 7-2　磨石及试验参数**

| 磨石编号 | 磨料配比/% | | 粒度配比/% | 磨石硬度 | 打磨半径/mm |
|---|---|---|---|---|---|
| | 锆刚玉/% | 棕刚玉/% | | | |
| G1 | 100 | 0 | | | |
| G2 | 90 | 10 | | | 13 |
| G3 | 80 | 20 | F16∶F24=1∶1 | R | 80 |
| G4 | 70 | 30 | | | 300 |
| G5 | 0 | 100 | | | |

图 7-32 为五个磨石分别在三个轨顶半径下的打磨量。可以看出，在三个轨顶半径下，棕刚玉磨石（G5）的打磨量均小于锆刚玉（G1）及加入少量棕刚玉的锆刚玉磨石（G2～G4）；对于混合磨料的磨石（G2～G4），在 $R$80 mm 和 $R$300 mm 轨顶半径下，随着棕刚玉磨料含量的增加，打磨量略微降低。$R$13 mm 半径下打磨量变化趋势不显著，此时打磨量受到磨料配比的影响较小。此外，随着钢轨轨头半径的增加，打磨量降低。打磨量随着半径的变化更加显著，这是因为轨头半径增大使磨石与钢轨接触面积增大，磨石的切削深度显著减小。

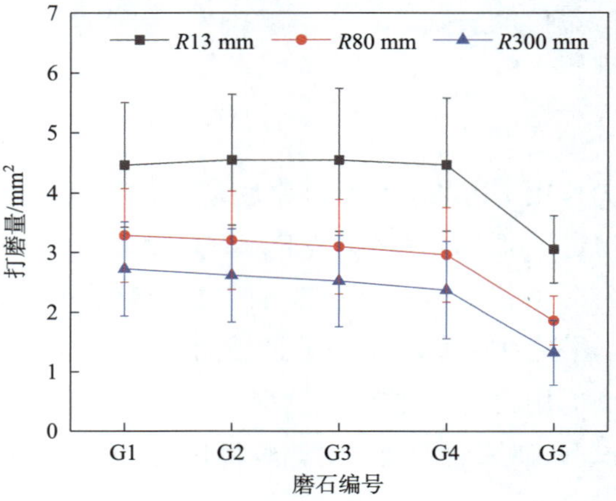


图 7-32　不同磨料配比磨石钢轨打磨量示意

使用不恰当的打磨模式和打磨性能差的磨石，可能会对钢轨造成二次伤害，例如过大的粗糙度、磨削裂纹、烧伤等。因此提升打磨表面质量，减小钢轨打磨对钢轨所造成的伤害尤为重要。打磨后钢轨表面粗糙度是评定打磨质量的重要参数之一。

使用五个磨石对钢轨试样的三种轨顶半径进行打磨，打磨后的表面粗糙度如图 7-33 所示。其中，棕刚玉磨石（G5）打磨后表面粗糙度最低，在 $R$13 mm、$R$80 mm、$R$300 mm 三个轨顶半径下，表面粗糙度平均值分别为 $Ra$8～7 μm、$Ra$8～2 μm、$Ra$6.0 μm。对于锆刚玉和加入少量棕刚玉的磨石（G1～G4），打磨后表面粗糙度显著大于棕刚玉磨石（G5）打磨后的表面粗糙度。锆刚玉磨石（G1）打磨半径 $R$13 mm、$R$80 mm、$R$300 mm 时，表面粗糙度平均值分别为 13.0 μm、11.9 μm、8～9 μm。在半径为 $R$300 mm 和 $R$80 mm 时，锆刚玉磨石中加入 10%～30%的棕刚玉磨料（G2～G4），打磨后表面粗糙度有升高趋势，在半径为 $R$13 mm 时，棕刚玉的加入对钢轨表面粗糙度影响较小。锆刚玉磨粒其自身的切削角较为锋利，在切削时，磨粒负前角小，切入钢轨材料深度大，使得表面粗糙度较高。

当打磨后钢轨表面粗糙度过高时，车轮反复作用后会引起轨面的点蚀磨损，而表面粗糙度较低则会降低轮轨粘着系数从而增加列车制动距离，因此，应当选择合理的磨石将打磨后钢轨表面粗糙度控制在合理范围。钢轨打磨验收标准中要求打磨后钢轨表面粗糙度小于 $Ra$10 μm，由于试验室的工况为低进给速度（3 km/h），现场作业中，列车运行速度为 8～

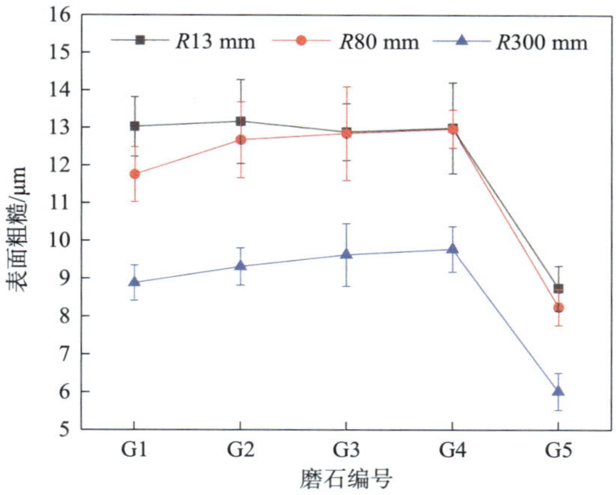


图 7-33 不同磨料配比磨石打磨后钢轨表面粗糙度示意

15 km/h，表面粗糙度会随着列车进给速度的增加而减小，因此试验中打磨后钢轨表面粗糙度虽大于现场验收标准，但对于相同打磨参数下对比磨石性能的研究仍有重要意义。

钢轨打磨是一种典型的端面磨削，且打磨过程中不使用切削液，而磨石与钢轨表面摩擦会产生大量的热量，因此使用打磨性能差的磨料，磨粒自锐性差，容易磨钝，打磨时会导致磨屑不能迅速排出磨削界面并带走热量，进而导致磨削区域产生的瞬时温度过高，使钢轨表面组织发生局部变化，造成不同程度的烧伤。

通过光学显微镜观察打磨后钢轨表面颜色即可区分烧伤程度，五种磨石在 $R80$ mm 打磨后的表面形貌如图 7-34 所示。当锆刚玉作为主要参与打磨的磨料时(G1～G4)，打磨后钢轨表面呈现光亮的金属光泽，局部出现淡黄色烧伤，烧伤程度较轻，表面烧伤情况没有因加入少量棕刚玉出现明显的变化。棕刚玉磨石(G5)在相同打磨参数下打磨后钢轨表面出现紫色烧伤，烧伤情况较为严重。

(a) G1

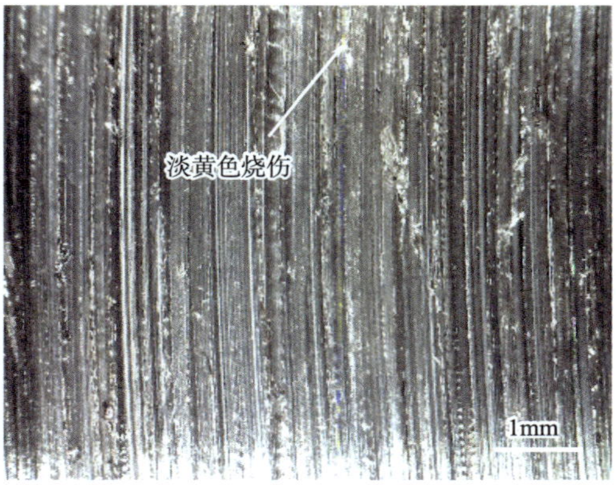


(b) G2

图 7-34

(c) G3

(d) G4

(e) G5

图 7-34　不同磨料配比磨石打磨后钢轨试样表面烧伤

有学者通过实验中得出：钢轨表面烧伤的颜色随着表面温度的升高，从黄色变为蓝色，再变为紫色。棕刚玉磨石(G5)打磨后钢轨表面出现紫色烧伤，说明磨削时磨削区域温度更高，钢轨表面发生的氧化反应更加剧烈，有色的氧化物堆积在表面，最终呈现为紫色烧伤。磨削烧伤会改变钢轨表层组织，严重时会产生磨削裂纹，因此应当选择适当的钢轨打磨磨石或打磨参数，避免出现严重的打磨烧伤。

图 7-35 为轨顶半径为 $R80$ mm 的钢轨试样三维形貌及表面轮廓。锆刚玉及含有少量棕刚玉的锆刚玉磨石(G1～G4)打磨后表面的磨痕深度均比棕刚玉磨石(G5)深。随着棕刚玉含量的增加，磨痕的深度和宽度都增加。这是因为混合磨料磨石(G2～G4)对钢轨进行磨削时，磨粒抵抗破碎的能力不同，棕刚玉先于锆刚玉被磨钝或破碎，磨石表面的平整度降低，参与磨削的有效磨粒数量减小，在相同打磨参数下，单颗磨粒对钢轨施加的压力增大，磨粒切入钢轨材料的深度增加。因此，使用含有少量棕刚玉的锆刚玉磨石(G2～G4)进行打磨，所产生的表面磨痕的深度和宽度略大于不含棕刚玉的锆刚玉磨石(G1)。而对于棕刚玉磨石(G5)打磨的钢轨表面，其磨痕细密且深度较小，这是因为棕刚玉磨石在磨削时磨粒负前角较大，磨粒对钢轨的剪切角变小，磨粒对钢轨材料的切削作用更弱，打

磨后表面更加平整。磨粒在打磨过程中的破碎形式也是使打磨后磨痕宽度和深度变化的原因之一。

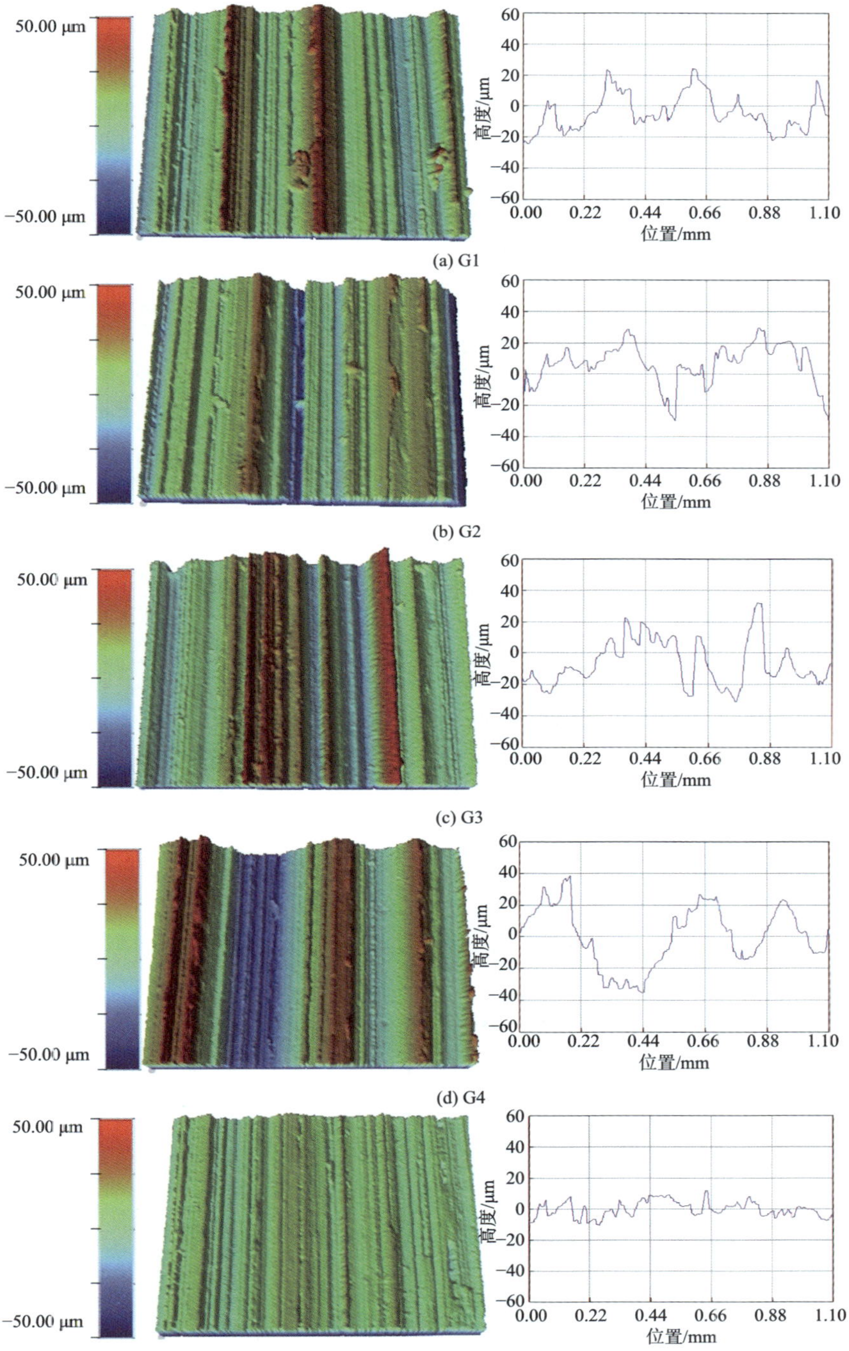


图 7-35　不同磨料配比磨石打磨后钢轨表面磨痕

使用 SEM 拍摄了轨顶后半径为 $R80$ mm 的钢轨表面形貌，如图 7-36 所示。在钢轨打磨过程中，每一颗磨粒都可被视为一个复杂的“刀具”，磨粒切入钢轨后，磨粒切削刃推动钢轨材料的流动，钢轨材料产生塑性变形并在切削刃前方隆起，在两个侧面形成塑性流动，磨粒划过的位置形成磨痕，随后磨屑沿着切削刃前面滑出。钢轨表面主要出现了材料的塑性流动和磨粒切削造成的磨痕。随着棕刚玉含量的增加，塑性流动和磨痕更加明显。棕刚玉磨石(G5)打磨后的钢轨表面塑性流动和磨痕较小，表面较为平整。

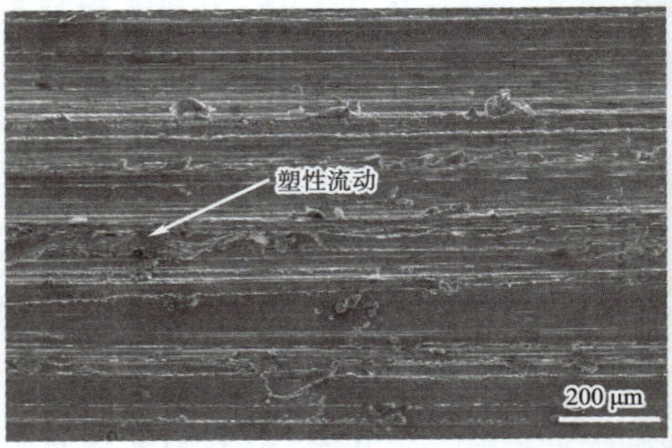

(a) G1

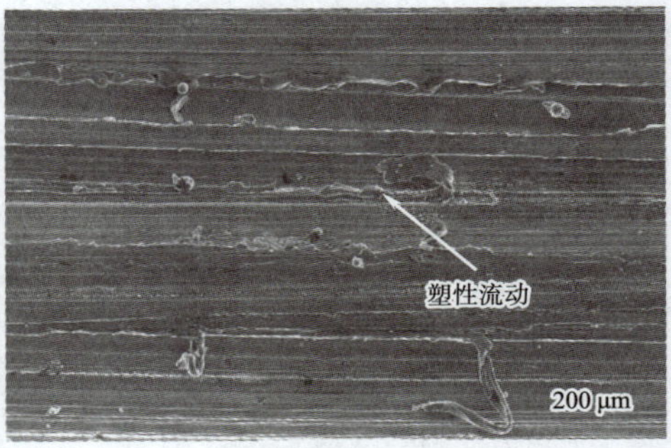

(b) G2

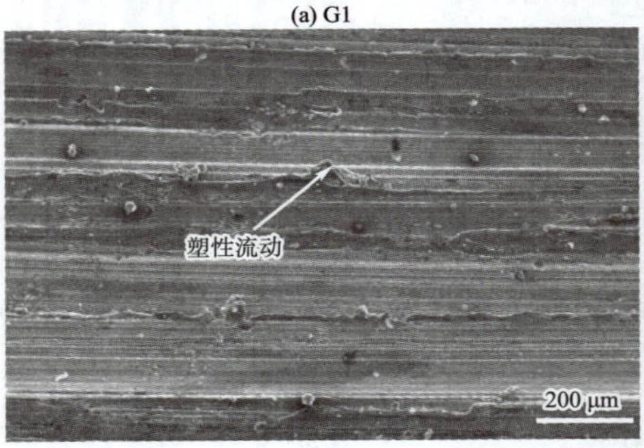

(c) G3

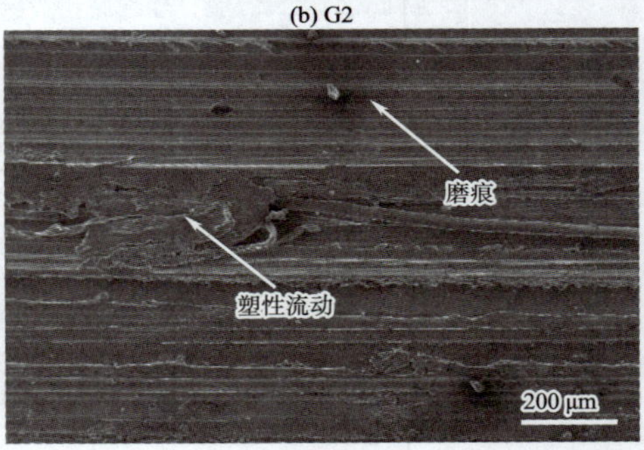

(d) G4

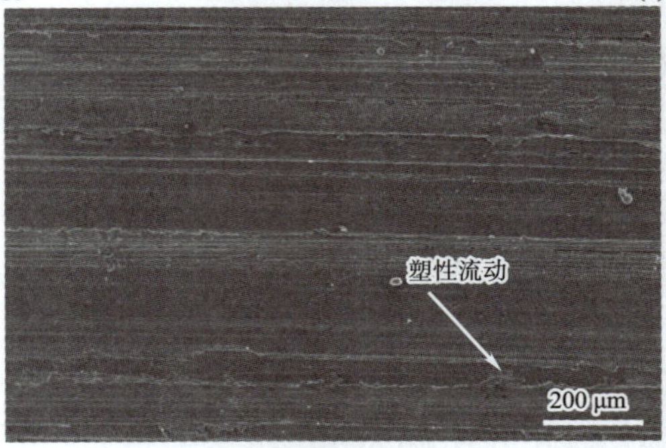

(e) G5

图 7-36　不同磨料配比磨石打磨后钢轨表面形貌

图 7-37 为试验后半径为 $R80$ mm 的钢轨试样剖面硬度随深度分布图。试验前钢轨试样的硬度约为 320 $HV_{0.2}$。试样剖面硬度随着距表面深度的增加逐渐趋于基体硬度，棕刚玉磨石(G5)打磨后钢轨试样表层硬度最大，为 574 $HV_{0.2}$，尽管表层硬度较大，但在距表面深度为 40 μm 时，其硬度值小于其他四个磨石(G1～G4)打磨后相同位置的硬度值，这就意味着棕刚

玉磨石对钢轨试样磨削的强化层更小。锆刚玉及加入 10%～30%棕刚玉的磨石打磨后表层硬度分别约为 433 $HV_{0.2}$、438 $HV_{0.2}$、444 $HV_{0.2}$ 和 444 $HV_{0.2}$，硬度值随着棕刚玉的加入有增大趋势。

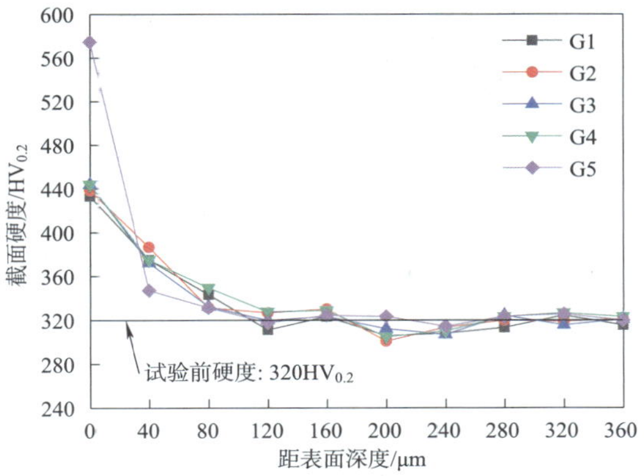


图 7-37　不同磨料配比磨石打磨后钢轨剖面硬度示意

从试验后的钢轨上切下试样，对剖面进行抛光后使用硝酸酒精腐蚀液进行腐蚀，图 7-38 是半径为 $R$80 mm 的钢轨试样剖面的光学显微镜照片。使用五个磨石进行打磨后，钢轨表层均出现了不连续分布的白层。

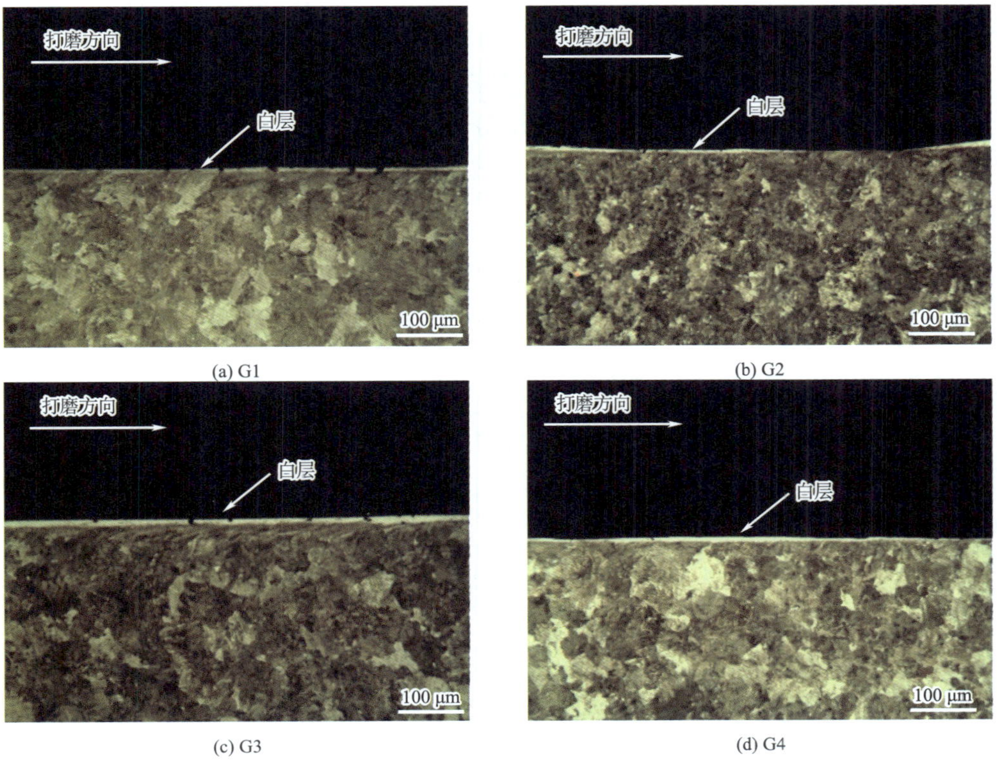


(a) G1　(b) G2　(c) G3　(d) G4

图　7-38

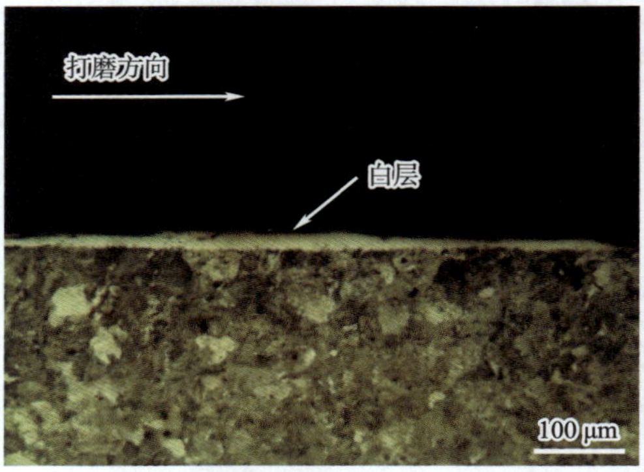


(e) G5

图 7-38　不同磨料配比磨石打磨后的钢轨表面白层

取五个不同位置测量白层厚度并计算平均值,统计结果如图 7-39 所示。对比统计结果可以看出:锆刚玉磨石(G1)打磨后表面白层厚度最小,随着棕刚玉含量的增加,白层厚度有增加趋势,棕刚玉磨石(G5)打磨后白层厚度最大,约为 15 μm。白层的厚度与表面的烧伤程度也具有一定相关性,棕刚玉磨石(G5)打磨后钢轨表面出现紫色烧伤,同时出现较厚的白层。为了探究表面白层的成分,使用 XRD 对五种磨石打磨后钢轨表面进行分析,如图 7-40 所示。在所有的 X 射线衍射谱中均发现了马氏体的存在,这表明白层的主要成分是马氏体,马氏体主要是由热效应引起,在打磨时钢轨与磨石界面产生较高的温度,高温使钢轨材料发生相变从而导致了马氏体的形成。白层的厚度会影响钢轨服役的安全性。当白层厚度较小时,钢轨服役一段时间后白层会自行脱落或消失,当白层厚度较大时,会大大降低钢轨的滚动接触疲劳寿命,诱发裂纹的萌生和扩展。因此应当使用自锐性、打磨性能好的磨石避免产生较厚的白层。

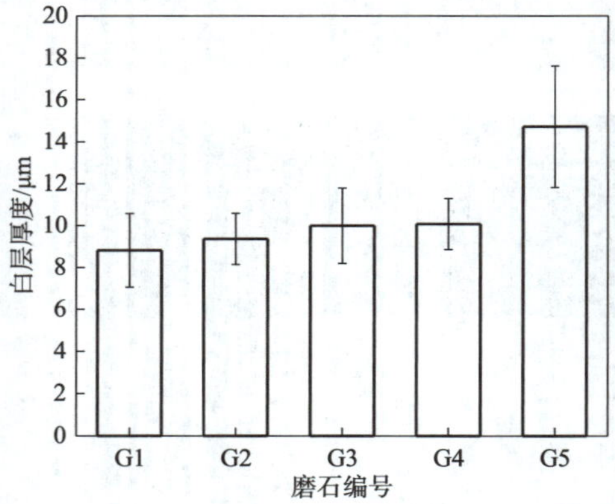


图 7-39　不同磨料配比磨石打磨后钢轨表面白层厚度统计示意

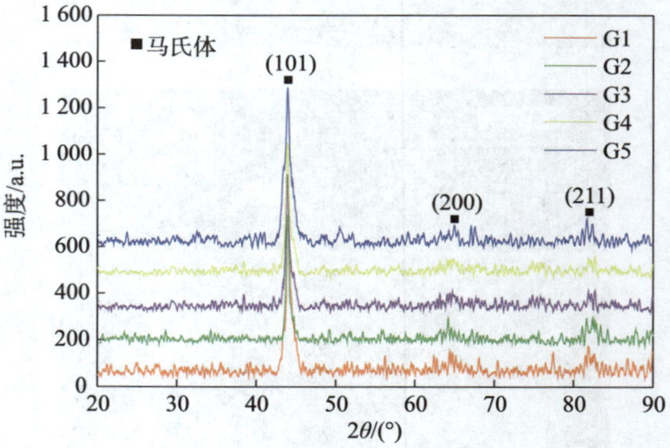


图 7-40　不同磨料配比磨石打磨后钢轨表面 XRD 分析示意

钢轨打磨残余应力升高的主要原因是：磨粒切削钢轨材料造成钢轨表层的塑性变形，以及磨粒接触钢轨材料后相互摩擦产生了磨削热。图 7-41 为半径 $R$80 mm 的钢轨试样打磨后的残余应力测试结果，在试样上同一位置垂直于磨痕、平行于磨痕分别测量一次残余应力，未打磨时测得钢轨试样上存在 54 MPa 的残余压应力。打磨后钢轨表面的残余应力均为拉应力，且垂直于磨痕的残余应力均大于平行于磨痕的残余应力。垂直于磨痕的残余应力受到磨料及磨料配比的影响较小，棕刚玉磨石（G5）打磨后钢轨表面在该方向上的残余应力略小于锆刚玉磨石（G1）打磨后的残余应力。而对于平行于磨痕方向的残余应力，棕刚玉磨石（G5）打磨后的残余应力显著大于其余四个磨石，过高的磨削温度是产生较高残余拉应力的主要原因。

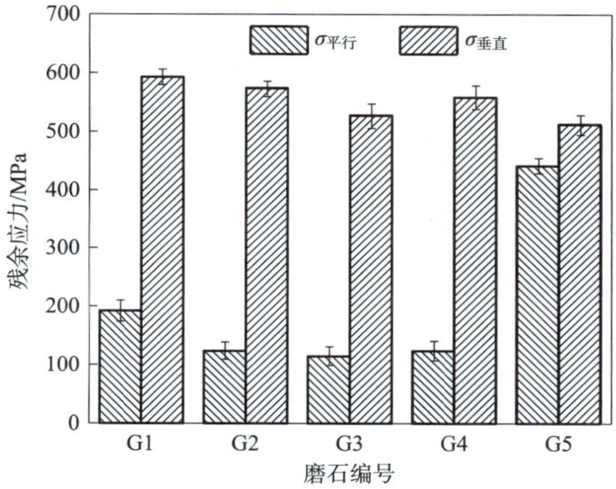


图 7-41　不同磨料配比磨石打磨后钢轨表面残余应力示意

图 7-42 是五种磨石打磨磨屑的 SEM 图。可以看出，钢轨打磨过程中产生的磨屑主要为条形磨屑、球形磨屑及板状磨屑，同时，在磨屑中会夹杂一些脱落的磨粒。尽管在锆刚玉磨石中加入了少量棕刚玉，锆刚玉仍然是主要参与磨削的磨料，因此，对比 G1～G4 四个磨石打磨后的条形磨屑，没有显著差异。含有 30％棕刚玉磨石（G4）的打磨磨屑中，破碎的磨料颗粒多于其他三个锆刚玉磨石（G1～G3），这说明当棕刚玉磨料增加至一定含量后可以促进磨粒的脱落，提高磨石的自锐性。在棕刚玉磨石（G5）的打磨磨屑中含有一定数量的板状磨屑，在磨削过程中，钢轨材料粘附在磨石表面，并随着打磨的进行反复形成并脱落成为板状磨屑，而棕刚玉磨石打磨产生的粘附物数量更多，因此棕刚玉磨石的打磨磨屑中出现了更多的板状磨屑。

锆刚玉和棕刚玉磨石（G1 和 G5）在打磨过程中磨石磨损形式有明显差异。模拟试验后，钢轨材料粘附在磨石的表面，图 7-43 是使用便携式显微镜观察的两种磨石打磨后表面钢轨材料的粘附状况。从图 7-43（a）可以看出，锆刚玉磨石（G1）表面的磨屑机械地侵入磨粒间的缝隙里，随着打磨的进行，磨屑不断堆积在磨粒之间，直至磨粒磨钝后粘附的钢轨材料与磨粒一同脱落，这种嵌入型的粘附数量较少，每个粘附物面积较大。与锆刚玉磨石不

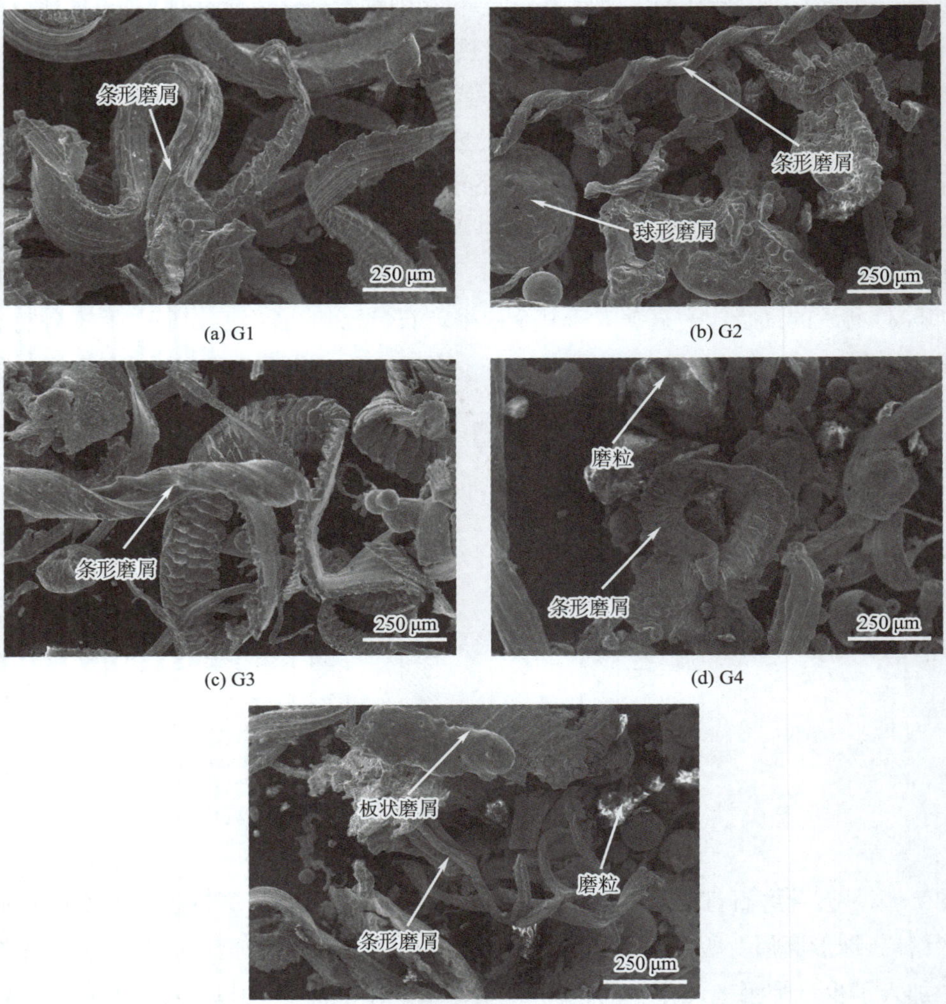


(a) G1　(b) G2　(c) G3　(d) G4　(e) G5

图 7-42　不同磨料配比磨石的打磨磨屑

同，从图 7-43(b)可以看出：棕刚玉磨石(G5)表面出现钢轨材料粘附的数量更多，但粘附物的面积更小，粘附的位置多在磨粒的表面，这可能是因为在打磨过程中磨屑在高温下熔化，在压力的作用下，磨屑在冷却过程中粘附在棕刚玉磨粒表面，随着打磨的进行，磨屑脱落形成板状磨屑。图 7-44 是使用扫描电子显微镜观察到的板状磨屑与磨石接触的一面上粘合的磨粒。这种粘附加速了棕刚玉磨粒的磨损，粘附物脱落再形成的过程比锆刚玉磨石更快，这也是在棕刚玉磨石的打磨磨屑中观察到更多片状磨屑的原因。

使用轮廓仪测量锆刚玉(G1)与棕刚玉磨石(G5)打磨后表面轮廓，轮廓仪针尖沿磨石端面从内侧向外侧测量，$Y$ 轴 0 mm 处为磨石内侧，40 mm 处为磨石外侧。从图 7-45 中可以

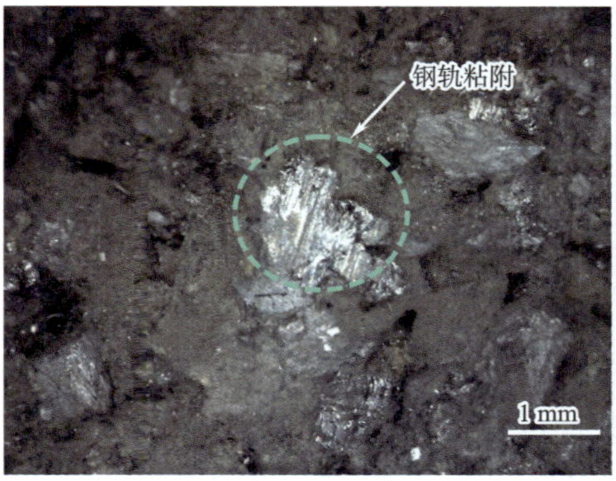


(a) G1

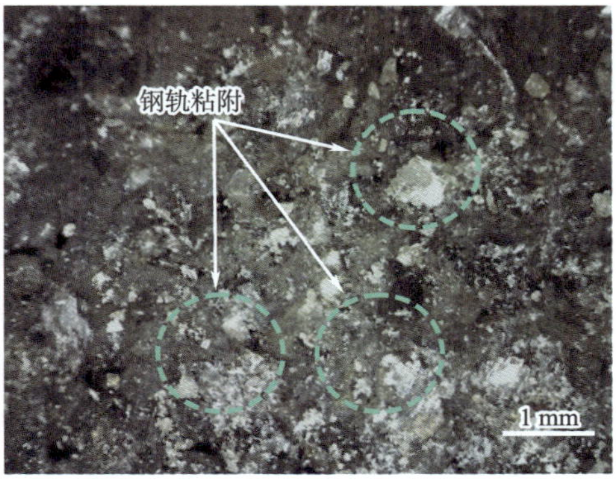


(b) G5

图 7-43　试验后磨石表面粘附

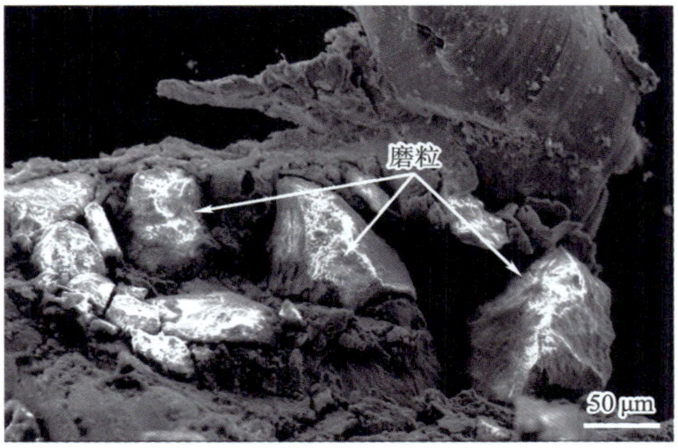


图 7-44　板状磨屑上附着的磨粒

看出：锆刚玉磨石[图 7-45(a)]的有效切削磨粒均匀分布在磨石表面，棕刚玉磨石[图 7-45(b)]的有效切削磨粒集中在中间位置。打磨时磨石外侧先接触到工件进行磨削，磨石外侧磨损较严重。在相同打磨参数下，棕刚玉磨石外侧磨损更加严重。此外，锆刚玉磨石的有效切削刃间距较大，磨粒突出高度更高，在打磨时排屑能力更强，而棕刚玉磨石表面的磨粒突出高度低且有效切削刃间距小，这就意味着在打磨时切入钢轨的深度更小。

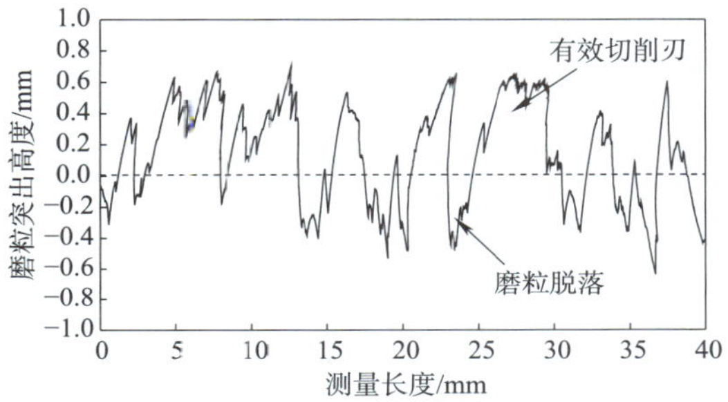


(a) G1

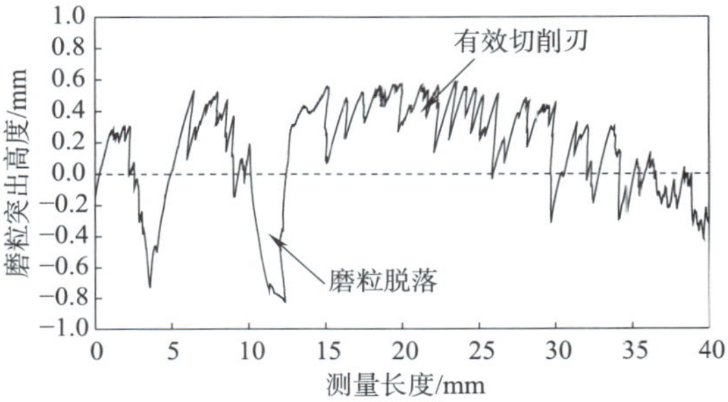


(b) G5

图 7-45　磨石表面轮廓示意

锆刚玉与棕刚玉在磨粒的破碎形式上也有明显差异。在磨削过程中，随着打磨的进行，磨石表面磨粒钝化，此时磨粒出现破碎。锆刚玉磨粒主要出现宏观破碎，与磨粒的破碎强度测试中使用便携式显微镜观察到的现象相似。而棕刚玉磨粒抵抗破碎的能力较弱，在打磨过程中，磨粒呈现粉碎状的磨耗磨损。

锆刚玉和棕刚玉是两种广泛应用与现场钢轨打磨的磨料。使用五个不同的锆刚玉、棕刚玉及混合磨料的磨石，从打磨效率（打磨量），打磨质量（表面粗糙度、白层、表面硬度和残余应力）对磨石的磨削性能进行评估，图 7-46 为五种磨石打磨 $R$80 mm 轨面的综合评价图。从图中可以看出，棕刚玉磨石（G5）的打磨效率最低，且打磨质量较差（除粗糙度外），锆刚玉磨石（G1）的打磨效率与打磨质量（除粗糙度外）最好。对于混合磨料的磨石（G2～G4），随着棕刚玉含量的增加，磨石的磨削性能略有下降。

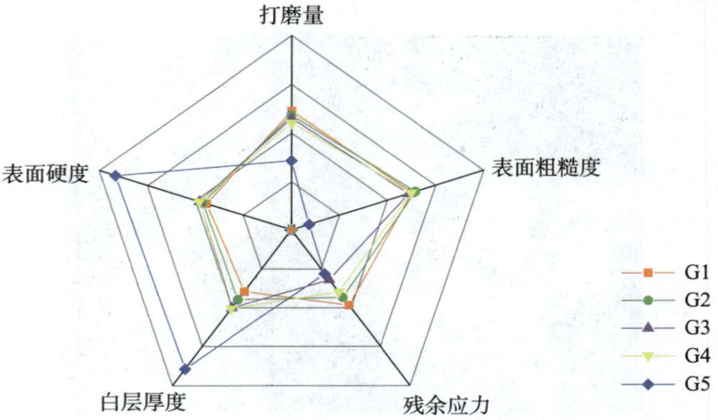


图 7-46　磨石磨料配比综合评价示意

磨石的磨料类型对磨削效率和磨削质量有显著影响，从打磨效率来看，锆刚玉磨石显著优于棕刚玉磨石。从磨粒的照片可以看出：锆刚玉磨粒的切削刃更加锋利，而棕刚玉磨粒较为圆滑，因此锆刚玉磨粒的负前角更小，每颗磨粒切削的未变形切削厚度更大，这意味着磨粒在磨削过程中对钢轨有更强的切削作用。这也导致了锆刚玉磨石打磨的磨屑宽度和厚度大于棕刚玉磨石的打磨磨屑。此外，锆刚玉与棕刚玉的磨损形式不同[图 7-47(a)]，锆刚玉磨粒的宏观破碎磨损使得磨粒保持良好的磨粒突出高度，因此切削性能较强。

从打磨质量来看，与棕刚玉磨石相比，锆刚玉磨石更深的切削深度导致了更高的表面粗糙度。尽管棕刚玉磨石打磨后钢轨表面粗糙度更低，但棕刚玉磨石会引起严重的打磨烧伤，产生较厚的白层。这是由于棕刚玉磨粒突出高度较低，更容易粘附钢轨材料，且棕刚玉的磨损形式以磨耗磨损为主[图 7-47(b)]，磨粒顶端易被磨平，磨粒较大的负前角对钢轨材料的划擦和犁耕作用更强，使得磨粒顶端与材料接触点的温度更高，更高的磨削温度使钢轨表面烧伤更严重，进而导致了更厚的白层和更高的表面硬度。

综合考虑打磨效率和打磨质量，锆刚玉磨石均优于棕刚玉磨石。因此，应当选择锆刚玉作为钢轨打磨磨石的主要磨粒。然而，锆刚玉磨料的成本是棕刚玉的 8 倍，考虑到钢轨打磨

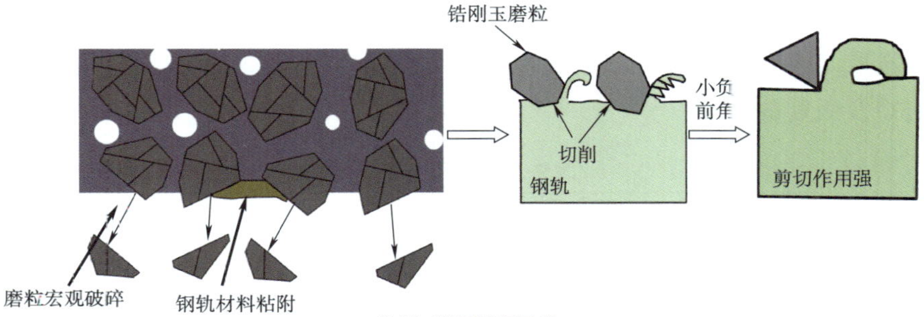


(a) 锆刚玉磨石磨损示意

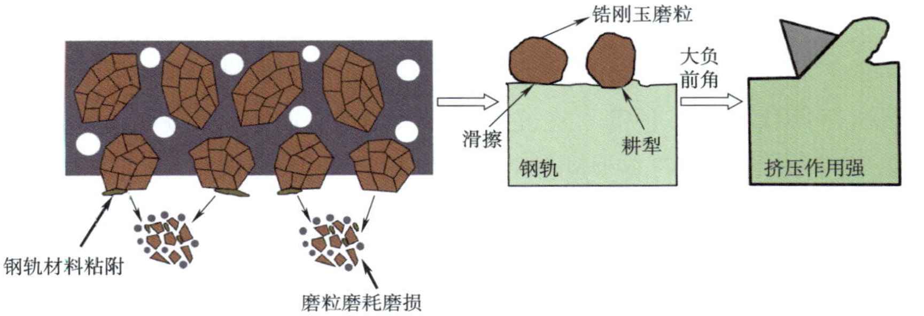


(b) 棕刚玉磨石磨损示意

图 7-47　磨石磨损示意

磨石在打磨作业中消耗量大，优化磨料配方对降低磨石的成本具有重要意义。上述试验结果表明：在锆刚玉磨石中加入 10%～30%的棕刚玉磨料，打磨质量和打磨效率均没有显著下降，因此在锆刚玉磨石中加入 10%～30%的棕刚玉磨料，不仅可以保证打磨作业的质量和效率，还可以降低钢轨打磨作业的成本。

## 7.3.2　磨料粒度配比

磨料粒度是指磨石中磨料的粗细程度，粒度规格用粒度号表示，粒度号按照磨粒颗粒尺寸大小区分。钢轨打磨对打磨效率的要求较高，对粗糙度的要求较低，因此一般选用粒度小的磨石进行磨削。此外，为了提升磨料密度，还会在小粒度的磨石中添加少量粒度大的磨料，磨石中含有两种或两种粒度以上的磨石称为混合粒度磨石，此时将主要起磨削作用的粒度记为磨石的粒度。磨石粒度的选择会直接影响磨削效率和工件表面质量。利用钢轨打磨模拟试验机，使用三种不同粒度配比的打磨磨石，对不同粒度配比磨石做出评价，分析粒度配比对钢轨材料去除行为的影响。

实验中磨石中涉及 F16、F20、F24、F36 四个粒度号，分别对应的磨粒尺寸为 1 180～1 400 μm、1 000～1 180 μm、710～850 μm、500～600 μm。将不同粒度号的磨粒进行混合制作成磨石，磨石中不同粒度磨粒的质量分数比即粒度配比。将粒度号为 F16 与 F24 的磨料进行 1∶1 混合，制作的磨石记为 16A；将粒度号为 F16、F24 和 F36 的磨料进行 2∶1∶1 混合，制作的磨石记为 16B；将粒度号为 F20、F24 的磨料进行 1∶1 混合，制作的磨石记为

20A。钢轨打磨模拟试验参数及磨石参数见表 7-3。打磨压力与打磨转速按照现场打磨作业的参数选取。钢轨材料为 U75V,每个磨石分别对钢轨 $R$80 mm 轨面打磨两次,试验结束后进行宏观及微观分析。

**表 7-3　磨石及试验参数**

| 磨石编号 | 粒度配比(质量比) | 磨　　料 | 磨石硬度 | 打磨半径/mm |
|---|---|---|---|---|
| 16A | F16∶F24=1∶1 | 锆刚玉 | R | 80 |
| 16B | F16∶F24∶F36=2∶1∶1 | | | |
| 20A | F20∶F24=1∶1 | | | |

试验所用的三种不同粒度配比的磨石,其外形及光学显微镜拍摄的使用前表面形貌如图 7-48 所示。可以看出:三种磨石在光学显微镜下的表面形貌有明显差异。添加粒度号为 F36 的磨粒[图 7-48(b)],磨石有少量小尺寸磨粒夹杂在大尺寸磨粒之间;图 7-48(c)为添加粒度号为 F20 的磨石,磨石中磨粒直径较小,单位面积内磨粒的个数较添加 F16 粒度的磨石多。

(a) 16A

(b) 16B

图　7-48

(c) 20A

图 7-48　不同粒度配比磨石外形及表面形貌

图 7-49 是三种磨石在半径 $R$80 mm 下的钢轨打磨量。可以看出：16B 磨石的打磨量最大，20A 磨石的打磨量最小，16A 磨石的打磨量介于两者之间。对比 16A 与 16B 两个磨石，磨石中混合更多粒度号更大的磨粒，磨石的自锐性增加，在打磨过程中会促进磨粒的脱落，因此，16B 磨石的打磨量更大。对比 16A 与 20A 磨石，增大磨石中主要参与磨削的磨粒颗粒大小，打磨量增加，这是因为磨粒颗粒增大使得磨粒与钢轨材料接触的面积变大，提高了打磨效率。

磨石粒度配比对打磨后表面粗糙度有显著影响，图 7-50 为三种不同粒度配比的磨石在钢轨试样 $R$80 mm 处打磨后的表面粗糙度值。16B 磨石打磨后钢轨表面粗糙度最高，20A 磨石打磨后表面粗糙度最低，16B 介于两者之间。对比两种 16 粒度的磨石，16B 磨石打磨后钢轨表面粗糙度略高于 16A 磨石打磨表面粗糙度。对于 16A 与 20A 两种磨石，20A 磨石中磨粒尺寸小，磨粒在切削时的有效切削深度小，磨石表面单位面积内参与磨削的磨粒更多，参与切削的微小切削刃多，因此 20A 磨石打磨后的表面粗糙度更低，打磨后的表面更加光滑。

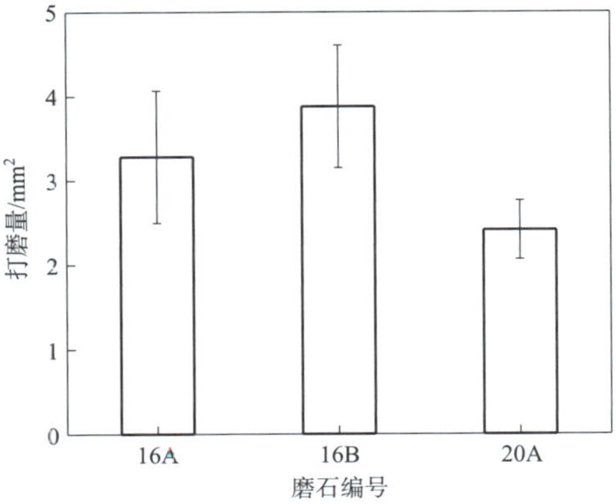


图 7-49　不同粒度配比磨石钢轨打磨量示意

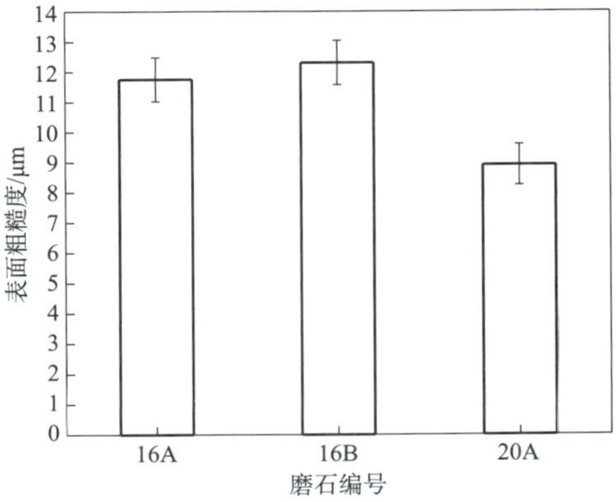


图 7-50　不同粒度配比磨石打磨后钢轨表面粗糙度示意

通过光学显微镜观察钢轨表面形貌，以此来判断表面烧伤状况。使用光学显微镜拍摄的打磨后钢轨表面如图 7-51 所示。三个磨石打磨后钢轨表面均呈现光亮的金属色，局部呈现淡黄色的烧伤，在打磨过程中，少量局部淡黄色的轻微烧伤无法避免，烧伤程度较小。这三种不同磨粒配比的磨石在打磨过程中均没有造成钢轨表面严重烧伤。

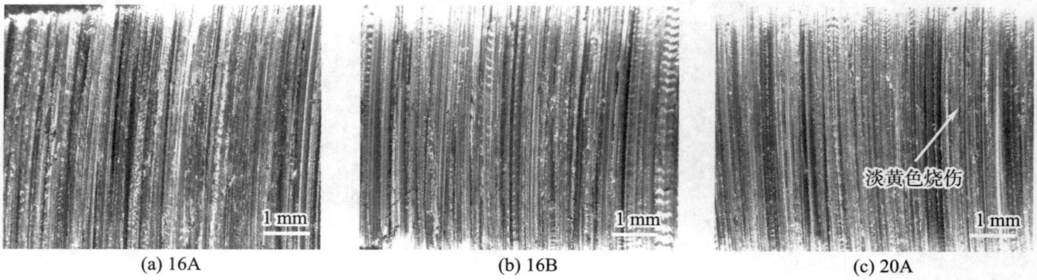


图 7-51　不同粒度配比磨石打磨后表面烧伤

三种不同粒度配比的磨石打磨后试样表面磨痕如图 7-52 所示。可以看出，20A 磨石打磨后钢轨试样表面的塑性流动程度显著小于 16 粒度的两个磨石(16A、16B)，且表面磨痕的宽度更小，磨痕变得更加密集，钢轨表面质量更好，16B 磨石打磨后钢轨表面钢轨材料隆起的数量更多，其塑性流动程度大于 16A，进而导致钢轨表面更加粗糙，这与钢轨试样表面粗糙度的结果一致。

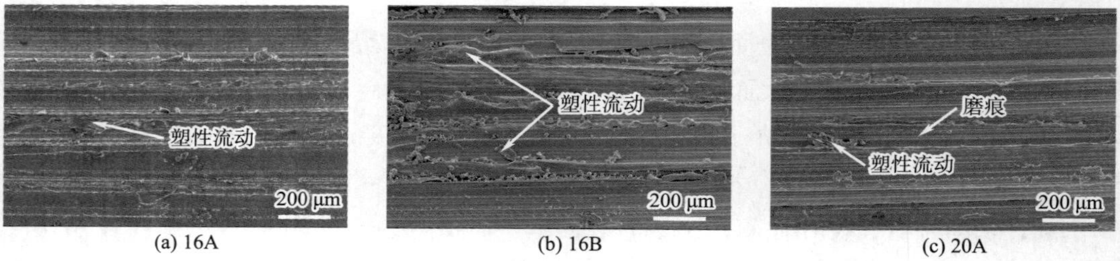


图 7-52　不同粒度配比磨石打磨后钢轨表面形貌

图 7-53 给出了打磨后钢轨试样剖面硬度变化情况。试验前钢轨试样的硬度约为 320 $HV_{0.2}$。打磨会使钢轨试样表面硬度增加，并产生强化层，试样剖面硬度在表层最大(即表面硬度)，并随着距表面深度的增加，逐渐趋于基体硬度。16A、16B、20A 三个磨石打磨后表面硬度分别为 433.36 $HV_{0.2}$、416.30 $HV_{0.2}$和 504.05 $HV_{0.2}$。F20 粒度的磨石表面硬度最大，这是因为磨粒的尺寸变小，在相同参数下，对钢轨试样同一位置进行磨削的磨粒数目增加，从而导致表面产生的热量增加。对于两个 F16 粒度的磨石，16B 磨石中增加大粒度的磨粒，促进了磨石的自锐性，在打磨过程中，磨粒磨钝后迅速脱落，参与磨削时磨钝的磨粒更少，磨粒的切削作用更强，磨削产生的热量和磨屑被更快的带走，因此，16B 磨石打磨后钢轨表面硬度低于 16A 磨石打磨后的钢轨表面硬度。

图 7-54 是打磨白层光学显微镜照片，取五个不同位置测量白层厚度并计算平均值，统

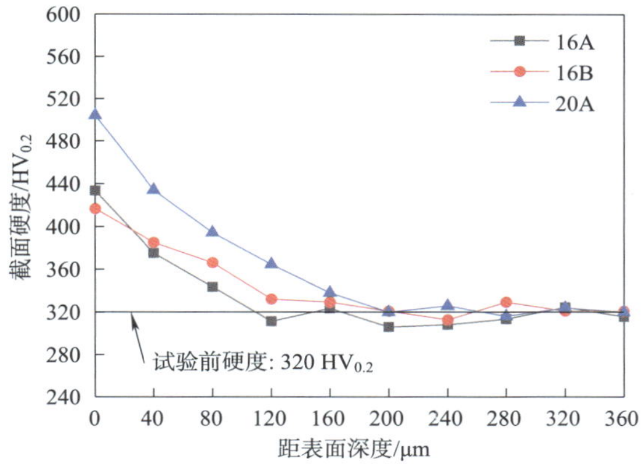


图 7-53　不同粒度配比磨石打磨后钢轨剖面硬度示意

计结果如图 7-55 所示。20A 磨石打磨后钢轨表面的白层厚度最大,这是因为在同一时间参与磨削的磨粒更多,从而产生了更多的磨削热。16B 磨石打磨后表面白层厚度小于 16A 磨石,这也是因为磨削热更少所致,与打磨后表面硬度的结果一致。

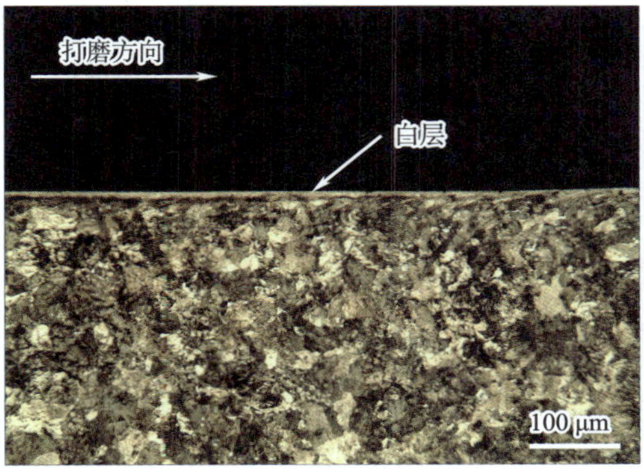


(a) 16A

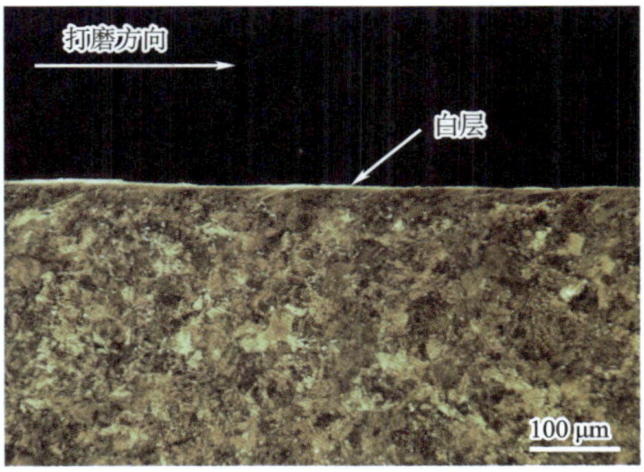


(b) 16B

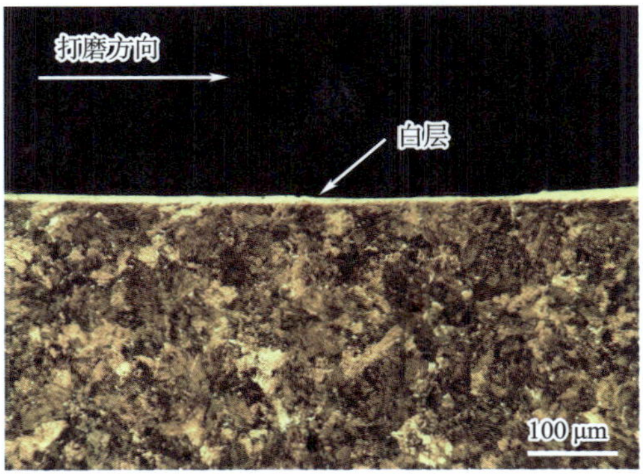


(c) 20A

图 7-54　不同粒度配比磨石打磨后钢轨表面白层

图 7-56 为在半径 $R80$ mm 的钢轨试样打磨后的残余应力测试结果，在试样上同一位置垂直于磨痕、平行于磨痕分别测量一次残余应力，未打磨时测得钢轨试样上存在 54 MPa 的残余压应力。可以看出，16B 磨石打磨后钢轨表面残余应力大于 16A 磨石打磨后钢轨表面残余应力，20A 磨石打磨后钢轨表面残余应力小于 16A、16B 磨石打磨后钢轨表面残余应力。过大的残余拉应力会加速钢轨表面裂纹的萌生和扩展，从而导致钢轨疲劳寿命下降。

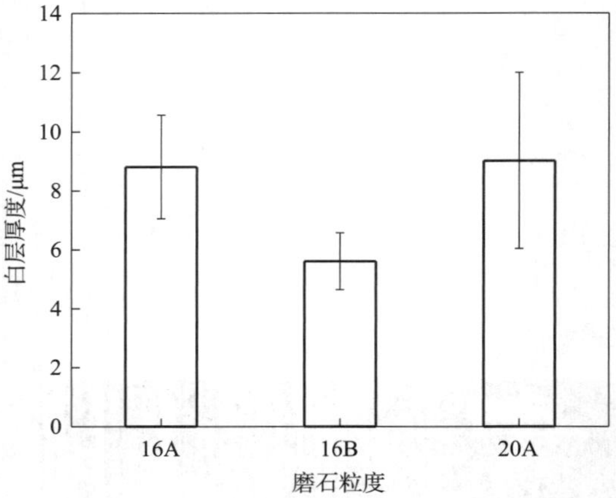


图 7-55　不同粒度配比磨石打磨后钢轨表面白层厚度统计示意

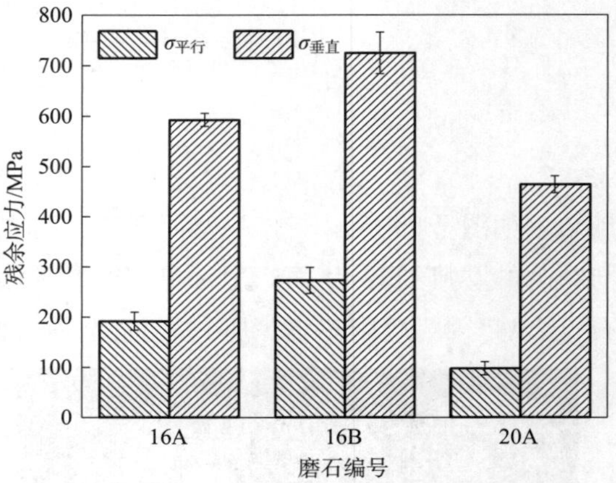


图 7-56　不同粒度配比磨石打磨后钢轨表面残余应力示意

图 7-57 是不同粒度配比的磨石打磨磨屑的扫描电镜图像。可以看出，16B 磨石打磨的条形磨屑宽度略大于 16A 磨石打磨的条形磨屑，20A 磨石打磨的条形磨屑宽度显著小于两个 F16 粒度磨石打磨的条形磨屑。这表明增大磨石粒度后，磨粒的粒径减小，单颗磨粒的切削厚度减小，从而使磨削产生的条形磨屑宽度减小。

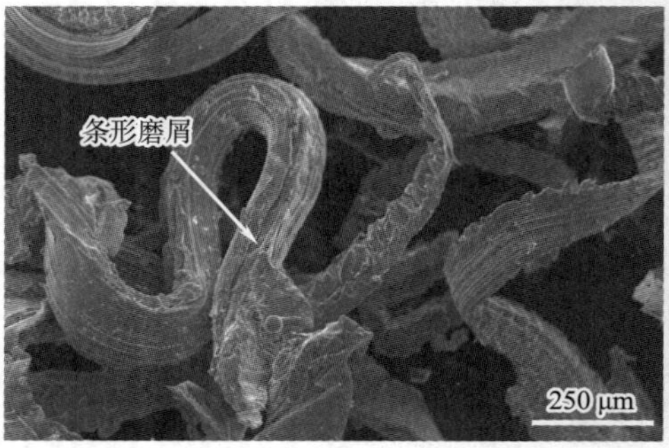


(a) 16A

(b) 16B

图　7-57

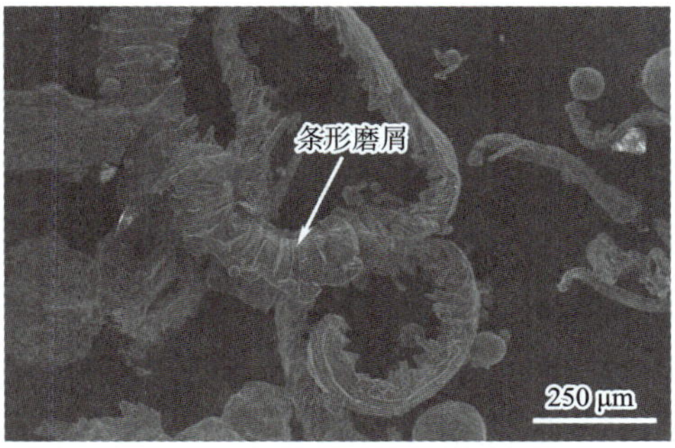


(c) 20A

图 7-57　不同粒度配比磨石的打磨磨屑

对于磨石粒度对材料去除的影响，许多学者都做了相关的研究。在对磨石粒度的研究基础上，改变磨石粒度配比，研究磨石粒度配比对钢轨材料去除的影响。图 7-58 为三种不同粒度配比磨石打磨半径 $R$80 mm 的综合评价图。

根据上述结果可知，随着磨石粒度增加，同时参与切削的磨粒数量增加，打磨粗糙度显著降低，但磨粒切入深度小会降低打磨效率。对于两种不同粒度配比的 F16 粒度磨石，添加 F36 粒度的磨料促进了磨石的自锐性，尽管磨石的打磨量提升，但打磨后表面粗糙度和残余应力升高，且 16B 磨石磨损更加严重。图 7-59 为打磨两次后磨石的磨损量，16B 磨石的磨损量显著大于 16A 磨石的磨损量。这是因为单位体积内磨粒个数增加，相同质量分数的结合剂需要结合更多的磨粒，结合剂对单个磨粒的结合能力就会减小。制作混合粒度磨石时，应当配合磨石其他参数进行调整，例如添加大粒度号磨料的同时提升磨石硬度，使结合剂能够更好地结合粒径小的磨粒从而与大粒径磨粒共同参与磨削。

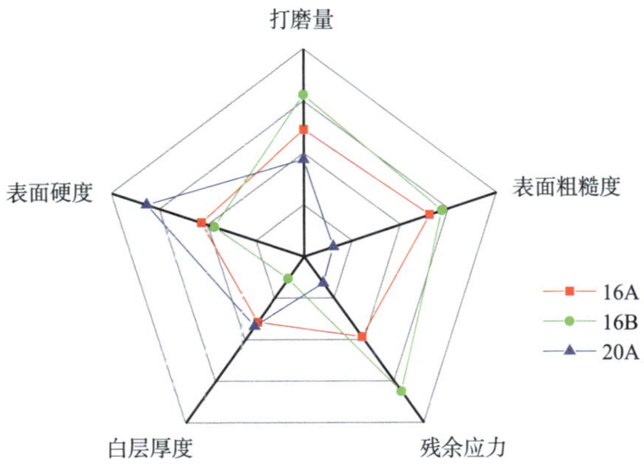


图 7-58　磨石粒度配比综合评价示意

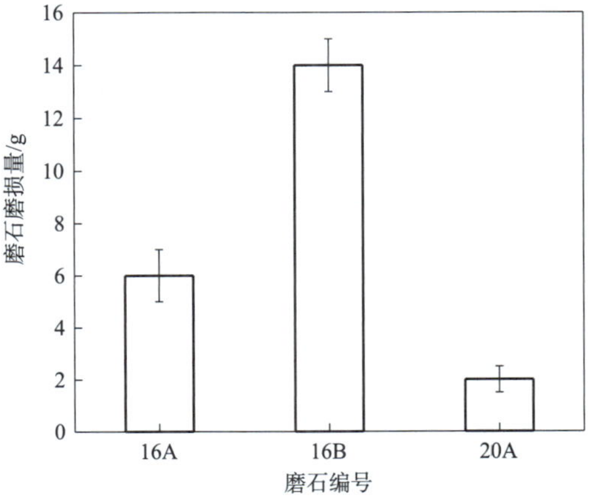


图 7-59　不同粒度配比磨石磨损量示意

## 7.4 打磨磨石与钢轨硬度匹配

与金属材料硬度不同的是，磨石硬度是指磨料在外力作用下从结合剂中脱落的难易程度。在钢轨打磨过程中，磨石硬度是影响打磨质量和打磨效率的重要参数之一，也是影响磨石寿命的因素之一。利用钢轨打磨模拟试验机，使用四个不同硬度等级的钢轨打磨磨石，三种不同的钢轨材料，研究磨石硬度对钢轨材料去除行为的影响，并对不同钢轨材料匹配最佳磨石硬度。

磨石及试验参数见表 7-4，试验选用四个硬度不同的锆刚玉磨石，硬度等级分别为 N、P、R 和 T，其余参数相同。钢轨牌号分别为 U75V、U71Mn 和 PG5(U95Cr)。使用四种不同硬度的磨石对三种不同牌号的钢轨进行十组打磨试验，每个磨石对钢轨三个半径（$R$13 mm、$R$80 mm、$R$300 mm）各打磨两次，由于打磨不同半径时的参数相同，在不同半径下得出的规律可互为试验结论的佐证。

表 7-4　打磨磨石及试验参数

| 试验序号 | 钢轨牌号 | 磨石硬度 | 磨料 | 粒度配比（质量比） | 打磨半径/mm |
|---|---|---|---|---|---|
| 1 号 | U75V | N | 锆刚玉 | F16∶F24=1∶1 | 13、80、300 |
| 2 号 | U75V | P | | | |
| 3 号 | U75V | R | | | |
| 4 号 | U75V | T | | | |
| 5 号 | U71Mn | P | | | |
| 6 号 | U71Mn | R | | | |
| 7 号 | U71Mn | T | | | |
| 8 号 | PG5 | P | | | |
| 9 号 | PG5 | R | | | |
| 10 号 | PG5 | T | | | |

试验前四种不同硬度磨石外形及表面形貌如图 7-60 所示。影响磨石硬度的主要因素是结合剂含量，可以看出，随着磨石硬度的增加，磨粒间填充的结合剂显著增加，磨粒被结合剂包裹的更加紧密，这就意味着在外力作用下磨粒更难从结合剂中脱落。

试验结果表明改变磨石的硬度，磨石与钢轨界面的材料去除行为发生明显变化。同时，在打磨不同牌号的钢轨时，钢轨打磨量、表面粗糙度、表面硬度、白层、残余应力和表面形貌等均发生规律性变化，对于不同牌号的钢轨应匹配最佳的磨石硬度。

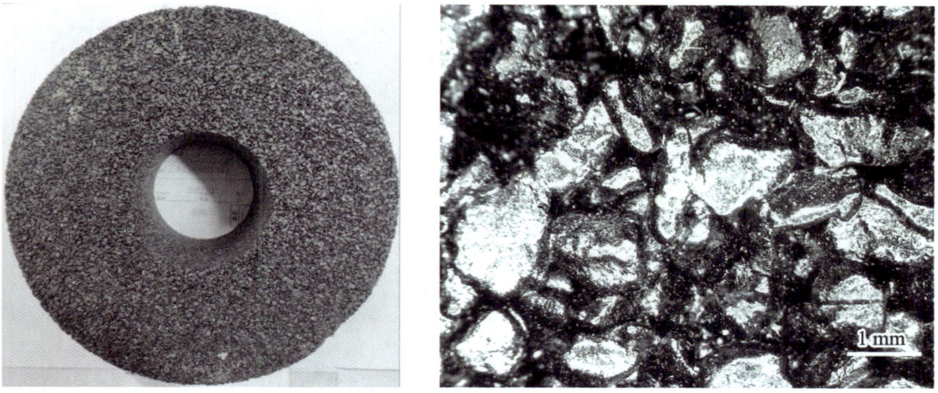


(a) N级硬度

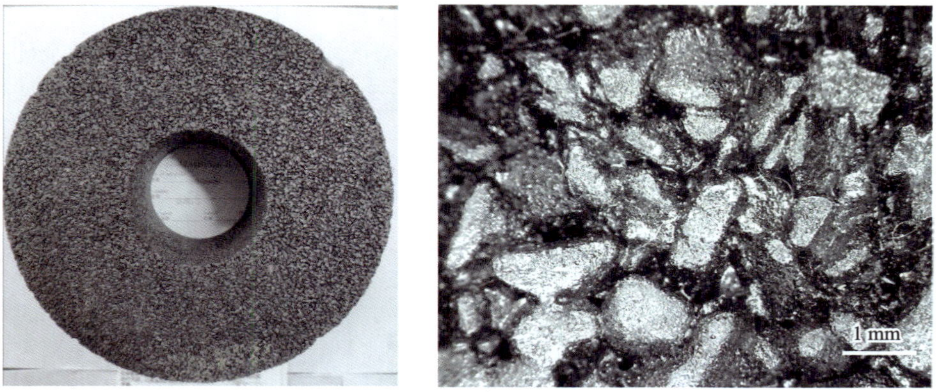


(b) P级硬度

(c) R级硬度

图　7-60

(d) T级硬度

图 7-60 不同硬度磨石外形及表面形貌

图 7-61(a)～图 7-61(c)分别为打磨 $R$13 mm、$R$80 mm 和 $R$300 mm 轨面时，不同硬度磨石作用下三种钢轨的打磨量。此外，除 N 等级硬度磨石打磨 U75V 钢轨 $R$300 mm 轨面时的打磨量外，随着磨石硬度的增加，三种钢轨的打磨量均显著降低。使用同一个硬度的磨石进行打磨时，U71Mn 钢轨的打磨量最大，U75V 次之，PG5 钢轨的打磨量最小。

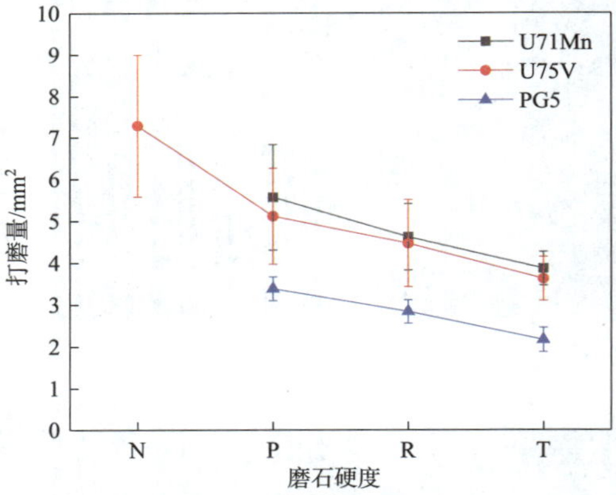


(a) $R$13 mm

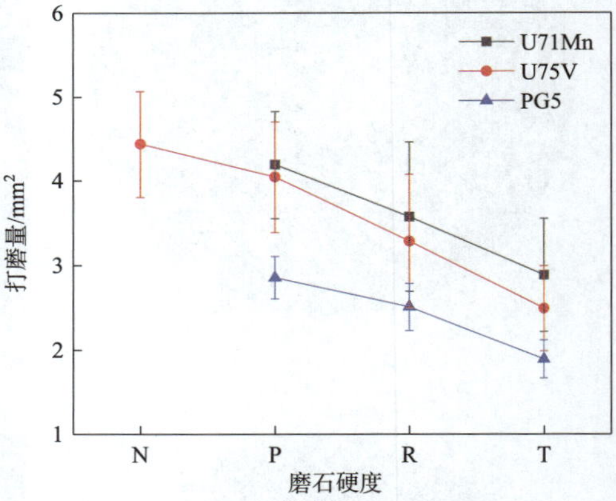


(b) $R$80 mm

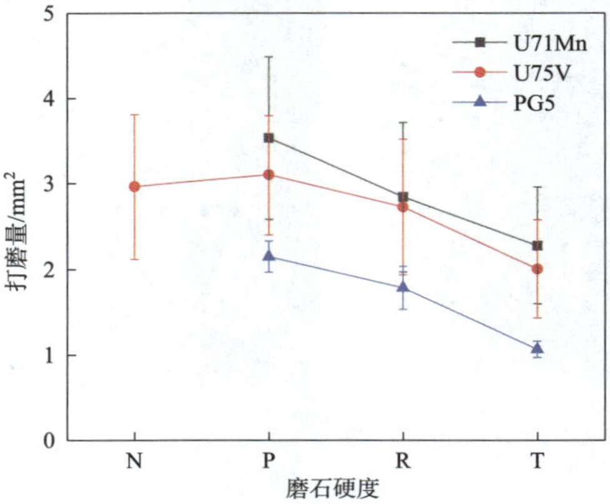


(c) $R$300 mm

图 7-61 不同硬度磨石钢轨打磨量示意

磨石硬度增大使得表面参与磨削的磨粒出刃高度减小，磨粒切入钢轨的有效深度减小，钢轨打磨量就会降低，使得打磨效率降低。打磨三种不同钢轨时，打磨量出现显著差异，钢轨的硬度、抗拉强度等材料性能与打磨量呈负相关，即钢轨硬度、抗拉强度越大，打磨量越小。此外，随着钢轨轨头半径的增加，打磨量降低。

图 7-62(a)～图 7-62(c)分别为不同硬度的磨石打磨钢轨试样 $R$13 mm、$R$80 mm 和 $R$300 mm 轨面后试样表面粗糙度的变化。可以看出：随着磨石硬度的增加，钢轨试样打磨后的表面粗糙度降低，并且三种不同牌号的钢轨试样表面粗糙度的变化趋势一致。打磨 $R$13 mm 和 $R$80 mm 轨面时，U71Mn 与 U75V 钢轨试样的表面粗糙度接近，PG5 钢轨试样的表面粗糙度最小；打磨 $R$300 mm 轨面时，U71Mn 钢轨试样的表面粗糙度最大，U75V 次之，PG5 钢轨试样的表面粗糙度最小。此外，随着钢轨轨头半径的增加，表面粗糙度降低。

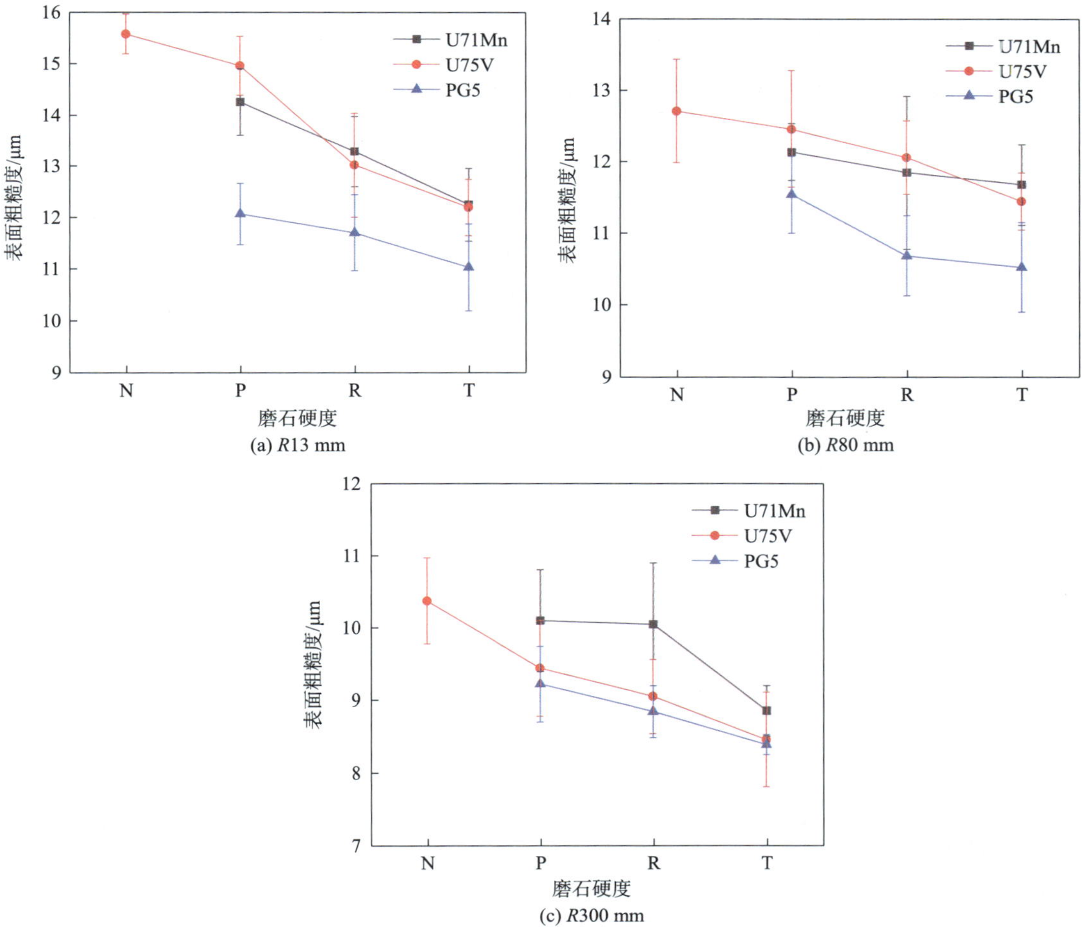


图 7-62　不同硬度磨石打磨后钢轨表面粗糙度示意

钢轨打磨试验结束后，利用光学显微镜观察钢轨表面形貌，通过表面颜色和烧伤形貌分析打磨烧伤情况。图 7-63(a)为打磨三种钢轨试样 $R$80 mm 轨面后的表面形貌，其中图 7-63(a)～图 7-63(d)为四种硬度磨石打磨 U75V 钢轨后的表面形貌，图 7-63(e)～图 7-63(g)为三种硬度磨石打磨 U71Mn 钢轨后的表面形貌，图 7-63(h)～图 7-63(j)为三种硬度磨石打磨 PG5 钢轨后的表面形貌。

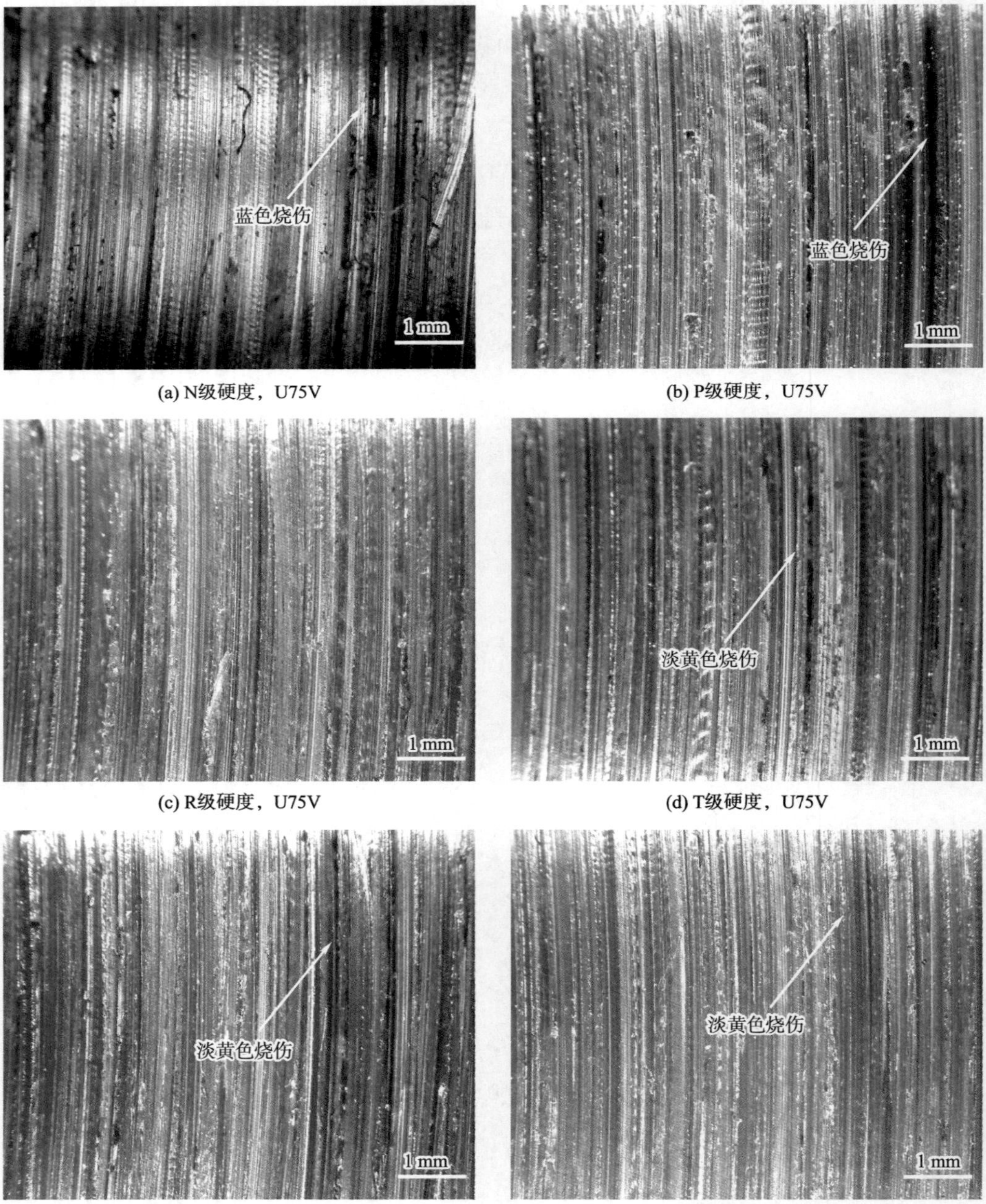


(a) N级硬度，U75V
(b) P级硬度，U75V
(c) R级硬度，U75V
(d) T级硬度，U75V
(e) P级硬度，U71Mn
(f) R级硬度，U71Mn

图 7-63

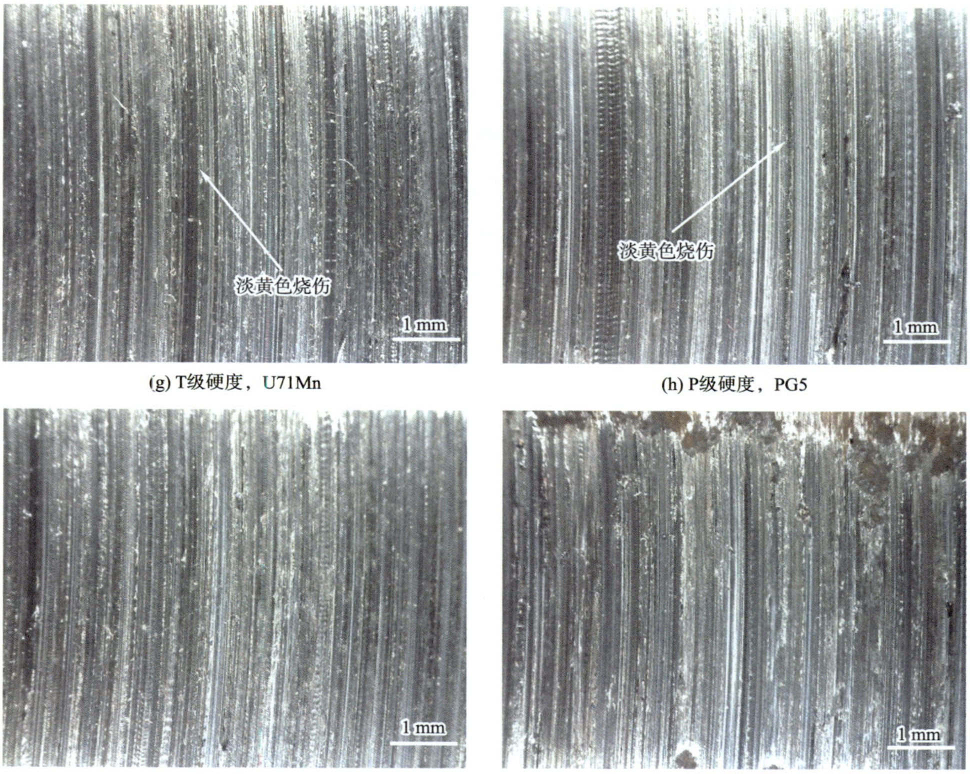


(g) T级硬度，U71Mn　　(h) P级硬度，PG5

(i) R级硬度，PG5　　(j) T级硬度，PG5

图 7-63　不同硬度磨石打磨后钢轨表面烧伤

从图 7-63(a)～图 7-63(d)可以看出，不同硬度的磨石打磨后钢轨表面出现的烧伤形态不同。使用 N、P 等级硬度的磨石打磨 U75V 钢轨后，钢轨表面出现线条状蓝色烧伤，烧伤主要出现在少量磨痕内部，这是因为较软的磨石在磨削时表面磨粒切入钢轨较深，在磨痕内产生大量的热且难以消散，导致了磨痕内部的烧伤。R 级硬度磨石打磨后钢轨表面呈现光亮的金属色，值得注意的是，尽管试样表面未能观察到明显的颜色变化，大量磨削热也可能导致表面组织发生变化，通过金相腐蚀观察表面白层可以进一步判断表面组织的变化。T 级硬度的磨石打磨后，钢轨表面出现淡黄色局部烧伤，这是因为较硬的磨石打磨时，磨屑更容易堵塞在磨石表面，使得磨粒的切削角增大，磨石与钢轨的摩擦力增大，在磨削界面产生较高的热量导致局部淡黄色烧伤，但烧伤程度较轻微。

从图 7-63(e)～图 7-63(g)可以看出，不同硬度的磨石打磨 U71Mn 钢轨后也出现了不同的烧伤形态。P 级硬度磨石打磨 U71Mn 钢轨，钢轨表面出现了线条状蓝色烧伤，以及少量局部淡黄色烧伤，R、T 级硬度磨石打磨后，钢轨表面呈现淡黄色烧伤。

三种钢轨被相同的磨石打磨后，PG5 钢轨表面的烧伤程度最轻微。从图 7-63(h)～图 7-63(j)可以看出，P 级硬度磨石打磨 PG5 钢轨后，钢轨表面出现轻微的线条状烧伤，磨痕内的烧伤颜色为淡黄色。R、T 级硬度磨石打磨后，钢轨表面呈现光亮的金属色，未出现明显烧伤。

图 7-64 为 T 级硬度磨石打磨 PG5 钢轨 $R$300 mm 轨面一遍后的表面形貌。可以看出，钢轨表面原始的痕迹并未被完全去除，在打磨过程中 T 级硬度的磨石表面磨粒被包裹在结合剂中，磨粒出刃高度低，对较硬的 PG5 钢轨磨削能力下降。在现场打磨硬度较大的钢轨时，应有针对性地使用硬度较小的磨石，因为硬度小的磨石结合剂对磨粒把持力较小，磨石自锐性强，对钢轨材料的去除能力强。

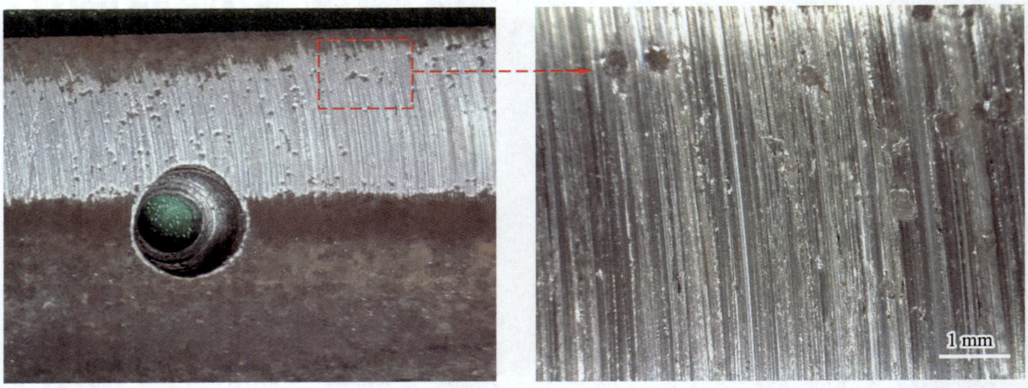


图 7-64　T 级磨石打磨 PG5 钢轨 $R$300 mm 轨面后表面形貌

图 7-65 为 N 级硬度磨石打磨 $R$13 mm 轨面的 U75V 钢轨后，试样表面光学显微镜照片和 EDS 分析。可以看出：较软的磨石打磨后，出现了磨粒嵌入钢轨表面的现象。这些磨粒的尺寸约为 50～100 $\mu$m，出现的位置在蓝色条纹状烧伤的磨痕内部，造成这种现象的原因是：磨粒在切削钢轨时，软的磨石磨粒切入钢轨较深，不利于磨削热散出，磨削热造成钢轨表层材料的高温熔化，而结合剂对磨粒的结合能力小，少量磨粒在对钢轨进行切削作用的过程中失去结合剂的支持，进而被镶嵌至熔化的钢轨表层，出现在蓝色条纹状烧伤的磨痕中。在 N、P 硬度的磨石打磨 U75V 钢轨后均发现了这种现象，嵌入的磨粒硬度远大于钢轨与车轮的硬度，可能会对后续车辆的运行带来其他损伤。

为了更好地研究不同硬度的磨石对钢轨材料的去除行为，使用白光干涉仪对钢轨表面形貌进行分析。图 7-66 为不同硬度的磨石打磨 $R$80 mm 轨面的三维形貌及表面轮廓。三维形貌与表面轮廓可以直观地反应磨痕的深度与宽度。其中图 7-66(a)～图 7-66(d)为四个硬度的磨石打磨 U75V 钢轨的表面三维形貌，图 7-66(e)和图 7-66(f)分别为 R 级硬度的磨石打磨 U71Mn 和 PG5 钢轨的表面三维形貌。从图 7-66(a)～图 7-66(d)可以看出：随着磨石硬度的增加，磨痕的深度和宽度增加。从图 7-66(c)、图 7-66(e)和图 7-66(f)可以看出，U75V 和 U71Mn 钢轨表面磨痕的宽度和深度相似，隆起顶端到沟槽底部的距离均约为 40 $\mu$m，PG5 钢轨表面磨痕的深度小于前两者，这就意味着相同的磨石对 PG5 钢轨的切削作用更弱，打磨效率更低。

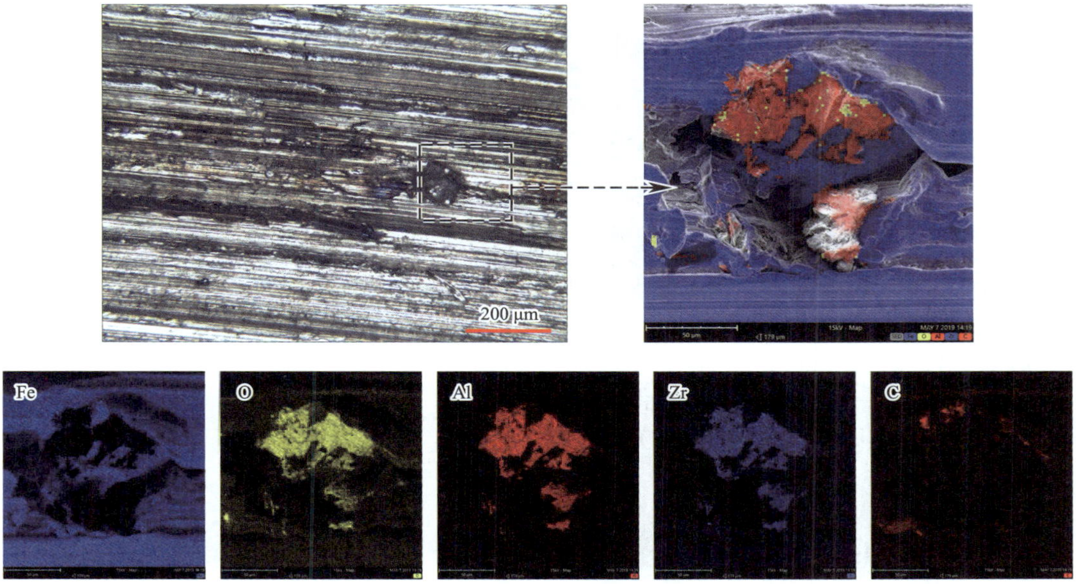


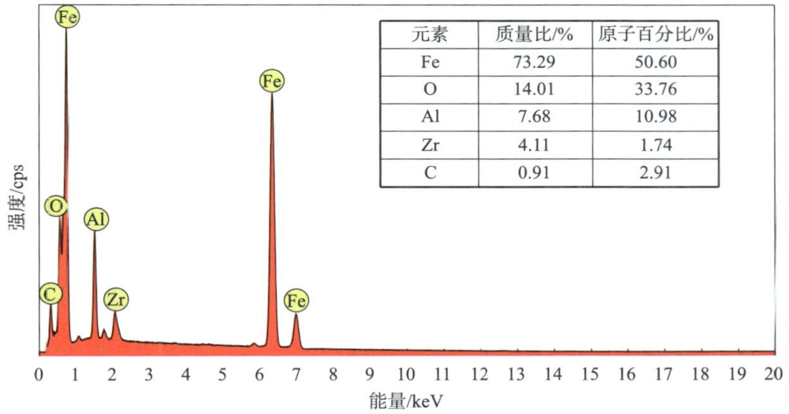


| 元素 | 质量比/% | 原子百分比/% |
|---|---|---|
| Fe | 73.29 | 50.60 |
| O | 14.01 | 33.76 |
| Al | 7.68 | 10.98 |
| Zr | 4.11 | 1.74 |
| C | 0.91 | 2.91 |

图 7-65　N 级硬度磨石打磨后表面磨粒嵌入示意

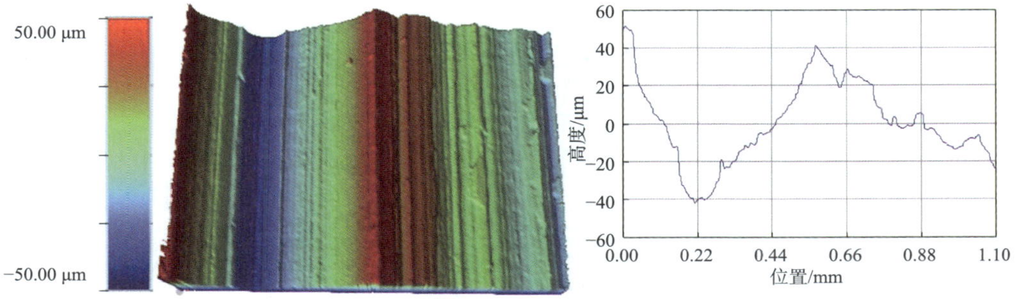


(a) N级硬度，U75V

图　7-66

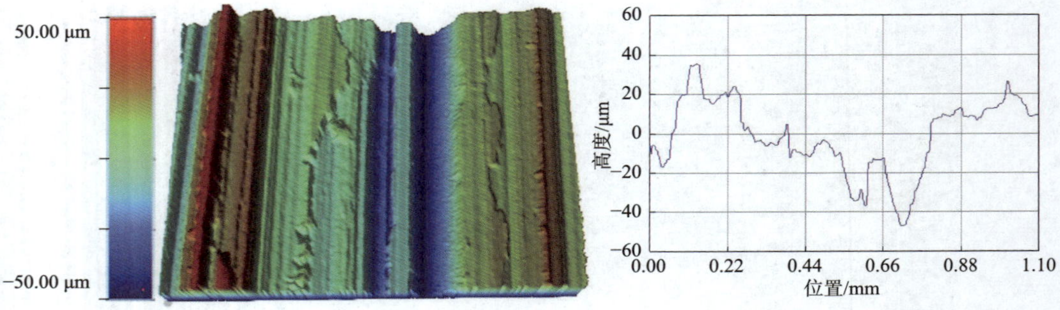


(b) P级硬度，U75V

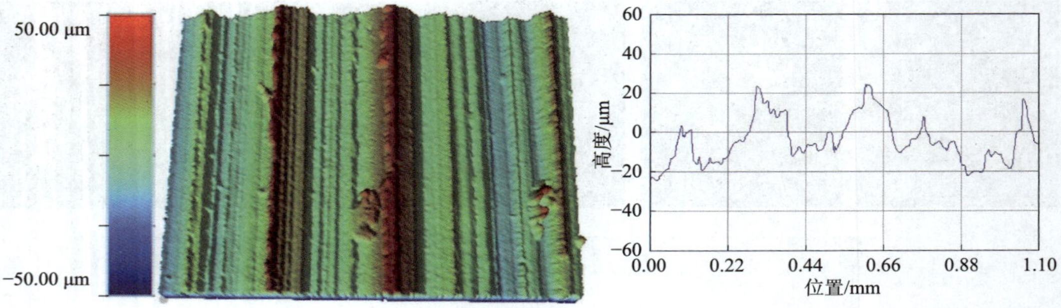


(c) R级硬度，U75V

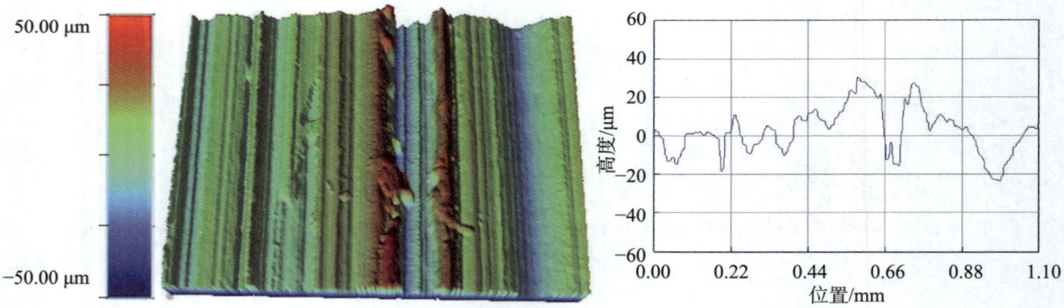


(d) T级硬度，U75V

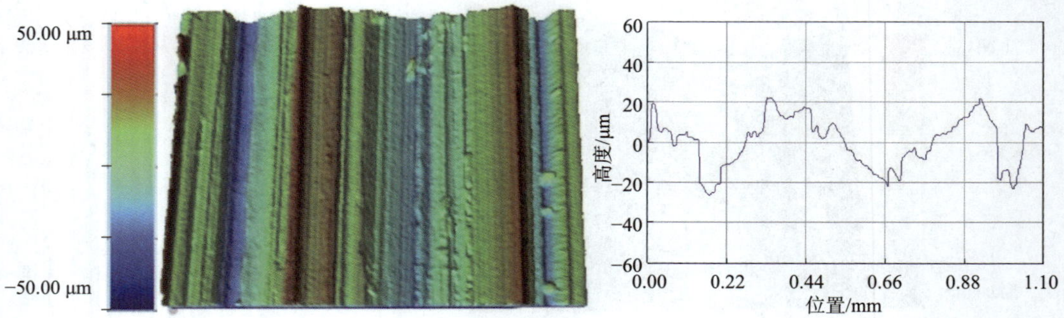


(e) R级硬度，U71Mn

图 7-66

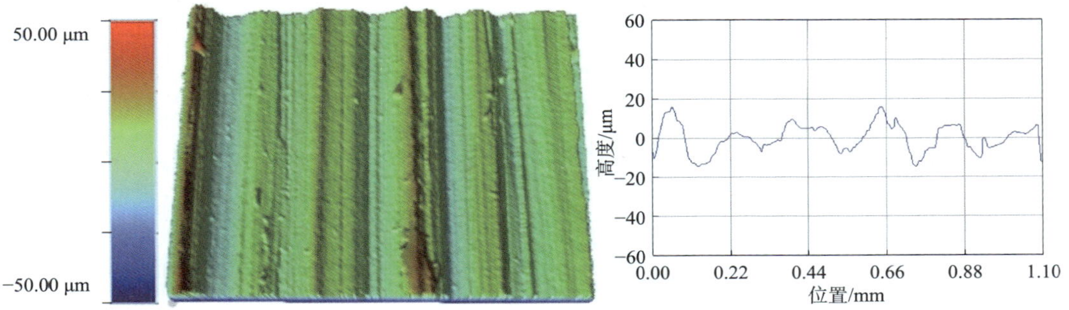


(f) R级硬度，PG5

图 7-66　不同硬度磨石打磨后钢轨表面磨痕示意

试验后使用扫描电子显微镜拍摄 $R80$ mm 轨面的表面形貌，如图 7-67 所示，其中图 7-67(a)～图 7-67(d)为四个硬度的磨石打磨 U75V 钢轨的表面形貌，图 7-67(e)和图 7-67(f)分别为 R 级硬度磨石打磨 U71Mn 和 PG5 钢轨的表面形貌。从图 7-67(a)～图 7-67(d)可以看出，随着磨石硬度的增加，试样表面的塑性流动程度有减小趋势，磨痕宽度减小，且宽度小的磨痕数量增多，这是因为磨石硬度的增加会使磨石表面磨粒被包裹在结合剂中，磨粒的出刃高度降低，磨粒切入钢轨的深度减小，磨石的切削作用减小。在 N 等级硬度的磨石打磨后表面出现方向不规则的磨痕，这是由于结合剂对磨粒的把持力小，少量磨粒从磨石表面脱落时还未出现显著磨损，这种颗粒较大的磨粒运动轨迹不受磨石旋转的控制，进行复杂的运动后脱离磨削界面，造成不规则磨痕。

U71Mn、PG5 钢轨在不同硬度磨石打磨后的表面形貌变化规律与 U75V 钢轨相似，因此选取 R 级硬度的磨石打磨三种钢轨 $R80$ mm 轨面后的表面形貌进行对比，即图 7-67(c)、图 7-67(e)和图 7-67(f)。从图中可以看出，U75V 与 U71Mn 钢轨表面出现的塑性流动的程度比 PG5 显著，且表面有更多较宽的磨痕，而 PG5 钢轨表面的磨痕较为平滑，表明相同磨石在打磨 PG5 钢轨时的切削能力弱于 U75V 和 U71Mn 钢轨。

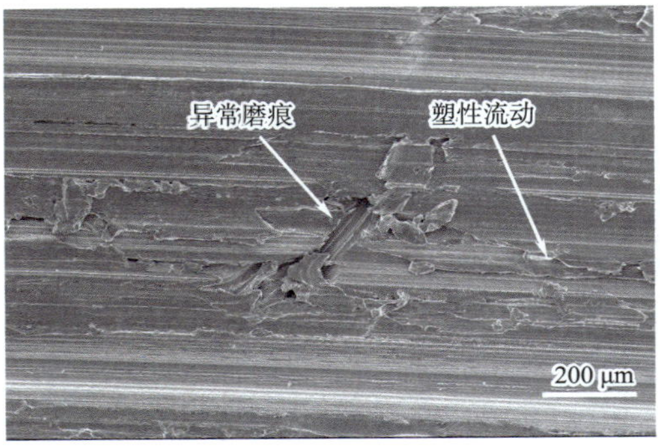


(a) N级硬度，U75V

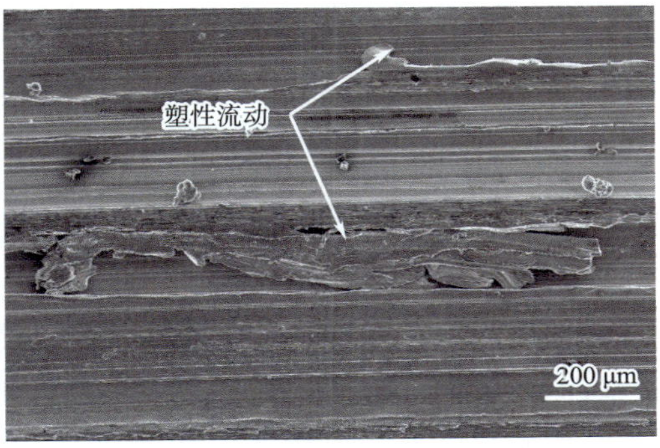


(b) P级硬度，U75V

图　7-67

(c) R级硬度，U75V

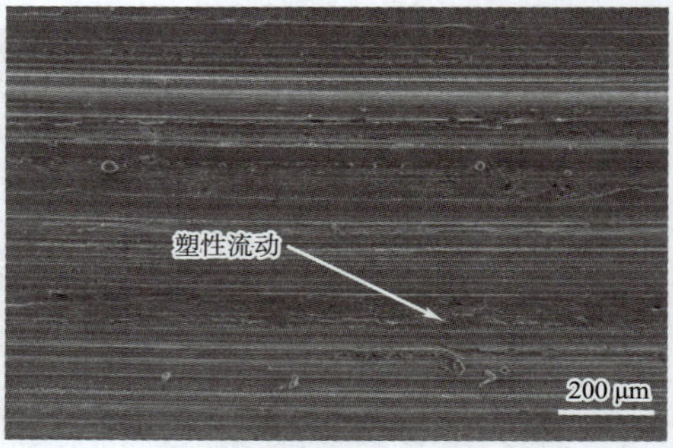


(d) T级硬度，U75V

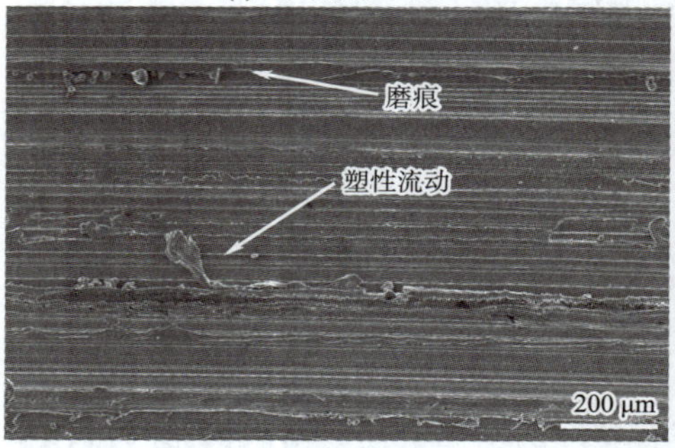


(e) R级硬度，U71Mn

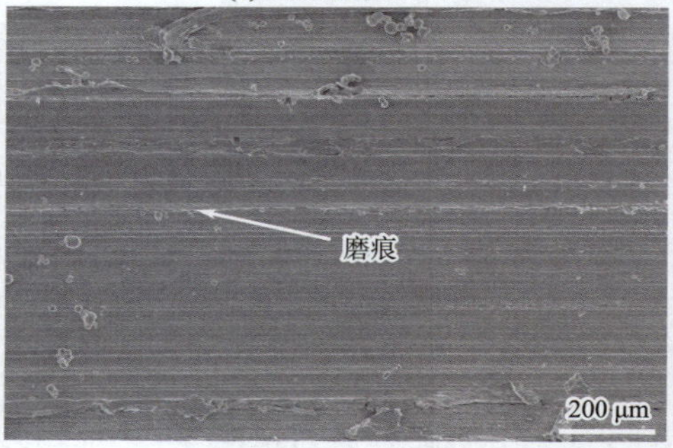


(f) R级硬度，PG5

图 7-67　不同硬度磨石打磨后钢轨表面形貌

图 7-68 为试验后 $R$80 mm 钢轨试样的剖面硬度随深度的分布图，其中图 7-68(a)、图 7-68(b)和图 7-68(c)分别为 U75V、U71Mn 和 PG5 钢轨的剖面硬度图，这三种钢轨的基体硬度分别为 320 $HV_{0.2}$、290 $HV_{0.2}$和 415 $HV_{0.2}$。

从图 7-68 可以看出，试验后三种钢轨的表面硬度均随着磨石硬度等级的提高而增加，硬度等级低的磨石对钢轨切削作用强，表层晶粒细化以及塑性变形层形成后又迅速被去除，因此硬化程度较小。硬度等级高的磨石对钢轨的切削作用弱，犁耕和划擦的作用强，表层的塑性变形层不断累积，且更多的能量被转变为热能，使得表层硬化程度增加。

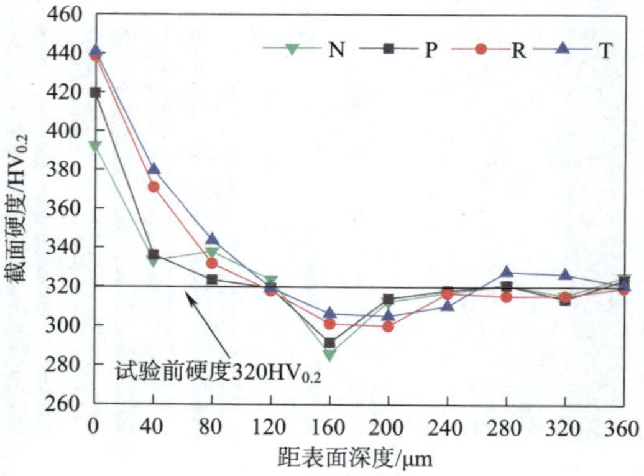


(a) U75V

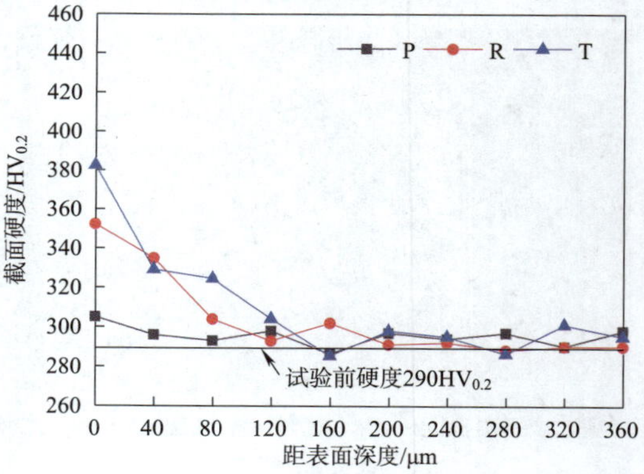


(b) U71Mn

图　7-68

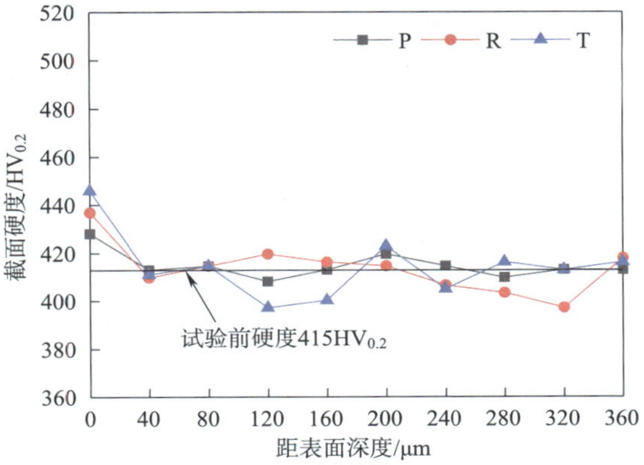


(c) PG5

图 7-68 不同硬度磨石打磨后钢轨剖面硬度示意

图 7-69 是打磨后钢轨试样剖面白层的光学显微镜照片，对表面白层的厚度进行统计，取五个不同位置测量白层厚度并计算平均值，统计结果如图 7-70 所示。

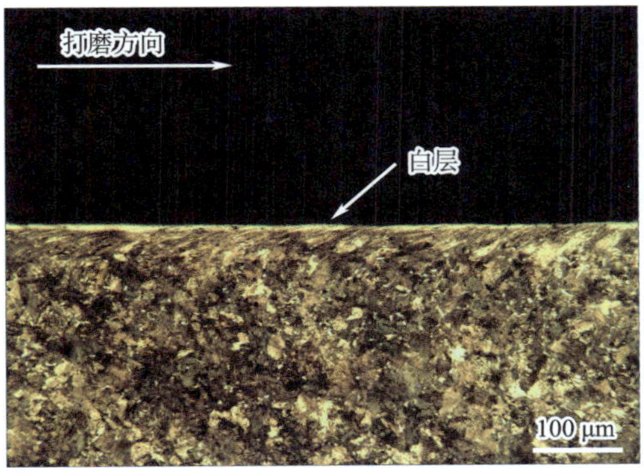


(a) N级硬度，U75V

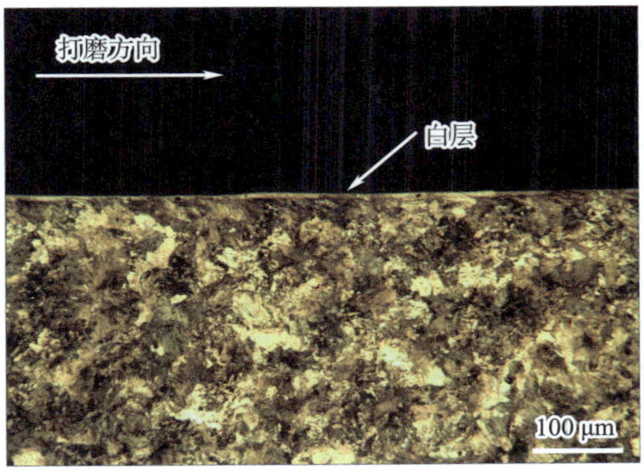


(b) P级硬度，U75V

(c) R级硬度，U75V

(d) T级硬度，U75V

图 7-69

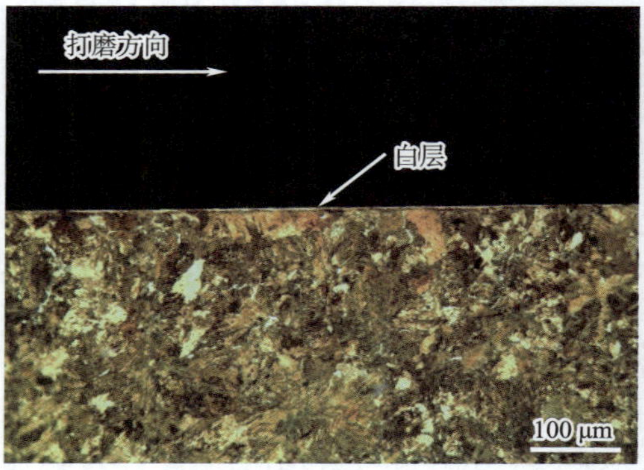


(e) R级硬度，U71Mn

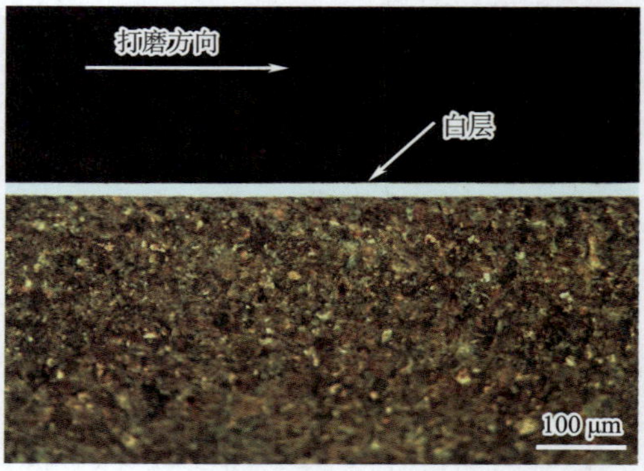


(f) R级硬度，PG5

图 7-69　不同硬度磨石打磨后钢轨表面白层

从图 7-70 可以看出，随着磨石硬度的增加，三种钢轨打磨后表面白层厚度均呈现增加趋势。U75V 与 U71Mn 钢轨在相同磨石打磨后表面白层厚度近似，PG5 钢轨打磨后表面白层厚度显著大于前两者。

图 7-71 为四种不同硬度的磨石打磨 U75V 钢轨 $R80$ mm 轨面后，试样表面残余应力测试结果。在同一位置垂直于磨痕、平行于磨痕分别测量一次残余应力，未打磨时测得钢轨试样上存在 54 MPa 的残余压应力。打磨后，钢轨表面的残余应力升高，且垂直于磨痕的残余应力均大于平行方向的残余应力。随着磨石硬度的增加，两个方向的残余应力均有减小趋势。

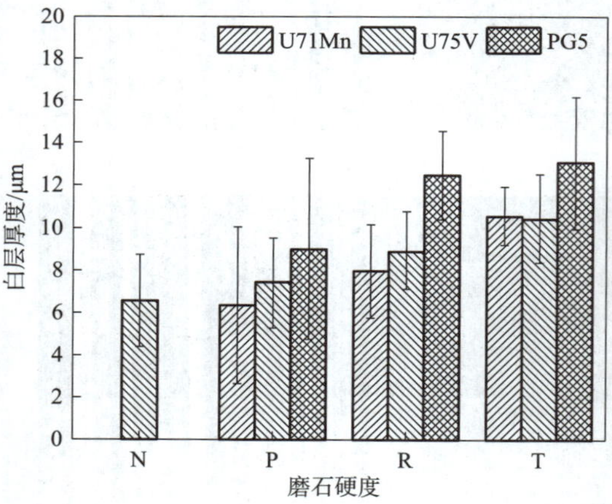


图 7-70　不同硬度磨石打磨后钢轨表面白层统计示意

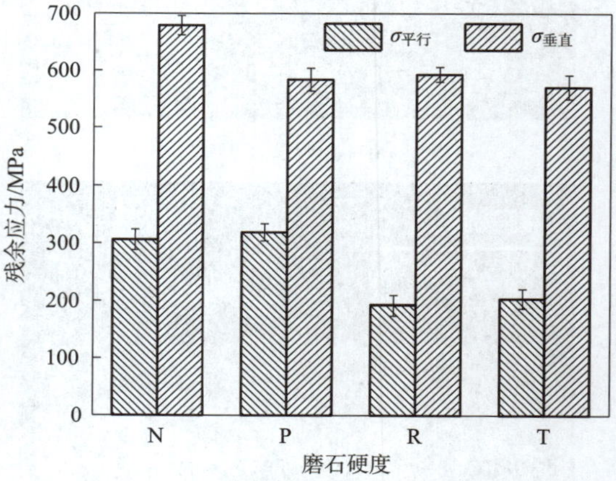


图 7-71　不同硬度磨石打磨后钢轨表面残余应力示意

试验过程中收集了不同硬度的磨石打磨 U75V 钢轨的磨屑，使用 SEM 观察磨屑形貌，如图 7-72 所示。可以看出，磨屑主要由条形、球形和板状磨屑组成，随着磨石硬度的增加，条形磨屑的宽度减小。在 T 等级硬度磨石打磨后更容易观察到板状磨屑的存在，硬度等级高的磨石表面磨粒间容屑空间小，容易形成堵塞，随着磨削的进行，堵塞在磨石表面的钢轨材料脱落，因此板状磨屑的数量较多。

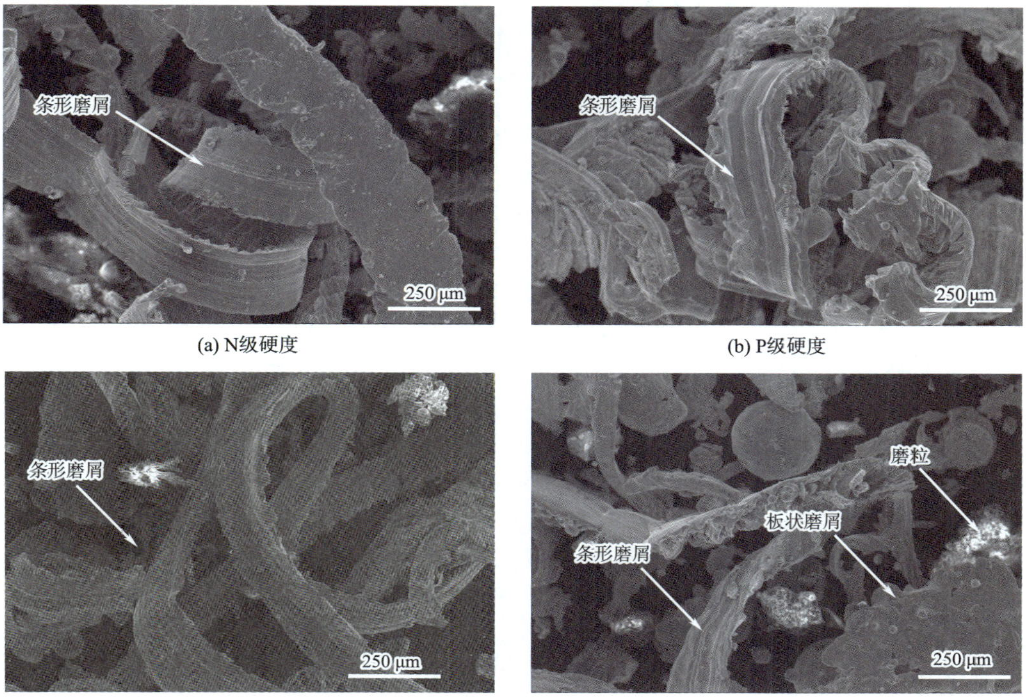


(a) N级硬度　(b) P级硬度

(c) R级硬度　(d) T级硬度

图 7-72　不同硬度磨石的打磨磨屑

在试验过程中，不同硬度的磨石打磨后表面粘附磨损程度不能确切衡量，当磨石产生破损磨损时，磨耗磨损微不足道，因此主要分析了不同硬度磨石在打磨过程中的磨石破碎磨损。试验过程中收集了不同硬度磨石打磨 U75V 钢轨产生的磨屑，磨屑中包含被切削的钢轨材料和磨石上脱落的磨料颗粒。从磨屑中收集脱落的磨粒，如图 7-73 所示。可以看出，N 级硬度磨石的打磨磨屑中磨粒尺寸约为 1.2 mm，接近磨粒的原始尺寸，磨粒表面被结合剂包裹，这表明磨粒在破碎前就从磨石表面脱落，磨石的磨损形式以结合剂破碎为主。随着磨石硬度的增加，磨粒的尺寸逐渐减小，磨粒表面出现明显的破碎面，这表明磨石的主要磨损形式逐渐从结合剂破碎转化为磨粒破碎。

磨石硬度对磨石的磨损形式有显著影响。当磨石的硬度等级低时，结合剂对磨粒的结合力小，磨粒磨钝后，当结合剂无法承受磨粒破碎所需要的力时，磨粒和结合剂一同脱落。图 7-74 为 N、T 等级硬度的磨石打磨后表面光学显微镜照片。从图 7-74(a)可以看出，N 等级硬度的磨石表面的磨粒间有明显的间隙，在磨削过程中新的磨粒持续暴露在磨石表面，磨石保持较强的磨削能力，但同时，结合剂破碎磨损也导致了磨石的磨损较快。图 7-75 给出

(a) N级硬度　(b) P级硬度

(c) R级硬度　(d) T级硬度

图 7-73　不同硬度磨石打磨后磨屑中的磨粒

了磨石打磨六次(三个半径各打磨两次)后的磨石磨损量。结果发现,N 级硬度的磨石磨损量远远大于其他三个硬度的磨石磨损量。在现场打磨中,打磨作业天窗时间短,更换磨石需要大量时间,磨石磨损量过大意味着磨石寿命短,更换磨石的频率高,还会增加钢轨维护成本。因此,现场作业中应在保证打磨效率和打磨质量的前提下尽可能使用硬度等级高的磨石。

**(a) 结合剂破碎磨损**　**(b) 磨粒破碎磨损**

图 7-74　N、T 级硬度磨石打磨后磨石表面形貌

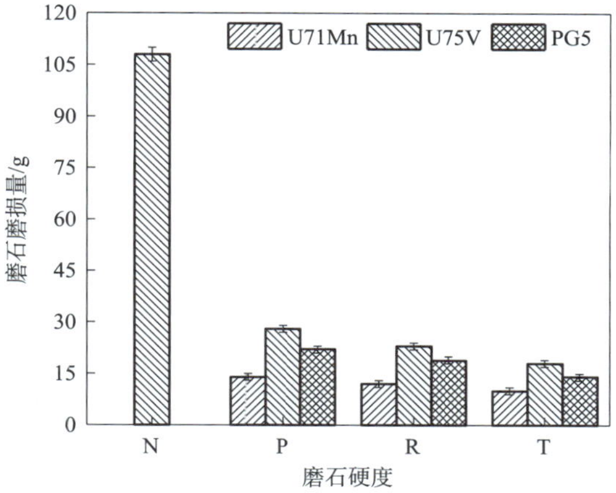


图 7-75　不同硬度磨石打磨后磨石磨损量示意

随着磨石硬度的增加，磨石的主要磨损形式转变为磨粒破碎磨损。图 7-74(b)可以观察到磨粒表面的裂纹。当磨粒磨钝后，磨削力增加导致磨粒产生裂纹，由于结合剂含量大，磨粒不能直接脱落，随着磨削的进行，一部分破碎的磨粒沿着裂纹从磨石表面脱落，这颗磨粒的另一部分形成新的切削刃，留在磨石表面继续参与磨削，如图 7-76 所示。

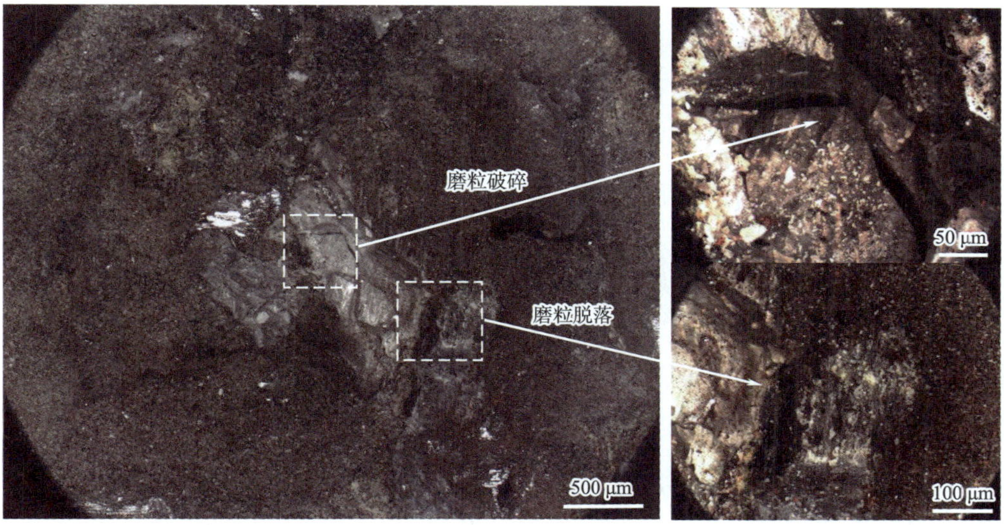


图 7-76　磨粒破碎与脱落

磨石硬度是影响打磨质量和效率的重要因素之一。图 7-77 为四个不同硬度等级的磨石打磨 U75V 钢轨的综合评价图，从打磨效率（打磨量）、打磨质量（表面粗糙度、白层厚度、表面硬度）和磨石磨损量三个方面对不同硬度的磨石磨削性能进行评价。N 级硬度磨石打磨量最大，但磨石磨损量远大于其他三个磨石，且打磨后钢轨表面粗糙度最大、烧伤程度较严重；T 级硬度的磨石打磨量最低，但磨石磨损量较小，且打磨后钢轨表面粗糙度最低；磨石的打磨效率(打磨量,磨石磨损量)和表面粗糙度存在竞争关系,在使用钢轨打磨磨石时,应当同时考虑打磨效率和打磨质量,选取适宜的磨石硬度。

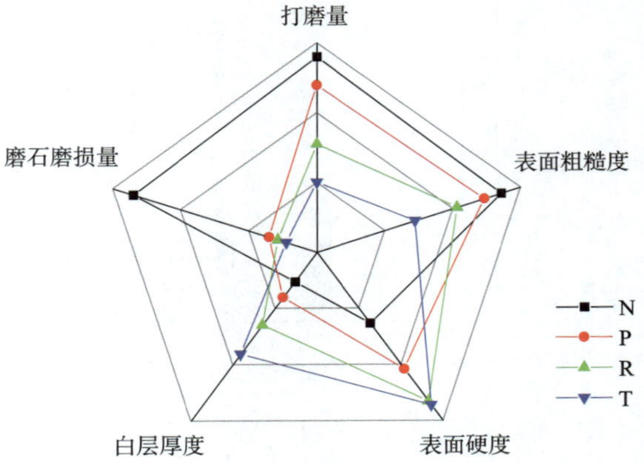


图 7-77 不同硬度磨石综合评价示意

不同硬度磨石的磨损形式是影响打磨效率和打磨质量的主要原因之一。图 7-78 为 N 级硬度磨石与 T 级硬度的磨石磨损形式示意图。

磨粒的脱落和破碎与每颗磨粒所承受的磨削力大小有关,若 $\omega_s$ 为磨石磨损量,则 $\omega_s$ 与单颗磨粒磨削力 $F_g$ 的关系为

$$\omega_s = N_s W_g t\left[A_b \exp\left(B_b K_2 \frac{F_g}{Q_b}\right) + A_g \exp(B_g K_1 F_g)\right] \tag{7-2}$$

式中 $N_s$——单位磨石面积上的磨粒数;

$W_g$——损耗磨粒的平均重量;

$t$——磨削时间;

$F_g$——每颗磨粒的磨削力;

$Q_b$——结合剂强度;

$A_b, B_b$——反映结合剂破碎的常数;

$A_g, B_g$——反映磨粒破碎的常数;

$K_1, K_2$——无量纲系数。

公式(7-2)中,括号内第一项反映结合剂破碎的情况,第二项中反映磨粒破碎的情况。当单颗磨粒磨削力 $F_g$ 与结合剂 $Q_b$ 的强度大致相同时,结合剂破碎磨损和磨粒破碎磨损存在一个临界值,当 $F_g > Q_b$ 时,磨石以结合剂破碎磨损为主,当 $F_g < Q_b$ 时,磨石以磨粒破碎为主。即磨石硬度越大,结合剂强度越大,磨粒平均间距越小,每颗磨粒的未变形切削厚度越小,从而使每颗磨粒的磨削力越小,磨石主要磨损形式为磨粒破碎。因此,硬度较高的磨石对钢轨的切削深度小,打磨量和打磨后钢轨表面粗糙度低。

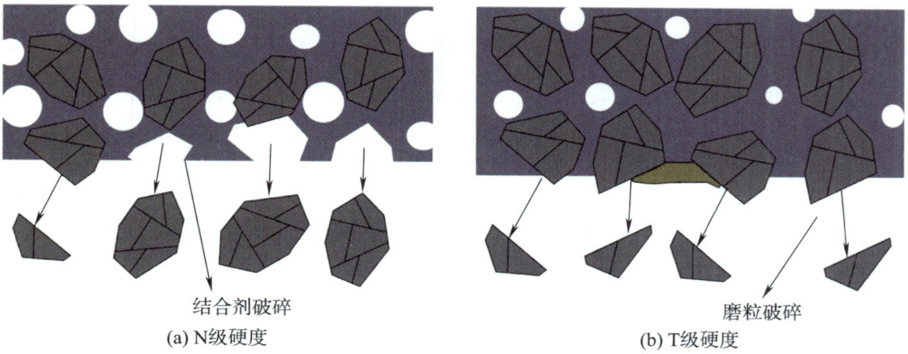


图 7-78　破碎形式

图 7-79 为相同硬度的磨石打磨不同钢轨的综合分析图。可以看出：同一个磨石在打磨 PG5 钢轨时，钢轨表面白层厚度最大，钢轨打磨量、表面粗糙度、表面硬化率[由于钢轨基体硬度不同，无法比较表面硬度，故使用表面硬化率进行对比，即：(打磨后硬度－打磨前硬度)/打磨前硬度]和磨石磨损量最小。

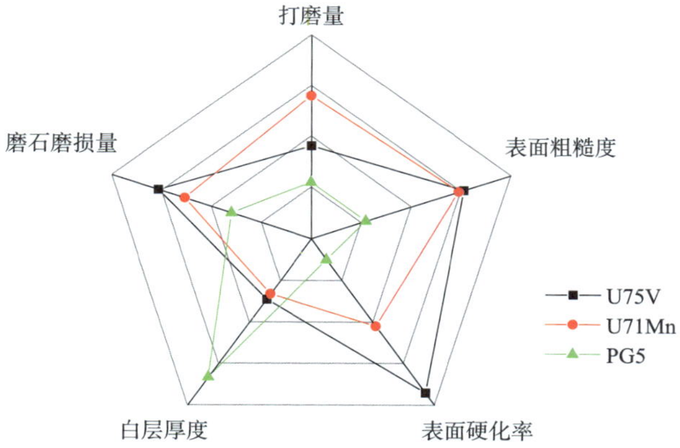


图 7-79　R 级硬度磨石打磨不同钢轨综合分析示意

钢轨打磨过程中磨石对钢轨的磨削可以视为多个不规则的微小“刀具”对钢轨的反复切削。单颗磨粒的切削过程分为划擦、犁耕和切削三个阶段。在划擦阶段，磨粒切过的钢轨材料仅发生弹性变形，随着摩擦的加剧，越来越多的能量转变为热能，当材料被加热到临界点，逐步增加的磨削力超过了随温度上升而下降的材料屈服应力时，切削刃就被压入钢轨材料塑性基体中，塑性变形的金属被推向磨粒的侧面和前方，导致表面隆起；当磨粒的切削刃超过临界切削深度时，钢轨材料在磨粒前刀面的剪切应力作用下形成磨屑并从切削刃前面滑出。

磨粒在切削表面上出现的三个阶段与钢轨材料的性能有着密切关系。U71Mn、U75V 和 PG5 的屈服强度约为 460 MPa、510 MPa、820 MPa，在划擦和犁耕阶段，由于 PG5 钢轨的屈服强度远大于 U71Mn 和 U75V 钢轨，磨粒切削 PG5 钢轨需要更大的力使材料屈服并进一步产生切削作用，即：在相同条件下进行磨削时，磨粒在 PG5 钢轨上产生的划擦和犁耕作用更强。此外，钢轨材料强度决定了形成磨屑的最小剪切应力，而钢轨的剪切强度 $\tau_s$ 与其抗拉强度 $R_m$ 的关系大致为钢轨的剪切强度 $\tau_s = 0.45R_m$，即 U71Mn、U75V 和 PG5 的剪切强度约为 400 MPa、450 MPa、580 MPa，这就意味着当磨粒切削刃超过临界切削深度后，PG5 钢轨更难进一步形成磨屑。因此，在打磨硬轨 PG5 时，应当使用硬度等级更低的磨石，利用其更好的自锐性和更高的磨粒突出高度，提升打磨效率。打磨硬度较低的 U71Mn 和 U75V 钢轨时，使用硬度等级较高的磨石在保证打磨质量的前提下可以获得较好的打磨效率，还可以增加磨石使用寿命。

# 第8章 高速铁路钢轨打磨技术应用与实践

针对目前的钢轨打磨技术应用情况进行大量的现场调研，对不同打磨工况下的打磨效果进行观测，包括钢轨损伤去除情况、通过车辆的动力学性能、钢轨廓形等进行分析。

## 8.1 钢轨打磨现场应用

### 8.1.1 方案制定

目前现场打磨采用个性化目标廓形，以改善线路区段的轮轨接触状态。根据线路特点（包括曲线半径、钢轨损伤和车辆运行工况等）设计相应的打磨目标廓形，其应在满足去除损伤的前提下保证良好的轮轨接触状态。打磨后的钢轨廓形应当能够使得钢轨服役后的上下股光带宽度（钢轨服役过程中的轮轨接触带宽度）保持在20～30 mm，上股打磨后的光带居中并偏向内侧，下股打磨后的光带居中偏外。现场实际打磨过程中还需考虑轨面波磨、剥离掉块等病害情况，进一步考虑加大打磨量。在设计好打磨目标廓形之后通过设计钢轨打磨模式，结合钢轨打磨车的打磨特性设定打磨列车速度、磨石角度和打磨功率等参数，从而设计合理的打磨方案。

### 8.1.2 钢轨打磨工艺流程

#### 1. 工艺步骤

现场对钢轨打磨流程有着较为严格统一的规定，具体的打磨工艺步骤如下：

(1)根据打磨方案编制钢轨打磨车打磨模式表，并导入打磨列车控制系统。

(2)操作人员检查钢轨打磨车各部分机械运转是否正常，操作人员按规定佩戴护目镜、防尘罩、阻燃服和防护鞋等。等待防护人员确认天窗点时间后下达上线命令，准备开始作业。

(3)上道后根据事先拟定的打磨方案调整钢轨打磨车状态，等钢轨打磨单元电机运转平稳后开始打磨。

(4)在打磨的过程中，工人不断测量钢轨廓形，观察钢轨表面损伤情况，直至预先设定的打磨模式及打磨遍数实施完毕。

(5)打磨完成后进行验收。通过多次测量打磨后的钢轨廓形，与设计廓形进行比对，确保廓形质量。对打磨后的钢轨表面进行抽样检查，确保钢轨表面损伤均已去除。

### 2. 注意事项

现场打磨注意事项：

(1)钢轨打磨作业过程应严格遵循铁路安全防护规定，符合线路修理相关规定后再进行打磨作业。

(2)打磨过程中及时观测钢轨表面状态及钢轨打磨车运行状态，保证打磨质量。

## 8.1.3 验收标准

现场对钢轨打磨有着严格的验收标准，包括对损伤的去除情况、打磨后的钢轨表面质量及打磨后的廓形质量等，建立了较为完善的钢轨打磨质量评价方法，具体如下：

(1)打磨后钢轨损伤去除情况验收。打磨后的钢轨不得出现肥边、掉块、鱼鳞纹等较为明显的损伤；对于存在波磨的钢轨，要求打磨后波长为 100～300 mm 的钢轨波磨要符合现场验收要求的限值。

(2)打磨后的钢轨表面质量验收。打磨作业后的钢轨表面不得出现连续的钢轨发蓝；打磨完成后要利用 1 m 平直尺来检测轨面平直度，必须将其控制在 0～0.2 mm 之内；钢轨打磨后的表面粗糙度不得大于 10 μm；利用硬度仪测量打磨后的钢轨表面硬度，尤其是小型养路机械在打磨擦伤或者掉块等损伤的过程中，打磨后轨面硬度与邻近母材轨面硬度相比不超过 50 HB。

(3)打磨后轮轨接触光带验收。打磨后曲线上股光带宽度应保持为 20～30 mm，光带位置距离轨顶中心线偏向内侧；曲线下股光带宽度应保持为 35～40 mm，光带位置距离轨顶中心线居中偏外。

(4)打磨后廓形质量验收。以打磨后实测廓形与设计廓形的贴合程度作为验收标准。验收方法为：保持横坐标相同，实测廓形与设计廓形纵坐标不得超过±0.3 mm(普速铁路)或±0.2 mm(高速铁路)。整个轨头断面廓形以线路设计廓形为基准，计算廓形质量指数(GQI)进行验收，GQI 值计算公式为

$$\mathrm{GQI}=\frac{n}{N}\times 100\% \tag{8-1}$$

式中 $n$——合格的廓形坐标点数量；

$N$——全部廓形坐标点数量。

单个廓形的 GQI 指标验收分为三个等级：优良、合格和不合格。针对高速铁路、普速铁路及其他等级的线路有与之相应的要求，其判断标准见表 8-1。整条打磨线路验收的 GQI 指标以该条线路测点总数为单位，验收标准分为三个等级：优良、合格和不合格。各等级的判断依据见表 8-2。

**表 8-1 钢轨单个廓形 GQI 值验收标准**

| 线路等级 | 优 良 | 合 格 | 不合格 |
|---|---|---|---|
| 高速铁路 | ≥90 | ≥80 | <80 |
| 普速铁路 | ≥80 | ≥70 | <70 |
| 其 他 | 由于无法保证打磨周期或钢轨状态较差，验收标准需要根据具体情况单独确定 | | |

注：不满足合格等级的线路一律判定为不合格线路。

表 8-2　钢轨整条线路廓形 GQI 值验收标准

| 验收等级 | GQI 值所占百分比 | | |
|---|---|---|---|
| | ≥90 | ≥80 | ≥70 |
| 优　良 | 60% | 80% | — |
| 合　格 | — | 60% | 80% |

注：不满足合格等级的线路一律判定为不合格线路。

## 8.2　高速铁路钢轨疲劳裂纹打磨

高速铁路钢轨疲劳斜裂纹的产生不同于普速线路的钢轨疲劳裂纹，它主要沿钢轨作用边出现，迎行车方向朝钢轨踏面中心扩展。从裂纹形成与发展的特点来看，裂纹主要在靠近轨肩的位置处形成，然后向钢轨踏面中心扩展并形成横向裂纹而导致钢轨断裂，因此可以认为高速铁路钢轨斜裂纹产生的主要原因是线路曲线地段轮轨接触点位置靠近轨肩，而导致轨肩处承受较大的曲线侧向导向力。

针对高速铁路钢轨斜裂纹，需要采用钢轨曲线轨头非对称打磨方式。从线路实际调查发现，一般区段侧磨严重的钢轨，斜裂纹现象较轻微。钢轨疲劳裂纹与磨损之间存在相互竞争与制约的耦合作用关系，因此可通过增加钢轨磨损率来减轻钢轨斜裂纹的形成与发展。这种方法与常规的重载线路曲线钢轨轨头非对称打磨方式相反，即通过打磨钢轨轨肩位置，使曲线外轨轮轨接触点向钢轨踏面中心移动，以增加轮缘与轨侧之间的导向作用力，减轻轨肩横向接触应力，减小轮轨接触点上的斜向导向摩擦力，降低钢轨斜裂纹形成的几率。

高速铁路钢轨轨头非对称打磨如图 8-1 所示。$A$、$B$ 分别表示外轨打磨前后的轮轨接触点，$C'-C'$ 为打磨区。理论上打磨后可使轮轨接触点从 $B$ 点移向 $A$ 点，由一点接触变为两点接触（$A$ 和 $A'$），增大了轮缘与轨侧的磨耗，从而增加轨肩位置的磨损，这将有利于减轻轨肩处钢轨斜裂纹的形成。

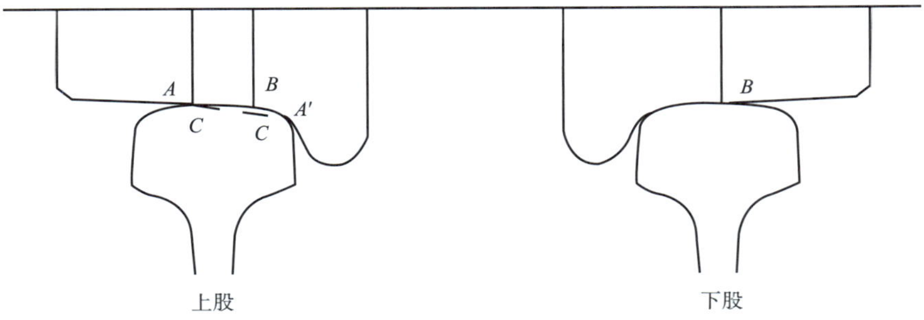


图 8-1　高速铁路钢轨轨头非对称打磨示意

由于钢轨斜裂纹主要发生在轨头横向 $R300$ mm 与 $R13$ mm 间的过渡区域 $R80$ mm 的圆弧段上，根据钢轨断面的廓形，设计非对称打磨的廓形主要针对 $R80$ mm 段圆弧，把 $R80$ mm 段圆弧打磨成 $R100$ mm，如图 8-2 所示。

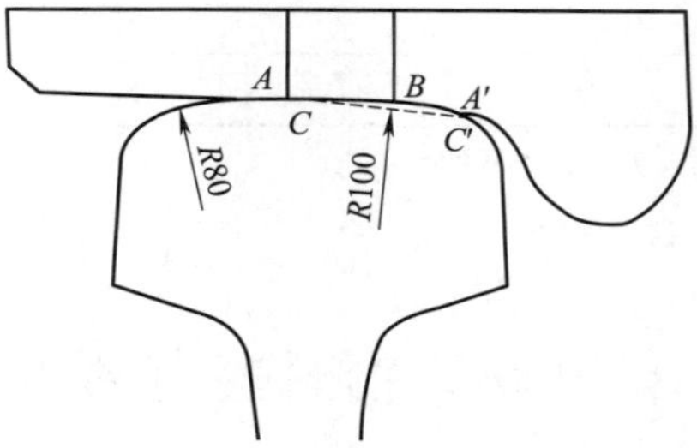


图 8-2　高速铁路钢轨轨头非对称打磨尺寸示意（单位：mm）

由于钢轨斜裂纹形成与轮轨接触点位置及接触应力有密切的关系，通过数值计算和现场实验分析钢轨非对称打磨技术对轮轨滚动接触行为的影响。按轮轨实际滚动接触状态，利用非 Hertz 滚动接触理论模型并借助于数值程序 CONTACT，首先分析磨耗型车轮踏面沿 60 kg/m 钢轨轨道滚动接触时钢轨轨头非对称打磨对轮轨接触几何参数、接触斑蠕滑行为等影响，然后借助 Bossinesq-Cerruti 力-位移公式和 Gauss 数值积分方法，确定轮轨滚动接触体内接触应力、最大剪切应力及等效应力在非对称打磨前后的变化情况。

数值计算参数：轮对半径 $R_0=420$ mm；轨底坡 $\theta_t=1/40$；摇头角 $\varphi=0.2°$；轨距 $d_0=$ 1 435 mm；轮重 $W=19/2\times9.8=93.1$ kN。

图 8-3 为 60 kg 钢轨与 LM 磨耗型轮对接触时，打磨前后车轮滚动半径 $R_l$ 和 $R_r$ 随轮对中心横移量 $y$ 的变化情况。从图中可看出，当 $y>6$ mm 时，左轮的滚动半径 $R_l$ 开始显著增大，而右轮的滚动半径 $R_r$ 有变小的趋势，所以磨耗型车轮踏面具有较好的曲线通过能力；$y>10$ mm 时，左轮滚动半径迅速增大，导致车轮轮缘与钢轨侧面接触。从图中可知钢轨打磨后左右车轮滚动半径值基本无变化，即打磨对车轮滚动半径无影响。

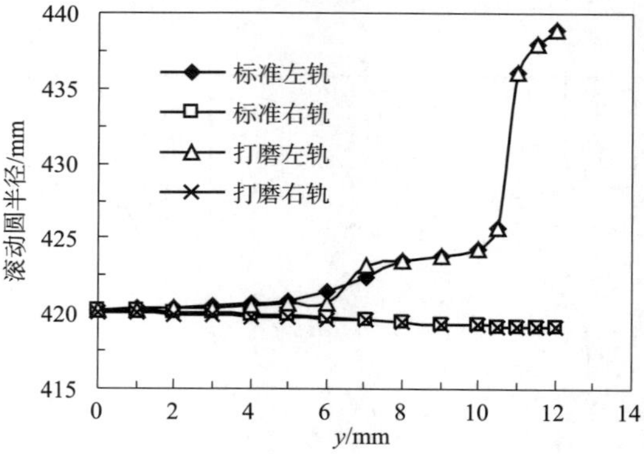


图 8-3　车轮滚动半径随轮对中心横移量的变化示意

图 8-4 为钢轨打磨前后钢轨踏面接触点距离轨道中心位置的变化情况。可以看出钢轨打磨对车轮踏面接触点位置有显著的影响；对左右轮轨接触点，当轮对中心横移量 $y<6$ mm 时，打磨后可以使钢轨踏面接触点的位置向钢轨顶面中心(图中虚线钢轨顶面中心线)位置移动，因此可以使接触点远离轨肩的位置，减轻轮轨接触点处的接触应力；当 $y>8$ mm 时，钢纨踏面的接触点位置开始趋于一致。数值分析表明，钢轨轨头非对称打磨可使钢轨踏面接触点位置向钢轨顶面中心位置移动，这将对预防和减轻轨肩处疲劳斜裂纹的产生具有积极意义。

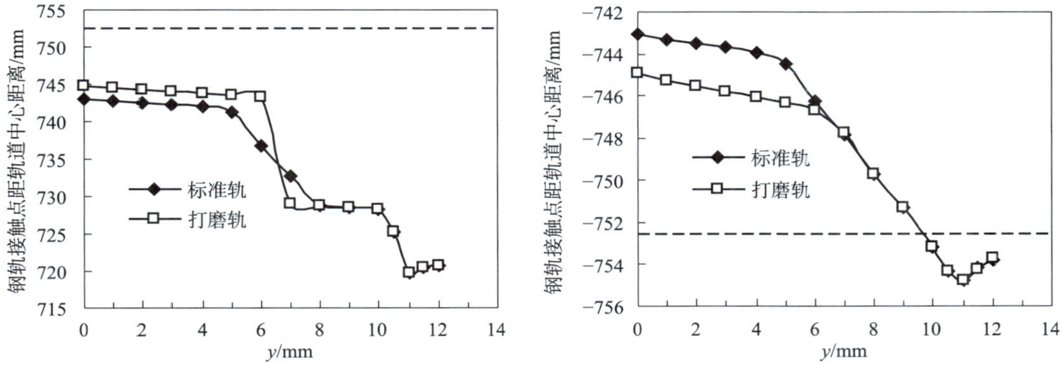


(a) 左轨　　(b) 右轨

图 8-4　钢轨接触点距轨道中心位置随轮对中心横移量的变化示意

图 8-5、图 8-6 分别表示打磨前后轮轨接触斑蠕滑率与蠕滑力的变化情况。可以发现，钢轨非对称打磨前后轮轨接触斑的纵向蠕滑率、横向蠕滑率、纵向蠕滑力、横向蠕滑力均无明显改变。打磨基本不改变轮轨的自旋蠕滑率，当轮对中心横移量 $y>5$ mm 时，打磨后使轮轨自旋蠕滑力发生较明显的变化，在 $y=6$ mm 时，使蠕滑力的方向从负变正，且值略有增加。综合分析认为，高速钢轨曲线轨头非对称打磨基本不改变轮轨接触斑的蠕滑行为。

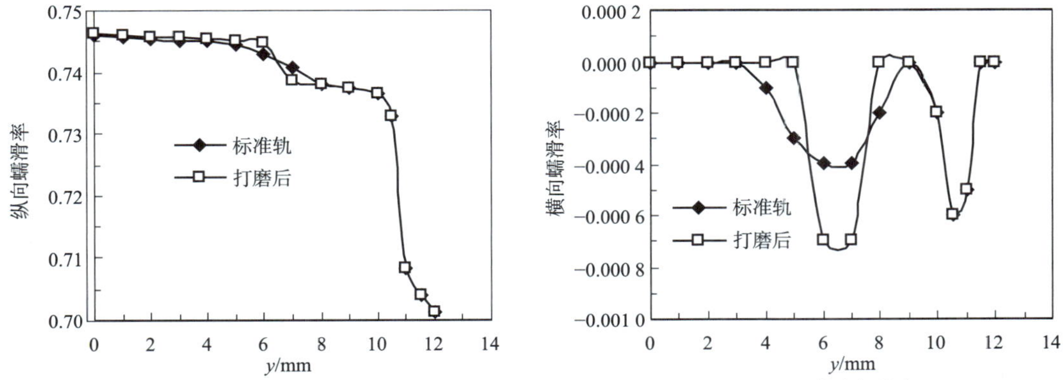


(a) 纵向蠕滑率　　(b) 横向蠕滑率

图　8-5

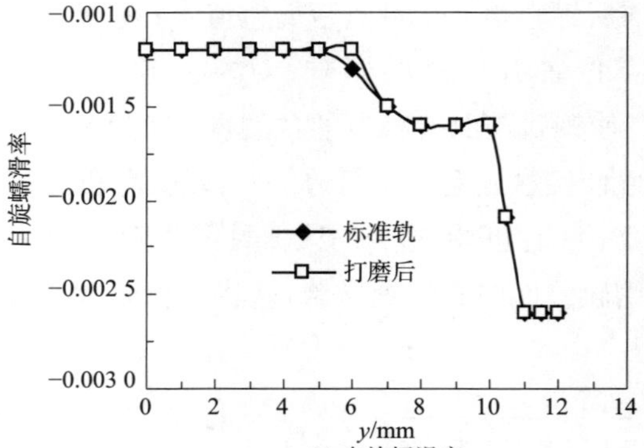

(c) 自旋蠕滑率

图 8-5　打磨前后轮轨蠕滑率的变化示意

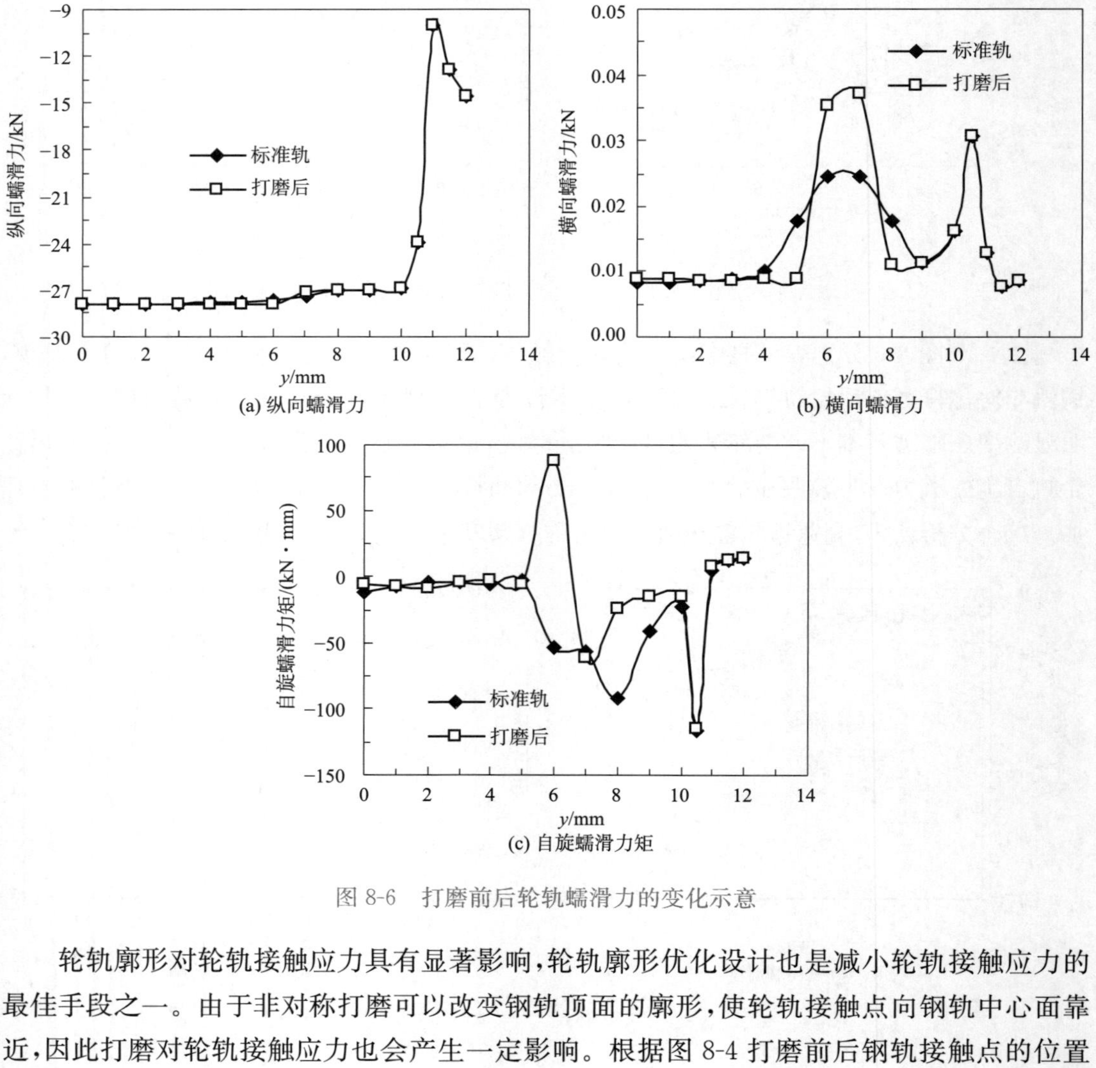

(a) 纵向蠕滑力
(b) 横向蠕滑力
(c) 自旋蠕滑力矩

图 8-6　打磨前后轮轨蠕滑力的变化示意

轮轨廓形对轮轨接触应力具有显著影响，轮轨廓形优化设计也是减小轮轨接触应力的最佳手段之一。由于非对称打磨可以改变钢轨顶面的廓形，使轮轨接触点向钢轨中心面靠近，因此打磨对轮轨接触应力也会产生一定影响。根据图 8-4 打磨前后钢轨接触点的位置可知，当轮对中心横移量 $y$ 为 0～7 mm 时，打磨钢轨的轮轨接触点位于轨头非对称打磨区域内。打磨前后轮轨接触应力分布如图 8-7 所示，图中 $x_1$ 沿钢轨纵向，即车轮的滚动方向，$x_2$ 沿钢轨横向。结果表明，接触应力呈椭球形分布；打磨后由于钢轨接触区轨顶面的接触半径相应增大，从而导致接触斑最大接触应力值下降，横移量 $y$ 为 4 mm 时，轮轨接触应力最大值从 $1.072\times10^3$ MPa 降低到 $0.942\times10^3$ MPa。图 8-8 打磨前后轮轨接触应力降低率结果表明，横移量 $y$ 为 0～5 mm 时，左右轮轨接触应力都将呈现明显的下降，最大降低达 12%。打磨前后轮轨接触斑最大剪切应力与等效应力的变化如图 8-9 所示。结果表明，剪切应力最大值发生在接触表面下 2.4～2.8 mm，而等效应力最大值发生在表面下 2.2～2.5 mm，打磨后能降低左右轮轨的最大剪切应力和等效应力，其最大可分别减小 6.0%、5.5%。钢轨打磨后，由于钢轨顶面的圆弧半径增大，轮轨接触区只要位于轨顶面打磨区段的圆弧上面时，轨顶面圆弧半径的增加导致接触面积增大，就可有效地降低轮轨之间的接触应力。

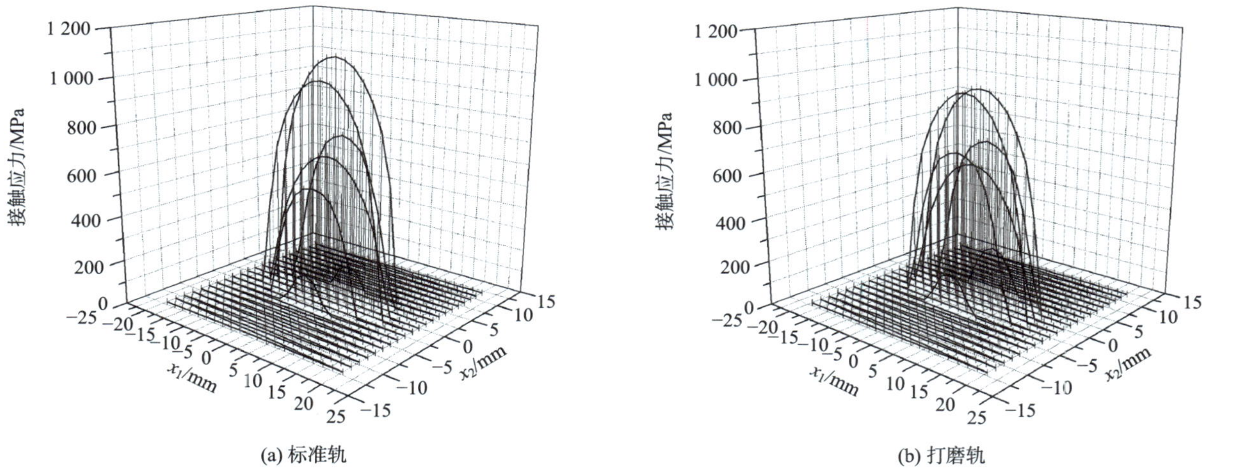


图 8-7　$y$=4 mm 时轮轨接触斑接触应力的变化示意

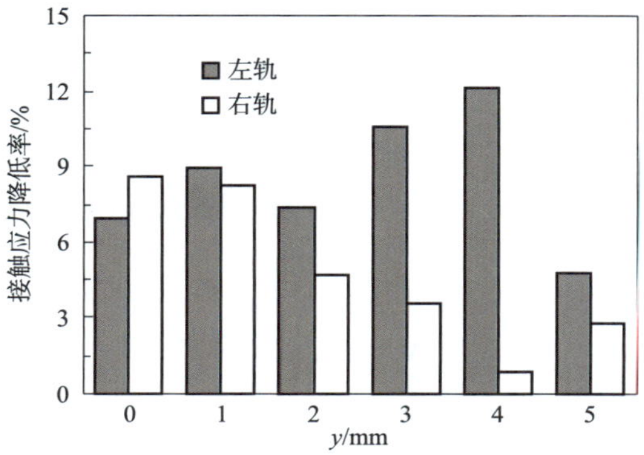


图 8-8　打磨前后轮轨接触应力降低率示意

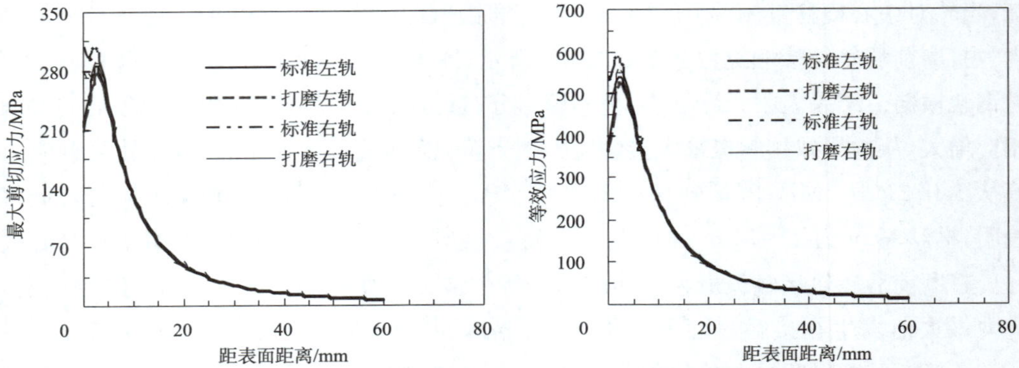


(a) 剪切应力　　(b) 等效应力

图 8-9　打磨前后最大剪切应力与等效应力的变化示意

钢轨打磨前后轮轨磨耗指数分析结果表明(图 8-10),当轮轨中心横移量 $y$ 为 7～11 mm 时,打磨后轮轨磨耗数呈现明显增加,这也充分说明钢轨轨头非对称打磨能在一定程度上加剧轮轨之间的磨耗,有利于防止钢轨斜裂纹的发生。

为了验证高速钢轨曲线轨头非对称打磨对疲劳斜裂纹的影响,在某高速铁路 K68～K69 曲线段上进行了现场钢轨打磨试验。图 8-11 为打磨前的钢轨轨面,此时钢轨表面有较浅的斜裂纹出现。用 PGM-48 钢轨打磨车对钢轨进行非对称打磨,打磨经历两道工序:第 1 道工序是按照非对称打磨设计廓形只打磨出现斜裂纹钢轨的行车边曲率半径 $R80$ mm 段圆弧,打磨 4 遍,将较浅的斜裂纹磨掉;第 2 道工序是同时对左右钢轨轨面进行整形处理,目的是把钢轨表面打磨圆顺。

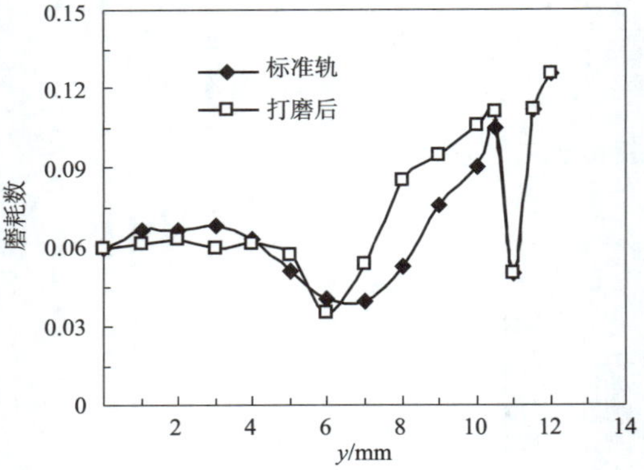


图 8-10　打磨前后轮轨磨耗数的变化示意

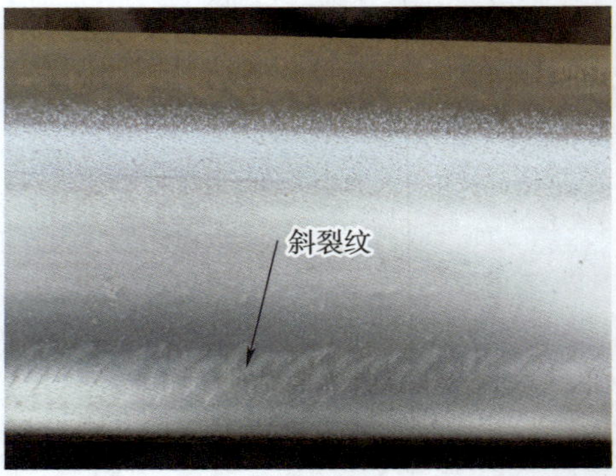


图 8-11　某高速铁路 K68+230 打磨前钢轨斜裂纹外观

打磨后 7 d 和 63 d 的轨面外观如图 8-12 所示。可以明显地看出,打磨 7 d 后出现斜裂纹钢轨的轮轨接触光带已发生明显改变,向钢轨踏面中心偏移,这可使车轮轮缘与钢轨的接触由一点接触变为两点接触,形成两条接触光带。两点接触与一点接触相比,轮缘与钢轨的导向力增大,使得斜裂纹产生位置的接触应力降低,有利于减缓疲劳,减慢斜裂纹产生的速率。现场打磨试验 63 d 后的照片表明，初期的打磨痕迹已经消失，轮轨接触光带稳定，轨肩处的接触痕迹不明显，如果接触光带位置一直能够保持，就将能有效避免钢轨斜裂纹的出现。

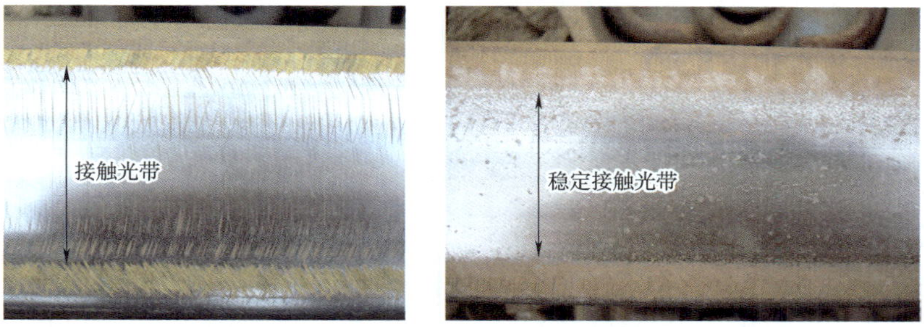


(a) 打磨后7 d外观　　(b) 打磨后63 d外观

图 8-12　钢轨打磨后外观

钢轨打磨一年后对其效果进行了再次跟踪观察，结果如图 8-13 所示。现场拍摄的钢轨照片显示，随钢轨磨损的不断发生，早期的钢轨非对称打磨痕迹已经不存在，在轨肩位置处有轻微的接触痕迹，但接触现象不明显，轨肩处无钢轨斜裂纹出现。钢轨非对称打磨后，随轮轨滚动磨损的进行，轮轨廓形将发生变化，钢轨的接触光带趋于稳定并逐渐恢复到打磨前的接触状态，此过程经历的时间越长，就越有利于预防钢轨斜裂纹的出现。

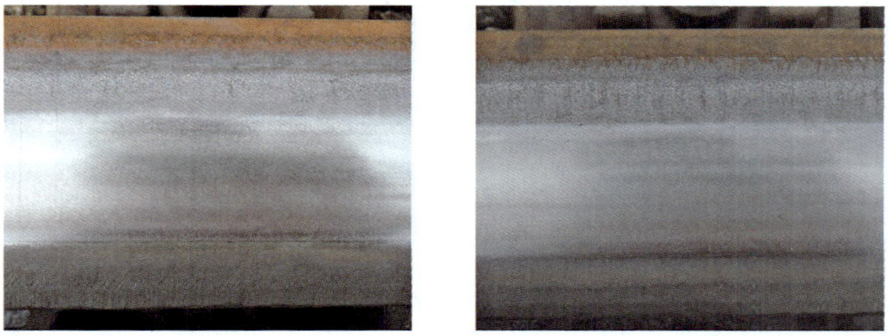

(a) 位置1　　(b) 位置2

图 8-13　打磨一年后的钢轨外观

数值计算与现场试验结果均表明：对高速铁路钢轨可以使用曲线轨头非对称打磨技术改变钢轨接触点位置以预防和减缓钢轨斜裂纹的形成与发展。由于高速铁路钢轨曲线轨头非对称打磨在国内属首次应用，为了进一步验证打磨效果，确定合理的打磨时间和周期，对现场打磨试验效果仍需继续跟踪观察与分析。

## 8.3　高速铁路钢轨预打磨

某线路为有砟轨道高速铁路，年通过总质量约为 14 Mt，2020 年 7 月通车运营。设计的最高速度为 250 km/h，铺设 60 kg/mU71MnG 钢轨。

### 8.3.1 钢轨表面状态

图 8-14 和图 8-15 为钢轨预打磨前后钢轨表面变化情况。打磨前钢轨表面有明显脱碳层，接触光带不均匀。打磨后钢轨表面脱碳层得到消除，钢轨接触光带为 20～30 mm，随着通过总质量的增加，钢轨表面状态良好。

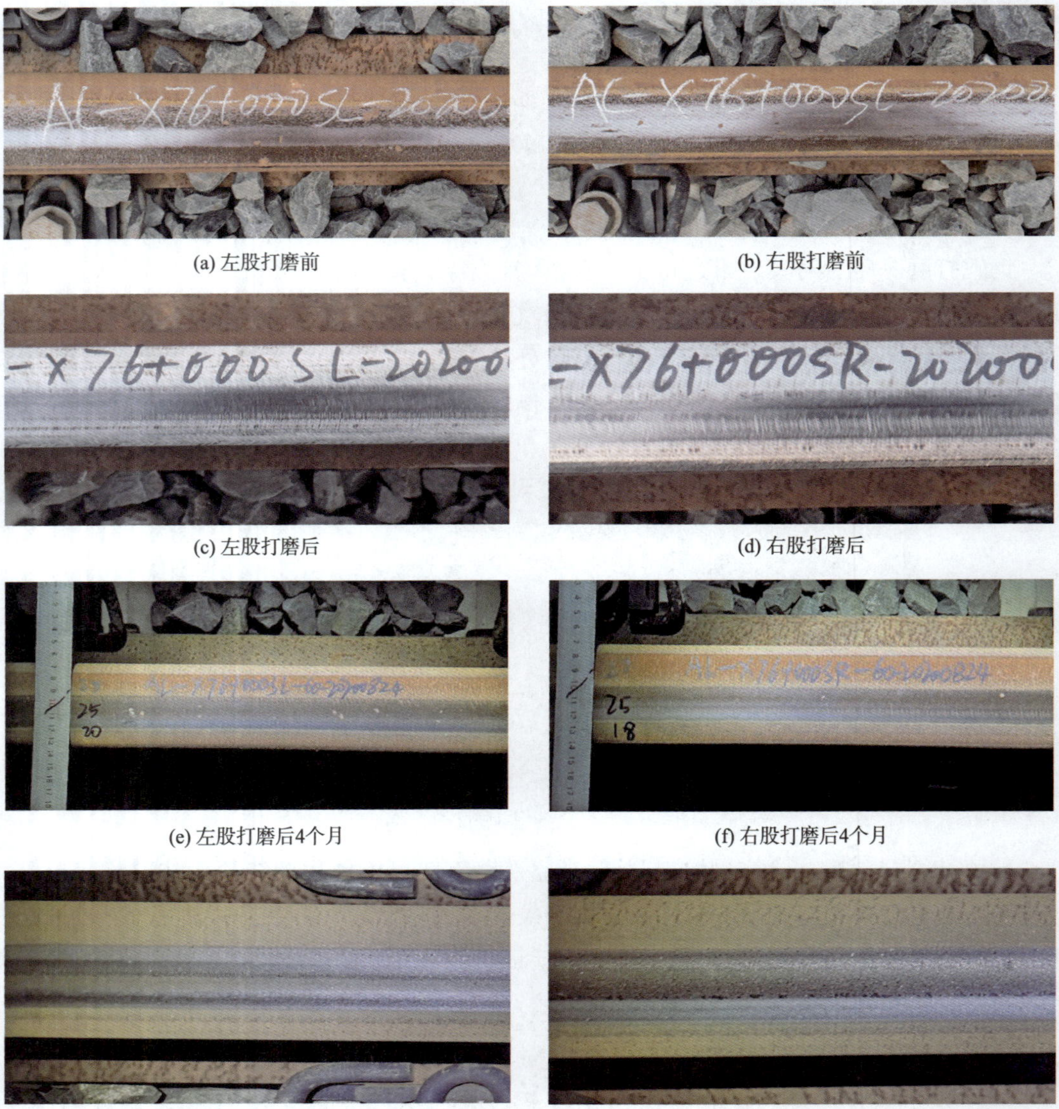


(a) 左股打磨前　(b) 右股打磨前

(c) 左股打磨后　(d) 右股打磨后

(e) 左股打磨后4个月　(f) 右股打磨后4个月

(g) 左股打磨后20个月　(h) 右股打磨后20个月

图 8-14　下行 K76 直线打磨前后钢轨表面变化情况

(a) 左股打磨前

(b) 右股打磨前

(c) 左股打磨后

(d) 右股打磨后

(e) 左股打磨后4个月

(f) 右股打磨后4个月

(g) 左股打磨后20个月

(h) 右股打磨后20个月

图 8-15　下行 K91+500($R$3 500 m)打磨前后钢轨表面变化情况

## 8.3.2 钢轨廓形变化情况

图 8-16 和图 8-17 为钢轨随运行时间廓形变化情况。可以看出，高速铁路打磨后钢轨廓形变化较小，这是因为通过总质量较小，磨耗量较小。

高速铁路主要是垂直磨耗，没有侧面磨耗。图 8-18 为随着时间钢轨垂直磨耗情况。可以看出，随着运行时间的增加，钢轨垂直磨耗较小，运行 21 个月后，最大垂磨量为 0.546 mm。

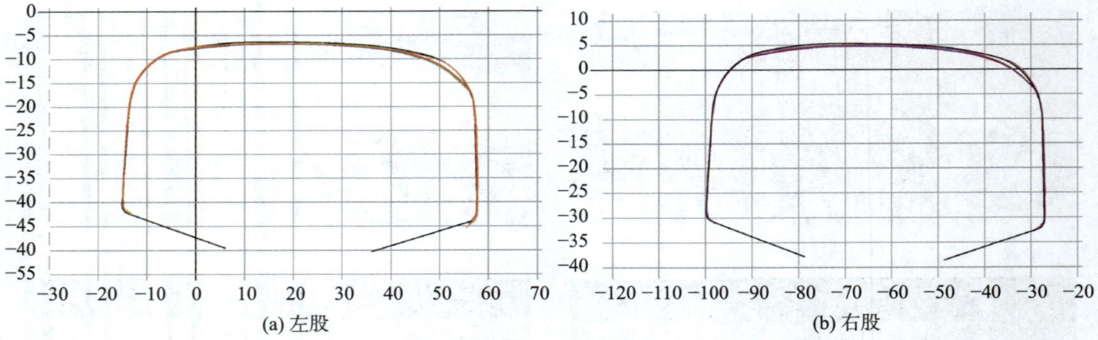

图 8-16　下行 K76 直线随运行时间廓形变化情况示意

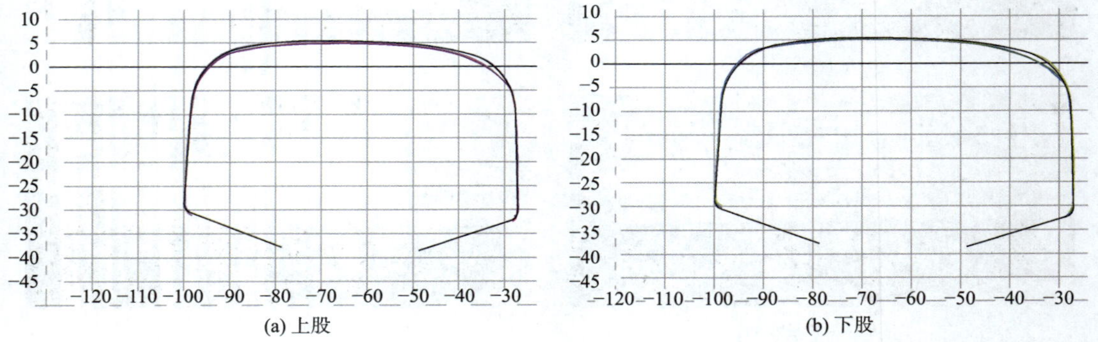

图 8-17　下行 K91＋500($R$3 500 m)曲线随运行时间廓形变化情况示意

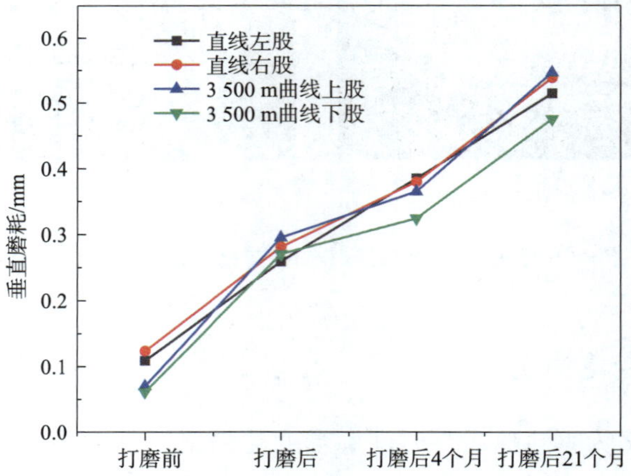


图 8-18　随着时间钢轨垂直磨耗变化情况示意

图 8-19 为打磨后钢轨磨耗速率对比。可以看出:通过钢轨预打磨后钢轨垂磨率普遍较小,最大垂磨率为 0.008 62 mm/月。钢轨打磨后车辆通过的横向加速度明显降低,如图 8-20 所示。

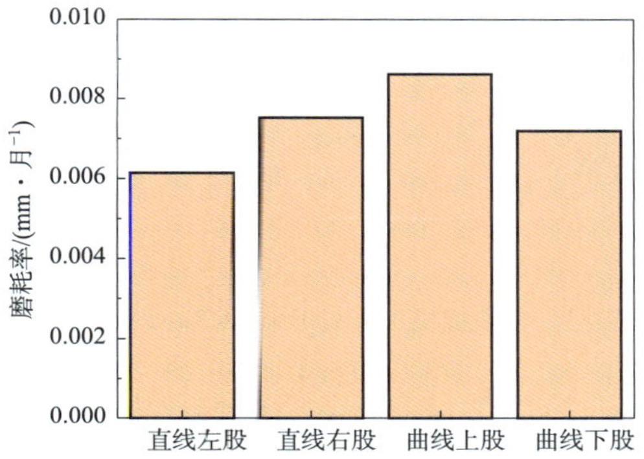


图 8-19　打磨后钢轨磨耗速率对比示意

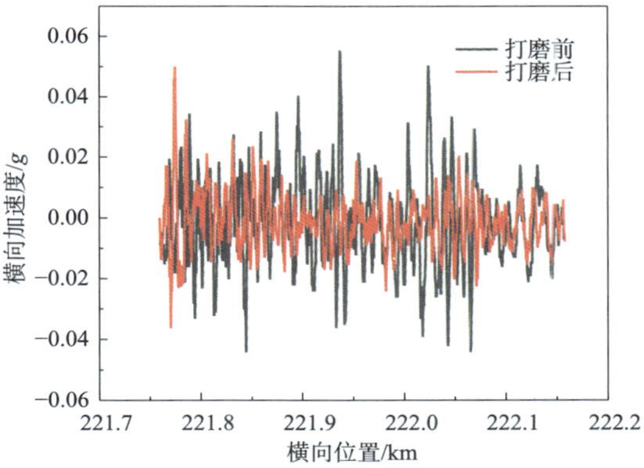


图 8-20　打磨前后横向加速度变化情况示意

# 参考文献


[1] 金学松，刘启跃. 轮轨摩擦学[M]. 北京：中国铁道出版社，2004.

[2] 周坤，王文健，刘启跃，等. 钢轨打磨机理研究进展及展望[J]. 中国机械工程，2019，30(3)：284-294.

[3] 周清跃，田常海，张银花，等. 高速铁路钢轨打磨关键技术研究[J]. 中国铁道科学，2012，33(2)：66-70.

[4] 王文健，陈明韬，郭俊，等. 高速铁路钢轨打磨技术及其应用[J]. 西南交通大学学报，2007，42(5)：574-577.

[5] FENGTAO L，SONGTAO W，HAI Z，et al. Design method of rail grinding target profile based on non-uniform rational B-spline[J]. Proceedings of the Institution of Mechanical Engineers，Part F：Journal of Rail and Rapid Transit，2021，235(8)：946-956.

[6] CUERVO P A，SANTA J F，TORO A. Correlations between wear mechanisms and rail grinding operations in a commercial railroad[J]. Tribology International，2015，82：265-273.

[7] 汪奕. 钢轨打磨列车[M]. 北京：中国铁道出版社，2008.

[8] 张科元. 钢轨打磨小车动力学行为研究[D]. 成都：西南交通大学，2016.

[9] AREIZA Y A，GARCESA S I，SANTA J F，et al. Field measurement of coefficient of friction in rails using a hand-pushed tribometer[J]. Tribology International，2015，82：274-279.

[10] SANTA J F，TOROB A，LEWIS R. Correlations between rail wear rates and operating conditions in a commercial railroad[J]. Tribology International，2016，95：5-12.

[11] 李伯民，赵波. 现代磨削技术[M]. 北京：机械工业出版社，2003.

[12] 沈琳燕. 高速外圆磨削机理的仿真与实验研究[D]. 上海：东华大学，2010.

[13] 王德泉，陈艳. 砂轮特性与磨削加工[M]. 北京：中国标准出版社，2001.

[14] 林强. 基于 MATLAB 的 60kg/m 钢轨打磨模式优化设计[D]. 成都：西南交通大学，2016.

[15] LIN Q，GUO J，WANG H，et al. Optimal design of rail grinding patterns based on a rail grinding target profile[J]. Proceedings of the Institution of Mechanical Engineers，Part F：Journal of Rail and Rapid Transit，2018，232(2)：560-571.

[16] 徐跃良. 数值分析[M]. 成都：西南交通大学出版社，2005.

[17] 李昊安. 基于打磨效率提升的钢轨小机打磨参数与打磨模式设计研究[D]. 成都：西南交通大学，2022.

[18] 周坤. 钢轨打磨过程中材料去除规律及机理研究[D]. 成都：西南交通大学，2020.

[19] ZHOU K，DING H H，ZHANG S Y，et al. Modelling and simulation of the grinding force in rail grinding that considers the swing angle of the grinding stone [J]. Tribology International，2019，137：274-288.

[20] DING H H，HAN Y C，ZHOU K，et al. Grinding force modeling and experimental verification of rail grinding [J]. Proceedings of the Institution of Mechanical Engineers，Part J：Journal of Engineering

Tribology, 2020, 234(8): 1254-1264.

[21] ZHANG S Y, ZHOU K, DING H H, et al. Effects of grinding passes and direction on material removal behaviours in the rail grinding process[J]. Materials, 2018, 11(11): 2293.

[22] DURGUMAHANTI U S P, SINGH V, RAO P V, et al. A new model for grinding force prediction and analysis [J]. International Journal of Machine Tools & Manufacture, 2010, 50(3): 231-240.

[23] 言兰,融亦鸣,姜峰.氧化铝砂轮地貌的量化评价及数学建模[J].机械工程学报,2011,47(17):179-186.

[24] UHLMANN E, LYPOVKA P, HOCHSCHILD L, et al. Influence of rail grinding process parameters on rail surface roughness and surface layer hardness[J]. Wear, 2016, 366/367: 287-293.

[25] RASMUSSEN C J, FÆSTER S, DHAR S, et al. Surface crack formation on rails at grinding induced martensite white etching layers[J]. Wear, 2017, 384/385: 8-14.

[26] STEENBERGEN M. Rolling contact fatigue in relation to rail grinding[J]. Wear, 2016, 356/357: 110-121.

[27] WANG R Q, DAI S J, ZHANG H B, et al. The temperature field study on the annular heat source model in large surface grinding by cup wheel [J]. The International Journal of Advanced Manufacturing Technology, 2017, 93: 3261-3273.

[28] DAI S J, LI X Q, ZHANG H B. Research on temperature field of non-uniform heat source model in surface grinding by cup wheel[J]. Advances in Manufacturing, 2019, 7: 326-342.

[29] ZHANG Z Y, SHANG W, DING H H, et al. Thermal model and temperature field in rail grinding process based on a moving heat source[J]. Applied Thermal Engineering, 2016, 106: 855-864.

[30] ZHOU K, DING H, STEENBERGEN M, et al. Temperature field and material response as a function of rail grinding parameters[J]. International Journal of Heat and Mass Transfer, 2021, 175: 121366.

[31] 商维,张沐玥,郭俊,等.基于虚拟砂轮建模的钢轨打磨材料去除仿真研究[J].机械工程学报,2018,54(4):30-36.

[32] 张子舆.钢轨打磨过程中钢轨温度场及热机应力研究[D].成都:西南交通大学,2017.

[33] 黄琅茗.钢轨打磨过程中温度场及残余应力仿真研究[D].成都:西南交通大学,2020.

[34] 韩永超.基于钢轨打磨实验的磨削力影响因素仿真及实验[D].成都:西南交通大学,2016.

[35] 林彬.打磨参数对钢轨表面温度及烧伤行为影响研究[D].成都:西南交通大学,2018.

[36] ZHI S D, LI J Y, ZAREMBSKI A M. Predictive modeling of the rail grinding process using a distributed cutting grain approach[J]. Proceedings of the Institution of Mechanical Engineers, Part F: Journal of Rail and Rapid Transit, 2016, 230(6): 1540-1560.

[37] ZHOU K, DING H H, WANG R X, et al. Experimental investigation on material removal mechanism during rail grinding at different forward speeds[J]. Tribology International, 2020, 143: 106040.

[38] ZHOU K, DING H H, WANG W J, et al. Surface integrity during rail grinding under wet conditions: Full-scale experiment and multi-grain grinding simulation[J]. Tribology International, 2022, 165: 107327.

[39] 杨金渝. 钢轨打磨中磨屑形态分析与磨石磨损行为研究[D]. 成都:西南交通大学,2021.

[40] DING H H, YANG J Y, WANG W J, et al. Characterization and formation mechanisms of rail chips from facing grinding by abrasive wheel[J]. Journal of Manufacturing Processes, 2022, 73: 544-554.

[41] 郭帅. 水油介质下打磨磨痕对钢轨材料接触疲劳损伤影响[D]. 成都:西南交通大学,2018.

[42] COURBON C, MABROUKI T, RECH J, et al. Towards a physical Fe modelling of a dry cutting operation: influence of dynamic recrystallization when machining AISI 1045[J]. Procedia CIRP, 2013, 8: 516-521.

[43] GODINO L, POMBO I, GIRARDOT J, et al. Modelling the wear evolution of a single alumina abrasive grain: analyzing the influence of crystalline structure[J]. Journal of Materials Processing Technology, 2020, 277: 116464.

[44] CUI X B, ZHAO B, JIAO F, et al. Chip formation and its effects on cutting force, tool temperature, tool stress, and cutting edge wear in high- and ultra-high-speed milling[J]. International Journal of Advanced Manufacturing Technology, 2016, 83: 55-65.

[45] ZHOU Y, PENG J F, LUO Z P, et al. Phase and microstructural evolution in white etching layer of a pearlitic steel during rolling-sliding friction[J]. Wear, 2016, 362/363: 8-17.

[46] DONG Y C, LU H, CUI J, et al. Mechanical characteristics of FeAl2O4 and AlFe2O4 spinel phases in coatings—A study combining experimental evaluation and first-principles calculations[J]. Ceramics International, 2017, 43(18): 16094-16100.

[47] FERGANI O, SHAO Y, LAZOGLU I, et al. Temperature effects on grinding residual stress[J]. Procedia CIRP, 2014, 14: 2-6.

[48] JESSOP C. Damage and thermally induced defects in railway materials [D]. Sweden: Chalmers University of Technology, 2019.

[49] 樊文刚,刘月明,李建勇. 高速铁路钢轨打磨技术的发展现状与展望[J]. 机械工程学报,2018,54(22):184-193.

[50] WU H H, XIAO B, XIAO H Z, et al. Study on wear characteristics of brazed diamond sheet for rail's composite grinding wheel under different pressures[J]. Wear, 2019, 424/425: 183-192.

[51] WU Y, SHEN M B, QU M N, et al. An experimental investigation on surface layer damage in high-efficiency and low-damage grinding of rail by slotted CBN grinding wheel[J]. The International Journal of Advanced Manufacturing Technology, 2019, 105(7/8): 2833-2841.

[52] LIU C B, FAN X Q, ZHU M H. Regulating the grinding performance of grindstones via using basalt fibers[J]. Tribology International, 2022, 173:107611.

[53] 廖熙淘,刘德福,唐进元. 负前角磨粒磨削过程磨屑形成的有限元仿真分析[J]. 现代制造工程,2009(4):36-41,66.

[54] 智少丹,李建勇,刘月明,等. 基于磨粒切削模型的钢轨打磨机理研究[J]. 中国铁道科学,2015,36:33-39.

[55] 王瑞祥. 钢轨打磨过程中磨石与钢轨匹配行为试验研究[D]. 成都:西南交通大学,2020.

[56] 郭俊. 轮轨滚动接触疲劳损伤机理研究[D]. 成都:西南交通大学,2006.

# 高速铁路基础研究与技术创新丛书

## 第一期(16册)

### (一)基础理论与基础技术系列

**高速铁路散体道床宏细观力学行为** 赵春发　翟婉明　张　徐　著

ISBN 978-7-113-28857-0

**高速铁路线路系统动力学** 龙许友　时　瑾　王英杰　编著

ISBN 978-7-113-28997-3

**高速铁路弓网关系研究** 韩通新　著

ISBN 978-7-113-28941-6

### (二)动车组系列

**高速列车轻量化设计** 李　明　伊召锋　米莉艳　等编著

ISBN 978-7-113-28972-0

### (三)供电系列

**高速铁路受电弓** 韩通新　编著

ISBN 978-7-113-28975-1

**高速铁路接触网检测技术** 韩通新　著

ISBN 978-7-113-28961-4

### (四)工程设计系列

**高速铁路桥梁抗震设计** 陈兴冲　张永亮　编著

ISBN 978-7-113-28964-5

**高速铁路轨道工程 BIM 正向设计软件开发及实践** 姚　力　刘大园　董凤翔　等编著

ISBN 978-7-113-28934-8

### (五)工程施工与组织系列

**高速铁路桥梁 BIM 技术研究与实践** 盛黎明　苏　伟　刘延宏　宋树峰　编著

ISBN 978-7-113-28938-6

**高速铁路岩溶路基边坡变形与稳定** 白明洲　师　海　田　岗　等编著

ISBN 978-7-113-28880-8

高速铁路工程地质灾害超前预报图形判别和解译　　李　忠　郝娜娜　等编著

ISBN 978-7-113-28935-5

(六)通信与列控系列

高速铁路宽带无线信道测量与建模技术　　周　涛　何睿斯　艾　渤　编著

ISBN 978-7-113-28930-0

(七)测量与检测系列

(八)高铁运营与经济系列

高速铁路社会效益研究——基于时空经济分析　　李红昌　夏璇璇　著

ISBN 978-7-113-28942-3

(九)现代信息技术系列

高速铁路物联网技术　　史天运　孙　鹏　张惟皎　陈瑞凤　编著

ISBN 978-7-113-29029-0

(十)安全·健康·维护系列

高速铁路道砟飞溅机理及防治　　高　亮　石顺伟　殷　浩　著

ISBN 978-7-113-28906-5

高速列车多目标均衡综合节能技术　　张　雷　李　明　司志强　等编著

ISBN 978-7-113-28976-8

## 第二期(23 册)

(一)基础理论与基础技术系列

高速列车空气动力学数值模拟——基于 STAR-CCM+软件

李　明　李　田　戴志远　等编著

ISBN 978-7-113-30059-3

高速铁路沿线地面沉降研究与防治　　李国和　黄大中　尚海敏　王少林　编著

ISBN 978-7-113-30176-7

高速铁路路基智能填筑技术　　王同军　闫宏业　杨　斌　尧俊凯　等著

ISBN 978-7-113-30047-0

季冻区高速铁路路基服役性能与孕灾风险研究

叶阳升　蔡德钩　毕宗琦　李善珍　等著

ISBN 978-7-113-29934-7

**高速铁路隧道内附属设施气动效应及安全性研究**

彭立敏 杨伟超 施成华 雷明锋 著

ISBN 978-7-113-30104-0

**高速铁路钢轨打磨理论与技术** 王文健 郭 俊 周 坤 著

ISBN 978-7-113-30061-6

**高速列车动态性能正向设计** 周劲松 宫 岛 孙文静 著

ISBN 978-7-113-30050-0

**高速列车自动驾驶控制理论** 宿 帅 李开成 唐 涛 袁 磊 等编著

ISBN 978-7-113-30147-7

**高速铁路行车调度与控制一体化** 唐 涛 宿 帅 孟令云 阴佳腾 编著

ISBN 978-7-113-30112-5

**高速铁路无砟轨道结构水泥基材料理论与技术**

龙广成 曾晓辉 马昆林 谢友均 著

ISBN 978-7-113-30056-2

## (二)动车组系列

**高速列车空气动力学设计技术** 丁叁叁 著

ISBN 978-7-113-30055-5

## (三)供电系列

**高速铁路电力牵引供电工程智能建造技术**

胡志华 陈建明 奚金柱 吴命利 等编著

ISBN 978-7-113-30205-4

## (四)工程设计系列

**现代铁路枢纽规划设计** 许佑顶 高丰农 吴学全 李传勇 等编著

ISBN 978-7-113-27468-9

**高速铁路隧道底部结构动力响应特性及设计方法**

彭立敏 施成华 黄 娟 丁祖德 著

ISBN 978-7-113-30133-0

## (五)工程施工与组织系列

**高速铁路工程勘察技术创新与实践** 陈则连 著

ISBN 978-7-113-30189-7

**高速铁路工程质量系统管理**（第2版） 卢春房 等著

ISBN 978-7-113-30108-8

**高速铁路路基沉降分析与控制技术** 宋绪国 郭帅杰 编著

ISBN 978-7-113-30154-5

**深埋高速铁路地下车站施工关键技术** 杨新安 马明杰 李路恒 罗 驰 编著

ISBN 978-7-113-30001-2

**高速铁路施工组织创新与实践** 魏 强 编著

ISBN 978-7-113-30136-1

**高速铁路路基沥青混凝土防水封闭结构** 蔡德钩 闫宏业 楼梁伟 石越峰 等著

ISBN 978-7-113-30033-3

## （六）通信与列控系列

**高速铁路信号系统雷电防护技术研究** 向念文 徐宗奇 阳 晋 编著

ISBN 978-7-113-30135-4

## （七）测量与检测系列

## （八）高铁运营与经济系列

## （九）现代信息技术系列

**智能高速铁路图像大数据分析技术及应用** 李 平 李 瑞 赵 冰 编著

ISBN 978-7-113-30134-7

## （十）安全·健康·维护系列

**高速列车横风效应及气动安全控制动力学** 毛 军 柳润东 郗艳红 著

ISBN 978-7-113-30028-9